문신, 금지된 패션의 역사

Korean translation edition © 2004 by Da Vinci Publishing Co.
Published by arranged with powerhouse Cultural Entertainment Inc.,
Juno Books, New York, USA
via Bestun Korea Agency, Korea.

이 책의 한국어판 저작권은 베스툰 코리아 에이젼시를 통하여
저작권자와 독점계약한 도서출판 르네상스에 있습니다.
저작권법에 의하여 한국 내에서 보호를 받는 저작물이므로
어떠한 형태로든 무단 전재와 무단 복제를 금합니다.

이 도서의 국립중앙도서관 출판시도서목록(CIP)은
e-CIP 홈페이지(http://www.nl.go.kr/cip.php)에서 이용하실 수 있습니다.
(CIP제어번호: CIP2004001253)

문신, 금지된 패션의 역사

스티브 길버트 지음
이순호 옮김

르네상스

많은 분들이 이 책의 저술에 도움을 주었다. 우선 나를 격려해주고, 원고정리를 해주고, 유익한 제안을 해준 내 아내 체랄레아에게 감사하고 싶다. 크리스토퍼 고치는 문신에 관한 멋진 글을 많이 써주었다. 스투 케이는 내게 최초로 문신 작업을 맡기고 수작업으로 하는 내 작품들을 높이 평가해주신 분이다. 편집인 크리스 푸루스, 펫 레쉔 그리고 조나단 쇼는 이 책에서 뽑은 글들을 『세계의 문신 예술(International Tattoo Art)』 잡지에 실어주었고, 데비 울만은 그 글에 걸맞는 뛰어난 레이아웃을 디자인해주었다. 하이드 하임도 이 책의 몇 부분을 『문신 잡지(Tätowier Magazin)』에 실어주었다. 원고를 다시 입력해주고, 문신을 새긴 서커스단원들의 구하기 힘든 사진들을 찾아준 안나 루젠 룬게의 노고에도 찬사를 보내고 싶다. tattoos.com의 다미안 맥그라스는 이 책의 웹사이트 제작과 홍보를 열심히 해주었고, 특히 웹사이트를 처음 디자인한 제인 아넬의 기술은 무엇과도 견줄 수 없는 훌륭한 것이었다. 케시 바디는 제목 페이지의 일러스트레이션을 그려주었으며, 데이브 마지에스키는 일러스트레이션들을 스캔한 뒤 매킨토시로 다시 멋진 그림을 만들어주었다. 존 우람은 문신의 왕자 지올로의 포스터와 그 밖의 다른 그림들을 기부해주었고, 리처드 힐은 보존이 잘 된 문신 사진을 보내주었다. 마지막으로 이 책의 몇 장을 직접 써주신 인류학자 더크 H. R. 스페네만, 라스 크루탁, 그리고 친절하게 인터뷰에 응해주는 것으로도 모자라, 귀중한 사진과 그림들까지 기부해준 트리시아 알렌, 척 엘드리지, 돈 에드 하디, 라일 터틀, 그리고 오구리 가즈오에게도 감사를 드리는 바이다.

스티브 길버트

Contents

차례

그 밖의 세계

현대 학자들의 기고

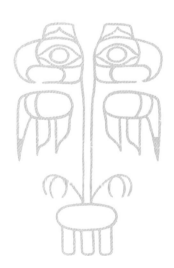

서문

『문신, 금지된 패션의 역사』는 17세기부터 현재에 이르기까지 세계 각지에서 행해진 문신의 역사적 기록을 담은 일종의 소고이다. 탐험가, 저널리스트, 의사, 인류학자, 학자, 소설가, 범죄학자, 그리고 문신가들이 이 책의 저술가로 참여하고 있다. 저술가들은 자신이 속한 시대와 장소에 대한 견해를 반영하고 있기에, 현재의 기준으로 보면 조금 오만해 보이거나 혹은 편견에 찬 것으로 보일 수도 있다.

하지만 선조들의 말에 실소를 던지기 전에 언젠가는 우리 자신의 글이 시대착오적인 것이 되리라는 것을 명심해주기 바란다. 일찍이 토마스 헨리 헉슬리는 이렇게 말한 바 있다. "조상들을 비웃기는 쉬운 일이다. 하지만 비웃기에 앞서 잘난 체하는 우리보다 하등 뒤질 게 없는 그들이 왜 그렇게 터무니없는 생각을 하게 되었는지를 알아보려고 하는 것이 한층 유익한 일이 될 것이다."

나는 이 대부분의 기록을 역사적 맥락에서 간단한 글로 소개했으나, 진의에 대한 오역을 막기 위해 접근 방법은 일반인의 관점을 사용했다. 예술 평론가도, 역사가도, 학자도 아닌 내가 역사의 인용이나 문신 문양의 예술적 가치를 판단한다는 것은 한 마디로 주제넘은 일이 될 것이다.

여기 소개된 인용문들은 지금까지 문신에 대해 쓰여진 글의 극히 일부에 불과하며, 따라서 하나의 포괄적인 개괄이라기보다는 간략하고 단편적인 개론이라 할 수 있다. 기록된 자료의 부족으로 남미, 인도, 러시아, 아프리카, 아랍 지역에서 현재 유행하는 것과 같은 여러 전통 문신에 대한 설명은 여기에 포함시킬 수 없었다. 현대의 인류학자와 사회학자들이 다양한 문화 속에서 문신의 사회적, 개인적, 진화적 중요성을 다룬 수많은 학술적 저술들도 고려의 대상에서 제외하였다. 그런 분야의 연구는 미래의 작가들이 할 수 있을 것이다.

일반 독자들을 위해 책 뒤에 소개해놓은 참고문헌들은 고대의 예술이면서도 무시당했던 문신, 그것의 영감을 받은 광범한 분야의 일반 서적들에 대한 하나의 입문서로 쓰였으면 한다.

Confessions of a Tattoo Addict
어느 문신 중독자의 고백

그런 기억을 불러일으키는 사건 자체는 대수로운 것이 아닐지 몰라도, 어린 시절의 어떤 기억들은 어른이 되어서까지 아주 선명하게 남아 있는 경우가 많이 있다. 나의 경우 그 사건은 난생 처음 문신 구경을 했을 때 일어났다. 내 나이 열 살이었고, 일본의 진주만 공습이 있은 몇 달 뒤였다. 그때 나는 나를 돌봐주던 누나와, 해군이었던 그녀의 남자친구와 함께 오레곤 주 포틀랜드의 우리 집 거실 소파에 앉아 있었다. 그 형이 소매를 걷더니 팔에 새겨진 아름다운 용 문신을 보여주었다. 문신의 붉은 색과 초록색이 마치 마법의 빛으로 이글거리는 듯했다. 그는 그 색깔들이 문신가가 바늘로 살갗을 일일이 찔러 만든 것이기 때문에 영원히 지워지지 않는다고 했다. 그것은 정말 놀랍고도 황홀한 것이어서 나는 그만 첫눈에 반해버리고 말았다.

우리 부모님은 문신을 하지 않으셨고, 친구들도 아무도 한 사람이 없었다. 아버지는 문신에 대한 내 소감을 들으신 뒤, 문신은 범죄자나 야만인, 혹은 의지가 박약한 사람들이나 하는 것이고, 그런 사람들은 다른 할 일이 없으니까 그런 짓이나 하는 거라며 인내심을 가지고 내게 찬찬히 설명해주셨다. 어쨌든 문신은 흥미로운 것 같다고 내가 말하자, 아버지는 그것은 내가 아직 어리기 때문이며, 어른이 되면 생각이 달라질 거라고 말씀하셨다. 아버지의 말씀은 지당했고 또 많은 점에서 옳았지만, 문신에 대해서만은 그렇지 못했다.

열두 살이 되면서 혼자 시내에 나갈 수 있게 된 나는 또 다른 멋진 구경을 하게 되었다. 선창가 근처에는 세일러 조시 뽀스딕이라는 사람이 문신 가게를 운영하고 있었다. 나는 들어가서 그에게 말을 걸고 싶었지만, '문신은 18세 이상으로, 이를 증명할 수 있는 사람만 가능'이라고 쓰인 문 앞의 팻말 때문에 감히 들어갈 엄두를 내지 못하고, 코가 납작해지도록 창문에 얼굴을 붙이고는 바깥에서 그냥 훔쳐보는 걸로 만족했다. 세일러 조지는 윙 소리를 내며 푸른 불꽃을 내는 기계를 사용하고 있었다. 문신을 받는 남자의 팔에서는 피가 흘렀고, 가끔은 고통 때문에 얼굴을 찡그리기도 했다. 벽에는 항해 중인 선박들, 닻, 장미, 용, 뱀, 나체 여성들의 아름다운 그림들이 걸려 있었다. 그 모든 장면들이 일순간 무시무시하면서도 매혹적으로 내게 다가왔다. 벽 위에 걸린 그림들은 여행, 모험, 그리고 섹스를 상징하는 것 같았다. 감수성 예민한 어린 내 마음에 문신은 그런 이미지들로 아로새겨지게 되었다. 그것들은 금지된 것이면서 또한 무한히 동경을 일으키는 그런 것들이었다.

열네 살이 되자 부모님은 나를 보스턴에 있는 기숙학교로 보내셨고, 거기서 나는 전에 몰랐던 또 다른 사실을 알게 되었다. 스콜레이 스퀘어에는 여자들이 발가벗고 춤을 추는 카지노(Casino)라는 스트립 쇼 극장이 있었는데, 그 카지노에도 예의 그 세일러 조지의 가게에서 보았던 '18세 이상으로…'의 팻말이 붙어있었다. 하지만 내 친구들은 그런 건 믿을 필요가 없다고 했고, 매표소 아가씨도 내 나이를 물어보지도 않고 표를 팔았기 때문에 나는 그만 어안이 벙벙해졌다. 미소와 함께 살짝 윙크까지 보내주면서 말이다.

카지노 옆에는 데드 리버티라는 사람이 문신 가게를 하고 있었다. 그 역시 창문에 '18세 이상…'이란 팻말을 붙이고 있었으나, 그때는 이미 나도 세상물정을 알 만큼은 알고 있었던 터라, 어느 날 나는 과감하게 문을 밀치고 들어가 다리에 13이라는 숫자를 문신해달라고 했다. 그는 아무렇지도 않다는 듯이 내게 바지를 걷어올리라고 했고, 몇 분 뒤에는 내 생애 첫 문신을 갖게 되었다. 나는 거기에 완전히 빠져버렸다. 스트립 쇼를 본 다음 주에는 나머지 다리에도 십자가 모양의 검 문신을 했다.

지금 생각하면 이미 까마득한 옛날 일이 되어버렸으나, 데드 리버티의 문신은 지금도 내 몸에 그대로 있고, 어린 시절에 느꼈던 문신에 대한 유치한 황홀감 역시 그대로 남아 있다. 십대 때는 아는 사람 중에 문신을 한 사람이 아무도 없었기 때문에 그런 내 자신을 약간 별종으로 생각하기도 했으나, 나이가 들어 문신의 역사를 읽어가면서 그런 사람이 나 혼자만은 아니라는 사실을 점차 알게 되었다. 어떤 형태의 문신은 구석기 시대부터 세계 대부분 지역에서 행해졌고, 고대로부터 현재까지 다양한 작가들에 의해 책도 많이 저술되었다.

수년간에 걸쳐 선 세계의 수많은 지역에서 행해져온 문신의 기록을 더듬는 것이 내게는 더할 나위 없는 즐거움이었고, 그중의 일부가 이 책에 수록되어 있다. 그 인용문들과 함께 몇 쪽의 배경 설명을 곁들인 것은, 문신은 결코 허공에서 떨어진 것이 아닌, 그것이 생겨나게 한 정황과

1930년경 오리건 주 포
트랜드에 있던 세일러 조
지 포스딕의 문신 스튜디
오 전경.

배경이 있었기 때문이다. 문신은 늘 그것을 행한 사람들의 삶에서 중요한 역할을 해왔고, 전 역
사를 통해 각기 다른 모습으로 나타났다. 충성의 표시였고, 종교적 헌신의 상징이었으며, 전투
의 용맹을 기린 훈장이었고, 성적인 유혹이었으며, 단체를 구분짓는 표징이었고, 개성의 상징
이었으며, 체벌, 노예, 추방자, 범죄자들을 표시하는 수단이었다. 하지만 문신의 이런 수많은
쓰임새 뒤에는 하나의 미스터리가 숨어 있다. 왜 꼭 문신이어야 했는가? 그런 용도라면 다른
것들도 있었을 텐데. 거기에는 아마도 살갗을 찔러 피를 내 신체를 영원히 변형시키는 과정에
서 느껴지는 원초적이고 심오하며 도저히 헤아릴 길 없는 황홀감이라는 또 다른 이유가 숨어
있었던 것 같다. 이 책에도 소개되었듯이 많은 작가들이 그 미스터리의 해답을 찾으려 해보았
으나, 여전히 그것은 미궁인 채로 남아 있다. 본능적으로 느낄 수는 있으나 합리적으로 설명할
수 없는 그 무엇으로……

2000년 토론토에서, 스티브 길버트

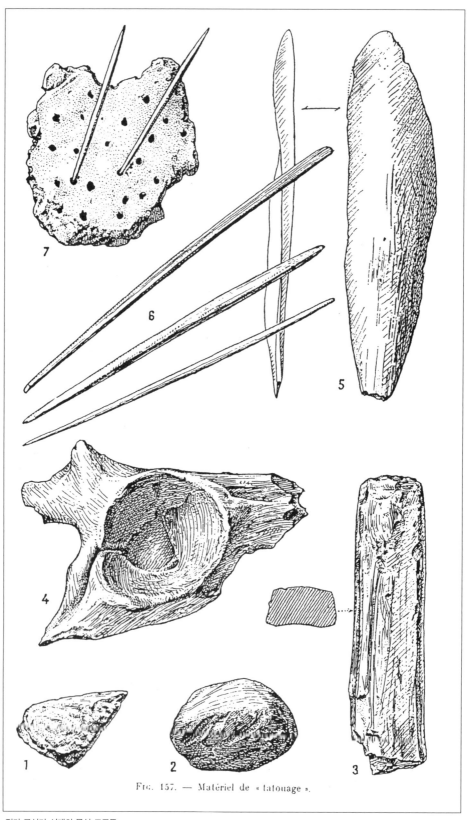

FIG. 157. — Matériel de « tatouage ».

전기 구석기 시대의 문신 도구들.

I 고대의 역사

1991년 10월, 몸에 문신이 새겨진 오천 년 전의 냉동 인간이 오스트리아와 이탈리아 국경 근처의 산에서 발견된 사건이 전 세계의 신문 머리기사를 장식했다. 그는 아마도 사냥을 다녀 오는 길에 눈보라에 갇혀버린 사람인 듯했다. 시체 옆에는 의류, 활, 화살, 청동 제품, 불을 지피는 데 필요한 부싯돌이 함께 묻혀 있었다.

인스부르크 대학의 콘라드 스핀들러 교수는 "과장하고 싶지는 않지만, 이것은 빙하에서 발견된 유일한 청동기시대 인간이고, 그 시대 인간으로 발견된 것 중에서는 최고의 보존상태를 보여준다."[1]고 말했다.

그 시체의 살갗이 특히 흥미로웠던 까닭은, 몸에 다음과 같은 여러 개의 문신이 새겨져 있었기 때문이다. 왼쪽 무릎 안쪽에 새겨진 십자가 문신과 콩팥 위쪽에 새겨진 15센티미터 길이의 직선 문신 여섯 개, 그리고 발목에 나란히 그려진 수많은 선들이 그것인데, 문신이 새겨진 위치로 보아 그것들은 아마도 치료가 목적이었던 것 같다고 스핀들러 교수는 말했다(19장 참조).

유럽의 고고유적 발굴장에서는 후기 구석기시대(기원전 38,000∼10,000)에 사용되었던 것으로 보이는 문신 기구가 이미 여러 번 발견된 적이 있다. 이 기구들은 모두 진흙과 붉은 황토로 만들어진 하나의 원반과 그 위의 구멍에 꽂힌 날카로운 뼈바늘들로 이루어져 있는데, 여기서 원반은 색소의 원료와 저장소 역할을 했고, 바늘은 살갗을 뚫는 데 사용되었다. 그리고 그런 기

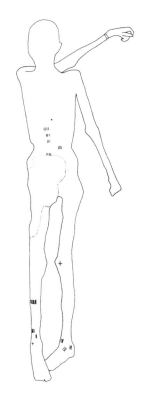

5천 년 전 아이스 맨 미라의 문신
(콘라드 스핀들러의 『얼음 속의 인간』에서).

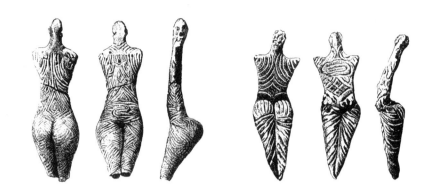

기하학적 문양으로 새겨진 석기 시대의 소입상들.

구들 옆에는 문신 같아 보이는 문양이 새겨진 점토와 돌 입상들이 늘 함께 놓여 있었다.[2]

문신 미라들은 그 밖의 다른 지역에서도 발견되었다. 그중 최상의 보존 상태를 보여준 것이 생전에 이집트 테베의 11왕조(기원전 2160~1994) 때 하토르 여신의 대여사제를 지낸 아무네트(Amunet) 미라이다. 하토르는 전(全) 이집트 여신의 우두머리로서 지구상의 모든 생명을 탄생시킨 우주의 어머니였다. 그녀를 기리기 위해 이집트 전역에서는 신전이 세워지고 축제가 열렸으며, 특히 그녀의 탄생을 축하하기 위해 새해 첫날에 열린 주연(酒宴)은 대단히 중요한 행사였다. 아무네트 미라는 팔과 허벅지에 새겨진 평행선들과 배꼽 아래의 타원형 문양을 똑똑히 볼 수 있을 정도로 보존 상태도 좋고, 문신의 모양도 선명히 살아 있다. 이집트 학자 로버트 S. 비안치는 그 문신에는 분명 '관능적인 의미' 가 담겨 있다고 주장했다.[3]

아무네트를 포함한 여러 미라들에서 보여진 것과 같은 문양을 지닌 소상(小像)들이 이집트의 다른 무덤들에서도 발견되었다. 이집트 학자들은 그 문양들을 다산과 회춘의 상징으로 보고 있다. '사자(死者)의 신부들' 이라 명명된 그 조상들이 남성 미라와 함께 매장된 것은 필시 죽은 이의 성욕을 일깨워 그를 부활시키기 위함이었던 것 같다.

지금까지 발견된 이집트의 문신 미라는 모두 여성뿐이었다. 그렇다면 고대 이집트에서는 여성들만이 문신을 한 것일까? 그렇지는 않을 것이다. 문신으로 보여지는 문양들은 이집트 미술의 남녀 모두에게서 나타나고, 신 왕조 말까지 지배한 이집트 왕들의 소상(彫像)들에서도 문신임이 분명한 상형문자와 이집트 신들이 새겨져 있는 것을 볼 수 있다.

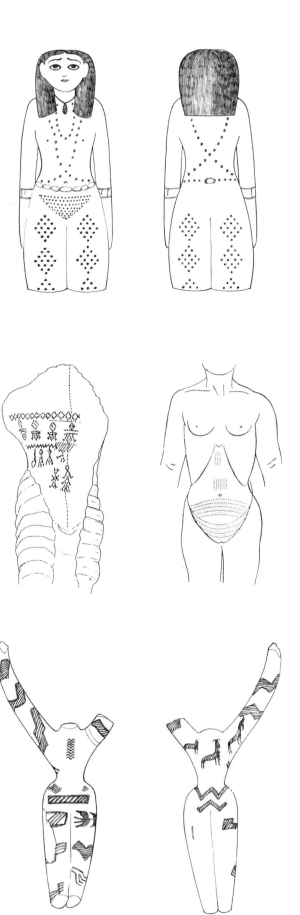

(위) 사자의 신부(新婦).
(중간 왼쪽) 아무네트 미라에 새겨진 문신.
(중간 오른쪽) 기원전 4세기 누비아의 여성 미라에서 발견된 문신과 기원전 2,000년 이집트 미라의 문신은 모양이 서로 엇비슷하다.
(아래) 이집트의 여자 소입상(기원전 3,000년경). 문신으로 추정되는 자국이 남아있다.

세티 1세 무덤에서 나온 리비아인 미라들. 다리와 팔에 문신이 새겨져 있다.

고대 이집트어에는 문신이라는 말이 따로 없었다. 하지만 브레머 린드 파피루스를 보면, "그들의 이름은, 이시스와 네프티스로 그들의 팔에 새겨져 있나니⋯⋯."라는 글귀가 적혀있고, 여기서 '새겨지다(inscribed)'로 번역된 상형문자 멘테누(mentenu)에는, '식각(蝕刻)하다(etched)' 혹은 '새겨 넣다(engraved)'로 번역될 수 있는 매우 광범위한 의미가 담겨 있는 점으로 미루어, 그것이 아마도 문신을 나타내는 말이 아닌가 한다. 하지만 문신과 장식용 상처 모두를 지닌 여성 미라도 하나 있기 때문에, 멘테누에는 문신 외에도, 칼로 상처를 내거나 낙인(烙印) 혹은 문양을 새긴다는 의미도 함께 담겨 있었던 것 같다.4

리비아에서는 양성의 문신 미라가 모두 발견되었다. 남성 미라 중에는 태양 숭배와 관련된 문신이 새겨져 있는 것도 있고, 기원전 1300년경으로 추정되는 세티 1세(Seti I)의 무덤에서 발견된 남성 미라들에는 전사들을 전쟁터로 내몬 사나운 여신 네이트(Neith)를 상징하는 상형문자 문신이 새겨져 있다.

최초의 문신으로 알려진 베스(Bes) 신(神)의 문신은 추상적인 문양이라기보다는 오히려 어떤 대상을 그린 그림이라고 해야 마땅할 것 같다. 이집트 신화에서 환락을 좋아하는 호색적인 신으로 대표되는 베스는 주연(酒宴) 개최자로서의 임무 외에도, 부희와 연주가들을 관장하는 역할도 맡고 있었는데,

베스 신의 문신.

그는 이집트의 많은 예술 작품 속에서 동물 가죽을 뒤집어쓴 흉측한 원숭이 모습의 난쟁이로 묘사되고 있다. 석주(石柱)나 항아리에도 그런 모습으로 나타나고, 부적에는 종종 남근의 상징으로 묘사되기도 한다. 그 부적을 침대 머리맡에 걸어두면 악령을 물리친다는 믿음이 있었다. 그런가 하면 그림 속의 베스는 무희나 연주가들의 허벅지에 문신의 모양으로 나타나고, 기원전 약 400년경으로 추정되는 누비아 여성 미라들 속에서도 베스의 문신이 발견된다.[5]

문신 미라들은 남아메리카에서도 발견되었다. 1920년 페루의 고고학자들은 서기 11세기 것으로 추정되는, 문신이 새겨진 잉카 미라를 발굴했다. 기록물이 없기 때문에 잉카 문화 속에서 이 문신들의 중요성은 알 수 없지만, 문양의 정교함으로 미루어 잉카 문명 이전부터 이미 존재해왔던 것으로 생각된다.[6]

1948년 러시아 인류학자 세르게이 이바노비치 루덴코는 중국과 러시아가 만나는 국경에서 북쪽으로 약 190킬로미터 떨어진 곳에서 파지리크족 (Pazyryk) 무덤 발굴단을 지휘하던 중 우연히 정교한 문신이 새겨진 미라 하나를 발견했다. 파지리크인은 기원전 6세기에서 2세기까지 동유럽과 서아시아의 스텝지역에서 살았던, 철기시대의 아주 용맹스런 기마 전사들이었다. 기록은 남긴 게 없지만, 공예품들은 하나같이 세련되고 정교한 예술성과 기교를 보여준다.

루덴코가 발견한 파지리크 무덤들은 거의 완벽에 가까운 보존 상태를 유지하고 있었다. 무덤 속에는 해골과 완전한 형태로 보존된 말들의 시신과 인간 미라들이 안장, 승마 기구, 마차, 깔개, 의복, 장신구, 악기, 부적, 연장, 그리고 재미있게도 (루덴코가 '대마 연기를 마시는 기구' 로 묘사한) 대마초 파이프와 같은 풍성한 유물들과 함께 매장되어 있었다. 뿐만 아니라 수천 킬로미터를 이동해 다니는 동안 획득했음이 분명한, 페르시아와 중국산 천들도 들어 있었다.

하지만 루덴코가 발견한 것 중 가장 특기할 만한 것은 50세쯤에 죽은 것으로 보이는 땅딸하면서도 건장한 체격의 파지리크족 족장의 시신에 새겨진 문신이었다. 시신의 일부는 이미 퇴화된 상태였지만, 각양각색의 괴이한 짐

승들이 서로 맞물려 있는 모습의 정교한 문양 형태는 아직도 선명하게 남아 있었다.

그중에서도 보존 상태가 가장 뛰어난 것이 오른팔에 문신된 당나귀와 산양, 긴 뿔을 가진 두 마리의 멋진 사슴, 그리고 상상의 몬스터였다. 가슴에는 기린을 닮은 두 마리의 몬스터가 새겨져 있었고, 왼팔에는 약간 지워지긴 했지만 두 마리의 사슴과 한 마리의 야생 염소로 보이는 동물들이 새겨져 있었다.

오른쪽 다리 앞쪽은 발에서 무릎까지 물고기 한 마리가 길게 덮고 있었다. 오른쪽 발에는 괴물이 기어오르는 형상, 정강이 안쪽으로는 뛰어가는 네 마리 숫양이 서로 붙어있는 모양이 하나의 문양을 이루고 있었다. 왼쪽 다리에도 형체를 알 수 없는 문신이 하나 새겨져 있었다. 그런가 하면 등에는 아마도 치료용이었던 것 같은 일련의 작은 원들이 척추와 나란히 새겨져 있었다. 시베리아 종족은 지금도 이런 종류의 문신을 치료용으로 이용한다.7

파지리크족 족장의 팔과 다리에 새겨진 상상의 몬스터, 말, 산양, 물고기 문신.

1993년 여름, 문신이 새겨진 또 다른 파지리크 미라가 시베리아의 우목 고원에서 발견되었다. 이 미라는 속이 빈

낙엽송 나무의 몸통으로 만든 관 속에 무려 2,400년간이나 묻혀 있었다. 관 표면에는 사슴과 눈 표범의 멋진 모습이 새겨진 가죽이 덮여 있었다. 아마도 매장 바로 직후에 내린 찬비가 묘지로 흘러 내리면서 관 속의 내용물도 그대로 꽁꽁 얼어붙은 모양이었다.

관 속에는 이전에 발견된 파지리크 미라의 문신과 비슷한, 신화적 동물들이 양팔에 문신되어 있는 젊은 여성의 시신이 들어 있었다. 그녀는 풍성한 흰 비단옷에, 진홍색의 긴 모직 치마를 입고 흰 펠트 양말을 신고 있었다. 그러한 종류로는 완전하게 보존된 최초의 미라였다. 관 속에는 또 황금빛 장신구들, 식기들, 솔 하나, 마리화나가 담긴 항아리 하나, 뒷면에 사슴이 새겨진 목재 손거울 등의 각종 공예품이 함께 들어 있었다. 관의 지붕 역할을 한 통나무들 위에는 세심하게 마구가 채워진 여섯 필의 말이 제물이 되어 누워 있었다.

"순금을 발견했더라도 이렇게는 기쁘지 않았을 거예요." 무덤을 발견한 러시아 고고학자 나탈리아 폴로스마크가 말했다. "이것들은 모두 일상용품들이에요. 이것들을 통해 우리는 당시의 생활상을 엿볼 수 있죠."[8]

문신에 관해서는 헤로도투스, 플루타크, 플라톤, 갈레노스, 세네카, 페트로니우스, 아리스토파네스, 디오스코리데스, 플리니와 같은 그리스와 로마의 수많은 작가들도 언급하고 있다. 하지만 그리스나 로마의 상류계층에서는 장식 문신을 야만적이라고 생각하여 그다지 빠져들지는 않았다. 그래도 그리스인들은 페르시아인들로부터 문신 기술을 배워, 노예나 범죄자들의 도주방지용 표지로 그것을 이용했다. 이후 그 기술은 로마인들에게 전수되었고, 고대 말기 로마 군대의 대부분이 용병으로 채워져 있을 때, 그들의 탈영을 막으려는 목적으로 다시 이용되었다.[9]

'문신'을 뜻하는 라틴어는 스티그마(stigma)인데, 현대 사전에도 그 본래 의미가 고스란히 반영되어 있다. 웹스터 사전에는 'stigma'가, '뾰족한 기구로 찌름', '노예나 범죄인들의 살갗에 새긴…자국', '오점' 등으로 표기되어 있다.

문신 잉크를 만드는 뛰어난 처방과 더불어, 문신 기술에 대한 최초의 언급은 6세기의 동로마제국 의사 아에티우스(Aetius)가 쓴 『의술론(*Medicae artis principes*)』에서 찾아볼 수 있다.

'Stigmates'는 얼굴이나 그 밖의 신체 다른 곳에 만든 자국들을 말한
다. 병사들의 손에서 그런 자국들을 볼 수 있다. 그것은 다음과 같
은 순서로 만들어진다. 먼저 이집트 산 소나무(아카시아)와 특히 나
무 껍질 1온스, 부식된 청동 2온스, 담즙 2온스, 황산 1온스를 잘 섞
어 체로 거른다. 부식된 청동은 식초와 함께 간 다음 다른 재료들과
섞어 가루로 만든다. 그 가루를 물 2에 부추 즙 1의 비율로 된 액체
에 넣고 공들여 섞는다. 먼저 문신할 부분을 부추 즙으로 씻고, 뾰
족한 바늘로 피가 나올 때까지 찔러 무늬를 만든다. 그리고 나서 잉
크로 문지른다.[10]

문신을 수치스럽게 여긴 풍조 때문에, 그리스와 로마 의사들은 문신 제거
사업으로 단단히 한 몫을 챙겼다. 아에티우스도 그의 처방에 따라 문신을 새
긴 독자들로부터 필시 문신 제거 기술에 대한 요구가 있을 것으로 생각해,
다음과 같은 기록을 남겼다.

그런 문신을 지워버리고 싶은 사람은 아래 처방을 따르도록 하
라…… [문신 제거에는 두 가지 방법이 있다. 하나는 라임, 석고, 소
다를 쓰는 것이고, 다른 하나는 후추, 루타(rue: 지중해 연안 원산
의 귤과의 상록 다년초), 꿀을 쓰는 것이다]. 먼저 질산소다로 문신
을 깨끗이 씻고, 테레빈 나무 송진을 바른 다음, 5일 동안 붕대로
감아둔다. 6일째 되는 날, 핀으로 문신을 찌른 뒤 피를 솜으로 닦아
내고, 상처에 소금을 약간 뿌려둔다. 그리고 10스타디오이
(stadioi)[아마도 그때까지 걸린 시간]가 지난 뒤, 전술한 조제법대
로 만든 약물을 바르고, 리넨 붕대로 감아둔다. 그 상태로 5일을 둔
다음, 6일째 되는 날 깃털로 약물을 조금 펴 바른다. 20일 후면 별
다른 궤양이나 흉터 없이 문신은 사라지게 된다.[11]

아에티우스 저 방법은 사용한 약물이 피부 외 표피층에 염증이나 딱지가 생
기게 하는 부식제이기만 하면 일단은 어느 정도 문신 자국을 제거할 수 있었
다는 점에서 아마 효력이 있었을 것이다. 그 외에도 그리스나 로마의 의사들

에게는 문신 자국을 지우는 그들만의 독특한 처방법이 있었다. 침실용 변기 바닥의 찌꺼기를 '아주 강한 식초'와 섞는다든지[서기 97년, 아르키그네(Archigne)], 비둘기 배설물을 식초와 섞어 '오랫동안' 찜질한다든지[서기 138년, 마르켈루스(Marcellus)], 칸타리스[Cantharides: 발포제를 말하며 대중적으로는 청가뢰(Spanish Fly), 즉 말린 딱정벌레로 알려졌음]를 가루로 만들어 유황, 밀랍, 기름과 함께 섞어 쓰는 등의 방법이 있었다[서기 54년, 스크리보니우스 라르고(Scribonius Largus)].[12]

그런가 하면 그리스와 로마의 많은 작가들은 문신을 형벌로 언급하기도 한다. 그중 몇 가지를 들어보면 다음과 같다.

플라톤은 신성모독죄를 지은 사람은 문신을 새겨 공화국 밖으로 추방시켜야 된다고 믿었다.

수에토니우스(Suetone)에 따르면, 성도착적이고 사디스트적이었던 로마의 칼리굴라 황제는 신하들에게 곧잘 문신을 강요하는 놀음을 즐겼다고 한다.

역사가 조나르(Zonare)는 그리스 황제 테오필루스(재위 서기 829~842)가 자신을 공개 비판한 두 수도사의 이마에 음란한 내용의 약강 5보격의 시 11줄을 새겨 넣는 방법으로 그들에게 복수했다고 전한다.[13]

그리스와 로마 사가들에 의하면, 브리튼족, 이베리아족, 골족, 고트족, 튜튼족, 픽트족(영국 북부에 살던 스콧족에 정복당한 고대인), 스콧족들에게도 문신 자국이 있었다고 한다. 안티오크의 헤롯은 서기 3세기에 이런 기록을 남겼다. "브리튼족은 몸에 채색된 동물 그림을 새겨 넣고는, 그것을 대단히 자랑스럽게 여긴다."[14] 세빌리야의 성(聖) 이시도르도 7세기에 다음과 같은 글을 썼다.

> 스콧인들은 자신들 몸에 그려진 그림으로 각자의 이름을 만들어 불렀는데, 그럴 수 있었던 것이 그들 몸에는 잉크 묻은 쇠바늘로 찔러 만든 각종 문양들이 가득했기 때문이다……그것은 픽트족도 마찬가지였다. 가는 바늘과 그 지역 토종 식물에서 추출한 즙으로 장인들이 만들어준 우스꽝스런 자국들로 자신들의 이름을 지어 불렀다.[15]

독일 고고학자 콘라드 짐머만은 4세기경의 트라키아인 문신이 새겨진 항

아리를 40점 이상이나 발견했다. 짐머만에 따르면 이 항아리들에 그려진 그림 대부분이 아내 에우리디케가 죽은 뒤 슬픔을 이기지 못하고 끝내 살해되어 죽는 그리스 신화 속의 인물 오르페우스를 묘사한 것이라 한다. 아내가 죽은 뒤 오르페우스는

문신이 새겨진 픽트 족의 남녀 전사들. 16세기 영국인 화가 존 화이트의 그림을 보고 익명의 독일 삽화가가 상상으로 그린 것이다.

여자를 멀리하고, 젊은 남자들에게 관심을 돌려 음악으로 그들을 유혹하려고 했다. 그러자 이 젊은이들로부터 버림받은 약혼자와 아내들은 복수심에 불타, 짐머만이 항아리 그림들에서 일일이 밝혀낸 단도, 낫, 창, 양날 도끼, 꼬챙이, 공이, 바위들과 같은 기상천외한 물건들로 오르페우스를 갈가리 찢어놓았다는 것이다! 신화에 따르면, 트라키아 여자들은 오르페우스를 이긴 승리의 기념으로 문신을 했다고 하는데 그렇다면 이 문신들은 부정을 하면 어떤 결과가 초래되리라는 것을 트라키아 남편들에게 상기시키는 역할로도 쓰였을 가능성이 있다.[16]

로마 제국이 기독교화되면서, 노예와 범죄인들에 대한 문신도 점차 자취를 감추게 되었다. 서기 325년 기독교를 로마의 국교로 선포한 콘스탄티누스황제는 검투사나 광부로 선고받은 자들에게는 얼굴이 아닌 손이나 다리에 문신을 하여 '신성한 아름다움이 서린 얼굴을 가급적이면 모독하지 말 것'을 법령으로 공표했다.[17] 서기 787년에는 교황 하드리아누스 1세가 종류에 관계없이 모든 문신 행위를 금지시켰으며, 후대의 교황들도 이 전통을 그대로 지켜나갔다. 19세기까지 기독교 세계에 문신이 알려지지 않은 이유도 바로 거기에 있다.[18]

고대의 문신에 대한 이런 단편적인 지식으로 우리는 과연 어떤 결론을 내릴 수 있을까? 우선, 문신이 상당히 광범위하게 이루어졌고, 최소한 일부 문

22

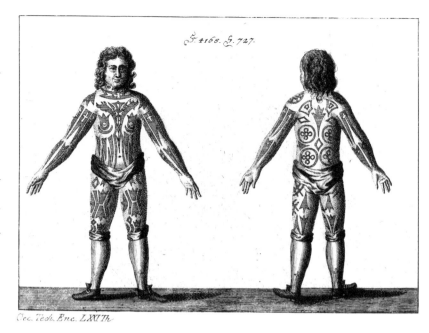

화권에서일지라도 상당한 수준의 예술적 시도가 있었다는 사실이다. 고대 문신의 형태는 여러 면에서 현대의 문신과 유사한 점이 많다. 그리고 다른 형태의 신체 장식과 마찬가지로 문신도 늘 관능적이고, 에로틱하며 감정적인 것과 관련이 깊었다. 잉카 시대의 문신은 현대

문신으로 온 몸이 뒤덮인 원주민의 모습. 익명의 19세기 독일 삽화가가 상상으로 그린 것이다.

의 종족 문신과 비슷한 추상적 문양으로 되어 있으며, 현재까지 알려진 파지리크족 문신은 모두 동물의 모양을 하고 있다. 여러 문화에서 문신의 소재로 가장 빈번하게 쓰인 동물은 전통적으로 마술, 토템 등과 연관되고, 문신한 사람의 욕망은 동물의 혼과 동일시된다. 그렇게 본다면 고대의 문신과 현대의 문신 간에는 많은 공통점이 존재하고, 세상의 온갖 문신에는 심오하고 보편적인 인간 정신의 유래가 담겨 있는 듯하다.

아무네트*

이집트의 경우, 고 왕조 시대에는 문신이 행해졌다는 증거가 없지만, 중 왕조 시대에는 문신이 널리 행해졌다는 확실한 증거가 있다. 중 왕조 시대에 살았던 첩과 무희들의 미라에서 문신들이 발견된다.

로카르트는 이렇게 말했다. "미술 평론가와 역사가들은 지금까지 그들의 학문 분야에서 가장 흥미로운 것 중의 하나, 즉 문신을 조직적으로 무시해왔다. 문신은 살아있는 피부의 기저층에 행하는 유일한 형태의 예술이고, 그러한 점에서 가장 훌륭한 예술이라 할

---

* 이 글은 1948년 『이집트 학회 논문들(Memoires de l' Institut d' Egypte)』 제53호에 실린 루드비크 카이머(Ludwig Keimer)의 「고대 이집트 문신에 관한 고찰(Remarques sur le Tatouage dans l' Egypte Ancienne)」에서 발췌한 것이다. 스티브 길버트 번역.

수 있다." 가스통 마스페로 같은 위대한 학자도 고대 이집트인들의 여성 패션과 호색적인 시(詩)에 대해, 같은 의견을 피력한다. "고대 이집트인들의 패션과 여성적인 요염함을 논하는 일은 거의 패러독스에 가까운 일이다. 하지만 단 15분만이라도 카이로 박물관을 거닐며, 그곳에 전시돼 있는 미라들을 관찰해 보라. 앙상한 뼈대, 주름 투성이의 피부, 찡그린 얼굴들을 보고 이들도 한때는 우리처럼 예쁘게 단장하고 서로를 희롱하며 희로애락의 감정을 지닌 존재였다는 것을 생각해 보라. 혹은 시들어빠진 누런 가죽에 덮여 방부제 때문에 초라하고 괴기스런 몰골로 변해있는 한 다발의 말라비틀어진 뼈들, 즉 투린의 미라들도 한때는 묘한 매력으로 테베의 젊은 남성들을 사로잡았던, 젊고 싱싱한 여인들이었다는 것을 상상해 보라.……"

우리에게 최초의 문신 미라로 알려져 있는 것은 여신 하토르의 대여사제를 지낸 아무네트였다. 1891년 그레보(Eugene Grebaut) 발굴단은 데이르 엘 바하리(Der-el Bahri) 계곡에서 21왕조의 아몬 신 사제들 묘를 발굴하는 과정에서, 11왕조의 무덤을 원형 그대로 발견했다. 묘실 안에는 왕의 첩실이었음이 분명한 하토르의 대여사제, 즉 아무네트의 이름이 새겨진 직사각형 모양의 커다란 관 두 개가 들어 있었고, 그중 하나에 보존 상태가 썩 훌륭한 미라 한 구가 담겨 있었다. 관 속에는 시신과 함께 목걸이, 팔찌, 반지 등과 같은 부장품들도 들어 있었는데, 몸통 해부만큼이나 그에 대한 연구도 아마 흥미로운 것이 될 것이다.

1938년 11월 1일, 카이로 박물관 큐레이터 M. G. 브룬톤 씨의 허락으로 나는 아무네트 미라에서 발견된 문신을 살펴볼 수 있었다. 손상의 위험 때문에 미라의 몸통을 뒤집어보지 못해 전체 문신을 다 살펴보는 것은 불가능했다.

미라를 보고 그린 스케치는 문신을 정밀하게 표현한 것이라기보다는 그에 대한 내 생각을 대강 옮겨놓은 것에 불과했다. 그럼에도 내 사진과 스케치들은 문제의 그 미라에 대해 푸케 박사(Dr. Daniel F. Fouquet)가 그린 예전의 그림들이 부정확하고 불완전한 것이었다는 것만은 확실히 입증할 수 있다.

다음은 D. E. 데리 교수한테 받은 편지의 내용이다.

"이 미라들이 묻힌 무덤은 1923년 초 데이르 엘 바하리 멘투호텝 신전의 바깥뜰에서 유적을 발굴 중이던 H. E. 윈로크 씨가 발견했다. 두 미라에 모두 문신이 새겨져 있었다는 점에서 참으로 놀라운 발견이었다. 그 같은 문양을 보여주는 미라의 또 다른 예는 같은 무덤 속에서 출토된 아무네트라는 여인밖에 없고, 그것은 현재 카이로의 고대 박물관에 보관되어 있다. 그녀는 멘투호텝의 첩실이었던 것으로 짐작된다. 이 글의 주제가 되는 두 여인은 아마 왕실 소속의 무희들이었던 모양이다.

두 여인의 팔, 다리, 발등뿐만 아니라 골반 앞 위쪽 장골 근처의 치골 위 복벽에도 똑같은 문신이 새겨져 있었다.

지금 여기서 나는, 앞서 언급된 문신 선(線) 바로 위 척추들 사이의 복부를 가로질러 새겨진 그 놀라운 반흔(瘢痕) 자국으로 주의를 집중시키려 한다. 칼로 새겼건 뜸으로 지졌건 그 새겨진 자국은 살갗에만 영향을 주었을 뿐, 복벽의 근육에는 아무런 손상도 주지 않았다. 상처는 새살이 돋는 형태로 서서히 치유되었던 것이 분명하다. 반흔 자국이 있는 곳의 양쪽 피부를 잡아당겨 붙인 유합(癒合) 선이 매우 뚜렷하고 그것이 이런 식의 치료를 나타내는 특징이기 때문이다. 아지즈 기르기스 박사가 채집한 반흔 자국을, 루퍼(Ruffer) 방식으로 최대한 원형에 가깝게 조직을 재생시켜 현미경으로 관찰해본 결과, 복벽의 좀더 깊은 조직과 상처를 형성하고 있는 두꺼운 연결 조직의 선들은 거의 온전한 상태로 남아 있었고, 그것은 오마르 박사에 의해서도 확인되었다. 반흔 자국은 장골 능을 가로질러 그 능 꼭대기 지점 바로 아래에서 끝나는 장골 능선 양쪽으로 죽 뻗어 있었다. 둔부 상단에 나 있는 커다란 잎사귀 모양의 26번 상처는 크기가 약 5.0 x 3.5cm였고, 23번 상처는 양쪽의 끝나는 위치가 왼쪽은 능선 위로 오른쪽은 능선 바로 아래로 약간 상이했다. 이 같은 절개에 대한 설명은 아마도 그들이 무희들이었다는 데서 찾아볼 수 있을 것이다. 그리고 그 주장은 상처들이 문신과 관련돼 있다는 점으로 더욱 강화된다. 피부 절개는 피를 빨아내는 치료 방법이나 혹은 장식용으로 수단의 일부 종족 사이에서 행해지고 있으며, 특히 장식용 복부 절개는 여성들 사이에 아주 일반화되어 있다. 그런 의미에서 둔부의 오른쪽에 나있는 26번 상처가 누비아와 수단인들의 얼굴이나 신체의 다른 부분에 나 있는 것과 같은 일련의 작은 난자(亂刺)법으로 되어있다는 사실은 아주 주목할 만하다. 그런 장식을 한 수단의 여성들은, 나체로 있거나 아니면 복부의 앞면을 노출시킨 짧은 치마만을 입고 있다. 이 글의 주제가 되는 여성들도 십중팔구 실오라기 하나 걸치지 않은 모습으로 춤을 추었을 게 분명하다."

[데리 교수가 논한] 두 미라는 양팔, 가슴, 음부 위쪽, 양다리, 그리고 양발에 문신이 새겨져 있다. 문양의 기조는 두 미라가 똑같은 모양을 하고 있고, 열여섯 뜸으로 이루어진 마름모꼴로 되어 있다. 그리고 대부분 그룹을 형성하고 있으며, 이와 똑같은 문신의 기조는 이후 고대 이집트의 여성 소상(小像)들에서도 다수 발견된다. ■

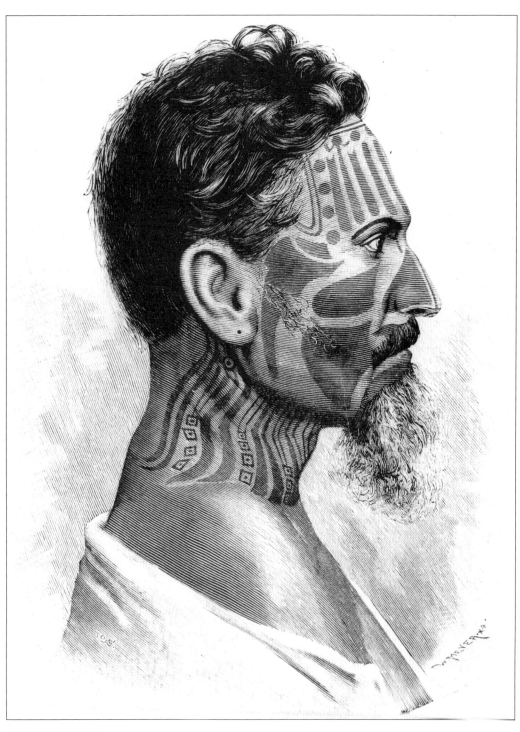

이스터 섬 주민의 얼굴 문신.

2

폴리네시아

트리시아 알렌, 스티브 길버트

서구의 인류학자들이 폴리네시아인의 전통적인 삶 속에 배인 문신의 중요성에 대해 연구하기 시작한 것은 19세기 후반부터였다. 19세기 말엽에 이르러 폴리네시아 문신에 대한 글이 문화인류학 잡지에 등장하였으며, 몇몇 인류학자들이 폴리네시아 문신에 대해 언급한 책을 펴내기 시작한 것도 바로 그 즈음이었다. 하지만 안타깝게도 폴리네시아 문신에 대해 우리가 알고 있는 지식은 극히 단편적인 것에 불과하다. 문신과 관련된 풍부한 전통, 신화, 종교 의식과 더불어 문양의 대부분이 영원히 사라져 버렸기 때문이다. 폴리네시아인 스스로가 인지한 문신의 중요성에 대해서는 이처럼 거의 알려진 것이 없기 때문에, 우리가 알고 있는 지식의 대부분은 유럽인의 눈을 통한 것일 수밖에 없다.

남태평양에 유럽인들이 등장하기 전의 폴리네시아 문신은 고대 세계의 문신 중 가장 복잡하고 정교한 문양을 자랑했다. 그것은 태평양 섬들 사이에서 수천 년에 걸쳐 발전을 거듭한 역사를 지닌다. 또한 가장 진보된 형식으로서 한 개인의 일생을 거치며 온 몸을 다 덮을 때까지 여러 번의 첨가, 수정, 장식을 거쳐 완성되는 정교한 기하학적 문양이 그 특징이다. 그 아름다움과 난해함으로 볼 때 고대 폴리네시아인들의 문신은 현대 미술의 최고 걸작품에 견주어도 전혀 손색이 없다.

그것은 어디에서 유래되었을까? 그리고 폴리네시아에서만 그토록 고도의 발전을 이룬 까닭은 무엇일까? 그에 대한 해답을 얻기 위해서는 우선, 태평양 섬들의 지형과 역사 그리고 그곳 사람들의 문화를 살펴봐야 한다. 적도상에 위치한 태평양 섬들은 화산 작용으로 인해 봉우리가 높고, 계곡이 넓고, 토지는 비옥하며, 싱그러운 초목과 형형색색의 열대어가 가득 찬 산호빛의 외딴 석호들이 많은 지형적 특징을 갖는다. 원주민들은 그곳에 갇힌 채, 자연의 적과 약탈자, 그리고 질병으로부터 보호받았다. 초창기의 유럽 탐험가들에게 그런 폴리네시아인들의 모습은 때묻지 않은 상태로 살아가는 신화적이고 숭고한 야만인의 전형 그 자체로 비춰졌다. 『타이피(Typee)』에서 허만 멜빌은 마르케사스인들을 이렇게 묘사하고 있다.

> 미적인 면에서 그들은 지금까지 내가 보아온 그 어느 종족보다 우수했다. …… 그곳 사람들 하나 하나가 모두 조각가의 모델이 될 만했다. …… 타이피 계곡 소년들의 그 '아름답고' '생기' 넘치는 모습은 직접 보지 않고는 도저히 말로 표현할 수 없을 정도이다. 쿡 (James Cook) 선장은 자신의 항해일지에서 마르케사스인들을 남태평양 섬에서 가장 눈부신 종족이라고 말하며, 미국 선박 빈센트 호의 목사였던 스트워트 역시 그의 「남태평양의 풍경(Scenes in the South Seas)」에서 그곳 여성들의 압도적인 미에 대한 놀라움을 수차례 언급하면서, 누크헤바의 처녀들을 볼 때마다 자신은 본국의 그 내로라하는 미인들을 떠올리지 않을 수 없었노라고 토로하고 있다.[1]

세계 다른 지역 사람들과는 달리 폴리네시아인들은 가혹한 생존경쟁의 악다구니 속에서 세월을 보내지 않았다. 그들은 예술과 기예에 뛰어났다. 카누, 사발, 전투용 곤봉과 기구 등, 그들이 만든 모든 것에는 장식이 되어 있었다. 신체에까지 아름다운 무늬를 새길 정도였다. 문신은 그들의 삶과 예술의 자연스런 일부였으며, 그들에게는 그것을 추구하고 고차원적으로 발전시킬 만한 시간과 기질과 기술이 있었다.

18, 19세기에 남태평양을 찾은 유럽의 항해자들은 그곳 섬 주민들이 공통의 조상을 갖고 있다는 사실을 알게 되었다. 말도 농족 언어를 사용했고, 생김새도 비슷했으며, 문화적 특질도 공유하는 것이 많았다. 하지만 그들은 어디서 왔으며, 섬들 사이에 가로놓인, 지도에도 나와있지 않은 수천 킬로미터

의 바다를 그들은 과연 어떻게 항해한 것일까? 그에 대한 해답으로 학자와 일반 작가들이 이백 년이 넘게 내놓은 이론들은 모두 황당한 것들뿐이었다. 폴리네시아인 조상들의 이동에 관한 보다 정확한 내력을 알게된 것은 불과 삼십 년 전의 일이었다. 고고학, 언어학, 자연 인류학, 식물학에서 끌어 모은 각종 자료들에 따르면 이들은 원래 동남아시아 출신으로, 멜라네시아 북부의 섬들로 차츰 주거지를 넓혀가다가, 약 5만 년 전 뉴 기니로 옮겨왔다는 것이다. 뉴 기니에 인접한 크기가 좀 더 큰 몇몇 섬들로의 이주는 그보다 훨씬 늦은 약 11,000년 전에 이루어졌다. 그리하여 기원전 3,000년에 이

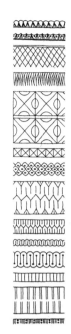

레피타족의 도기 문양(제시 D. 제닝스의 『폴리네시아의 선사시대』에 나온 것을 책의 발행인 하버드대 출판부의 허락을 받아 다시 그린 것이다).

르면 농업, 어업 기술뿐만 아니라 긴 항해에도 끄떡없는 정교한 선박까지 만들어내게 되었다. 불과 3, 4백 년의 기간 동안 고대의 항해자들은 (그들이 만든 도자기의 이름을 따서 레피타족이라고도 불린다) 솔로몬 군도, 헤브리디스 제도, 피지, 통가와 사모아 등 멜라네시아 대부분 섬들을 개척했다. 기원전 1,200년에는 피지, 사모아, 통가에서 원시 폴리네시아 문화가 태동하기 시작했다. 폴리네시아의 언어, 문화, 예술은 이렇게 수천 년을 거쳐오며 발전해 왔다. 예수가 태어나기 얼마 전, 초기 폴리네시아인들은 수천 킬로미터를 항해하여 수평선 저 멀리 아득히 떠있는 섬들을 발견하는 새로운 위업을 달성했다. 서기 200년에서 600년 사이에는 동쪽으로 항해하여 타히티, 마르케사스, 이스터 섬, 하와이, 그리고 태평양 상에 떠있는 약 100여 개의 섬들을 찾아내어 정착지로 개척했다. 서기 1,000년경에는 폴리네시아 최남단에 위치해 있는 최대의 섬 뉴질랜드에 정착했다.[2]

태평양을 횡단하는 동안 그들은 자신들의 여행 기록을 도기와 공예물의 형태로 남겨 놓았다. 숙련된 기술과 세련된 균형감각을 보여주는 이 도기들은 기원전 1,500년경부터 예수의 탄생 시까지 만들어졌으며, 멜라네시아, 통가와 사모아의 수많은 고고학 발굴지에서 출토되고 있다. 광범위하게 퍼져있던 레피타 문화의 존재와 후기 폴리네시아 문화의 조상에 대한 증거를 제공해 준 것도 이 도기들이었다.

레피타 도기가 문신의 역사에서 특별한 흥미를 자아내는 것은, 그것이 고

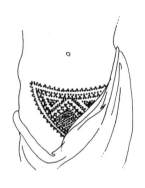

피지 여성의 문신한 모습.

대 폴리네시아 문신 문양의 성격을 말해주는 가장 오래 된 증거이기 때문이다. 레피타 도기들에는 V자형의 그림, 서로 연결된 기하학적 패턴, 가면과 바다 괴물을 연상시키는 멋진 스타일의 문양들이 새겨져 있고, 그와 비슷한 문신 문양들이 폴리네시아 전역에서 발견되고 있다. 도기와 문신에 사용된 기술이 서로 비슷하다는 점은 문양을 아주 촘촘히 뚫거나 점각(點刻)하는 기술에서도 나타나고 있다.3

그와 비슷한 문양으로 장식된 소상(小像)들이 레피타 고고학 발굴지에서 문신 도구들과 함께 발견되었다. 어떤 것들은 3,000년이 넘었다. 이 도구들은 편편한 끌같이 생긴 2~4 센티미터 길이의 뼈조각 한쪽 끝을 마치 이빨이 박힌 것처럼 날카롭게 빗 모양으로 깎아 만든 것들로 이루어져 있다. 이러한 도구가 기다란 나무 손잡이 끝에 붙어 있었다. 문신은 이 도구를 숯검정과 물을 섞어 만든 색소에 적셔 조그만 나무 메로 두드리는 방법으로 만들어졌다. 세계의 어느 곳에도 알려지지 않은 이 기술이 태평양의 섬들에서는 일반화되어 있었고, 사모아의 전통 문신가들은 지금도 이 방법을 사용하고 있다.4

레피타 도기 제작은 예수의 탄생 이후에 중단되었지만, 문신 기술은 정교함을 더해 갔다. 피지, 통가, 사모아 말로 기록돼 있는 고대의 전설에 따르면, 문신 기술은 두 명의 여성 문신가들이 피지에서 통가, 사모아로 전파했다고 한다. 처음 피지를 출발할 때만 해도 이들은 "문신은 남성들이 아닌 여성들만 한다."는 말을 의기양양하게 외쳤다고 한다. 그런데 항해를 하는 과정에서 발가락이 잘려나가고 허리케인이나 거대한 식인 조개와 사투를 벌이는 등 갖은 우여곡절을 겪게 되었다. 그리하여 천신만고 끝에 간신히 통가에 도착한 이들은 완전히 제정신을 잃고 "문신은 여성들이 아닌 남성들만 한다."는 말을 읊조리게 되었다고 한다.5

폴리네시아 문신이 세련된 예술로의 승화를 이룬 곳은 통가와 사모아였다. 통가의 전사들은 허리에서 무릎까지 삼각형, 줄무늬, 새까만 부분을 반복하여 만든 일련의 기하학적 패턴의 문신을 하고 있었다. 문신은 오랜 기간의 수련을 거친 사제들에 의해, 엄격히 정해진 의식과 금기에 따라 행해졌다. 통가인들의 문신에는 이같이 심오한 사회 문화적 중요성이 내포돼 있었다.

고대 사모아 문신은 종교 의식과 전쟁 행위 양면에서 모두 중요한 역할을 했다. 문신가도 세습직으로 상당한 특권적 지위를 향유했다. 사모아에서는 친구와 친척들이 모이는 특별 기도 시간이나 문신과 관련된 의식을 통해, 여섯 살에서 여덟 살까지의 소년들에게 문신을 새겨주는 것이 관례로 되어 있었다. 사모아 전사들의 문신은 허리에서 무릎 바로 앞에까지 이어졌다. 여성들의 경우는 문신을 허용은 하되, 손과 몸의 아랫부분에 일련의 기하학적 꽃 문양을 하는 것에 한정시켰다.[6]

사모아와 통가의 항해자들이 마르케사스에 정주를 시작한 것은 서기 약 200년경이었다. 그로부터 무려 1천 년에 걸쳐 가장 복잡한 폴리네시아 문화의 하나가 마르케사스에서 태동했다. 예술과 건축 분야의 발달 외에도 많은 경우 몸 전체를 덮는 마르케사스 문신은 폴리네시아 문신 중에서도 가장 정교한 기술을 자랑했다.

서기 1,000년경에 이르러 폴리네시아인들은 동사모아 섬의 대부분을 개척했다. 이후 저마다의 특징을 보여주는 문화가 생겨나기 시작했고, 유럽인의 손길이 닿을 즈음에는 섬마다 다른 고유의 언어, 신화, 예술, 그리고 독특한 문신 양식을 갖게 되었다.[7]

폴리네시아 문신에 대한 기록은 17세기와 18세기 초 유럽 선박의 항해일지에도 간단하게 언급되어 있기는 하지만, 그에 대한 최초의 기술은 유럽 초기 방문자들 중에선 비교적 계몽된 사람 축에 들었고, 1769년 쿡 선장의 첫 항해에 박물학자로 동행한, 조세프 뱅크스에 이르러 비로소 상세하게 이루어졌

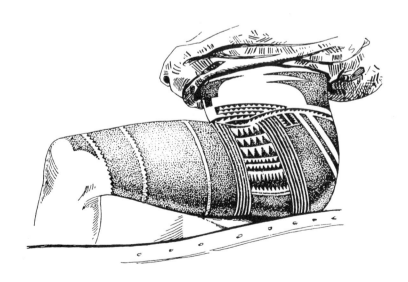

통가 남성의 문신한 모습.

다. 그 외에 18, 19세기의 탐험가들을 수행한 박물학자들도 문신에 대한 그림과 글을 조금 남겨놓았다. 하지만 전체적으로 유럽인들은 폴리네시아 예술과 문화에 거의 관심을 보이지 않았다. 대부분의 태평양 섬들에 최초로 정주한 유럽인은 선교사들이었다. 그들은 자신들 눈에는 미신과 푸닥거리로밖에 보이지 않는 원주민의 종교의식과 관련되었다는 이유로 덮어놓고 문신을 반대했다. 선교사들에 이어 들이닥친 식민지 개척자들도 섬들의 소유권 쟁탈에만 열을 올리며 천연자원을 약탈하고, 원주민들에게 유럽식 복장과 천한 일을 하도록 강요했다. 문신은 폴리네시아의 전통적 삶의 양식과 관계가 깊었기 때문에 유럽의 힘에 대한 저항의 상징이 되었고, 그로 인해 대부분 식민지 정부들에 의해 불법으로 간주되었다.

그런데 태평양의 섬들에서 사라지고 있던 문신이 서구인들 사이에선 유행하는 아이러니가 연출됐다. 문신은 쿡 선장의 항해가 있기 전에는 유럽에 거의 알려진 것이 없었다. 그러다 유럽인으로서 폴리네시아 문신을 최초로 접한 쿡 선장의 선원들이 외지 여행의 기념으로 문신을 새기고 돌아오는 일이 늘어나면서, 영국 해병들 사이에 문신이 급속도로 확산되기 시작했다. 선원들은 또 폴리네시아 문신가로부터 기술을 배워 그것을 배 위에서 직접 실험해보고, 후일 은퇴하여 유럽의 항구 도시에 문신 가게를 차리기까지 했다. 문신은 서구인들이 광범위하게 모방하고 채용한 폴리네시아의 유일한 예술 형태이다.

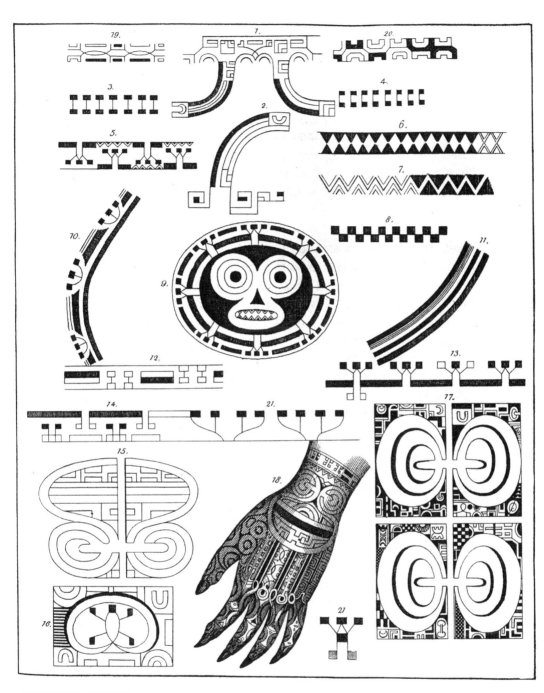

마르케사스인들의 문신 디자인.

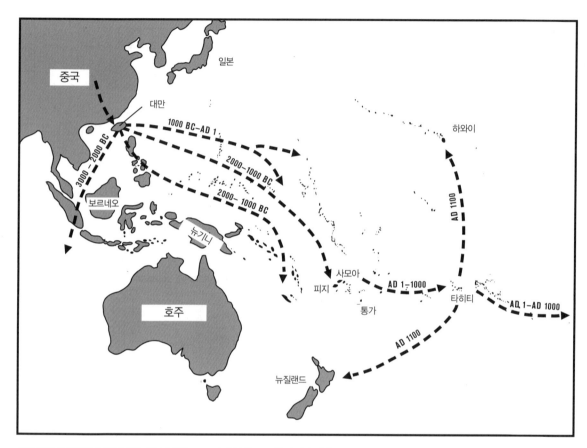

현대 폴리네시아인의 조상들이 밟은 항로가 점선으로 표시돼 있다(도드 이후 수정된 것임).

마르케사스의 랑스도로프, 서기 약 1800년경*

남태평양 섬 주민들이 벗은 몸을 장식하는 형태 중 가장 놀랍고도 흥미로운 방식은 점을 찍는 것, 아니 그들의 용어로 말하면 문신이다. 지구상의 여러 나라에서 흔히 행해지는 이러한 종류의 장식은 지금까지 그래 왔던 것 이상으로 여행자들의 관심을 끌 만하다. 아무런 교류 수단도 없이 서로 완전히 동떨어져 있었고, 우리가 알기로는 과거에도 교류수단이 전혀 없었음이 분명한 나라들이 문신 행위에 있어서는 일치된 행동을 보이고 있다는 사실이 본인으로서는 그저 놀라울 따름이다.

지구상에 알려진 나라 중 문신 기술을 완벽의 경지까지 도달시킨 민족은 워싱턴 아일랜드 주민들[마르케사스인들] 이외에는 그 어디에도 없었다. 누크히바 남성들의 몸을 머리끝에서 발끝까지 찔러서 만든 그 평범한 문신문양은 어찌 보면 의복이라 할 수 있었다. 하늘 아래 그토록 따스한 곳에서 의복을 걸친다는 것이 그들로서는 진정 참을 수 없는 것이었으리라. 우리가 의복이 주는 고상함으로 서로를 구분지으려 하듯, 이곳 사람들은 균형과 조화미가 뛰어난 문신으로 각자의 개성을 찾으려 한다. 그리고 문양이 남보다 좀 빼어나다고 해서 그것이 곧 지위의 높음을 나타내는 것은 아니지만, 그럼에도 상류계급의 사람만이 비용에 관계없이 정교한 문신을 새길 수 있기 때문에 사실상 그것은 신분의 구분이 된다.

문신 수술은 그것을 생업으로 삼는 소수의 사람들이 행한다. 그리고 내가 보기에 뛰어난 손재주와 문양에 대한 높은 안목을 지니고 있는 사람은 우리네 나라의 좋은 양복점만큼이나 늘 수요가 넘쳐난다. 하지만 문신가를 선택하는 것은 양복점을 선택하는 것과는 근본적으로 문제가 다르다는 것을 알아둘 필요가 있다. 문신을 새기다 망치면 두 번 다시 고칠 수 없기 때문에 그 망친 부분을 죽을 때까지 지니고 있

하와이 섬의 한 추장 모습.

---

* 이 글은 1813년 런던에서 발행된 게오르그 H. 폰 랑스도로프(Georg H. von Langsdorff)의 『세계 각지로의 항해와 여행(*Voyages and Travels in Various Parts of the World*)』에서 발췌한 것이다.

어야 하는 것이다.

우리가 그 섬에 있는 동안, 족장 카타누아의 아들 하나가 문신을 받기로 되어 있었다. 그 섬의 주요 인물에 속하는 그는 문신이 행해질 수주 동안을 고립된 가옥 속에 들어가 있어야 했다. 이 말은 즉, 그의 부친이 접근금지를 면제해준 사람 말고는 누구도 그 집에 들어갈 수 없다는 말이다. 문신이 행해지는 전 기간을 그는 그곳에서 지내게 된다. 모든 여성들, 심지어는 그의 어머니조차도 문신이 진행될 동안에는 그를 보지 못한다. 문신이 진행 중일 때는 문신을 하는 사람에게나 받는 사람에게나 최고의 음식이 제공되고, 특히 문신을 하는 사람에게 이 날들은 최고의 잔칫날이 된다. 문신을 하는 첫 해에는 보통 가슴, 팔, 등, 허벅지 등에 기초작업만을 한다. 그렇게 해야만 처음 찌른 상처가 완전히 아물어 두 번째 작업을 하기 전까지 딱지가 완전히 떨어져 나가게 된다. 자국 하나가 아무는 데는 보통 삼사 일 정도가 소요되고, 흔히 말하듯 개시 작업은 삼사 주가 걸리는 것이 보통이다. 일단 장식이 시작되면 삼 개월에서 육 개월 간격을 두고 계속 수정을 가하게 되며, 그런 식으로 하다 보면 전체 문신을 완성하는 데 삼사십 년이 소요되기도 한다.

일반인들에 대한 문신은 문신가들이 문신을 위해 특별히 짓고, 당국에 의해 접근이 금지된 집에서 행해진다. 배를 타고 우리를 여러 번 보러왔던 한 문신가는 한 번에 여덟 명에서 열 명 정도는 받을 수 있을 정도의 집을 세 채 갖고 있었다. 손님들은 문양 갯수와 그 문양을 만드는 수고에 따라 돈을 지불했다. 사치는 커녕 먹고살기에 급급한 가난한 주민들은 그들을 실험용으로 사용하는 대신 염가봉사를 해주는 신참내기들로부터 문신을 받는다. 그러다 보니 그들의 작품은 문신에 대해서는 전혀 모르는 문외한이라도 쉽게 구별할 수 있을 정도로 숙련된 기술자의 문신과는 엄청난 차이가 났다. 섬에서 최하층민에 속하는 어부들은 신참자들의 염가봉사도 받을 여력이 못 되어 문신할 엄두를 내지 못하는 경우가 많았다. 하지만 그들을 우리는 거의 본 적이 없다.

누크히바 여성들은 거의 문신을 거의 하지 않는다는 점에서, 남태평양 다른 섬들의 여성들과는 많은 차이가 있다. 손에는 손가락 끝에서 손목까지 문신을 하고 있는데 그 모습이 마치 장갑을 낀 듯했다. 그 문양을 우리 여성들의 장갑에 이용하여 워싱턴 섬의 새로운 장갑 패션으로 소개하면 어떨까 싶은 생각도 든다. 문신 중에 가장 흔한 발 문신은 마치 화려한 디자인의 반 부츠를 보는 듯했다. 그 외에도 팔을 따라 기다란 줄무늬가 보이기도 하고, 손목 주위에 새겨진 원들은 유럽 여성들의 팔지를 연상케 했다. 귀와 입술에 문신을 하는 여성들도 이따금씩 눈에 들어왔다. 남자들과는 달리 여자들은 문신을 할 때 문신 전용 가옥에 들어가지 않고, 본인들 집이나 친척들 집에서 아무런 의식 없이 행해졌다.

몸에 하는 문양은 특히 세심하게 선택되며, 각각의 부위에 따라 그에 적합한 문양이 선택된다. 일부는 동물, 일부는 섬의 풍습과 관계된 것들로 이루어진다. 프랜들리 아일랜드[통가]와 마찬가지로 이곳에도 문신 형상에 각각의 고유한 이름이 붙여진다. 그리고 자세히 뜯어보면 문신된 열(列) 사이에 곡선과, 다이아몬드 모양의 문양들이 끼어있는 것을 볼 수 있는데, 이들은 아라그레크라 불리는 완자무늬 장식과 아주 흡사하다. 가장 완벽한 균형미는 몸의 문신에서 찾아볼 수 있다. 남자들 머리는 온통 문신으로 뒤덮여 있고, 가슴은 보통 방패 모양의 장식이 돼 있다. 팔과 허벅지에는 좁기도 하고 넓기도 한 줄무늬들이 새겨져 있는데, 그것들이 뻗어나간 방향을 보면 이 문신가들은 해부학, 즉 근육의 방향과 두께에 대해서도 해박한 지식을 지니고 있음이 분명하다. 몸의 뒤쪽에는 목에서부터 척추 끝까지 십자가가 새겨져 있다. 허벅지 앞쪽에는 종종 인간의 얼굴을 나타내려는 의도로 보이는 문양이 새겨져 있는 것을 볼 수 있다. 장딴지에는 아주 근사한 타원형 모양의 문양이 새겨져 있다. 결론적으로 몸의 문신은 아주 멋스럽고 특이하며, 문신이 안 된 곳은 우리 몸에서 가장 연약한 부분인 눈꺼풀 같은 곳밖에 없다. …… ■

캐롤라인 제도의 원주민들.

1692년 런던에서 문신의 왕자 지올로를 홍보하기 위해 발행한 포스터.

3

문신의 왕자 지올로

Discovery
문신의 발견

1691년 9월, 몸 전체가 문신으로 뒤덮인 남태평양 섬의 한 주민이 런던으로 옮겨져 희귀 인간으로 전시되었다. 그는 노예였고, 그의 대중 공개를 위해 주인들은 엄청난 노력을 기울였다. 삽화로 된 두 장의 전신 초상화를 주문하여 '지올로, 그 유명한 문신의 왕자'로 그를 소개한 우아한 팸플릿까지 제작했다.

문신의 왕자 지올로는 런던에 가고 싶지 않았다. 하지만 그의 주인들은 대중 공개에 따른 보상은 충분히 해줄 것이고, 그러고 나면 필리핀 집으로 다시 돌아가게 해주겠다며 그를 설득했다. 하지만 런던으로 가는 여정은 너무도 고달팠고 건강상태가 좋지 못했던 지올로는 도착한 지 얼마 되지 않아 천연두로 그만 죽고 말았다. 그가 죽자, 최소한 자신들을 돈방석에 앉힐 때까지만이라도 살아주기를 원했던 영국인 주인들은 실망감을 금치 못했다.[1]

지올로를 런던으로 데려온 사람은 해적이자 모험가인 윌리엄 담피어였다. 그는 12년 넘게 남아메리카 해안을 누비고 다니며 자신에게 유리하다고 생각되면 손바닥 뒤집듯 이쪽저쪽 해적에 붙어다니는 그런 인물이었다. 하지만 그가 가담한 해적단은 스페인 갤리온 상선은 건드리지 않았다. 그들의 해적 활동은 돈벌이는 시원치 않았으나 좀 더 안전한, 방비가 허술한 마을이나 연안의 작은 범선들의 노략질에 집중되었다. 그러다 보니 돈은 쥐꼬리만큼도 벌지 못하면서 힘만 많이 들게 되었고, 그런 고된 생활로 십여 년을 보낸 끝

에 담피어는 필리핀으로 가는 배를 타게 되었다.[2]

담피어가 지올로를 처음 본 것은 필리핀에 있을 때였는데, 거기서 윌리엄 무디라고 하는 승무원으로부터 그를 사들였다. 그리고 태평양에서 겪은 모험과 지올로와의 만남을 소재로 아래에 소개된 대중 여행기를 펴냈다.

필리핀의 담피어, 1690*

1690년 4월경 내가 머물고 있는 포트 세인트 조지에 민다나오 산의 정향나무 껍질이 적재된 민다나오 머천트라는 이름의 배가 정박했다. 배에는 무디 씨와, 그가 민다나오에서 구입한 채색된 왕자 죌리(Painted Prince Jeoly)[주의: 담피어의 일기장에 '죌리(Jeoly)'라고 쓰여있는 것을 런던의 흥행사들이 '지올로(Giolo)'로 바꾼 것이다]와 그의 어머니가 함께 타고 있었다. 많은 사람들이 그들 모자의 모습을 보고 찬탄을 금치 못했다.

이후 나는 무디 씨와 몇 건의 거래를 하게 되었다. 그 거래의 하나로 무디 씨는 채색된 두 사람의 소유권 절반을 내게 넘겨주고, 내 임의대로 처분할 수 있게 해주겠다는 제안을 했다. 내가 그 제의를 받아들이자 그것은 곧장 문서로 작성되었다.

그렇게 하여 나는 죌리라는 문신의 왕자 지올로와 그의 어머니를 소유하게 된 것이다. 그들은 민기스라는 작은 섬에서 태어났다. 나도 그 섬을 두어 번 본 적이 있는데, 그 섬 곁에는 두 개의 섬이 더 있었다. 그 세 개의 섬은 둘레가 각각 4, 5제곱리그(19-24제곱킬로미터) 정도 되었고, 높이도 상당히 높아 보였다. 죌리를 통해 나는 그의 부친이 그 섬의 추장이라는 것, 남자들은 통틀어 삼십 명이 채 안 되는데, 여자들은 백 명이 넘는다는 것, 그리고 죌리 자신도 다섯 명의 아내와 여덟 명의 자녀를 두고 있고, 그의 문신은 그의 다섯 아내 중의 하나가 새겨주었다는 것도 알게 되었다.

그는 가슴 전체와 뒤쪽 양 어깨 사이, (주로) 허벅지 앞쪽이 온통 문신으로 가득 찼고, 팔과 다리에도 굵은 고리나 팔찌 모양의 문신이 새겨져 있었다. 그것들을 어느 특정 동물의 형상에 비유할 수는 없지만, 여하튼 각양각색의 선들과 장식, 그리고 변화무상한 무늬로 가득 찬 참으로 진기한 모습이었다. 지극히 우아한 균형미가 있고, 특히 어깨뼈와 그 중간의 것은 매우 인위적이고 심지어 경이로워 보이기까지 했다. 그의 설명을 들

---

* 이 글은 윌리엄 담피어의 『새로운 세계 여행기(*A New Voyage Round the World*)』(1697)의 일부를 발췌한 것이다.

어보니 그것이 만들어지는 과정은 남자들 팔에 예루살렘 십자가를 새기는 방법과 동일했다. 즉 살갗을 찔러 그 찌른 곳에 색소를 문지르는 것이다. 한 가지 다른 점이 있다면, [화약] 가루를 색소로 쓰는 예루살렘 십자가와는 달리 민기스 문신은 인도의 여러 곳에서 피치(송진) 대용으로 쓰이고 영어로는 데머(Dammer)라 불리는 나무의 진을 가루로 만들어 사용한다는 것이다. 죌리에 따르면, 그 섬에 사는 사람들은 대부분(남자나 여자나) 그런 식으로 문신을 하고, 귀에는 금 귀걸이를, 팔과 다리에는 금 족쇄를 찬다고 한다.

민기스 주민들은 또 카누를 가지고 있어, 그것을 타고 고기잡이를 나가기도 하고, 그들과 같은 말을 쓰는 인근의 두 작은 섬도 자주 방문한다고 죌리는 말했다. 하지만 그 언어는, 죌리가 민다나오에서 노예 생활을 할 때 배운 말레이어와는 전혀 달라서, 그들 모자가 민기스 말로 대화를 나눌 때 나는 도통 무슨 말을 하는지 알아들을 수가 없었다.

언어가 같다는 점 외에도 두 섬은 풍습과 사는 방식이 같아 그들과 대화가 통하는 유일한 종족이기도 했다. 그런데 어느 날 그와 그의 부모형제, 그리고 두세 명의 섬사람이 두 섬 중의 한 섬으로 배를 타고 가다가 강풍에 떠밀려 민다나오 섬에 좌초되면서 그 섬의 어부에게 붙잡혀 팔려 가는 신세가 되었다. 먼저 그들은 금으로 된 장신구를 몽땅 빼앗겼다. 그래서인지 그들에게서는 금으로 된 장신구를 찾아볼 수 없었다. 하지만 귀에 커다란 구멍이 뚫려 있었기 때문에 전에는 그곳에 장신구를 했던 것으로 미루어 짐작할 수 있었다.

죌리는 마이클이라는 어느 민다나오인에게 팔려 갔다. 마이클은 채색된 자기 하인(즉 죌리)에게 때로는 매질과 욕설까지 하면서 일을 시켜보려고 했다. 하지만 얌전한 대우도, 위협과 구타도 그에게는 아무 소용이 없었다. 그러나 지금의 죌리는 무기도 제대로 바라보지 못할 만큼 무척 겁이 많았다. 그는 가끔 민기스에는 무기라는 게 없었고, 그것을 사용할 만한 적(敵)도 없었다고 내게 말하곤 했다.

문신의 왕자 죌리는 민다나오에서 그런 식으로 4, 5년의 노예생활을 했다. 그러다 마침내 어머니와 함께 무디 씨에게 60달러에 팔려, 앞서 이야기한 대로 포트 세인트 조지로 실려와, 거기서부터는 나와 함께 벤콜리로 오게 되었다. 무디 씨는 벤콜리에서 삼 주를 더 머물다, 죌리 모자와 나만 남겨놓고, 호웰 선장과 함께 인드라포어로 돌아갔다. 죌리 모자는 포트 외곽의 한 가옥에서 자기들끼리 살아갔다. 나는 아무런 일거리도 주지 않았으나 그들은 나름대로 바쁘게 지냈다. 그의 모친은 주로 의복을 만들거나 수선하는 일로 시간을 보냈다. 하지만 민기스에서는 허리 아래에 두르는 것 외에는 의복이 필요 없었기 때문에 바느질 솜씨는 영 시원치 않았다. 죌리는 네 장의 판자와, 나를 들볶아 얻어낸 몇 개의 못으로 상자 곽을 만드느라 여념이 없었다. 내가 보기에 그것은 아주 우스꽝스런 물건이었으나, 그는 그것이 세상에서 제일 진귀한 물건이라도 되는 듯 아주 흡족해 했다.

얼마간 시간이 지나자 그들 모자는 병석에 눕게 되었다. 그리고 그의 모친은 형제처럼 지극 정성으로 돌봐준 내 간호에도 불구하고 죽고 말았다. 나는 힘닿는 데까지 죌리를 위로해주었으나, 저러다 같이 죽는 게 아닐까 염려될 정도로 슬픔에서 헤어나지 못했다. 이윽고 나는 그녀를 그의 시야에서 멀어지게 할 요량으로 무덤을 써주기로 했다. 하지만 한 번도 쓰지 않은 흰 옥양목 천으로 그녀를 정성스럽게 싸 주어도 죌리는 여전히 부루퉁한 채 생전에 그녀가 입던 모든 의복과 무디 씨가 그녀에게 선물한 두 장의 사라사 무명으로 그녀를 다시 싸는 것이었다. 그것들은 모친 것이니까 그녀가 가져가는 것이 당연하다는 것이었다. 나는 죌리도 죽을까 걱정이 되어 끽소리도 못하고 가만히 있었다. 그리고 그곳에 머무는 동안 죌리의 건강을 회복시키려고 갖은 수를 다 썼다. 하지만 상태는 별로 좋아지지 않았다.

영국에서의 쇼를 위해 제작된 그의 홍보물에는 민다나오에서 함께 노예 생활을 한 미녀 누이동생과 그녀와 사랑에 빠진 술탄 이야기도 들어 있지만 그것은 다 지어낸 말이었다. 또한 거기에는 죌리의 문신은 독사와 맹독성 동물을 물러가게 하는 힘을 지녔다는 말도 들어있는데, 죌리의 광고판에 수많은 독사들이 달아나는 모습으로 그려져 있는 것은 아마 그런 이유 때문이었던 것 같다. 하지만 나는 그런 힘을 지녔다는 그림에 대해서는 전혀 아는 바가 없고, 죌리만 해도 뱀이나 전갈, 지네 등을 나만큼이나 무서워했다.

집을 떠나 방랑 생활하는 것에도 넌덜머리가 나서 나는 자꾸 고국이 그리워지기 시작했다. 그리하여 생각 끝에, 무디 씨가 절반의 소유권과 함께 내게 넘겨준 문신의 왕자를 이용하여 한 밑천 잡아보려는 생각을 했다. 영국 쇼에서 얻어질 이익 외에도, 한 밑천 크게 잡기만 하면 동인도에서 전에 얻으려다 실패한 상인들의 배를 구입하여, 그것으로 죌리를 민기스에 데려다주고, 그곳 추장으로 만들어 그의 호의를 밑천 삼아 섬의 특산물과 향료로 교역을 틀 수도 있으리라는 것이 내 계산이었다.

하지만 템스 강에 도착하기가 무섭게 그는 유명 인사들에게 불려갔고, 당장 돈이 필요했던 나는 처음에는 권리의 일부만을 넘겨주었으나 시간이 갈수록 야금야금 소유권 전체를 다 날려버리고 말았다(협잡꾼들에게 당한 것이다). 죌리는 이후 내가 전해들은 바로는 이리저리 구경거리가 되어 끌려다니다, 옥스퍼드에서 천연두로 죽었다고 한다. ■

문신의 왕자 지올로 - 1692*

인근 섬의 왕과 치르기로 한 여동생의 결혼식 준비를 위해, 그녀와 모친 나카타라를 태우고 그 섬으로 향하고 있던 이 불행한 왕자의 배는 예기치 않은 거센 폭풍우를 만나 민다나오 해안가로 떠밀려갔다. 여동생은 민다나오 왕의 총애를 받아 그의 아내가 되었으나 두 모자는 포로가 되어 노예로 팔렸다가 곧 다시 유럽으로 보내졌다(어머니는 여행 도중에 죽고, 왕자만 영국에 도착했다).

이 유명한 문신의 왕자는 가히 금세기의 경이라 할 만하다. (얼굴과 양손, 양발을 제외한) 그의 온 몸은 뛰어난 기술과 솜씨로 진기하고 절묘하게 채색되거나 착색된 각양각색의 그림들로 가득 차 있다. 그런 의미에서 인체 위에 그림을 그리거나 착색하는 고래 (古來)의 숭고한 신비는 모두 이 위풍당당한 왕자의 몸에 구현되어 있다 해도 과언은 아닐 것이다.

왕자의 몸을 그대로 베껴내 일반에 배포한 그림과 문양들은 모두 이 희대의 걸작품의 앞면만을 소개한 것이다. 그보다 몇 배는 더 훌륭한 뒷면에는 목 부위의 북극을 축으로 한 북극권, 북회귀선 그림과 함께, 두 어깨와 그 중간에 세계 지도의 사분의 일이 그려져 있다. 그 외의 다른 선들과, 원, 기호들도 완벽한 균형과 조화미를 자랑하며, 지금까지 나온 동일한 종류의 모든 그림들을 압도한다. 그의 몸 전체에 산재해 있는 진기한 형상과 신비한 기호들 저변에 숨겨져 있을지도 모를 그 고래의 지혜와 지식들은 아마도 지극히 창의적인 사람이 아니고는 결코 밝혀내지 못할 것이다.

이 그림들은 영구적이기 때문에 어떤 것으로도 씻어 없앤다거나 그 아름다움을 손상시킬 수 없다. 그것의 원료는 그 나라의 토종 약초나 식물의 즙으로 만들어지는데 그곳 사람들에게는 이것이 맹독성 동물에게 물린 상처나 독으로부터 인간의 몸을 구할 수 있는 다시없는 특효약으로 알려져 있다. 그곳에선 또 몸에 채색이 끝나고 약간 시간이 지나면 그 채색된 사람을 나체 상태 그대로 상당한 의식을 갖춰 미리 지정된 뱀, 전갈, 독

---

*이 글은 지올로의 대중 공개를 앞두고 1692년 런던에서 제작된 대형 광고지에서 발췌한 글이다.

사, 지네 등의 온갖 유독성 동물이 우글거리는 널따란 방으로 옮겨놓는 관습이 있다. (왕도 참관한다.) 그러면 다수의 구경꾼과 귀족은 수많은 맹독성 동물들에 둘러싸여 있으면서도 상처하나 입지 않는 모습을 황홀하게 바라보면서 그에게 숭배하는 마음을 갖게 된다. 그런 이유로 채색은 왕족들에게만 허용되고 있다.

이 놀라운 왕자는 유력 인사들에게도 이미 선을 보인 바 있고, 여러 박식가들과 창의력 넘치는 여행가들도 그를 조사해보고는 아주 흡족한 평가를 내리고 있다.

하지만 우아하고 나무랄 데 없이 균형 잡힌 몸매를 하고 있는 서른 살 가량의 이 예의바르고 단정한 청년도 영어만은 말할 수 없고, 그가 하는 말을 우리가 알아들을 수도 없다.

그는 6월 16일부터 워터 레인 근처에 있는 플리트 가(街)의 블루 보어 헤드 그의 숙소에서 휴일 없이 매일(이 도시에 머무는 동안) 공개될 것이고, 건강이 허락하는 한 공개는 당분간 계속될 것이다.

하지만 런던 인근에 거주하시는 지체 높은 신사 숙녀 분들 중에서 혹시 집이나 다른 장소에서 편히 보고자 하시는 분이 계시면, 언제든 미리 시간을 통지해 달라. 그러면 낮 동안의 정해진 시간에 그가 마차나 가마에 앉아 손님을 기다리고 있을 것이다. ■

4

조세프 뱅크스

폴리네시아 문신에 대해 처음으로 글을 쓴 사람은, 제임스 쿡 선장(당시엔 대위)이 처음으로 태평양을 항해(1768∼1771)할 때 박물학자로 동행한 조세프 뱅크스였다. 뱅크스는 모험심이 가득하고 부유한 젊은이였다. 그는 이튼과 옥스퍼드에 다닐 때부터 학업은 제쳐놓고 박물학에만 정신을 쏟은 아마추어 박물학자로, 그때부터 줄곧 해골, 곤충, 압착 식물, 광물, 박제 동물 등의 귀중한 박물학 채집물들을 수집하기 시작했다. 그렇게 수집한 채집물들은 결국 런던의 자연사 박물관에 인계되었고, 그것들은 아마 오늘날까지도 전시가 계속되고 있을 것이다. 그는 또 당시의 지도급 박물학자들에게도 깊은 인상을 남겨, 약관 23세의 나이에 왕립협회 최연소 회원이 되는 영예를 누리기도 했다.

1767년 뱅크스는 왕립협회가 제임스 쿡을 남태평양 탐험대 대장으로 선정한 사실을 알게 되었다. 당시만 해도 쿡은 해군 밖 사회에서는 거의 알려진 것이 없었고, 노동자 계급 출신으로 항해사와 지도제작자로서의 능력을 크게 인정받아 병졸에서 일약 장교가 된 인물이었다.

쿡은 대위로 승진되어 두 가지 사명을 부여받았다. 하나는 타히티로 가서 금성이 지구와 태양 사이를 지날 때 그것의 통과 과정을 관찰하는 것이었다. 그것이 관찰되면 지구와 태양 간의 거리를 정확히 계산할 수 있고, 그것을 토대로 항해와 지도 제작의 정확성을 기하려는 것이었다.

Plate X.

C. Parkinson del.

P. Mazell Sc.

View of the great Peak, & the adjacent Country, on the West Coast of New Zealand.

A View of KARAKAKOOA, in OWYHEE.

(위) 뉴질랜드 서해안을 항해 중인 쿡 선장의 인데버 호 모습(1770년에 그려진 시드니 파킨슨의 그림을 동판으로 새긴 것).
(아래) 하와이 섬 해안에 정박 중인 쿡 선장의 배들(1779년에 그려진 존 웨버의 그림을 동판으로 새긴 것).

두 번째 사명은 그보다 좀 더 중요했다. 가능하면 전설적인 남쪽 대륙을 발견하라는 것이었는데, 성공하면 새로운 식민지 부(富)를 획득할 수도 있었다. 그런 이유로 그에게는 배가 닿는 모든 곳의 식물, 동물, 광물, 천연자원을 조사하여 상세히 기록해오라는 명령이 떨어졌다. 그리고 그 때문에 박물학자를 필요로 했다.

쿡의 항해 소식을 접한 조세프 뱅크스는 그 배의 박물학자 자리를 얻기 위해 백방으로 손을 썼다. 왕립협회는 수집가로서의 그의 명성과, 탐험 기부금으로 그가 쾌척한 일만 파운드(당시로서는 거금)의 영향도 분명히 받아, 뱅크스를 그 자리의 적임자로 쉽게 결정했다. 뱅크스는 당대의 가장 재능 있는 젊은 과학 삽화가의 한 사람으로 꼽히고 있던 시드니 파킨슨도 함께 데리고 갔다.[1]

쿡의 인데버(Endeavour) 호는 94명의 선원과 식량을 싣고 1768년 8월 16일 플리머스 항을 떠나 18개월간의 항해 길에 올랐다. 하지만 그 항해는 장차 38명의 인명 손실을 당할 운명을 안고 거의 3년을 소요하게 될 것이었다. 인데버는 케이프 혼을 돌아 타히티가 놓여 있는 것으로 알려진 위도를 따라 서쪽으로 항해했다. 그리하여 마침내 1769년 4월 11일 타히티의 마타비아 만에 정박하자, 수백 명의 섬 주민이 카누를 타고 나와 쿡 선장과 그 일행을 맞아주었다.

뱅크스는 박물학자로서의 본업 외에 타히티인들의 풍습과 삶에 대해서도 많은 기록을 남겼다. 원주민들의 의식에 참여하고, 그들의 음식을 먹고, 개인적인 우정을 쌓아갔다. 또한 그와 파킨슨은 그곳 언어도 습득하여 최초의 타히티-영어 사전의 기초를 닦아놓음으로써 이후 타히티인과 유럽인 간 의사소통의 토대를 마련하기도 했다.[2]

타히티에서 지내는 내내 뱅크스는 문신을 관찰할 기회를 많이 가졌다. 그 섬을 떠나기 8일 전인 1769년 7월 5일에는 문신하는 과정을 직접 글로 남기기까지 했다. 석 달 후 인데버는 타히티를 떠나, 남쪽 대륙을 찾아 다시 항해를 계속했다. 그리고 1769년 10월 6일 마침내 1세기 이상이나 유럽인들의 발길이 닿지 않아 거의 잊혀져가던 뉴질랜드를 발견했다.

식량을 비롯한 비축품 조달이 절박했던 쿡은 그곳 원주민들과 거래를 시도했으나, 사나운 마오리족 전사들은 그의 제의를 거절했다. 그 첫 만남에서 사소한 충돌이 일어나 영국인들이 쏜 총에 마오리족 한 명이 사망했다.

뱅크스는 죽은 사람을 조사해 본 뒤 자신의 일지에 그를 이렇게 묘사했다. "키는 중간 정도이고, 얼굴과 뺨에는 나선형으로만 된 문신이 일정하게 새겨져 있었다. 몸에는 우리에게는 전혀 생소한 훌륭한 옷감이 덮여 있었으며,

뉴질랜드의 한 족장 모습(1770년에 그려진 시드니 파킨슨의 그림을 동판으로 새긴 것).

머리는 꼭지를 묶고 있었다. 피부색은 그다지 검지 않은 갈색이었다.” 이것이 마오리족의 얼굴 문신, 즉 모코(Moko)에 대해 언급한 첫 영어 문장이었다.3

인데버가 뉴질랜드를 주항(周航)할 당시에는 영국인과 마리오족 간에도 어느 정도 돈독한 관계가 이루어졌다. 그래서 뱅크스도 모코에 대한 기술을 좀

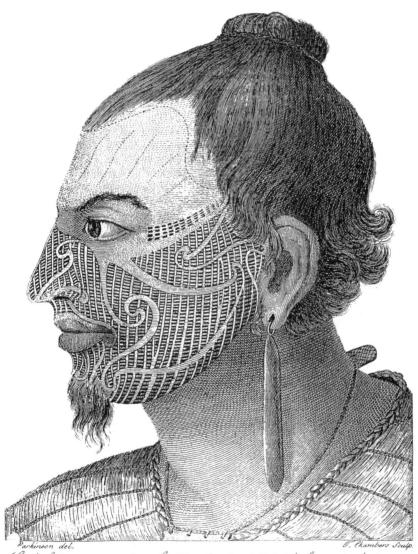

Parkinson del.   T. Chambers Sculp.

Head of Otegoongoon, Son of a New Zealand Chief, the face curiously tataon'd.

뉴질랜드의 한 전사 모습(1770년에 그려진 시드니 파킨슨의 그림을 동판으로 새긴 것).

더 상세히 기록할 수 있었고, 시드니 파킨슨도 문신이 새겨진 마오리족의 첫 초상화를 그리게 되었다. 이 스케치들을 토대로 만들어진 삽화들은 그의 사후 파킨슨의 『남태평양으로의 항해일기(*Journal of a voyage to the South Seas*)』(1773)에 수록, 발간되었다. 이후 그것들은 남태평양 탐험과 관련된 여러 작품들 속에 재수록되었다. 파킨슨은 문신뿐만 아니라 도구들도 상세히 그려놓았다.4

뉴질랜드를 주항하고 잠시 오스트레일리아에 기항한 뒤 인데버는 희망봉을 돌아 본국으로 키를 돌렸다. 항해하는 도중 재능 있는 화가 시드니 파킨슨이 말라리아와 이질에 걸려 26세의 나이로 요절하는 사고가 발생했다. 참으로 비극이 아닐 수 없었다. 그는 30개월 동안 인데버를 타고 항해하며 새로 발견한 무수한 동식물들을 아름다운 스케치로 남겨 당대 최고 과학 삽화가의 한 사람으로 우뚝 섰다. 뿐만 아니라 그는 타히티에 닿아 타히티와 마오리 문신을 그리고, 오스트레일리아 지형과 원주민들을 그린 최초의 화가이기도 했다. 죽지 않고 계속 살아 있었다면 아마 위대한 박물학자와 삽화가로서의 기나긴 명성을 누렸을 것이다.

1771년 6월 인데버는 영국에 도착했다. 그때까지도 남쪽 대륙의 존재를 믿는 사람들이 많았기 때문에, 쿡은 남태평양으로의 탐험을 두 번 더 이끌게 되었다. 그리고 세 번째 항해에서 하와이 제도를 발견했으나, 그곳 원주민들과 충돌이 생겨 1779년 1월 17일 51세의 나이로 사망했다.

뱅크스는 영국으로 귀환한 뒤 상류사회 디너 파티의 총아가 되었다. 파티장을 누비며, 폭풍 속의 항해, 이국적인 섬들, 문신이 새겨진 식인종들의 이야기를 해주어 사교계 인사들을 흥분으로 들끓게 했다. 그는 왕립협회의 영향력 있는 친구들 주선으로 조지 II세 국왕까지 알현했다. 1772년에는 조지 국왕으로부터 큐 왕립 식물원 원장에 임명되었고, 1778년에는 왕립협회 회장으로 선출되어 40년 이상 그 직책을 유지했다. 오늘날 그는 쿡 선장과의 항해 중에 겪은 일들을 상세하고 재미있게, 가끔은 위트가 넘쳐흐르게 기록한 그의 항해일지로 널리 알려져 있다.5

타히티의 뱅크스, 1769년 8월*

지금까지 우리가 바다에서 접한 섬은 모두 17개였고, 그중 가장 중요한 다섯 개 섬에 닿았다. 그 결과 그들의 언어와 습속은 거의 일치했다. 그렇게 본다면, 가보지 않은 섬들도 이들과 크게 다를 것 같지 않았다. 지금 내가 쓰고 있는 글은 주로 오타히티(Otahite, 타히티)인들에 관한 것이다. 같이 지내본 결과 이들은 간교함과는 지극히 거리가 멀어, 나도 숲 속에 있는 이들의 집에서 늘 함께 잠을 자며(혼자 잔 적이 별로 없었다) 내 집이나 다름없이 터놓고 지냈던 터라 이들의 내부 사정에 아주 정통할 수 있었다. 이들의 습속을 모든 섬들에 일반화시키는 문제는, 이 일지를 읽는 독자 여러분이 알아서 판단해주기 바란다.

그곳 주민들에 대해서는 이 정도로 해두고, 이제는 그들 몸에 채색하는 방법에 대해 말해보겠다. 그들 말로 '타토우(tattow)'라 불리는 이것은 피부에 검은색을 새겨 넣는 것으로 한번 새기면 영원히 지울 수 없다. 그곳 사람들은 누구나 몸의 각기 다른 부위에 이것을 새기고 있는데, 그 부위는 아마 각자의 기질이나 자신들이 처해있는 상황에 따라 결정되는 듯했다. 개중에는 인간, 새, 개 모양을 엉성하게 그려 넣은 사람들도 있긴 하지만, 가장 보편적인 것은 역시 'Z' 문양이다. 이것은 여성들의 손가락과 발가락 마디 그리고 발 둘레에 원래의 모양 그대로 새겨지기도 하고, 남성과 여성 공통으로 쓰일 때는 팔다리에 사각형, 원, 초생달 등으로 변형되어 새겨지기도 한다. 요컨대 그들이 사용하는 문양의 종류는 무궁무진하며, 우리가 듣기로 어떤 것들은 무척 의미심장한 내용을 담고 있는 것들도 있다고 한다. 하지만 거기에 대해서는 만족할 만한 해답을 얻지 못했다. 이들은 얼굴에는 별 장식을 하고 있지 않다. 예외적인 경우를 본 것은 한 번밖에 없다. 또한 극소수이긴 하지만, 끝이 톱니바퀴같이 움푹 들어간 것이 마치 불꽃 모양을 조잡하게 흉내낸 듯한 커다란 검은 반점으로 온 몸을 뒤덮다시피 한 노인들도 있었다. 알아보니 이들은 오타히티 원주민들이 아니고 누우라(Noouoora)라 불리는 남쪽 섬 출신들이라 한다.

마치 개개인의 다른 기질을 전시라도 하는 듯 문양의 갯수와 위치는 제각각이지만, 섬

---

* 이 글은 오스트레일리아 시드니 소재 앵거스 & 로버트슨 사가 J. C. 비글홀 편집으로 발간한 2권짜리 『조세프 뱅크스의 인데버 항해일지(*The Endeavor Journal of Joseph Banks*)』에서 발췌한 글이다.

주민[오히테로아(Ohiteroa)인들만 제외하고]의 엉덩이가 모두 짙은 검은색으로 뒤덮여 있는 것만은 똑같았다. 그 위로는 4분의 1인치 넓이에 가장자리를 톱니모양으로 깨끗이 처리한 아치형 문양이 짧은 늑골 높이까지 겹겹이 그려져 있다. 이 아치들에 대한 그들의 자부심은 대단하다. 그것은 여자나 남자 할 것 없이, 특히 허리부분의 문신은 육질의 엉덩이보다 고통이 훨씬 심했을 텐데도, 그 고통을 감내한 것에 대한 인내와 단호함의 증거인지 미(美)의 표시인지 나로서는 알 수 없지만, 여하튼 대단히 기쁜 마음으로 보여주는 것만 보아도 알 수 있다.

이제는 그것을 새기는 방법에 대해 말해보겠다. 색소는 그들이 양초 대용으로 쓰는 기름기 많은 견과류[캔들너트 혹은 아레우리테스 모루칸나(Aleurites moluccana)]를 태울 때 나오는 램프 그을음을 사용하는데, 그것을 코코넛 껍질 속에 보관해 놓았다가 필요할 때마다 물에 섞어 쓴다. 살갗을 찌르는 기구는 납작한 뼈와 조가비를 이용하여, 밑부분은 쓰이는 목적에 따라 3개에서 20개까지의 날카로운 빗살로 만들고, 윗부분은 손잡이에 고정시킨다. 이 빗살들을 검은 액체에 살짝 담근 뒤, 살갗에 대고 재빠르고 예리하게 손잡이를 내려치면 그 타격으로 바늘이 피부 깊숙이 박혀들면서 소량의 피나 적어도 혈청이 흘러나오게 된다. 그렇게 생긴 상처는 며칠을 쑤신 뒤에야 겨우 아물게 된다.

7월 5일에는, 열네 살 정도 된 소녀의 엉덩이에 이것을 새기는 것을 직접 목도했다. 그녀는 한 동안은 굳은 결의로 잘 참아내는 듯했다. 하지만 시간이 조금 지나자 칭얼거리기 시작하더니 마침내 갖은 위협과 완력으로도 감당할 수 없는 지경에 이르렀다. 나는 그 집 별채에서 수술이 시작되고부터 최소한 한 시간은 지켜보았는데, 엉덩이 한 면은 수 주 전에 끝낸 상태여서, 나머지 한 면만을 하는 것이었는데도 그렇게 오랜 시간이 걸렸다.

그 수술은 보통 열네 살에서 열여덟 살 사이에 행해지고, 내가 만난 성인들 중에는 그것을 하지 않은 사람이 없을 정도로 그들에게는 이것이 막중대사였다. 무엇이 그런 엄청난 고통을 감내하도록 하는 것인지 나로서는 알 수 없는 일이다. 수백 명에게 물어보았는데도 그 이유를 속 시원히 대답해준 사람은 아무도 없었다. 나로서는 그토록 불합리해 보이는 관습을 미신으로밖에 달리 설명할 길이 없다. 손가락과 팔 등에 새겨진 그보다 작은 자국들은 오직 미적인 것에만 목적이 있는 듯했다. 우리 유럽 여성들도 점의 편리함에 대해서라면 일찍이 깨닫은 바가 있지만, 점이 어떤 종류는 아무리 혈색이 좋다 해도 유럽 여성들보다는 못한, 흰 피부를 여전히 미의 제일 조건으로 치는 이곳에서 더 유용하게 쓰이는 듯하다. ■

5

Islands in the Pacific

보르네오

태평양의 섬들

보르네오는 수천 년 동안 전해 내려온 전통 부족 문신이 오늘날에도 변함 없이 행해지는, 지구상의 몇 안 되는 곳 중의 하나이다. 최근까지도 그 섬의 종족들은 외부 세계와 거의 연락이 두절된 채 지내왔고, 그 결과 문신을 비롯한 전통적인 생활방식도 거의가 그대로 보존되었다.

보르네오 원주민들이 물리적, 문화적으로 고립된 원인은 주로 보르네오 섬의 광대한 크기와 관계가 깊다. 보르네오는 잉글랜드와 웨일즈를 합한 땅의 다섯 배 크기로, 그린랜드와 뉴기니에 이어 세계에서 세 번째로 큰 섬이고, 지형의 대부분이 가파른 언덕과 산지, 그리고 빽빽한 열대 우림으로 이루어져 있다. 도로도 전무한 형편이라, 여행은 주로 비행기나 보르네오의 여러 강들을 오가는 선박을 이용하게 된다.

최근의 고고학적 발견에 따르면, 현재 살고 있는 원주민들 중에는 조상이 보르네오에서 50,000년 이상을 산 경우도 있다고 한다. 20세기를 훌쩍 넘겨버린 현대에도 그들은 여전히 구석기시대를 살아가며, 그들의 조상이 그랬던 것처럼 물고기를 잡고, 사냥을 하고, 벼를 재배한다. 사냥감은 풍부했고 숲도 늘 신선했다.

'다야크(Dayak)'라는 말은 이반족(Ibans), 카얀족(Kayans), 케니아족(Kenyahs)과 같은 그곳의 토착 원주민들을 일컫는 말이다. 이들 사이에도 갈래가 무척 많아 같은 다야크족이라 해도 서로 간에 차이가 무척 심했다. 이

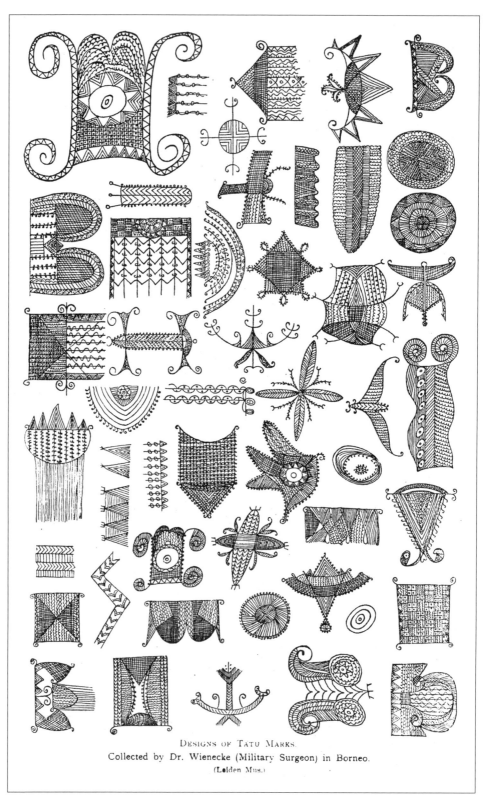

DESIGNS OF TATU MARKS.
Collected by Dr. Wienecke (Military Surgeon) in Borneo.
(Leiden Mus.)

보르네오 섬의 문신 문양.

54

곳 해안가에 교역지를 두고 있던 중국인, 말레이인들과 다른 만큼이나 차이가 컸다.[1]

19세기 중반 전까지만 해도 보르네오는 서구에 거의 알려진 것이 없었다. 그러다 19세기 말에 이르러서야 다야크족의 전통적 삶과 풍습을 다룬 책이 처음으로 나오게 되었다. 찰스 호스(Charles Hose)와 윌리엄 맥두걸(William MacDougall)의 『보르네오의 이교도들(The Pagan Tribes of Borneo)』(1912년 발간)은 호스와 맥두걸이 보르네오 전역을 발로 뛰어다니며 문신 디자인 같은 여러 자료를 직접 수집해서 낸 책으로, 지금까지도 다야크족의 전통적 삶과 풍습에 대한 일종의 고전으로 남아 있다.

다야크족은 전통적으로 철저한 공동체 생활 방식을 영위했다. 때로는 육십 가구가 대나무와 경질 목재를 이용하여 강가에 말뚝을 박아 지은 커다란 공동 가옥의 한 울타리 안에서 함께 살기도 했다. 19세기 초 영국인들이 등장하기 전까지만 해도 부족 간의 투쟁은 그들에게 일상적 행위였다. 투쟁의 목적은 영토 획득이 아닌, 적의 머리를 빼앗는 데 있었다. 적의 머리를 가지고 돌아오는 승자의 가옥에서는 떠들썩한 축하 잔치가 벌어졌다. 가져온 머리들은 나중에 가죽을 벗겨 불 위에 말린 뒤 해골을 만들어 공동 가옥의 서까래에 매달아 놓았다. 그들은 그 해골이 부와 행운을 가져다 줄 영적 에너지의 원천이라고 생각했기 때문에, 늘 따뜻하고 비가 새지 않는 곳에 신주단지처럼 모셨다. 그것을 만져볼 수 있는 권한은 연장자들에게만 주어졌다.[2]

영국 통치자들이 거의 일 세기에 걸쳐 노력한 결과, 보르네오의 부족 투쟁은 어느 정도 진정의 기미를 보였다. 하지만 부족 투쟁을 억압하니까 이번에는 머리 사냥이 극성을 부렸다. 힘없는 노인들, 나홀로 여행가, 숲에서 곯아떨어진 사람들, 심지어 시체 머리들까지 이웃 부족 가옥의 서까래에 내걸릴 위험에 처하게 되었다.[3]

머리 사냥과 문신은 다야크족의 마술적, 의식(儀式)적, 사회적 삶과 매우 밀접한 관계가 있었다. 손 문신은 이승에서는 지위의 상징이고, 사후에도 중요한 역할을 했다. 요컨대 혼령이 사자(死者)의 강(江)을 찾아 헤맬 때 어둠을 밝혀주는 역할을 한다는 것인데, 그 혼령이 말리강(Maligang)이라는 강 수호 신령에게 자신의 문신된 손을 보여주면 통나무로 강을 건너게 해준다는 것

THE VILLAGE OF LONG-WAI.

CARL BOCK, DEL.

C.F.Kell.Lith.Castle St. Holborn, London

롱 웨족의 부락 전경.

이었다. 전쟁터에서 죽은 전사의 혼령인 경우에는 더욱 특별한 대접을 받았다. 그런 혼령들에겐 일하지 않아도 부자가 되고 분만 중에 죽은 여인들의 혼령과 결혼도 할 수 있는 피의 호수, 즉 바왕 다하(Bawang Daha) 근처에 자리가 마련되어 있었다.

하지만 손 문신이 없는 경우에는 그 혼령이 강을 건너려고 할 때 통나무를 기울여 강물에 빠뜨린 다음 구더기 밥이 되게 했다.4 이런 믿음에서 비롯된 갖가지 습속이 보르네오 종족들 사이에서 발견되고 있다. 그런데 한 가지 재미있는 것은 아메리칸 인디언들 중에서도 문신의 사후(死後) 기능에 대해 비슷한 생각을 가진 종족이 많았다는 것이다[10장의 수 어족(Sioux 語族) 전설을 참조할 것].

문신 외에도 카얀족은 귓불과 몸의 다른 부분을 뚫거나 잡아늘였다. 음경 뚫기는 케니아족을 비롯한 여러 부족들 사이에 일반화된 습속이었다. 먼저 음경을 죔쇠에 집어넣고 귀두(龜頭) 바로 아래까지 6인치 길이의 못을 박은 다음, 그 못을 제거하고, 뼈나 단단한 목재로 양끝에 꼭지가 있게 만든 가는 막대를 끼워 넣었다. 많은 남자들이 두 개의 그런 막대를 직각의 형태로 끼고 있었다. 꼭지가 있는 막대는 팔랑(palang)이라 불렸는데, 경험자에 의하면 그 기구를 착용하자 성적 쾌감이 극치에 올랐다고 한다.5

문신, 뚫기, 그 밖의 다른 다야크족 전통 예술은 아주 오래된 것들임이 틀림없다. 호스와 맥두걸 책에 기록된 전통 문신 문양은 발리와 자바에서 발견된 장식 기법과 아주 유사하고, 다야크족이 사용한 문신 기구와 기술도 폴리네시아에서 발견된 그것들과 매우 흡사하다. 이 말은 곧 남태평양의 다른 섬들에 거주했던 석기시대 탐험가들이 문신과 같은 토착예술을 수천 년 전에 보르네오로 들여왔다는 말이 된다.6

몸에 문신이 있는 롱 웨 족 여성.

　오늘날 다야크족 여성들은 거의 문신을 하지 않는 반면, 남성들 사이에서는 여전히 인기가 높다. 기술과 문양도 전통 기법을 거의 그대로 사용하고, 조상들이 했던 대담한 추상 문신을 어깨나 팔에 하고 다니는 남성들도 쉽게 찾아볼 수 있다. 하지만 일자리를 찾아 아시아의 여러 나라에 나갔다 온 젊은이들 중에는 상업 문신을 하고 돌아오는 사람들도 종종 있다.

　오늘날 다야크족들은 힘겨운 삶을 살고 있다. 전통적 생활 방식을 추구하는 사람이라면 다 알겠지만, 사냥감과 숲이 급속히 사라지고 있기 때문이다. 최근 몇 십 년 동안에만 보르네오 열대 우림의 반 이상이 산불, 벌목, 채굴, 석유 굴착 등으로 파괴되거나 회복불능 상태로 절단이 나버렸다. 생태학적 파괴와 인간적 비극도 인도네시아의 인구과잉 지역에서 쏟아져 나온 수십만의 이주민들에 의해 더욱 심화되었다. 이러한 현상은 전례를 찾아볼 수도 없고, 되돌릴 수도 없는 사태이다. 생태학자들은 즉각적인 어떤 조치가 취해지지 않는 한, 보르네오 열대 우림과 문신 전통 등 그 안에 존재하는 모든 경이로움도 수십 년 내에는 모두 사라지게 될 것이라고 경고한다.7

보르네오의 호스와 셸포드, 1900년경*

[카얀족] 남성들에게 문신은 그저 장식용일 뿐, 대부분의 문양에서 그 외의 특별한 중요성은 찾아볼 수 없다. 남성을 문신하는 과정과 관련된 다른 어떤 특별한 의식이나 문신 같은 것도 없다. 문신을 하는 시기는 딱히 정해진 것은 아니지만, 이른 소년기에 하는 것이 관례로 되어 있다.……

사라와크(Sarawak) 카얀족의 경우, 적의 머리를 베어오는 영웅은 양 손등과 손가락에도 문신을 할 수 있으나, 살육에 단순히 가담만 했던 사람은 손가락 하나, 즉 엄지손가락 하나밖에 문신을 할 수 없다. 맨달란 강(江)의 카얀족 전사들은 손목뼈라든가 손가락 등에는 문신을 하지 않고 오직 왼쪽 엄지손가락에만 하며, 목을 베어온 사람은 허벅지에도 할 수 있다.

카얀족 문신의 기원에 대해서는 다음과 같은 이야기가 전해져 온다. 먼 옛날 깃털 난 새들이 무료해지자, 쿠칼(coucal: 그곳 토착어로 고대에 존재했던 뻐꾸기류의 일종)과 아르고스 꿩은 서로에게 문신을 새겨주기로 했다. 쿠칼이 먼저 꿩에게 문신을 새겨주었고, 그것은 오늘날 꿩의 깃털에서도 볼 수 있듯이 대성공이었다. 다음엔 꿩이 쿠칼에게 문신을 새겨주기 시작했다. 하지만 머리가 워낙 나쁜 꿩은 곧 어려움에 봉착했고, 일을 망칠 게 뻔해 보이자 쿠칼에게 검은 물감을 마구 문지르며 사막(동물 가죽을 염색할 때 색깔을 내는 식물) 타닌산이 들어있는 통 속에 들어가 있으라고 해놓고는, 사방이 적(敵)으로 둘러싸여 자기는 그곳에 머물 수 없다고 하면서 급히 달아나 버렸다. 그것이 바로 쿠칼이 몸통은 왜 황갈색이고 머리와 목은 검은색인가에 대한 설명이다.……

손목에 새겨진 문양은 루쿠트(lukut)라 불리는 것으로 카얀족들이 아주 소중하게 여기는 옛 구슬이다. 이 문양의 중요성에 대해서는 좀 흥미로운 점이 있다. 이들은 남자가 병이 나면 영혼이 그의 몸에서 빠져나간 것으로, 회복되면 영혼이 몸 속으로 다시 돌아온 것으로 믿었다. 그래서 영혼이 떠나가는 것을 미연에 방지하기 위해, 루쿠트나 옛 구슬 알이 꿰어진 줄을 손목에 감아 '영혼을 잡아두려'고 생각한 것이다. 즉 이들은 구슬 속에 어떤 마법이 있는 것으로 믿었던 것 같다. 그런데 줄은 언제든 끊어질 수 있고 구슬도 잃어버릴 염려가 있으므로 차라리 그 자리에 구슬 문신을 새기는 편이 훨씬 낫디

---

* 이 글은 찰스 호스와 R. 셸포드가 공동 집필한 「보르네오 문신(Tatu) 연구에 관한 자료」(1906)를 옮긴 것이다.

고 여긴 것이다. 영혼이 두 번째로 이탈되는 것을 방지하기 위해 부적으로 쓰인 루쿠트가 모든 질병을 물리치는 마법의 문신으로 쓰였다는 것 또한 흥미로운 일이 아닐 수 없다.……

카얀족 예술에서 개(犬) 문양은 아주 중요하게 생각되고, 카얀족과 케냐야족은 개를 어느 정도 숭배의 대상으로까지 인식하고 있는데, 그 사실은 개 문양의 보편적 쓰임새를 보면 알 수 있다. 개 문양은 전 부족이 모두 복제하여 사용했고, 그 과정에서 문양이 퇴화하고 명칭이 바뀌는 일까지 생겨났다.

어깨와 가슴의 삼각주 부분에는 장미꽃이나 별 문양이 새겨졌다. 앞서도 언급했듯이, 장미꽃이 개 문양의 눈(眼)에서 나왔을 가능성이 아주 높다. 그런 점에서 현재 장미꽃 문양에 주어진 이름이 지난 5, 60년 내에 보르네오에 소개된 어느 식물의 열매 이름이라는 사실은 참으로 흥미로운 일이 아닐 수 없다. 그것의 카얀식 이름은 '잘로트(jalaut)'이다. 문양이 점진적으로 퇴화되어 원래의 중요성은 물론, 본래의 이름까지 상실하고 또 다른 이름을 갖게 된 좋은 예이다. 그 이름은 아마 문양과 개체 간의 어떤 유사성을 발견하고 후세 사람들이 붙였을 가능성이 높다.……

카얀족 여성들의 팔뚝, 손등, 허벅지에서 무릎 아래, 발등(척골 면)에는 아주 복잡한 일련의 문양이 새겨졌다. 카얀족 여성의 문신은 그에 따르는 고통도 고통이려니와, 문신이라는 몸치장에 수반되는 정교한 의식의 면에서도 상당히 심각한 작업이다. 또한 한번에 할 수 있는 양이 그리 많지 않고, 매 단계마다 긴 간격을 여러 번 두어야 하기 때문에, 때로는 4년까지도 소요될 수 있는 기나긴 과정이다. 열 살 정도의 소녀라면 먼저 손가락과 발등 문신을 하고, 그로부터 약 일 년 뒤에는 팔뚝 문신을, 그 이듬해에는 허벅지 문신을 일부 하는 식으로 3, 4년이 지나야 문신은 비로소 완성이 된다.

보르네오의 문신 문양.

여성들은 보통 어머니가 된 뒤에 문신하는 것을 천박하다고 느끼기 때문에, 가능하면 임신 전에 모두 문신을 끝마치려고 한다. 문신을 하다가 병에 걸리면, 문신 작업은 잠시 중단된다. 파종기나 죽은 사람이 아직 매장되지 않은 상태로 집에 있을 때에도 문신을 하지 못하게 했다. 그런 때 피를 보는 것은 금기(pemali)라 여겼기 때문이다. 홍수에 대한 꿈이나, 피를 많이 보게 될 것을 예견하는 등의 나쁜 꿈을 꾸었을 때도 문신은 중단될 수 있다. 문신을 한 여성은 큰 도마뱀이나 카보크(kavok), 천산갑 혹은 안(an) 같은 고기는 먹지 말아야 하며, 남편이 있는 경우 사내애와 계집아이가 태어날 때까지는 남편도 아내와 똑같은 금기사항을 지켜야 한다. 딸만 있을 경우에는 그 아이가 문신을 할 때

까지 부부는 도마뱀 고기를 먹지 말아야 하며, 아들만 있을 때는 부부가 조부모가 될 때까지 기다려야 한다. 딸애에게 남자 형제만 있고 여자 형제가 없는 경우 그녀의 문신 선들은 일부만 맞붙게 할 수 있지만, 남자 형제와 여자 형제가 다 있든지 혹은 여자 형제만 있는 경우에는 모든 선들을 다 맞붙게 할 수 있다.

카얀족 여성들은 너나 할 것 없이 문신을 한다. 그들은 문양을 다음 세상의 횃불이라 믿으면서 그들을 밝혀줄 횃불이 없으면 깜깜한 암흑 속에 영원히 갇히게 될 것으로 생각했다. 언젠가 한 여인은 니우웬후이스 박사에게, 사후 세계에서 자신은 유골에 스며든 문신 색소로 구별될 수 있을 것이라는 말을 했다고 한다. 카얀족들 중에는 사자(死者)의 유골을 죽은 지 한참 지나서 매장하는 풍습이 있는데, 니우웬후이스 박사의 이 자료 제공자도 자신의 유골과 다른 사람의 유골이 혼동될 수 있는 모든 위험을 그녀의 문신이 방지해줄 것이라고 믿었던 것 같다. 문신 작업은 남자들에게는 절대 맡겨지지 않고 여자들만 하도록 되어 있다. 그리고 블록(이를테면 판목이나 나무토막 같은 것)에 문양 새기는 일은 남자들이 해도, 문양의 중요성이나 질(質)을 결정하는 일은 늘 문신의 전문가인 여성들이 한다. 니우웬후이스 박사에 따르면, 문신가의 작업실은 보통 대대로 상속이 되고, 대장장이나 푸줏간 사람들처럼 그들도 문신을 하기 전엔 반드시 수호신들에게 제물을 바쳤다고 한다. 문신가에게 아이들이 있고 그 아이들이 아직 어린 경우에는 문신 작업을 할 수 없다. 또한 제물을 바친 횟수가 많을수록, 다시 말해 문신가로서의 이력이 길수록 문신 비용은 그만큼 비싸진다. 문신가에게는 음식에도 금기사항이 있어 특정 종류의 음식은 먹지 못한다. 이런 금기사항을 어기면 새긴 문신도 선명하지 않을 뿐더러 문신가 자신도 병들어 죽게 된다. 여성들 중에는 병을 치료하려는 목적으로 문신가가 되는 사람도 있다. 카얀족 가정의 치료사인 무당은 최후 수단으로 병자에게 이런 말을 해주기도 한다. 즉 병자 스스로 문신가가 되어, 문신가들의 수호신인 아푸 라간(Apu Lagan)에 몸을 맡겨보라는 것이다.

문신가들이 사용하는 도구는 나무 상자 속에 든 두세 개의 송곳과 쇠망치가 전부로 아주 간단하다. 송곳은 한쪽 끝이 직각으로 꺾여져 있고, 머리부분은 짧고 뾰족한 나무막대들이다. 머리 끝에는 송진 덩어리가 붙어 있는데, 그 송진 속에 서너 개의 바늘이 밖으로 끝만 드러낸 채 깊숙이 박혀있다. 쇠망지는 절반이 끈으로 감긴 짧은 쇠막대로 되어 있다. 색소는 그을음, 물, 사탕수수 액을 섞어 만들고, 이렇게 만들어진 것은 이중의 얇은 나무컵에 보관된다. 그을음은 철제 조리기구의 바닥에 생기는 것을 최상품으로

보르네오의 문신 문양.

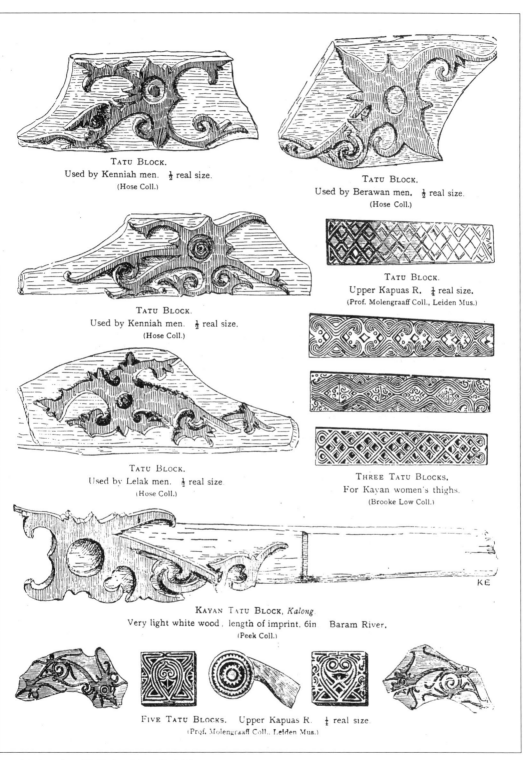

TATU BLOCK.
Used by Kenniah men. ½ real size.
(Hose Coll.)

TATU BLOCK.
Used by Berawan men. ½ real size.
(Hose Coll.)

TATU BLOCK.
Used by Kenniah men. ½ real size.
(Hose Coll.)

TATU BLOCK.
Upper Kapuas R. ¼ real size.
(Prof. Molengraaff Coll., Leiden Mus.)

TATU BLOCK.
Used by Lelak men. ½ real size.
(Hose Coll.)

THREE TATU BLOCKS.
For Kayan women's thighs.
(Brooke Low Coll.)

KAYAN TATU BLOCK, Kalong.
Very light white wood, length of imprint, 6in   Baram River.
(Peek Coll.)

FIVE TATU BLOCKS.   Upper Kapuas R.   ¼ real size.
(Prof. Molengraaff Coll., Leiden Mus.)

조각된 나무토막. 문신을 할 때 스텐실로 이용되었다.

PLATE 139.

보르네오의 문신 문양.

치고 있으나, 경우에 따라서는 송진이나 다마르(dammar: 인도네시아산 침엽수에서 추출하는 것으로 송진과 비슷함) 태운 것을 사용하기도 한다. 문양은 돋을 새김으로 판 나무 토막 위에 잉크를 바른 뒤 문신할 부분에 대고 눌러 만든다. 나중에 보게 되겠지만, 여성용 문양은 세로줄이나 가로 띠 모양이고, 하나 혹은 그 이상의 지그재그 선들이 줄 혹은 띠 사이의 경계를 이루고 있다.

문신을 하는 과정은 다음과 같다. 우선 문신할 사람이 바닥에 누우면 문신가와 조수가 양옆에 쪼그리고 앉는다. 문신가가 먼저 사탕야자의 섬유조직을 염료에 담갔다가 그것을 문신할 사람의 팔다리에 대고, 줄이나 띠 문양이 놓일 위치를 구획한다. 이들 직선을 따라 이코르(ikor) 줄 문양도 같이 넣는다. 그 다음 해당되는 문신 블록에 염료를 발라 그것을 두 이코르 줄 사이에 대고 누른다. 그리고 두 사람 중 한 사람이 발로 문신받는 사람의 피부를 팽팽하게 당긴 뒤, 염료에 적셔두었던 송곳의 손잡이를 쇠망치로 두드려 바늘 끝으로 살갗을 찌르며 차례로 선을 만들어간다. 이 과정에서 대부분의 사람들은 고통을 참지 못해 비명을 지르곤 하는데, 그럼에도 아랑곳없이 문신가는 자기 할 일만 묵묵히 해나갈 뿐이다. 이 작업에는 또 방부 처리가 되지 않기 때문에, 문신한 부분에 염증이 생겨 문신이 제대로 되지 않는 경우가 생길 수 있다. 하지만 놀랍게도 대부분의 경우엔 상처로 인한 손상 없이 완벽한 문양을 얻는다.

보르네오의 문신 문양.

이곳에서는 또 친구의 피를 흘리게 하는 것을 액운으로 생각하는 경향이 있다. 때문에 문신을 하는 과정에서 최초로 피가 나올 때는 문신가에게 조그만 선물을 하는 것이 관례로 되어 있다. 선물은 보통 옛 구슬 4알이나, 1달러 상당의 물건으로 한다. 선물을 등한시하면 문신가는 장님이 되고 문신을 받는 여자의 부모와 친척에게도 불행한 일이 생긴다는 속설에 따라 라삿(lasat) 마타(mata)(합해서 직역하면 '몹시 아픈 눈'의 뜻이 있음)라는 이름으로 불려진다.……

[롱 글라트(Long Glat)] 여성들은 문신을 완벽하게 하면 사후(死後)에 마법의 강(江)인 틀랑 줄란(Telang Julan)에서 목욕을 할 수 있고, 따라서 강바닥에 있는 진주도 주울 수 있다고 믿는다. 불완전한 문신을 한 여성은 강에는 들어가지 못하고 강둑에만 서 있게 되며, 문신이 없으면 강 근처에 얼씬도 못하게 한다. 이 믿음은 상(上) 마하캄(Upper Mahakam)과 버탕 카얀(Batang Kayan)의 케니아—클레만탄족들 사이에 광범위하게 퍼져있다. ■

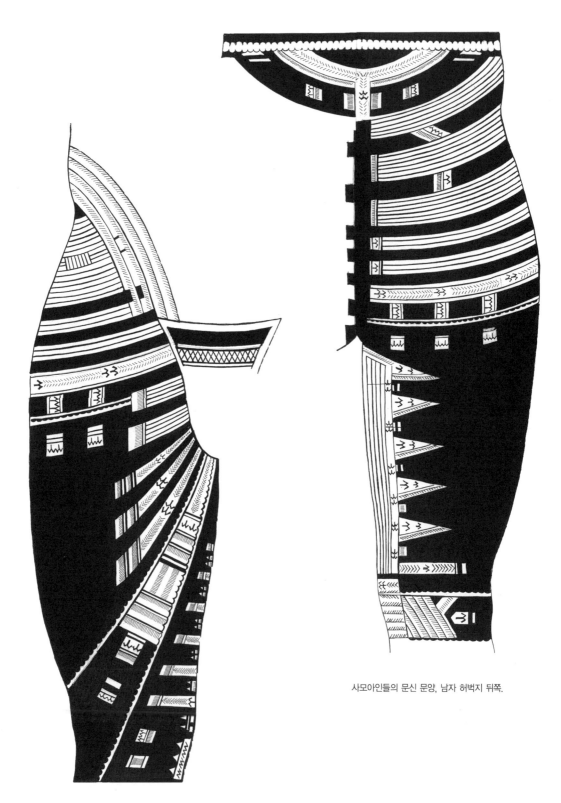

사모아인들의 문신 문양, 남자 허벅지 뒤쪽.

사모아인들의 문신 문양, 남자 허벅지 앞쪽.

6

사모아

유럽인들이 사모아 섬을 처음 본 것은 1772년이었다. 야곱 로게바인이 이끄는 세 척의 네덜란드 배가 마누아로 알려진 동방의 섬을 찾았을 때였다. 로게바인 탐험대의 한 대원은 그곳 원주민들의 모습을 다음과 같이 묘사했다.

> 그들은 악의 없는 선한 사람들 같았으며, 활기가 넘치고 믿음직스러웠다. 서로를 대하는 태도가 깍듯하여, 그들 행위의 어디에서도 거칠거나 야만스러운 점을 찾아볼 수 없었다. 그들 몸에는 인디언이나 네덜란드인들에게서 보았던 그림은 그려져 있지 않았으나, 아주 깔끔이 정리된 비단 술 같은 것이 달린 바지를 입고 있었다.[1]

네덜란드 배들은 그 섬의 해안가에 정박해 있었다. 하지만 선원들은 육지로 감히 올라올 엄두를 내지 못했고, 원주민들이 입은 것은 비단 반바지가 아니라 다리에 문신을 한 것이라는 것도 모를 정도로 그들에게 가까이 접근하지도 못했다.

1768년에는 탐험을 일시 중단했던 프랑스 탐험가 루이 앙투완 드 부간빌이 유럽 탐험대를 이끌고 두 번째로 사모아를 찾았다. 로게바인처럼 그도 원주민들에게 가까이 가기를 무척 꺼려했다. 그는 사모아인들의 카누 젓는 솜씨에 감탄하면서도, 예절 면에서는 타히티인들에게 뒤진다고 보고했고, '허벅지

에서 무릎까지 짙은 청색이 칠해져 있는 것'을 무척 신기하게 생각했다.[2]

사모아 땅에 첫 발을 내디딘 최초의 유럽인은 1787년 장 프랑수아 드 라 페루세가 이끈 프랑스 탐험대의 대원들이었다. 라 페루세는 원주민들을 좀 더 자세히 살펴보고 이렇게 기록했다. "이곳 남자들의 허벅지에는 그림인지 문신인지 모를 그림이 마치 옷을 입은 것처럼 그려져 있는데, 알고 보면 거의 벌거숭이나 다름없다."

물품과 식료품에 대한 최초의 우호적인 교환을 끝낸 프랑스인들은 도둑으로 의심되는 사모아인 한 명을 붙잡아, 그의 엄지손가락 두 개를 꿰어 돛대의 꼭대기에 매달았다. 그 일 때문에 싸움이 벌어져 프랑스 선원 열두 명과 사모아인 수 명이 죽는 사고가 발생했다. 라 페루세는 후일 이렇게 썼다. "이들 야만인들의 시시한 역사를 기록하는 일은 다른 이들에게 기꺼이 넘겨주련다. 24시간의 체류와 그에 따른 우리의 불운만으로도 이들의 악독한 행위를 증명하기에는 족하다."[3]

19세기 초반에는 유럽과 미국의 배 수 척이 사모아에 정박하여 교역과 식료품 조달을 했으며, 1830년에는 런던 선교사회 소속의 존 윌리엄스 목사와 찰스 바프 목사가 선교를 목적으로 사모아에 도착했다. 섬에 닿은 이들은 자신들이 사모아에 정주한 최초의 유럽인이 아니라는 사실을 발견했다. 그곳에는 이미 탈출한 죄수와 탈영병, 그리고 폭도들이 식민촌을 형성하고 있었던 것이다. 그들은 사모아인들을 상대로 머스켓 총과 탄약 장사를 하고 있었다. 그리고 개중에는 사모아인 추장의 전쟁 담당 부관이 되었거나 화기(火器) 이용법을 가르쳐주는 고문관이 된 자들도 있었다. 선교사들에 따르면, 이들 불한당들이 끼친 해악은 이루 다 형언할 수 없을 정도였다고 한다.

사모아인들은 머스켓 총에 얼이 나갔던 것만큼이나 기독교에도 열광적이었기 때문에 많은 기독교인 개종자가 생겨났다. 그들은 기독교가 질병과 마법에서 자신들을 구해내, 장수(長壽)할 수 있게 해줄 것으

여자 손에 사용한 사모아인들의 문신 문양.

로 믿었다. 또한 자신들이 기독교도가 되면 더 많은 유럽 배가 귀중한 물품을 싣고 사모아를 찾아줄 것이라 생각했다.[4]

　기독교도로 개종한 초기 원주민들 중 가장 영향력이 컸던 인물은 족장 파우에였다. 많은 사람이 그의 설교로 영혼을 구제받았다. "이 영국인들의 종교가 어찌 선하지 않다는 겁니까?" 그가 군중들에게 물었다.

> 가진 게 없는 우리에 비해 도끼, 가위 등 저들이 지닌 저 부유함을 눈여겨보시오. 그들의 배는 마치 떠다니는 집과 같아 폭풍우가 몰아치는 바다를 몇 달씩이나 끄떡없이 항해할 수도 있소. 그렇기 때문에 나는 백인 교도들에게 이런 값진 물건을 보내준 신(神)이 아무것도 준 게 없는 우리 신보다는 훨씬 지혜로운 신일 거라는 결론을 내리는 거요. 우리에게는 이 모든 물품들이 필요하고 따라서 내 말은 그들의 신이면 우리의 신도 될 수 있다는 거요.[5]

　군중들은 그의 설교의 힘을 거역할 수 없었고, 그로부터 채 몇 년도 지나지 않아 많은 사모아인들이 기독교를 믿게 되었지만, 단 그들이 믿은 것은 기독교의 본질이 아닌 그것의 부가물이었다. 문신은 원주민들이 가지고 있던 많은 관습 중의 하나로, 선교사들은 그것을 억누르려했다. 한 선교사는 신도들에게 문신을 이같이 설명했다. "문신은 몽매한 행위이고 기독교가 전파된 곳에서는 이미 사라진 지 오래이다." 하지만 사모아인들은 기독교를, 그들의 문화를 대체하는 것이 아닌, 그것에 첨가되는 어떤 것으로 받아들였다. 사모아 청년들에게 문신은 소년에서 성년으로 이행하는 일종의 통과의례였기 때문에, 문신을 받지 않으면 언제까지나 소년으로 취급받았다. 결혼도 할 수 없었고, 성인 남자들 앞에서 발언권도 얻지 못했으며, 일도 천한 것밖에 할 수 없었다. 선교사들이 주관하는 일요 예배에 어쩌다 한 번씩 간다고 하여 문신까지 포기해야 한다는 것은 너무도 불합리했다!

　"선교사들이 가는 곳에는 늘 새로운 교역로가 트이게 마련이다."라고 1837년 영국의 선교사 존 윌리엄스는 말했다. 19세기 중반이 되자 독일 사업가들은 남태평양 전역에 교역망을 설치해놓고, 사모아를 마치 탈취해가기를 기다리는 보물인 양 행동했다. 그들은 종족간의 싸움을 부추겨 원주민들에게 대포와 탄약을 파는 방법으로 자신들의 이득을 챙겼다. 1860년에는 사모아 섬의 거의 삼분의 일이 한 독일 기업의 사유지로 변해 있었다.

미국과 영국도 이에 질세라 재빨리 독일과의 싸움에 뛰어들었다. 그 결과 사모아는 공짜 땅을 차지하려는 나라들의 꼴사나운 쟁탈장으로 변해버렸다. 19세기 말경 복잡하게 얽혀있던 땅 소유주들을 정리해본 결과 영국, 독일, 미국인들의 소유지는 170만 에이커가 넘었던 반면, 사모아 섬 주민의 소유지는 다 합쳐봐야 80만 에이커도 안 되는 것으로 나타났다.[6]

미국의 역사가 조세프 엘리슨은 19세기 사모아 역사의 특징을 다음과 같이 요약 설명했다.

> 계략에 밝은 외국 탐험가들의 빈번한 부추김으로 일어난 원주민 혁명과 내전의 역사, 섬에 자기 나라 국기를 꽂고, 존경하는 자기 나라의 상업적, 정치적 영향력의 확보에만 눈이 멀었던 허영심과 시기심으로 가득 찬 영사들의 역사, 대포를 쏘고 불을 질러 원주민 부락을 곧잘 쑥대밭으로 만들어놓곤 하던 기세 등등한 탐험 대장들의 역사, 국제전으로까지 치달을 뻔한 관리들의 싸움박질과 이전투구에만 여념이 없었던 애국자들의 역사, 수많은 회의와 조약과 협정을 거쳐 마침내 독일과 미국의 분할로 끝난 역사, 그것이 바로 사모아의 역사이다.[7]

이 분할협정은 1899년 영국이 솔로몬 군도 할양 조건으로 사모아 분쟁에서 손을 떼면서 효력을 발휘하기 시작했다. 협정에 따라 독일은 수익성 좋은 대농장을 끼고 있는 서사모아를 차지했고, 미국은 동사모아의 섬들을 확보하여 전략적 요충지인 파고파고에 해군기지를 설치했다.

서사모아의 독일인 총독들은 선교사들에게 전혀 호의적이지 않았다. 문신을 비롯하여 선교사들이 금지시키려 한 다른 관습을 허용하는가 하면 심지어 장려까지 했다. 부총독 겸 재판장은 원주민으로부터 직접 문신까지 받았고, 세관장을 비롯한 다른 관리들도 곧 그의 모범을 따랐다.[8]

이런 개화 정책의 결과로, 사모아 문신은 폴리네시아의 다른 섬들과는 달리 계속 존속될 수 있었다. 역사가 N. A. 로웨는 1930년에 이렇게 썼다. "선교사들의 금지 노력에도 불구하고, 문신은 또 다시 보편적인 현상이 되었다고 해도 좋으리라. 예외가 있다면 오직 원주민 목사들뿐이다.”

사모아 원주민들의 전통적 삶과 예술에 대해 처음으로 분명한 기록을 남긴 사람은 식민지 정부에 근무한 독일인 관리였다. 칼 마르쿠아르트(Carl Marquardt)의 『사모아 남녀의 문신(Die Tätowirung beider Geschlechter in Samoa)』(1899)에는 문신하는 과정과 문양의 스케치 외에도, 문신의 명칭과 의미까지 상세히 기록되어 있다. 1903년에 발간된 아우구스틴 크래머(Augustin Krämer)의 『사모아 제도(Die Samor-Inseln)』는 원주민들의 삶에 대한 고전적 작품으로 정평이 나있다. 의사 겸 인류학자였던 크래머는 사모아에 몇 년간 체류하면서, 그곳의 언어와 문화, 역사를 공부했고, 2권으로 된 그의 걸작에는 사모아의 문신에 대한 아주 상세한 정보가 담겨 있다.[9]

크래머는 한 시간에 손바닥 크기의 문신 하나가 완성되고 매주 그런 식으로 이어지니까 완성까지는 수개월이 소요된다고 기록하고 있다. 문신의 전 과정에는 엄격한 의식이 뒤따랐다. 문양에는 각각 별도의 이름이 붙여졌고, 그 각각의 부분은 허리에서 무릎 쪽으로 내려가며 정해진 순서에 따라 새겨졌다. 생식기 문신은 2차로 행해졌는데, 그 작업은 문신을 행하는 사람이나 받는 사람 모두에게 가장 힘든 것으로 받아들여졌다. 크래머는 이렇게 적었다. “항문이나 회음(會陰), 음낭, 귀두, 음경을 할 때처럼, 엉덩이 사이의 조금 벌어진 틈을 꿰뚫어 관통한다는 것은 대단한 기술과 인내가 요구되기 때문에, 그 부위의 문신을 할 때는 특히 유능한 조수가 필요했다. 이 부분의 문신은 늘 불쾌하고 고통스럽기 마련이다.”[10] 충분히 상상할 수 있는 일이듯, 개중에는 남자가 되기 위한 이런 시련을 회피하려는 겁쟁이들도 있었다. 하지만 문신 없는 청년들에게 돌아오는 것은 사회적 천민의 신분밖에 없었다. 그런 남자는 여자들에게서도 멸시받았고, 딸을 둔 아버지도 절대 사윗감으로 받아들이지 않았다.

1925년 선구적 다큐멘터리 작가 로버트 플라허티는 사모아인의 문신을 최초로 필름에 담는 데 성공했다. 그는 사모아 원주민들의 전통적 삶을 근 2년에 걸쳐 필름에 담은 뒤, 그 정도면 원하는 것을 거의 얻었다는 생각이 들었다. 단 하나 빠진 것이 있다면 클라이맥스였다. 궁리 끝에 그는 할리우드식의 부자연스런 앤딩으로 끝내기보다는 이미 촬영한 것의 논리적 연속이 될수 있는 어떤 드라마틱한 사건을 찾아보기로 했다. 모아나라는 젊은이를 따라다니며 고기 잡고, 사냥하고, 카누 타고, 놀고, 여자 쫓아다니는 사모아 청년들의 일상생활에 대해서는 이미 찍어놓은 것이 있었다. 따라서 이제 필요한 것은 모아나의 문신 장면이었다. 플라허티는 모아나 역을 맡은 타아발레를 설득하여 늙은 투푼가(tufunga, 문신가)에게 문신을 받도록 했다.

플라허티의 부인 프란시스는 그 문신 과정을 이렇게 기록해 놓았다.

> 투푼가는 대족장이고, 문신은 거창한 의식이 수반되는 아주 값비싼 행사이다. 사모아 남자들에게 문신은 그것을 시점으로 다른 모든 일들의 날짜가 매겨지는 일생일대의 중대사이다. 실제의 나이에 상관없이 사모아 남자들은 문신을 하기 전까지는 모두 소년으로 취급된다. 문신은 몸을 아름답게 꾸미는 행위이다. 금속도 흙도 쓰지 않고, 자신들의 멋진 육체를 완벽하게 함으로써 미(美)에 대한 감정을 표출하는 것이다. 하지만 그보다 깊은 저변에는 인간 공통의 욕망, 즉 인내의 한계를 시험해 보고자 하는 욕구, 남성적 힘을 입증하고 최고의 개인적 가치를 최고의 흔적으로 남기고자 하는 어떤 욕구의 분출 심리가 깔려 있다.……자기 안에 있는 신(神), 다시 말해 자신의 존재에 대한 자긍심 외에 남자의 기상을 드높여주는 것이 또 어디 있을 것인가? 이처럼 용기와 용맹, 그리고 남자가 자랑으로 여기는 그 모든 자질을 상징하는 것이 바로 문신이다.[11]

사모아의 마르쿠아르트, 1890년경*

사모아 문신에 대한 정확한 지식은 투푼가 즉 사모아 문신가들과, 그에 비해 비중은 많이 떨어지지만 소위 툴라팔레(tulafale)라 불리는 이른바 사모아 지방의 직업 변사(辯士)들만이 보유하고 있다. 그 점에 있어서는 사모아 '노인들'도 재미있는 이야기를 많이 해줄 수 있지만, 그들의 지식은 특히 우리가 알고자 하는 문양의 의미에 대한 해석이나 그 이름들에 관한 한 그다지 믿을 만한 것이 못 된다. 젊은 세대들은 더더욱 믿을 것이 못 되어 그들이 알고 있는 문양의 종류는 손가락으로 꼽을 정도밖에 되지 않는다. 따라서 그들의 정보는 신중에 신중을 기하고 반드시 검증을 거친 뒤에 받아들여야 한다.

2년간 계속된 사모아인들과의 접촉에서 이 모든 것들을 접한 나는 문신에 관계된 의혹들을 명확히 밝혀야겠다는 시도를 하게 되었다. 사모아에 체제하는 기간이 길어질수록 그에 대한 기회도 많아졌다. 원주민들에 대한 철저한 조사가 필요했던 까닭은 여성 문신에 관한 정보가 특히 백지 상태나 다름없었기 때문이다.

사모아인들 중에 문신을 하지 않은 사람은 극히 드물다. 선교사들이 문신에 끼친 영향은 거의 제로에 가까웠다. 결혼식을 끝맺는 방식이라든가 전쟁에서 적의 머리를 베어오는 등의 관습도 마찬가지였다.

O le ta tatau, 즉 문신 기술은 지금도 사모아에서 높은 대접을 받고 있다. 남자들은 성년에 이르면 거의 예외 없이 그 고통스러운 수술을 받아야만 한다. 하지만 고통을 피하려는 나약한 인간은 어디에나 있고, 사모아도 예외는 아니다. 하지만 그런 pala'ai(겁쟁이)는 사모아에서 온전한 남자로 살아갈 수 없다. 특히 여자들의 멸시가 심하고, 족장들도 그들의 손을 '악취 나는 손'이라 부르며, 그들이 건네주는 음식은 받아먹지 않는다. 국민적인 장식을 결여한 남자들에 대해 보이는 경멸감은 선교사들의 영향으로 다소 약화되기는 했으나, 그럼에도 불구하고 그것은 오늘날까지 계속된다. 문신 없는 남자는 여전히 인기가 없으며, 딸 가진 아버지는 그런 남자를 결코 사위로 맞아들이려 하지 않는다. 청년들이 선교활동을 준비하다가 막상 선교학교에는 들어가지 않는 한 가지 이유는 일단 들어가면 문신을 받지 못한다는 것이다.

문신 행사는 늘 엄숙하게 치러졌다. 특히 족장의 아들이 할 때는 마을의 경사가, 대족

---

* 이 글은 칼 마르쿠아르트의 『사모아 남녀의 문신』(1899)을 시빌 퍼너 번역으로 옮긴 것이다.

장의 아들이 할 때는 섬 전역의 경사가 되어 대대적인 축하연이 벌어졌다. 문신가 수 명이 초대되고, 주민들도 천리 길을 마다 않고 찾아와 행사장에 푸짐하게 차려진 음식과 춤을 즐겼다. 또 그곳에선 족장의 아들들과 같은 나이 또래의, 툴라팔레의 아들들도 함께 문신을 받는 것이 고래의 관습으로 되어 있었다. 이 청년들은 족장이 문신 비용을 전액 부담해주는 것은 물론, 그들의 젊은 지배자와 고통을 함께 나눈다는 표시로 영예로운 선물까지 덤으로 받았다.

소위 아우(au)라 불리는 투푼가의 도구는 괭이나 곡괭이 같은 우리네 농기구와 모양이 흡사하고, 너비도 아주 다양하다. 그중 살갗에 직접 닿는 머리빗 모양의 톱니 부분은 모두 뼈로 만들어지고, 특히 인간의 뼈로 만든 것을 제일 상품(上品)으로 친다. 사람 뼈를 구할 수 없을 때에는 말이나 소뼈를 사용한다.

살갗을 찌르는 도구의 이빨 부분은 도구의 아랫단에 의해 손잡이와 연결되도록 되어 있다. 아랫단은 보통 거북의 등딱지로 만들어지고 가끔은 뼈로 만들어지기도 한다. 손잡이는 등나무류의 줄기나 나무로 만들어진다. 나무는 푸아푸아(fu'afu'a) 나무(Kleinhovia hospita)를 가장 상품으로 친다. 톱니 모양의 날, 손잡이, 연결 부분으로 이루어진 이 도구들의 세 부분은 코코넛 섬유조직으로 동여매어진다. 또한 안정감을 주기 위해 뼈와 거북 등딱지에도 이곳저곳 구멍을 뚫어놓는다. 문신 기구의 완전한 한 세트는 문신가에 따라 여덟 개가 될 수도 있고 열두 개가 될 수도 있다. 그리고 문신의 목적에 따라 너비가 각기 다른 이 기구들은, 위쪽 끝이 넓게 만들어진 소위 투누마(tunuma)라 불리는, 덮개가 없는 나무 상자에 보관된다.

살갗에 쓰이는 색소는 불에 태운 나무 열매의 그을음[아레우리테스 모룬카나(Aleurites Moluncana)]을 사용한다. 그것을 얻는 방법은 열매를 태우는 과정에 생기는 그을음을 코코넛 통에 수거한 다음, 통 내부에 들러붙은 그을음을 긁어내어 이른바 니우(niu)라 불리는 또 다른 색소 보관 코코넛 통에 옮겨 담으면 된다. 통 속의 염료는 방망이와 함께 시아포(siapo: tapa천의 사모아식 이름으로 뽕나무 껍질로 만들어진다고 함) 두루말이로 봉해진다.

살갗을 찌르는 데는 짤막한 나무 메가 사용된다. 직경이 약 35센티미터 정도 되는 이 도구는 아우타(auta) 혹은 사우사우(sausau)로 불려진다. 문신 도구들은 극도의 세밀한 공정으로 만들어진다. 특히 머리털처럼 가느다란 이빨 부분은 단단한 어깨뼈를 공들여 깎은 것으로 예술품이라 해도 손색이 없을 정도이다. 투푼가들이 도구를 그토록 소중히 여기는 까닭은 바로 그 때문이고, 실제로 쓸 만한 도구를 사기란 여간 어렵지 않다. 박물관에 간혹 보관돼 있는 아우는 문신 도구로 더 이상 사용되지 않는 폐기물인 경우가 대부분이다.

지금은 문신이 예전과 같이 그런 의식(儀式)적인 행사로는 치러지지 않는다. 먼 옛날에는 문신이 모의전(模擬戰)과 군사 연습으로 시작되어, 투푼가에게 첫 선물을 수여하고, 젊은 족장이 투푼가에게 자기 몸을 맡기는 것으로 시작되었다 – 문신가 중 몇 사람이 젊은 족장 등뒤의 살갗을 잡아당기면, 그중 한 사람이 도구와 나무 메로 문신을 시작했다.

맨 먼저 새겨지는 문양은 등 전체를 다 뒤덮는 투아(tua) 줄무늬인데, 이 문신은 문신을 받는 사람이 고통을 더 이상 참을 수 없게 되거나, 날이 어둑어둑해질 때까지 계속되는 것이 보통이다. 못 다 한 부분은 이튿날 다시 계속된다. 때로는 상처의 염증이 가라앉을 때까지 작업을 며칠 중단하거나, 문신을 계속할 수 없을 정도로 염증이 악화되어 문신 자체를 아예 단념해야 되는 일까지 생겨난다. 족장의 아들이거나 부유층일 때는 특별 대우를 하는데 이 경우 문신의 전 과정은 받는 사람의 체력에 따라 길게는 석 달이 걸릴 수도 있다.

보통사람들에 대한 문신은……특수층에 비해 성의 없이 이루어졌다. 그래서인지 미(美)적인 면에서 일반인의 문신과 족장의 문신은 때로 하늘과 땅 차이를 보여주었다. 족장들에게 문신을 할 때는 또 투푼가들에게 옛 노래를 부를 수 있는 기회가 주어졌다. 그 내용을 번역해 보면 다음과 같다.

참으십시오. 잠시 후면 새파란 티(ti-plant) 잎사귀 같은 문신을 곧 보시게 될 겁니다.

정말 송구스럽습니다. 그 짐을 제가 대신 짊어질 수 있다면 얼마나 좋으리까.

피 좀 보세요! 한번 내려칠 때마다 이렇게 솟구쳐 나오는군요. 마음을 단단히 가지십시오.

족장님 목걸이가 부러지고, 파우(fau: 백합과에 속하는 식물이며 영어명은 hibiscus) 나무 꽃봉오리가 벌어져도, 제가 새긴 이 문신은 절대 파괴되는 일이 없습니다. 이것은 무덤까지 갖고 가시게 될 영원한 지보(至寶)입니다.

합창: 오, 족장님의 약하신 모습에 가슴이 메입니다. 오, 잠결에도 멈추지 않을 고통을 거부하시는 저 모습. ■

일반인들의 경우엔 투푼가 대신 친척이나 친구들이 노래를 불렀다. 그것은 아주 쾌활한 노래였다. 문신의 대가들은 일반인들의 문신 때에 목소리를 길게 잡아 빼는 것을 온당치 못하다고 생각했다. 족장 노래의 멜로디가 이상할 정도로 단조로운 이유도 문신 받는 이의 열을 가라앉히기 위한 것이었다. 그 외에도 노래를 부르는 이유는 고통스런 신음 소리를 덮으려는 의도도 있었다.

하루의 작업이 끝나면 그것을 참관했던 사람들은 문신 행사와 함께 진행되는 뜀뛰기, 레슬링, 권투 같은 운동 경기와 모의 전(戰), 춤 등을 즐기곤 했다. 문신의 전 과정이 끝나면 투푼가에게는 주로 화려한 돗자리나 시아포로 이루어진 막대한 보수가 주어졌다. 함께 문신을 받은 툴라팔레 아들의 가족과 행사 중에 손님의 음식접대를 맡아본 족장의 친척들에게도 선물이 주어졌다.

선물 배분 뒤에는 투푼가와 그 조수들의 엄숙한 횃불 행진과 젊은 족장 발 앞에서 물병을 박살내는 의식이 계속 이어졌다. 그리고 난 다음 투푼가 한 사람이 새로 문신한 사람 모두에게 니우이(niuui), 즉 코코넛 밀크를 뿌리는 룰루(lulu'u) 의식으로 모든 행사는 끝이 났다.

옛 사모아인의 팔 안쪽을 보면 점과 선의 다양한 결합으로 이루어진 문신이 있는 것을 종종 보게 된다. 그것은 당사자가 전쟁 중에 머리를 베일 경우에 대비하여 신분확인용으로 새겨놓은 것이다. 문자가 도입된 뒤에는 점과 선 대신 이름을 새겨 넣는 것이 관례가 되었다.

그 외에도 사모아의 옛 관습에는 일종의 형벌로 코에 새기는 문신이 있었다. 최근에도 혹시 행해진 것이 있나 하여 찾아보았으나, 흔적을 발견할 수 없었다(아마도 선교사들의 말살 노력에 의한 성과가 아닐까 싶다). 행해진 방법도 알 수 없었다. 한 가지 확실한 것은 그것이 중죄인에게만 해당되는 형벌이었고, 귀를 자르는 것과 비슷하게 취급되었다는 것이다.

일부 민족학자들은 사모아인들의 문신 관습을 '신(神)이 부여한' 것이라 보고, 테마(Taema)와 빌라파이가(Tilafaiga) 두 여신(女神)이 피지에서 사모아로 전파했다는 유명한 전설에 그 기원을 돌리고 있다. 랏첼(Friedrich Ratzel) 교수는 그 근거로 '동물 몸 속에 있는 아투아(Atua), 즉 수호신의 가르침'을

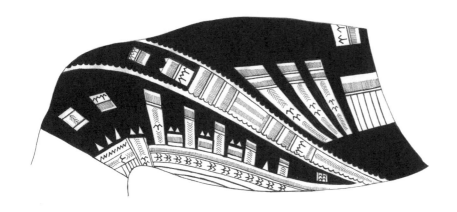

남자 허벅지 안쪽에 사용한 사모아 인들의 문신 문양.

들고 있다. 하지만 나는 사모아의 문신이 본래 신성하거나 종교적인 행위였다는 것에 찬성할 수 없다. 외스트(Willhelm Joest: 19세기의 독일 민속학자)의 말을 빌면, 그 이론은 민족학의 극히 단순한 기본 사실과 변천과정을 단순한 그 자체로 두지 않고, 자신들의 박식함으로 신비적, 상징적, 형이상학적, 심리학적인 토대까지 거슬러 올라가 공연히 복잡하게 만든 것일 뿐이었다. 마이니케도 자신의 책 『태평양의 섬들(The Islands of the Pacific Oceans)』에서 주장하고 있듯, 문신이 종교, 정치 제도와 관련돼 있었다는 것을 입증할 수 있는 사람은 아무도 없다는 것이 내 생각이다.

그런 가정을 입증하고자 하는 노력 자체가 이미 상식에 위배되는 것이다. 원주민들과의 피상적이고 일시적인 접촉이 아닌, 좀 더 깊이 있고 오랜 접촉을 해본 사람이라면 과시욕이 그들 삶에서 얼마나 중요한 역할을 하고 있는가를 알게 된다. 그런 생각에 젖어 그들은 가장 괴상하고 가장 고통스런 관습을 생각하게 되는 것이다. 그것은 민족학자든 문외한이든 약간의 민족학적인 식견만 있으면 누구나 알 수 있는 일이다. 그런 것을 왜 구태여 입증해야 되는가 말이다. 여기서 다시 한 번 외스트의 그 탁월한 작품을 생각해 보자. 내가 볼 때 문신은 예나 지금이나 신체 장식의 목적으로 쓰였고, 따라서 우리의 '세련된' 심미안도 그것의 기준을 세우는 데에나 써서는 안 될 일이다.

문신은 가장 단순한 것에서 발전되어 나온 것이 분명하다. 지구상의 어떤 문신이라도 인간 살갗에 최초로 새겨진 문양은 아마 점과 선이었을 것이다. 그리고 음식도 많이 먹을수록 식욕이 좋아지듯, 지능이 뛰어난 사람일수록

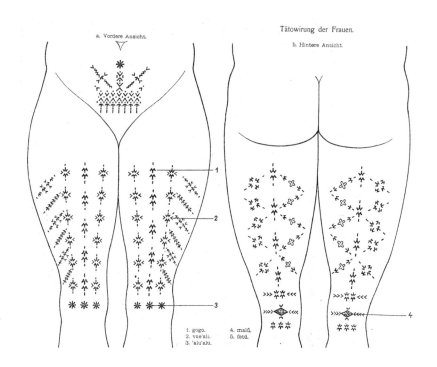

a. Vordere Ansicht.

Tätowirung der Frauen.

b. Hintere Ansicht.

1. gogo.   4. malū.
2. vae'ali. 5. fetū.
3. 'alu'alu.

여자 허벅지에 사용한 사모아인들의 문신 문양.

기호와 문양에 대한 인식도 높아졌을 것이고, 이해와 취향이 복잡해지면서 문양의 난해함과 크기도 더해갔을 것이다.

남자들은 여자들을 즐겁게 해주기 위해, 여자들은 남자들에게 잘 보이려고 문신을 했다. 그들이 문신을 한 목적은 단지 꾸미기 위해, 자신들을 좀 더 돋보이게 하려고 한 것뿐이다. 핀슈(Otto Finsch: 1839-1917, 독일 태생의 민족학자)가 남태평양의 문신은 계급이나 지위와는 아무 상관없이 장식의 수단이었을 뿐이라고 말한 것은 확실히 정곡을 찌른 말이다. 문신을 왜 했는가라는 질문에 캐롤라인 제도의 주민들도 "당신이 입고 있는 의복과 같은 거죠, 여자들을 즐겁게 해주려고요."라고 대답했다.

그보다 한 발 더 나아가 힘, 용기, 인내를 이 세상 최고의 가치로 여기는 원주민 남자가 문신의 고통을 감내하는 행위는 보다 남자답고 매력적인 사람이 되어 이성(異性)에게 고통을 우습게 보는 마음과 기백이 있음을 입증하고 싶은 미음에서였을 것이라는 가정은 확실히 설득력 있는 설명이다.……

남녀관계를 생각해 볼 때, 문신이 사춘기의 시작과 더불어 행해졌다는 사실도 결코 우연만은 아닌 것 같다. 성감(性感)은 보통 이때부터 발달하기 시작하는데, 여자는 남자를 기쁘게 해주고 싶은 마음에서 그 수단을 찾다가 문신을 하게 되는 것이다.

문신의 기원을 종교에 두려는 이론가들은 문신이 보통, 아니면 최소한 자주, 성직자들에 의해 행해졌다는 사실을 흔히 내세우곤 한다. 그 점에 있어서도 나는 외스트 씨의 의견에 전적으로 동감한다. 즉 성직자들이 처음에는 문신 같은 것에 관심도 두지 않다가, 그것에서 얻어지는 이득을 생각하고는 차츰 종교적인 성격을 부여하게 되었고, 그러다 결국 문신을 다른 종교를 억압하는 수단으로 독점하게 되었다는 것이다. 문신에 지불되는 높은 보수는 당시의 '헌납'과 관계가 깊었다. 많은 돈을 지불할 여력이 안 되는 가난한 사람들의 문신은 재빨리 행해졌다. 하지만 성직자들은 그들의 사리(私利)를 위해, 세상의 힘있는 자들(이 경우에는 그들의 봉사를 원하는 족장이나 부유한 자들)을 어떻게 만족시켜야 되는지를 정확히 알고 있었다. 이들 권세 있는 자들 몸에 특별히 선명하고 아름다운 문자를 새겨주는 대가로 그들은 돈을 챙겼던 것이다.

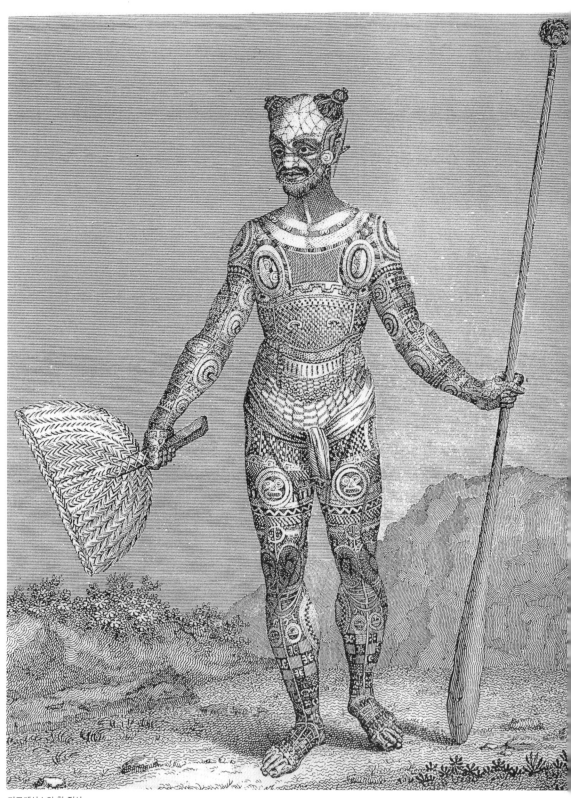

마르케사스의 한 전사.

7

마르케사스 군도

트리시아 알렌, 스티브 길버트

　마르케사스 군도로 알려진 12개의 화산섬은 광활한 태평양 상에 고립된 채 페루 정서(正西)쪽 약 1,900킬로미터 전방에 놓여있다. 그 섬들은 약 2,000년 전에 폴리네시아 탐험가들에게 발견되어 식민지가 되었고, 그들에 의해 풍부한 구비(口碑) 전통과 민속, 장식 예술의 복잡한 문화가 개발되었다. 정교한 목각, 거대한 석재 티키 상(tikis)이 있는 야외 신전(神殿), 그리고 문신은 모두 고도의 세련미를 갖춘 마르케사스의 예술품들이다.

　1595년까지만 해도 이곳 원주민들은 바깥 세상을 전혀 모르고 있었다. 그 해에 스페인 탐험가 알바로 데 멘다나(Alvaro de Mendana)와 그의 선원들은 페루 서쪽에서 전설의 땅 오피르(Ophir)를 찾아 항해를 시작했다. 멘다나는 솔로몬의 예루살렘 황금신전 재료로 쓰인 솔로몬 왕의 금광이 오피르에 있을 것으로 확신하고 있었다.

　그러니 한 달간의 항해 끝에 멘다나가 우연히 발견한 이 섬들을 오피르로 착각한 것도 무리는 아니었다. 하지만 그는 섬 주민들이 솔로몬 왕의 금광에 대해서는 아무것도 모르는 데다 온몸이 문신으로 뒤덮인 야만인들인 것을 보고는 자신의 생각이 틀렸다는 것을 즉시 깨달았다. 멘다나는 이 섬들을 그의 후원자인 페루 총독을 기려 라스 마르케사스(Las Marquesas)라 명명하고, 스페인 영토로 주장했다. 라스 마르케사스를 탐험하는 동안 멘다나와 그의 선원들은 그곳 원주민들과 빈번하게 충돌을 일으켰다. 그 결과 탐험이 끝났

작업에 열중하고 있는 마르케사스의 한 문신가.

을 때는 여자와 어린이들을 포함하여 무려 200명 이상의 마르케사스인들을 살육한 것으로 드러났다.

멘다나는 마르케사스의 경도를 측정하는 방법을 몰랐기 때문에 그 섬들이 지도상의 어디에 놓여 있는지 정확한 위치를 파악할 수 없었다. 그 섬들은 기존 항로의 외곽에 놓여 있었고, 그런 관계로 1774년 제임스 쿡 선장이 물과 식료품 조달을 위해 그곳에 4일간 정박할 때까지는 재발견되지 않았다. 당시 쿡과 그의 선원들은 마르케사스에 거의 관심을 두지 않았다. 그래서 원주민 한 명만을 죽이고는 곧바로 그곳을 떠나버렸다.[1]

18세기 후반에는 탐험가, 교역상, 고래잡이들이 식료품 조달을 위해 이따금씩 그곳을 찾아들었다. 하지만 누구도 오래 머문 사람은 없었고, 도망자나 폭도들만이 얻어 탈 배를 기다리는 동안 간간이 해안가에 머물 뿐이었다. 러시아 탐험가 이반 페도로비치 크루센스테른(Ivan Fedorovich Krusenstern)이 1804년 마르케사스에 도달했을 때는 유럽인 두 명만이 원주민들 틈에 섞여 살고 있었다. 한 사람은 장 밥티스테 카브리라는 프랑스인이었고, 또 한 사람은 에드워드 로바츠라는 영국인이었다. 두 사람은 수년 동안 그곳에 살면서 마르케사스식으로 문신도 새기고 있었다. 크루센스테른은 그들을 가이드 겸 통역사로 이용했고, 그를 수행한 독일인 박물학자 게오르그 엔리케 폰 랑스도로프는 그곳 원주민의 삶과 습속에 관한 자신의 첫 작품을 쓰면서 정보 제공자로 그들을 이용했다.[2]

랑스도로프는 마르케사스의 문신이 태평양의 다른 섬들 문신보다 훨씬 광범위한 것에 특별한 관심을 보였다. 손, 발, 얼굴을 포함한 마르케사스인들의 전신은 난해한 기하학적 문양으로 덮여 있었다. 문신의 기술과 중요성에 대한 상세한 정보는 카브리가 알려 주었다. 러시아 탐험대에 동행했던 W. G. 틸레시우스 폰 틸레나우(Tilesius von Tilenau)는 마르케사스 원주민들을 그린

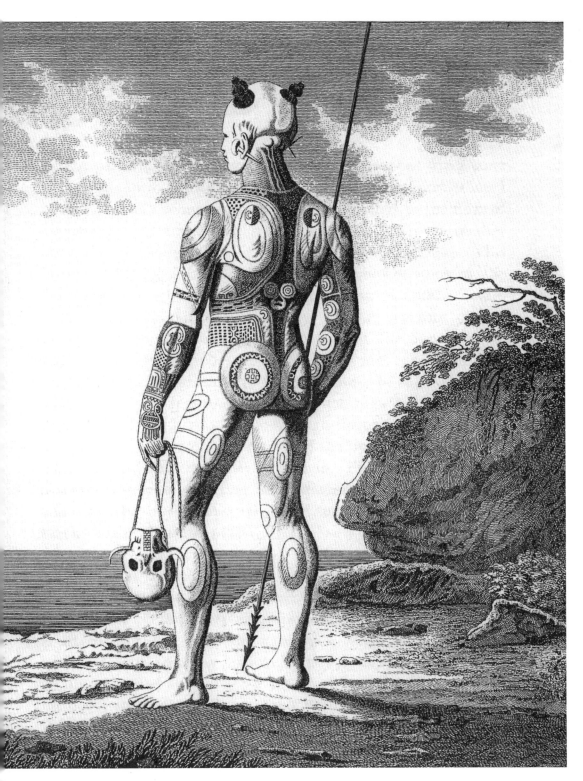

마르케사스의 젊은 전사. 문신이 아직 채 완성되지 않은 모습이다.

최초의 화가로, 꼼꼼하고 정확하게 그려진 그의 삽화들은 랑스도로프의 『세계 각지로의 항해와 여행(*Voyages and Travels in Various Parts of the World*)』(1813)에 수록, 발간되었다. 폰 틸레나우의 그림들은 유럽인의 시각으로 마르케사스인들을 바라본 유일한 그림이었고 근 일 세기에 걸쳐 광범위하게 복제되었다. 현재 그 그림들은 외부 세계와 접촉하기 이전의 마르케사스 문신의 진면목을 보여주는 값진 자료로 남아 있다. 랑스도로프는 마르케사스 문화에 관심을 보인 몇 안 되는 유럽인 중의 한 사람이었다(그곳을 찾았던 당대의 다른 유럽인들은 마르케사스의 전략적, 경제적 가치에만 관심을 두었다).3

랑스도로프의 독자 중에는 허먼 멜빌이라는 청년이 있었다. 그는 그것에 너무도 깊이 감명을 받아 마르케사스를 직접 찾아보기로 결심했다. 1841년, 21살의 멜빌은 마침내 포경선의 일반 선원으로 항해 길에 올랐다. 그리고 포경선이 식료품 공급을 위해 마르케사스에 정박하자 배를 이탈하여, 다른 배가 지나갈 때까지 6주간을 그 섬에 머물렀다.

멜빌의 첫 두 소설 『오무(*Omoo*)』와 『타이피(*Typee*)』는 마르케사스 체험에서 우러난 영감에, 랑스도로프를 비롯한 여행기들의 배경 지식으로 더욱 미려하게 갈고 닦은 낭만적 소설들이다. 그는 이 두 작품들 속에 마르케사스의 문신을 상세히 기술해 놓았다. 멜빌은 총 4년에 걸쳐, 선원, 해변 부랑자, 방랑자 생활을 했고, 그때의 경험을 바탕으로 『모비 딕(*Moby Dick*)』을 비롯한 여섯 편의 소설을 썼다. 1846년에서 1856년 사이에 발간된 그 작품들은 대단한 반향을 불러 일으켰다. 19세기 독자들이 남태평양과 폴리네시아 문신의 매력을 알게 된 것도 멜빌을 통해서였다.

1842년 5월 어느 날 아침 일단의 마르케사스인들은, 프랑스 제독 한 명과 보병 60명이 완전 군장 차림으로 해변에서 종교의식처럼 보이는 행사를 치르는 모습을 보고 깜짝 놀랐다. 한 병사가 긴 장대를 높이 세우자 다른 병사들이 방진(方陣)으로 그것을 둘러쌌다. 제독이 프랑스어로 무엇인가를 말하며 검으로 땅을 세 번 내리치자 병사들은 공중에 총을 발사했고, 그중의 한 명이 색깔 있는 천을 밧줄에 매어 장대 꼭대기로 끌어올렸다. 마르케사스 군

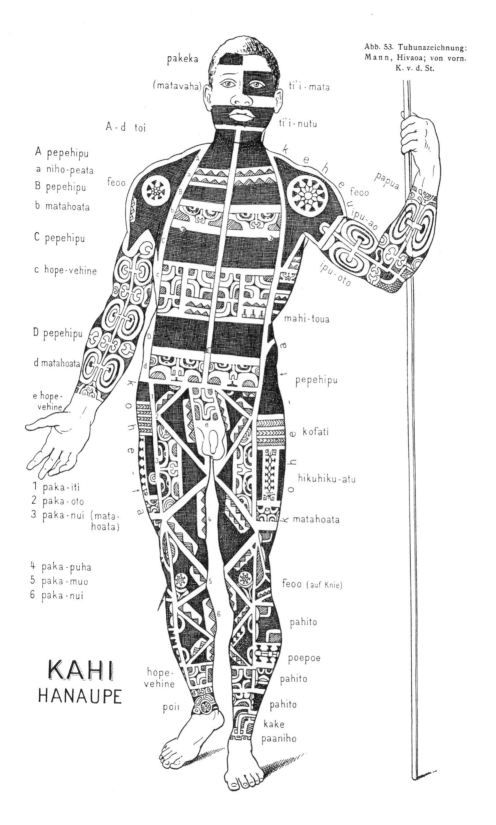

Abb. 53. Tuhunazeichnung:
Mann, Hivaoa; von vorn.
K. v. d. St.

pakeka

(matavaha)

ti'i - mata

A - d toi

ti'i - nutu

A pepehipu

a niho - peata

B pepehipu

b matahoata

C pepehipu

c hope - vehine

D pepehipu

d matahoata

e hope - vehine

1 paka - iti
2 paka - oto
3 paka - nui (mata- hoata)

4 paka - puha
5 paka - muo
6 paka - nui

feoo

k e h e

papua

feoo

ipu - ao

ipu - oto

mahi - toua

pepehipu

e kofati

hikuhiku - atu

matahoata

feoo (auf Knie)

pahito

poepoe

pahito

pahito

kake
paaniho

KAHI
HANAUPE

hope - vehine

poii

마르케사스 남자의 문신된 앞모습.

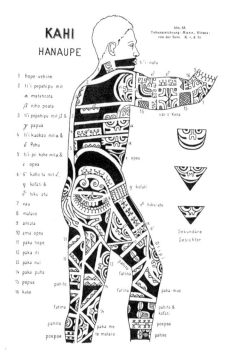

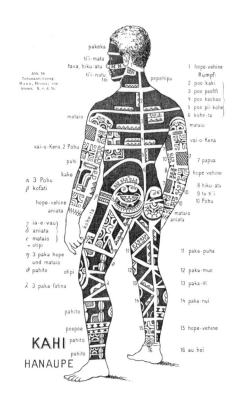

마르케사스 남자의 문신된 옆모습
과 뒷모습.

도는 그렇게 하여 프랑스 식민제국의 일부가 되었다.

프랑스 지배와 함께 문명의 이기가 찾아들었다. 프랑스인들은 그곳에 신문, 돈, 담배, 총, 술, 성경책을 들여왔다. 그것들과 함께 매독, 이질, 천연두, 홍역, 결핵, 말라리아, 문둥병도 같이 들어왔다. 이들 질병에 대해 면역이 전혀 없었던 마르케사스인들은 끔찍한 고통을 당해야 했다. 전염병이 끝도 없이 섬을 휩쓸었다. 19세기 초에 약 90,000명에 달하던 이 군도의 원주민 수가 1887년 프랑스에 의해 최초로 실시된 인구통계에 따르면 5,246명으로 줄어 있었다.

프랑스군 장교, 민간인 통치자, 그리고 선교사들은 마스케사스 문화를 근절시켜야 되는 어떤 것으로 생각하고, 축연, 노래, 북소리, 춤, 문신과 같은 섬 고유의 전통 행사는 모두 금지시켰다. 그리고는 축구, 도보 경주, 권투, 레슬링, 궁술과 같은 남성적 운동을 하도록 권고했다.

마르케사스의 공예품과 예술품들은 모두 유럽인들에 의해 수집되어 전 세계로 팔려나갔다. 조상(彫像), 사발, (카누의) 패들, 작살, 곤봉, 팔찌, 심지어는 정교하게 조각된 팔 다리 문신용 목재 모형들까지, 케이프타운에서 레닌 그라드에 이르는 세계 곳곳의 박물관과 개인 수집가들의 손에 들어갔다. 이러한 무차별적인 공격 속에 마르케사스 문화는 차츰 붕괴되어갔다. 원주민 남자들은 하인으로, 여자들은 창녀로 만들려는 프랑스 식민통치자들의 집요한 노력과 더불어 토속 미술과 공예, 신화(神話)와 의식(儀式)도 대부분 잊혀져갔다.[4]

그러다 19세기의 마지막 십 년을 남긴 시점에 이르러서야 마르케사스 문화의 마지막 흔적을 보존해야 된다는 진지한 노력이 이루어지기 시작했다. 독일의 의사 겸 학자인 칼 폰 덴 스타이넨(Karl von den Steinen)은 수년에 걸쳐 마르케사스의 예술품을 찾아 전 세계의 박물관을 돌아다녔다. 1897년에는 마르케사스를 직접 찾아가 그곳의 가장 오랜 생존자로부터 그들의 신화, 전설, 의식 등을 직접 듣고 기록했다. 그리하여 20여 년의 각고 끝에 자신이 사망한 해인 1928년 마침내 그는 3권으로 된 걸작 『마르케사스인들과 그들의 예술(Die Marquesaner und ihre Kunst)』을 완성, 출간했다.

폰 덴 스타이넨의 작품 1권은 문신에 바쳐졌다. 안타깝게도 본문은 영문으로 번역되지 않았으나, 그 안의 삽화들만은 대단히 흥미로웠다. 1권에서 폰 덴 스타이넨은 그 섬에 먼저 다녀간 이들이 그려놓은 삽화의 복제품들과 자신이 찾아낸 문양 사진과 그림들도 풍부하게 실어놓고 그것들을 폴리네시아의 다른 문화권에서 입수한 문양들과 비교 분석, 설명해 놓았다. 나머지 두 권에는 뼈, 목재, 돌에 새겨진 기막힌 문양의 사진과 그림들이 빽빽이 수록되어 있다. 폰 덴 스타이넨의 작품은 사랑으로 일구어낸 경이로운 노력의 결정체로 오늘날까지 마르케사스 전통 문화에 대한 하나의 고전으로 남아있다.[6]

1920년 미국인 인류학자 핸디(E.S.C. Handy)와 그의 부인 윌로딘(Willowdean)이 마르케사스에 도착했다. 핸디는 인류학과 고고학 탐사를 했고, 윌로딘 부인은 문신을 조사했다. 윌로딘 핸디가 방문했을 당시 문신은 이제 더 이상 마르케사스에서 행해지지 않고 있었다. 1884년 식민 통치자들이 내린 문신 금지령이 당시 프랑스 지배하에 있던 두 섬에서 시행되고 있었기 때문이다. 하지만 외딴 섬늘에서는 여전히 문신 전통이 지켜지고 있었다. 그곳의 많은 마르케사스인들은 옷으로 가려진 곳에 비밀스럽게 문신을 하며

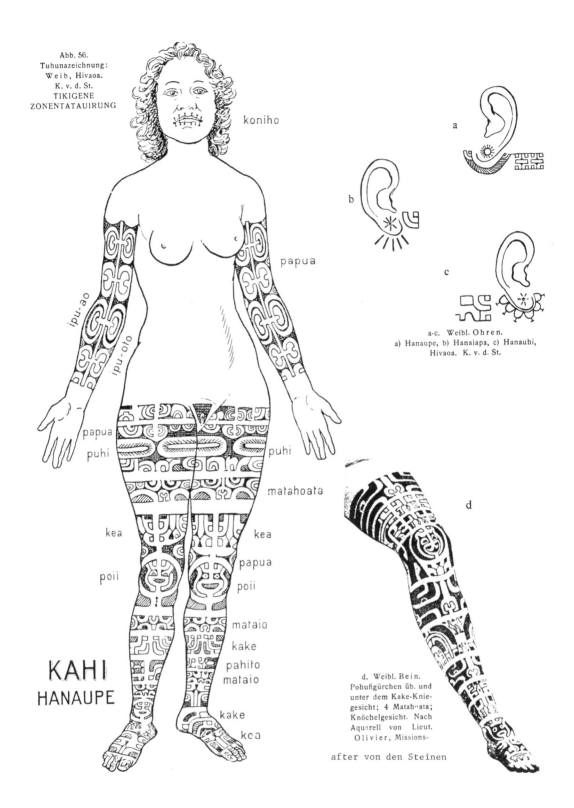

Abb. 56.
Tuhunazeichnung:
Weib, Hivaoa.
K. v. d. St.
TIKIGENE
ZONENTATAUIRUNG

koniho

papua

ipu-ao

ipu-oto

papua
puhi

puhi

matahoata

kea

kea
papua
poii

poii

mataio
kake
pahito
mataio

kake

kea

KAHI
HANAUPE

a

b

c

a-c. Weibl. Ohren.
a) Hanaupe, b) Hanaiapa, c) Hanauhi,
Hivaoa. K. v. d. St.

d

d. Weibl. Bein.
Pohufigürchen üb. und
unter dem Kake-Knie-
gesicht; 4 Matahᵒata;
Knöchelgesicht. Nach
Aquarell von Lieut.
Olivier, Missions-

after von den Steinen

마르케사스 여자의 문신한 모습.

25년간이나 그것을 지켜오고 있었다.

윌로딘 핸디는 "그 아름다운 문양들에 대해 최소한 일부라도 설명을 하고, 그것들을 탄생시킨 귀중한 장소를 언젠가는 예술사에 포함시키게 될 날을 기대하면서" 외딴 계곡들을 일일이 헤집고 다니며 노인들을 찾아내 그들과 대화를 나누고 그 내용을 일일이 기록해 두었다.5 그 과정에서 그녀는 몸의 일부만 문신한 노인 125명, 그때까지 유일하게 생존해 있던 젊은 시절의 문신가 1명을 만날 수 있었다. 마르케사스 전통 문양으로 몸 전체를 다 덮은 사람은 여자 몇 명과 백발의 노인 한 명밖에 만날 수가 없었다.

핸디가 자신의 책 속에 정리 수록한 문양은 40 종류가 넘었으며, 연구 노트에는 무려 100여 개 가까운 문양이 기록되어 있었다. 마르케사스인들은 문양을 새로 만들어내진 않고, 옛 문양의 세부묘사와 배열의 다양화에만 기술을 국한시켰다. 핸디의 정보제공자에 따르면, 고대의 문양들에는 대부분 목적과 의미가 담겨 있었으나, 마르케사스 문화가 와해되면서 그런 의미들은 모두 사라졌다고 한다.

윌로딘 핸디는 마르케사스에서의 모험담을 바탕으로 3권의 책을 저술했다. 『마르케사스인들의 문신(Tattooing in the Marquesas)』, 『영원한 남자들의 땅(Forever the Land of Men)』, 『바다의 천둥(Thunder from the Sea)』이 그것들이다. 『마르케사스인들의 문신』에는 고대 문양들에 대한 다양한 사진과 그림들이 실려있다. 그 외에도 핸디는 정보제공자와의 대담을 통해 얻은 정보도 따로 요약해 놓았다. 하지만 이전 작품과 초기 삽화들은 극히 제한적으로만 언급되어 있다.

『영원한 남자들의 땅』은 마르케사스에서의 체험을 기록한 일종의 자전적인 작품으로, 섬 주민들과의 만남, 여행, 그리고 원주민들의 삶에 대한 그녀의 첫 인상 등이 상세히 묘사되어 있다.

마르케사스를 찾은 미국인과 유럽인 중, 그곳의 독특한 문신에 대해 진지한 기록을 남기려고 노력한 사람은 극소수에 지나지 않았다. 발전하는 데는 수천 년이 걸렸지만 파괴하는 데는 단 몇십 년밖에 걸리지 않은, 그 비할 데 없이 아름답고 정교한 예술 형식에 대해 우리가 이만큼이라도 알게 된 것도 다 그들 소수의 덕분이다.

마르케사스의 멜빌, 1842*

여느 날처럼 코리-코리와 산책을 하던 중, 수풀 우거진 변경 길에서 들리는 기이한 소리에 나는 문득 발길을 멈추었다. 덤불로 들어서니 나로서는 생전 처음 보는 문신이 이들 섬 주민들에 의해 행해지고 있었다.

그곳에는 남자 한 명이 바닥에 등을 대고 납작하게 누워 있었는데, 억지로 태연한 척은 해도 고통스러운 빛이 얼굴에 역력했다. 그럼에도 아랑곳없이 그의 고문자는 석수(石手)처럼 구부정하게 몸을 구부리고 나무 메와 조각도를 들고 자기 할 일만 계속할 뿐이었다. 한 손에 상어 이빨이 뾰족이 달린 짧고 가느다란 막대를 들고, 그 곧은 막대의 끝부분을 망치같이 생긴 나무토막으로 두드려 살갗을 찌른 뒤, 그곳에 색소를 집어넣었다. 색소가 담긴 코코넛 통은 바닥에 놓여 있었다. 색소는 채소 즙에 그 용도로 늘 보관하고 있던 물고기 가시를 태운 재나 쿠쿠이 나무 열매의 재를 섞어 만들어진다. 그 미개인 옆의 때묻은 한 장의 타파 천 위에는 각양각색의 무늬를 만드는 데 쓰이는 뼈와 나무로 만들어진 이상하게 생긴 까만 색 도구들이 수두룩히 널려 있었다.……

그 문신가는 문신을 받는 사람이 고령이라 무늬가 많이 지워져 약간의 손질만 필요한 덕망있는 미개인이었던 탓에 문양을 새로 만들진 않고, 인간 캔버스 위에 그려진 것처럼, 타이피의 옛 대가들이 만들어놓은 문양의 일부에 수정만 가하도록 고용된 사람이었다. 이번에 손질을 가한 부분은 눈꺼풀이었는데, 그곳에는 코리-코리의 문양과 똑같은 세로 줄이 문신 희생자의 안면을 가로지르고 있었다.

그 가엾은 노인의 온갖 노력에도 불구하고 씰룩거리며 비틀리는 안면 근육은 그의 영혼의 창(窓)을 덮고 있는 덮개들의 섬세한 감각을 여지없이 보여주고 있었다.……하지만 군의관만큼이나 신경이 무딘 그 문신가는 뭐가 그리도 신이 나는지 딱따구리처럼 박자를 맞춰 광란의 노래를 부르며 자기 할 일을 계속할 뿐이었다.

자신의 일에 얼마나 깊이 몰입하고 있었던지 그는 우리가 다가가는 것도 모르고 있다가, 그 평온한 작업 광경을 한참이나 지켜본 뒤 내가 일부러 낸 인기척 소리를 듣고서야 비로소 우리의 존재를 의식했다. 그는 내가 자신의 전문 기술에 관심이 있다고 생각했는지, 반색을 하며 나를 붙잡고 열성을 다해 일을 하기 시작했다. 하지만 내가 내 의도를 그가 전적으로 오해했다는 것을 납득시키자, 그는 더할 수 없이 깊은 실망과 슬픔

남자의 다리 문신.

---

* 이 글은 허먼 멜빌의 『타이피』에서 발췌한 것이다.

의 빛을 드러냈다. 하지만 실망을 극복하고 난 뒤에는 내 말을 믿지 않기로 작정이라도 한 듯 도구들을 그러잡고는 위험할 정도로 그것들을 내 얼굴 가까이 휘둘러대며, 상상의 예술 행위를 펼쳐 보이는 것이었다. 휘둘러댈 때마다 문양의 아름다움에 대해 이상한 감탄사까지 토해냈다.

나는 그 불쌍한 인간이 내게 문신을 해줄 경우 목숨이 위태로울 수도 있다는 생각에 혼비백산하여 어떻게든 그에게서 벗어나려고 발버둥쳤다. 하지만 코리-코리는 그런 내 옆에서 배신자가 되어 얼토당토않은 그의 요구를 받아들일 것을 간청했다. 되풀이되는 내 거절에 흥분한 그 예술가는 반은 미쳐 날뛰며 자신의 기량을 뽐낼 수 있는 그러한 숭고한 기회를 잃은 슬픔에 어쩔 줄을 몰라했다.

남자의 다리 문신.

내 흰 피부에 자신의 문신을 접목시킨다는 생각은 그를 화가의 열정으로 가득 차게 했다. 내 얼굴을 계속 뚫어지게 바라보는 것이 한 번 볼 때마다 새로운 열정이 끓어오르는 듯했다. 그가 취할 극단적인 행동에 대해서는 아무것도 모른 채, 그리고 내 얼굴을 망가뜨려 놓을지도 모른다는 두려움에 몸을 떨며, 나는 그것으로부터 그의 주의를 돌려놓기 위해 절망스런 몸짓으로 팔을 뻗어 그곳에 문신을 시작하라는 신호를 보냈다. 하지만 그는 (얼굴 대신 팔에 하라는) 내 절충안을 분연히 거부하고, 어떤 다른 것도 그를 만족시킬 수 없다는 듯이 내 얼굴에 대한 공격을 계속했다. 그의 집게손가락이 안면에 들어갈 그 평행 띠들의 구획을 만들며 내 이목구비를 쓱 스쳐갈 때는, 온몸에 소름이 쫙 끼쳤다. 그렇게 공포와 분노로 거의 발광 직전까지 간 끝에야 나는 겨우 그 세 명의 야만인으로부터 벗어나 마르헤요 노인의 집으로 도망을 쳤다. 불굴의 그 예술가도 손에 도구를 움켜쥔 채 끝까지 추격을 해왔다. 결국 코리-코리가 끼여들고서야 그를 따돌릴 수 있었다.

그 사건으로 나는 새로운 위험에 대한 경각심을 갖게 됐다. 이제 나는 설마 그런 일이야 생기지 않겠지만 어쩌다 재수 없이 걸려들면 내 고향 사람들에게 두 번 다시 얼굴을 들 수 없을 정도로 난도질을 당할 수도 있다는 것을 뼈저리게 절감했다. ■

마르케사스의 핸디, 1920*

투-아페는 개울 한 가운데에 거대한 떡갈나무처럼 서서, 한 보따리의 옷을 떨어뜨리더니 자신의 돌 위에 가서 의젓하게 앉았다. 내가 저만치 걸어가자 그녀는 검은 천의 내용물에 비누칠을 하여 물에 담근 뒤, 혀 차는 소리와 콸콸거리며 흐르는 물소리를 집어삼킬 정도로 철썩 소리가 나게 그것들을 방망이로 두들겼다.

한 시간 뒤에 다시 그곳에 가보니, 그 노파는 비눗물 속에 들어가 자기 몸과 아이 몸을 번갈아 북북 문지르고 있었다. 그녀의 튼튼한 등이 길 쪽으로 얌전히 향해있는 것으로 보아 금방이라도 아이를 시켜 덤불에 널어놓은 옷을 가져오게 할 것 같았다. 그리고는 사방이 터진 개울 한 복판에서도 과도한 노출 없이 재빠른 손놀림으로 옷을 입게 될 것이다. 날카롭게 부르짖는 그녀의 카오하(kaoha) 소리에, 나는 서둘러 그곳을 지나갔다. 내가 외면하고 있는 사이 그녀는 이미 옷을 다 입고 있었다. 그녀가 자신의 돌 위에 서서, 깨끗한 가운 속에서 그 단호한 얼굴을 드러내는 순간 나는 너무도 놀라 그만 숨이 꽉 막혀버렸다. 그 노파의 다리가 온통 짙푸른 색의 트레이서리(격자 장식) 문신으로 덮여 있었던 것이다! 나는 이 근엄한 할머니가 축연장에서, 자신의 문신을 자랑하기 위해 향내 나는 노란 등불 아래 기나피로 만든 풍성한 타파 천 스커트를 들어올리며 갖은 아양을 떨었을 모습을 도저히 상상할 수가 없었다. 나는 그녀를 집까지 쫓아가, 온갖 찬사를 늘어놓으며 그 놀랄 만한 문신을 복제하게 해 달라고 간절히 부탁했다.

나는 즉각적으로 그녀가 다리 문신을 감춘 것은 부끄러움 때문이 아니라, 문신을 흉측하다고 여겨 오래 전에 금지시킨 관리의 질책에 대한 두려움 때문이라는 것을 알아차렸다. 스타킹같이 생긴 레이스의 아름다움에 내가 연신 감탄을 발하자 굳었던 그녀의 표정도 누그러지기 시작했다. 그 순간 나는 앞으로 내가 할 일은 망각으로부터 이 예술을 구해내는 것 이상의 커다란 그 무엇이 되리라는 것을 직감했다. 그럴 만한 가치가 있는 노인들에게 진정한 자긍심을 갖도록 해 주는 것, 그것이 내가 할 일이었다.

그것을 위한 수 시간의 힘든 작업이 시작되었다. 나는 그녀의 엉덩이에서 발끝까지 덮여있는 문신의 복잡함에 완전히 압도되었다. 다리에는 이름이 제각각인 열네 개의 기본 패턴을 반복하거나 변화시켜 만든 쉰다섯 개의 문양이 새겨져 있었다. 그녀가 신이 나서 읊어주는 대로 이름들을 다 받아 적긴 했으나, 그것들을 문양과 일치시키기가 무척 힘들

---

* 이 글은 윌로딘 핸디의 『영원한 남자들의 땅』에서 발췌한 것이다.

었다. 남자, 바퀴벌레, 거북을 의미하는 것들 간의 단순한 차이를 나는 도저히 이해할 수가 없었다. 그녀는 그 이름들의 의미를 거의 몰랐기 때문에, 나는 일일이 사전을 찾거나 다른 노인들의 기억에 의존해야 했다. 그런 어려움에도 불구하고 나는 투-아페로부터 문양의 기본 어휘를 배울 수 있었다.

이제 앞으로 내가 해야 할 일의 성격이 파악되기 시작했다. 그에 따라 문양의 이름을 좀 더 빠르고 쉽게 기록하는 방법을 찾아냈다. 그것은 다리, 손, 얼굴 문신의 초벌 그림 위에 정해진 문양의 번호를 집어넣어 도식화하는 것이었다. 그런 모자이크 구성은 문양의 기본 방식이 세로선 아니면 그보다 크기가 작은 가로띠 모양으로 되어 있었기 때문에 처음 생각한 것보다는 그리 어렵지 않았다. 마르케사스를 떠날 즈음에는 투-아페 문신에 검은 수성 물감을 칠해 사진을 한 장 떴다. 그것으로 내 그림을 실증해 보일 작정이었다.

그녀는 내가 일백 명 넘게 문신을 복제한 섬 주민 중의 첫 번째였다. 1858년부터 문신의 전문가들 즉 투하나 파투 티키(tuhuna patu tiki)의 문신 행위가 금지되기 시작하여, 1884년에는 관습 자체가 완전히 철폐되었기 때문에 그들 대부분은 문신을 은밀히 해오고 있었다. 대부분의 사람들은 문신을 고통스럽고 자랑스러운 것으로 기억만 하고 있었다. 과거에 문신을 행한 사람은 파투 히바에 단 한 명만 생존해 있었다. 그 정교하고 복잡한 문양들을 바라보고 있노라면, 안목과 솜씨가 아무리 뛰어나다 해도 연약한 피부를 바늘로 찌를 때마다 피가 스며나왔을 텐데 어떻게 그리도 목탄 문양을 정확하게 본뜰 수 있었는지 나로서는 정말 상상하기 힘들었다. 문신을 받는 사람들은 물론 그래야 용감한 사람으로 입증되었기 때문에 더 쇤된 목소리로 비명을 질러댔다.

나는 이 피부 장식가들의 업적을 단순히 기술적인 면으로만 평가하지는 않았다. 이들은 사각형을 인간 육체의 곡선에 적용시킬 때의 예술적 감각은 조금 떨어졌을지 몰라도 벙어리 장갑, 스타킹, 완전 정장과 같은 레이스에서는 진정한 아름다움을 만들어냈다. 나는 그것들을 흉측하고 수치스러운 것으로 여기도록 교육받은 여성들에게 놀라움을 금치 못하면서, 진정으로 이들 문양에 찬사를 보냈다. 그러자 이들도 그 문신가들을 자랑스럽게 여기기 시작했다. 문양의 이름들에 관해 상담을 하는 과정에서 그들이 정보를 줄 때마다 나는 내 자신이 무척 유식해지는 느낌이 들었다.……

하-푸-아네가 과거에 문신을 행했던 자로 현재 유일하게 생존해 있는 사람의 집으로 우리를 안내해 주겠다며 도와주러 왔다. 가는 길목에는 속이 노랗기도 하고 향내가 나기

남자의 다리 문신.

도 하는 무성한 양치류들이 골짜기에 가득했다. 하-푸-아네는 그것을 꺾어 우리에게 화환을 만들어주었다. 그것이 어찌나 즐겁던지 우리는 함께 즐길 증원군이 필요했다. 하지만 한때 타파 천의 재료로 많이 쓰인 꾸지나무 무리(뽕나무과)의 크고 홀쭉한 나무 밑에 앉아있던 일단의 여인들은 우리가 지나가는 데도 거들떠보기는 커녕 노란 줄기 갈대 껍질과 새(鳥) 둥지 양치식물의 갈색 잎사귀로 머리 장식 만드는 데만 정신을 팔고 있었다.

우리는 카누 모형의 선체와 찬장에 미로와도 같은 각진 문양을 새기고 있던 조각가 한 명을 발견했다. 그가 사용하는 도구는 가위 한 쪽과 우산 살 하나가 전부였고, 문양은 모두 그의 머릿속에 있었다. 그가 만든 아라베스크 문양의 기하학적 정확성은 참으로 놀라웠다. 에드워드가 작업이 막 끝나가는 그 카누를 사겠다고 하자 그는 고개를 가로저었다. 그는 친구들을 위해서만 물건을 만들었고, 이번 것도 그의 누이 아들을 위한 것이었다.

문신에 대한 질문을 하자 그의 눈에 광채가 돌았다. 그는 무관심했던 태도를 거두고, 바닥에 상상의 타파 천을 펼쳐놓고 대나무 통에서 꺼낸 도구들을 그 타파 천 위에 조심스레 내려놓고 문신 장면을 몸짓으로 흉내내기 시작했다. 그는 하이비스커스 나무로 만든 곤봉과 갈대 손잡이 그리고 인간과 새 뼈로 만든 이빨 모양의 머리가 달린 나무 메들의 명칭을 부르며 그것들에 대해 설명해 주었다. "티키 상을 팔 때는 여러 이빨이 필요하고, 가느다란 선에는 한두 개면 충분합니다."

그는 마치 옆의 매트 위에 젊은 청년이 누워있고, 네 명의 조수가 그 청년의 팔다리를 부여잡고 살갗을 팽팽히 하고 있는 동안 목탄 조각으로 진짜 문양을 도안하는 것처럼 실감나게 연기를 했다. 왼손으로는 나무 메와 타파 천을 어떻게 잡고, 오른손으로는 곤봉을 어떻게 잡는지, 살갗은 어떻게 찌르고 타파 천으로 피는 어떻게 닦는지, 코코넛 통에서 꺼낸 그을음 색소는 이빨 위에 어떻게 문지르는지를 정확히 보여 주었다. 두드리고, 닦고, 넣고, 문지르는 그 작업들을 그는 아주 리드미컬하게 진행했다. 그러면서 "두드립니다, 두드려요. 당신의 문양을. 두드립니다, 두드려요 당신의 문양을"이라는 노래를 읊어댔다. 그가 문신을 마치고 히죽이 웃으며 올려다보는 바람에 우리도 깜짝 놀라 현실 세계로 돌아왔다.

내가 옛날 문양에 대해 설명해 달라고 하자 그는 내 노트를 빼앗아 문양 몇 개를 그리기 시작했다. 그는 어떤 초자연적인 힘이 그의 연필을 움직이고 있는 그 반 시간 동안 마치 최면에 걸린 사람같이 앉아 있었다. 그가 그리는 그림들은 몸의 어떤 곳에라도 적용시킬 수 있는 문양이었다. 나는 그 모든 과정을 지대한 관심을 가지고 지켜보았다. 그중의 많은 것들은 내 수집품 속에 '히바 오아(Hiva Oa)' 형식으로 명기된 익숙한 것이긴 했지만, 형태 면에서 그의 것이 좀 더 단순하고 원시적이었다. 그 같은 특징은 눈, 귀, 이, 구부린 팔과 같은 전통적인 문양에서 더욱 두드러졌다. 하지만 판다너스 뿌리와 가지, 이케이케 덩굴(ikeike vines), 호리병박, 작살, 조가비 화환, 수탉의 깃털 화환, 원주민의 정원, 족장의 수영장과 같은, 나로서는 듣도 보도 못한 반(半) 자연주의적 스타일의 물체와 식물 그림들은 마르케사스 장식 문양의 전혀 새로운 차원을 보여주는 것들이었다.

그가 갑자기 노트를 다시 내 손에 쥐어주었다. 그리고 내 찬사와 고마움은 들은 채도 않고 일어서더니, 앞뒤로 뚜벅뚜벅 걸으며 남자들이 자신들의 문양을 최대한으로 과시해 보이기 위해 어떻게 했는지를 실증해 보이기 시작했다. 무언가를 내리치려는 듯이 손을 들어올리는 것은 겨드랑이 밑의 문양을, 등 뒤로 손을 깍지 끼고 걷는 것은 앞가슴의 문양을, 책상다리를 하고 앉는 것은 무릎 안쪽의 문양을 보여주기 위한 것이었다. 그는 하-푸-아네를 손짓으로 불러 그녀를 모델 삼아 몸의 어느 곳에 문신을 했는지를 설명하기 시작했다. 몸에 손이 닿지 않게 하려고 손가락으로 가리키기만 하면서, 머리 왕관부터 얼굴, 눈꺼풀, 혀, 등, 가슴, 팔, 손, 다리, 발 순으로 천천히 내려가며 시범을 보여 주었다. "전부 다요, 전부 다!!" 그가 소리쳤다. 그는 하-푸-아네가 뭐라고 소곤거리자 고개를 끄덕이며 말했다. "여자들은 달랐어요. 입술, 귀, 손, 다리, 그리고 아마 팔 윗부분만 했을 걸요. 언젠가는 누크히바의 베-케후 등에 아주 근사한 띠를 새긴 적도 있다고 하는데, 듣기만 했지 눈으로 직접 보지는 못했어요."

그 말을 하다가 갑자기 우아한 원주민어로 말을 바꾸는 바람에, 나는 무슨 말을 하는지 도무지 알아들을 수가 없었다. 에드워드조차 통역사 도움을 받아야 했다.

"문양은 옛날 사람들의 것이 진짜라고 하는군요. 피부 문양과 나무 조각 문양은 서로 달랐대요."

"알고 있어요!" 내가 소리쳤다.

내 동료는 그 다음 말에 얼굴을 찌푸렸다. "그리고 또 '옛날 금기(禁忌)는 모두 가짜'라는데 그는 물론 동의하지만, 식용 주발에 신체의 문양을 새기는 것은 바보들이나 하는 짓이라는군요. 그런 조각가에게 그는 이렇게 물어본대요, '당신 친구가 병이 났으면 좋겠소? 사람 몸이 뒤덮인 주발로 밥을 먹는 건 아주 나쁜 짓이에요.'"

그러면서 노인은 침을 탁 뱉으며 뭐라고 중얼거리는데 아마도 그것은, "요새 것들은 아무것도 몰라, 관심들이 아예 없다니까"라는 의미인 것 같았다.

"저는 관심이 있어요." 나는 그를 안심시키며 내가 잉크로 그린 히바 오아 문양 그림 몇 점을 그에게 보여주었다. 그는 그 그림들을 꼼짝 않고 서서 한참 들여다보더니 고개를 뒤로 젖히고, 진정한 기쁨에서 터져 나오는 웃음을 껄껄 웃었다.

"당신은 대단한 그림쟁이, 문신의 대가요." 그가 소리쳤다.

느닷없는 칭찬에 당황하고 완전한 인정(認定)에 감격하여 나는 잠시 정신이 혼미해졌다. 도대체 어떻게 된 일인지 정신을 차릴 수가 없었다. 우리가 정열적인 그 장인의 초라한 오두막을 떠날 때, 그는 우리가 선물로 준 잉거솔 손목시계를 애정 어린 의구심으로 만지작거리고 있었고, 그의 아내는 손에 쥐어준 몇 프랑의 돈을 뚫어지게 바라보고 있었으며, 나는 옛 문양 그림들을 노트 속에 접어 넣고 있었고, 나의 동료는 아름다운 카누 모형을 손에 들고 있었다. 자발적이고 진심 어린 카오하(kaoha) 분위기 속에서 그렇게 우리는 모두 만족스런 교환을 이루어냈다. ■

마르케사스 예술에 접한 핸디, 1920년경*

1921년 현재, 마르케사스의 문신 기술, 즉 이 섬에 처음으로 닿은 탐험가들을 그토록 놀라게 했던 그 문신예술을 자신들의 피부로 증언할 수 있는 노인들의 수는 많아야 백 명 안팎에 불과하다. 그럼에도 불구하고 이 한가한 예술가들의 그 꿰뚫는 듯한 시선은 그들의 조상을 빛나게 했던, 창의력 넘치는 지혜로 여전히 불타고 있다. 그들의 기질은 이 섬의 바위만큼이나 확고부동하고, 무관심과 침묵의 가면 뒤에는 고대의 이상(理想)이 궁지에 빠진 짐승처럼 웅크리고 앉아 있다. 이 마지막 후손들을 안다는 것은 따라서 그 예술의 창조자들을 아는 것이다.

마르케사스 예술은 이 섬의 문명의 구조와 불가분의 관계에 있다. 그들의 모든 공예품은 초자연적인 것과 관련이 있고, 장식 기조도 이곳의 환경에서 비롯된 것이다. 이들의 구성 스타일과 방식은 완전한 고립 속에 있었던 마르케사스인들의 역사와 발전의 소산이다.

---

* 이 글은 윌로딘 핸디의 『마르케사스 섬의 예술(*L'art des Iles Marquises*)』(1922)에서 발췌한 것이다. 스티브 길버트 번역.

마르케사스 원주민들에게 있어 무언가 새로운 것을 만든다는 것은 늘 하늘의 아버지이신 아테아(Atea)가 오네-우이[One-u'i : 어둠의 대지인 아타누아(Atanua)로도 불린다]를 수태시킨 생식의 첫 번째 행위, 즉 창조의 행위를 의미했다. 대지와 나무의 탄생으로부터 시작된 아버지의 생식 능력은 자연히 원주민들의 노동에 이용되는 돌과 나무로까지 이어졌다. 그들에게 있어 새로운 것과 과거로부터 내려온 그 모든 것들과의 의식적 혼합은 그렇기 때문에 필요불가결했다. 그 둘의 혼합은 사제들이나 남자 노인들만의 찬가대, 혹은 남녀 노인들로 이루어진 혼성 찬가대가 천지창조와 세상만물, 그리고 인간의 성장과 관련된 신성한 주문을 외는 방식으로 이루어졌다.

새로운 것의 창조는 어느 것 할 것 없이 모두 중대사였다. 높은 사람을 위해 집을 짓거나 카누를 새로 만들었을 때, 장례식 관을 봉헌할 때, 문신 완성을 축하할 때는 신(神)들에게 반드시 인간 제물을 바쳐야 했다는 사실이 그것을 잘 말해주고 있다.

창조적 행위(hana)를 원주민 의식(意識)으로 행하는 중요성과 그 상황에 대한 개념은 이들 장인들에게 생명을 불어넣어준 전문인다운 이상(理想)의 이해를 위해서는 반드시 필요한 일이다. 그들의 모든 작품은 의식(儀式)에서 결정되고, 문양은 전통으로 완성되었다.……또한 고전적인 예를 따라야 했으므로 전심전력을 다해 완벽한 솜씨를 발휘하지 않으면 안 되었다. 야망과 허영심에 고무된 장인은 더욱 정교하고 속도감 있게 일을 했다. 두세 명의 장인들이 같은 집에서 가장 복잡한 문양을 놓고 속도와 재주를 겨루는, 대가들 간의 경쟁 또한 드문 일이 아니었다.

길고도 고통스러운 문신의 과정, 부드러운 살갗 속으로 무자비하게 찔러대는, 그 고통과 발광의 밤낮이 지나고나면, 그것의 완성을 축하하는 잔치가 열렸다. 북 두드리는 소리는 새벽까지 이어졌고, 노래와 주문 소리가 방방곡곡에 울려 퍼졌다. 원주민들은 며칠 동안 준비한 음식들을 바구니와 양동이로 퍼 날랐고, 화려한 의상으로 멋을 낸 내빈들로 축제는 더욱 빛났다. 그것은 장기간의 집중된 노고 뒤에 찾아온 휴식과 찬양의 시간이었다. ■

8

뉴질랜드

호레이쇼 로블리 소장은 다재다능한 사람이었다. 1865년에 일어난 마오리 족의 반란에서 이미 두각을 나타냈는가 하면, 작가와 삽화가로서도 이름을 날려 『펀치(Punch)』, 『일러스트레이티드 스포팅 뉴스(The Illustrated Sporting News)』를 비롯한 영국의 여러 잡지에 작품이 실리기도 했다. 대부분의 영국 군인들처럼 그도 마오리 전사들의 용기에 대단한 존경심을 갖고 있었다. 하지만 그들과는 달리 그는 또한 마오리 예술에도 깊은 관심을 나타냈고, 3명의 마오리 혼혈아를 자식으로 두기도 했다.

1896년에 발간된 로블리의 저서 『모코, 마오리 문신(Moko, or Maori Tattooing)』은 지금까지도 문신의 필독서로 남아 있다. 이 책에서 로블리는 모코에 대한 이전 자료를 총망라하고 거기에 자신의 직접 관찰로 얻은 좀 더 독창적인 자료를 추가시켰다. 그 안에는 180장의 그림과 사진이 포함돼 있다. 그 책의 서론에서 그는 이렇게 썼다.

> 이 책을 쓰는 주목적은 마오리족에 의해 행해지는 모코 예술 즉 문신에 대한 일련의 실례를 보여주기 위함이다. 지금 그것은 급속히 사라져가고 있고, 수년간의 내 연구의 결실인 이 책을 발간하는 것은 그런 의미에서 충분히 가치 있는 일이 될 것이다. 나는 최상의 자료와 화가로서 오랫동안 그림의 형식으로 필기를 해온 기술로 뉴질랜드의 모코를 익혀왔다.[1]

고트프리드 린다우어가 그린 마오리족 파레 와테네의 초상.
유화. 1915년 H. E. 파트리지 씨가 기증한 것으로, 오클랜드
미술관 토이 오 타마키 소장.

모코는 얼굴에 문신을 하고 살갗을 파는 방식으로 복잡한 나선형 무늬를 장식한다는 점에서 아주 독특하다. 남자들은 노예를 제외하고는 모두 얼굴 문신을 했고, 몸의 다른 부위에 한 사람들도 많았다. 우아하게 문신된 얼굴은 전쟁터에서는 용맹을 나타냈고, 여성들에게는 매력적으로 보였기 때문에 전사들에게 크나큰 자부심의 원천이 되었다.

여자들도 문신을 하긴 했지만 남자들 문신보다는 덜 정교했다. 푸른색의 입술 선 윤곽 문신이 특히 아름다운 것으로 인식되었다. 턱에도 문신을 했고, 가끔은 뺨이나 이마에 몇 개의 선과 나선형 문신을 새기기도 했다. 초기의 한 탐험가에 따르면, 완전히 문신이 된 여성의 얼굴은 남자의 문신된 얼굴과 똑같았다고 하는데, 실제로 그런 경우는 극히 드물었다. 굳이 관습을 따르자면 얼굴만 문신을 하도록 되어 있었지만, 그렇다고 다른 부분은 하지 말라는 법도 없었기 때문에, 대부분의 여성들은 가슴이나 허벅지, 다리에도 문신을 했다.

모코 문신은 일련의 전통 문양으로 이루어졌고, 그 하나 하나에 고유한 이름이 붙여졌다. 문양의 구성은 문신을 행하는 사람에 따라 달랐기 때문에, 모든 문신이 비슷하게 보일 수는 있어도 완전히 똑같은 것은 없었다. 마오리 추장들은 자신들의 얼굴 문양을 정확히 기억하여, 그것을 서명으로도 사용했다. 영국인들에게 영토를 빼앗길 때 무상 토지 불하 증서에도 사용되었는데, 그중의 어떤 것들은 아직까지도 보존되어 있다.

마오리족은 뼈나 조가비 혹은 금속으로 된 끌 모양의 기구를 색소에 적셔 나무 메로 두드려 문신을 새겼다. 모코의 특징인 홈을 파기 위해서는 도구를 살갗 깊숙이 박아야 했고, 그런 경우 가끔은 도구가 너무 깊이 박혀 뺨을 뚫고 나올 때도 있었다. 고통은 극심했고 피도 많이 흘렸지만, 마오리 전사의 자부심이 걸린 문제였기 때문에 문신을 하는 동안 엄살을 피우거나 신음소리를 낸다는 것은 생각할 수도 없었다.

마오리족은 전시에 머리를 전리품으로 수거했다. 그것을 미라로 만들어 전시뿐만 아니라 평화시에도 늘 보관했고, 그 영예는 주로 중요한 인물들이나 그들의 사랑하는 사람들(여자와 어린이를 포함하여)에게 돌아갔다. 머리는 죽은 이의 가족들에게 남겨져, 조각으로 장식된 의식(儀式)용 상자에 보관되

었고, 보통 때는 엄격한 금기로 보호되다 신성한 의식이 있을 때에만 외부에 전시됐다.[2]

유럽인들과 해안가에 살고 있던 마오리족과의 정례적인 접촉이 이루어진 것은 1800년경부터였다. 유럽과 미국의 포경선들은 마오리족을 고용하여 목재를 자르고 파손된 선박을 수리했다. 일부 마오리족은 이탈한 선원의 대체 인력이 되도록 강요를 받기도 했고, 그런 식으로 유럽인과 마오리족 사이에는 차츰 교역의 물꼬가 터졌다. 마오리족은 의복이나 거울, 구슬, 장신구 따위는 거들떠보지도 않고, 칼이나 총기에만 깊은 관심을 보이며, 감자나 돼지고기, 아마(亞麻)를 주고 그것들을 사들였다.

1810년이 되면서 유럽인들의 뉴질랜드 정착이 시작되었다. 1814년에는 3명의 선교사가 야만인들의 개종 사업에 용감히 뛰어들었으나, 복잡하고 기독교 교리에도 맞지 않는 마오리 말 때문에 시작부터 거대한 장벽에 부딪혔다. 마오리 전사들은 오른뺨을 때리면 왼뺨도 대주라는 말과 온유한 자가 세상을 지배하리라는 말을 신용하지 않았다.

초기 선교사의 한 사람이었던 토마스 켄달[3]은 혼기라는 이름의 추장을 개종시켜 영국으로 데려갔는데, 거기서 그는 옥스퍼드대 언어학 교수와 2개 국어 사전을 만들고, 마오리어로 성경도 번역했다. 또한 영국 상류사회에도 소개되어 위엄 있는 태도와 우아하게 문신된 얼굴로 사람들의 경탄을 자아내기도 했다. 국왕 조지 4세를 알현했을 때는 복음을 전파한 공로로 가방 한 가득 선물까지 하사받았다.

뉴질랜드로 돌아오는 길에 혼기는 시드니에 들러, 조지 4세 국왕이 하사한 선물을 머스켓 총 몇 백 자루와 탄약 한 보따리와 교환했다. 그리고 국왕이 그에게 하사한 쇠미늘 갑옷을 입고 의기양양하게 뉴질랜드로 돌아와 새로 발견한 종교는 까맣게 잊고, 시드니에서 사온 머스켓 총으로 오랜 숙적과 전쟁을 벌여 승승장구 승리를 거두었다.[4]

한동안 적들은 그에게 감히 대항할 엄두를 내지 못했다. 혼기의 적들은 값비싼 머스켓 총을 구입할 만한 여력이 없었다. 손으로 일일이 짜야하는 아마포 한 톤으로도 머스켓 총 한 자루밖에 살 수가 없었다.

그러던 차에 문신된 머리 하나면 유럽인들로부터 머스켓 총 한 자루를 살 수 있다는 사실이 알려지면서 그 장사는 곧 호황을 맞게 되었다. 마오리 전사들은 문신된 머리로 총을 사기 위한 목적 하나로 이웃 부족들을 침략했다. 장사꾼들은 시드니에서 그 머리를 입수하여 중개상들에게 넘겼고, 중개상들은 유럽의 박물관과 개인 수집가들에게 터무니없는 가격으로 그것을 되팔았다. 마오리족이 머스켓 총을 많이 확보할수록 문신된 머리 수도 늘어났고, 장사도 번창했다.

하지만 무한정 공급이 가능했던 총에 비해 머리 수는 한정돼 있었기 때문에 몇 년이 채 되지 않아 마오리족은 전쟁 포로와 일반인들을 문신하여 죽인 다음 그들의 머리를 파는 비상 수단을 쓰지 않을 수 없었다. 심지어는 채 완성도 되지 않은 조악한 작품들이 시장에 나도는 판이었다.

영국 정부는 마오리족 간의 그러한 죽고 죽이는 행위를 처음에는 그냥 바라만 보았다. 하지만 1830년, 부족 간의 전쟁, 머리 사냥, 사람머리 매매와 같은 끔찍한 기사들이 대중 매체에 실리자, 외무부는 당혹감을 감추지 못했다. 하지만 1840년까지는 뉴질랜드가 아직 영국 식민지가 아니었기 때문에 영국인들은 법적으로 그것을 멈출 권한이 없었다. 그래서 오스트레일리아로의 머리 유입을 금지하는 법률을 그 차선책으로 통과시켰다. 그 조치로 오스트레일리아의 중개인들이 파산하면서, 1831년부터는 머리 매매도 쇠퇴일로를 걷게 되었다.[5]

뉴질랜드에 정착하는 영국인들의 수가 늘어나자, 전과는 달리 이제는 무장이 잘 된 마오리족은 그들 공통의 적이 누구인가를 깨닫고 함께 힘을 합쳐 영국인 농장과 정착촌을 공격하기 시작했다. 그것을 본 뉴질랜드 총독의 머리에 아주 기발한 생각이 떠올랐다. 마오리족의 땅을 몰수하여 그들을 벌주려는 것이었다. 그리하여 그는 영국군을 불러들여 현지 민병대와 함께 1860년에서 1870년까지 피비린내 나는 일련의 전쟁을 벌여 마오리족으로 하여금 그들의 땅을 포기하지 않을 수 없게 했다.

마오리족은 최고의 전사들이었다. 그들은 자신들의 땅을 사랑했고 용감하게 그것을 방어하여 기사노 정신과 '징의감' 강한 종족으로 영국인들의 존경을 받았다. 그들은 수차례에 걸친 휴전 동의와 식품, 탄약의 공급, 그리고 포로 교환을 하면서 전쟁을 계속해 나갈 수 있었다. 영국의 전쟁 사가(史家) J.

W. 포테스큐는 마오리족을 영국 병사들은 "한번도 접해보지 못한 최고의 원주민 적(敵)"이라 생각했다고 썼다.[6]

하지만 용기만으로는 우수한 영국 화기(火器)의 적수가 될 수 없었다. 마오리족은 결국 땅을 잃고 말았다. 무력으로 징발되지 않은 땅들은 투기꾼과 사기꾼들에게 헐값으로 넘어갔다. 낙담한 마오리족은 전쟁이 끝나자 마지막 남은 땅까지 되는대로 처분했다. 꽤 넓은 땅이 몇 자루의 도끼와 담요 몇 장에 넘어갔다. 심지어 선교사들까지 약탈전에 뛰어들었다. 약탈이 진행되는 동안 영국 성공회의 저명한 성직자 몇 명은 2,000에이커에 이르는 땅을 차지했다.[7]

땅을 잃은 마오리족은 문신과 다른 전통 기술에도 흥미를 잃어버렸다. 그들은 이제 더 이상 자랑스런 전사들이 아니었다. 술과 빚으로 사는 법을 배우는가 하면, 영국인들에게 선원과 노동자로 고용되어, 문신된 얼굴을 그들의 노리개감으로 내놓았다. 19세기 후반에 찍은 사진들을 보면, 문신이 채 완성되지 않은 상태로 수염을 기르고 어설픈 유럽식 복장을 한, 험상궂은 표정의 마오리족 모습들을 볼 수 있다. 1872년 앤소니 트롤로프(Anthony Trollope)는 그곳의 표정을 이렇게 기록했다. "그들의 지난 역사에는 시(詩)의 소재가 담겨 있고, 지금도 여전히 박애의 여지는 남아 있건만, 그들의 미래에는 어떤 희망도 보이지 않는다."[8]

1873년 고트프리드 린다우어라는 한 젊은 보헤미아 화가가 뉴질랜드에 도착했다. 그는 그곳의 자연과 마오리족에게 깊이 매료되었다. 그리고 도착한 지 얼마 되지 않아 헨리 파트리지라는 사업가를 만나 그와 빠르게 우정을 쌓아갔다. 두 사람은 마오리족의 전통적 삶에 대한 관심을 공유하고 그것을 기록으로 남기기로 결심했다.

그 일환으로 파트리지는 마오리 추장들의 초상화 몇 장을 린다우어에게 주문했다. 린다우어의 첫 초상화는 대단히 성공적이었고, 파트리지의 초상화 제작 지원은 그후에도 수년간 계속되어, 19세기 말까지 린다우어가 완성한 그림은 무려 100여 점에 이르렀다. 후일 이 그림들은 모두 오클랜드 시가 구입하여 오클랜드 미술관의 영구 소장품이 되었다.

린다우어 작품이 그토록 역사적 가치가 높은 이유는 초상화의 모델이었던 사람들 중에 뉴질랜드의 형성기에 중요한 역할을 담당한 사람이 많았기 때문이다. 린다우어가 그린 마오리들은 대부분 짙게 문신이 돼 있었고, 린다우어는 그들의 문신, 부족 의상, 무기, 표정 등을 하나도 남김없이 꼼꼼하게 묘사했다.

린다우어 그림이 전시되자 마오리들은 조상들이 살았던 전통적 삶의 방식을 추억하며 몇 시간이고 그 그림들 앞에서 떠날 줄을 몰라 했다.

전시장 방문록에 가장 빈번하게 등장한 문구는 이런 것이었다. "밤의 암흑으로 사라져간 마오리족 추장과 선조들의 얼굴을 보니 그 경이로움과 기쁨은 이루 다 말로 형언할 수 없을 정도이다. 이토록 아름다운 그림을 그려주신 분께 진심으로 감사드리고 싶다. 죽었음에도 그 얼굴들은 생생히 살아있는 듯하다."9

린다우어는 예술성과 정교함에서 문신의 극치를 보여준 일부 문신에 대한 더할 수 없는 귀중한 기록을 남기고, 88세를 일기로 1926년 숨을 거두었다. 마오리족과 그들의 예술에 보여준 그의 열정적 관심과 사랑은 그의 그림들에 영원히 살아 앞으로 이어질 수많은 세대의 귀감이 될 것이다.

뉴질랜드의 뱅크스: 1770년 3월*

이곳 사람들은 남녀 모두가 어떤 것은 이빨이 촘촘히 박힌 날카로운 도구로 살갗을 찌르는, 남태평양 섬 주민들과 같은 방식으로 검정 칠을 하고 있으나, 한 가지 다른 점은 여자들보다는 남자들의 문신이 훨씬 길게 그려져 있다는 점이다. 몸의 다른 부위에서도 가끔 눈에 띄긴 하지만, 대체적으로 여자들은 입술을 검게 하는 것으로 만족하고 있다. 그와는 달리 남자들은 해가 갈수록 그림의 숫자가 늘어나, 어떤 노인들은 몸 전체가 거의 그림으로 덮여있을 때도 있다. 그중에서 특히 놀라운 것이 얼굴 모습이었다. 그들은 내가 알지 못하는 어떤 기술로 얼굴에 최소한 1라인(12분의 1인치)의 깊이와 너비로 홈을 파서 그곳을 완전히 새까맣게 만들었다. 때로는 홈을 판 가장자리를 톱니 모양으로 만들 때도 있었다. 아마도 그것은 전쟁터에서 적에게 겁을 주려는 의도인 것 같았다. 아닌게 아니라 얼굴 전체가 문신으로 뒤덮인 노인들의 모습은 보기만 해도 소름이 끼쳤다.

---

* 이 글은 J. C. 비글홀 편집의 『조세프 뱅크스의 인데버 일지(*The Endeavor Journal of Joseph Banks*)』에서 발췌한 것이다.

젊은이들은 다시 한 쪽 뺨이나 눈 위에 작은 반점을 만들고, 연령 미달자(아마도 25세 아니면 26세)는 입술만 검게 만들었다. 그것들은 흉측하긴 해도 제각기 다른 얼굴의 나선형 문양과 고대의 나뭇잎 모양을 연상시키는 몸의 문양을 보면, 그 형태의 우아함과 정확함에 감탄하지 않을 도리가 없다. 그 모든 것들이 훌륭한 기술과 심미안으로 마무리되어 언뜻 보면 백 가지 문양이 다 같아 보이지만, 자세히 뜯어보면 어느 것 하나 같은 것이 없다. 모방을 수치스럽게 생각하는 그들의 무한한 상상력은 그들 대부분의 작품에서 보여지는 것처럼 똑같은 것을 절대 만들지 않는다. 같은 섬이라 해도 지역에 따라 그들이 말하는 이른바 아모코(amoco) 문양의 숫자와 그것이 놓이는 위치는 천차만별로 다르다. 하지만 얼굴의 나선형 문양만은 섬 전체의 공통적 현상이며, 또 내가 관찰한 바에 따르면 일반적으로 인구 밀도가 높은 지역일수록 아모코 문양의 숫자가 많았다. 그것은 아마도 인구 희박 지역보다는 고밀도 지역이 고통의 감내에 대한 경쟁심을 더욱 유발시켰기 때문이었던 것 같다. 다른 섬들에서는 이 장식의 주요부위로 쓰인 엉덩이가 여기서는 거의 사용되지 않았다. 그 반대인 경우를 본 것은 단 한 번밖에 없다. 그렇다면 엉덩이라는 불명예스런 곳에서 명예스러운 머리로 장소를 옮김으로써 좀 더 고상해지려는 의도가 아니었을까. ■

뉴질랜드의 로블리, 1890년경*

1769년 10월 8일 일요일 쿡 선장은 모코가 있는 첫 원주민이 총에 맞았다고 기록하면서, 그의 얼굴 한 면에 일정한 나선형 모양의 문신이 돼 있다는 점도 지적했다. 그는 그 문신을 아모코라 불렀다. 자신의 첫 항해일지에서 쿡 선장은 문신에 관한 한 부족들은 제각기 다른 관습을 지니고 있는 듯하다고 말했다. 어떤 카누의 원주민들은 반점 같은 문신을 새기며, 다른 카누의 원주민들은 새까만 입술 외에 다른 문신을 찾아볼 수 없다고 말했다. 그는 이렇게 적었다. "몸통과 얼굴에는 아모코라 불리는 검은 반점이 찍혀 있고 양쪽 엉덩이에는 넓은 나선형이 그려져 있으며, 허벅지 대부분은 검은색으로 덮여 있고, 노인의 얼굴도 거의 문신으로 덮여 있다. 문신을 함으로써 그들은 비로소 어른도 되고 명예도 얻는 것이다."

"반점들은 극도의 정확성과 우아함까지 갖춘 나선형으로 되어 있다. 그리고 한쪽 문양

* 이 글은 호레이쇼 G. 로블리의 『모코, 마오리 문신』에서 발췌한 것이다.

테 페히 쿠페의 자화상.

은 다른 쪽 문양과 정확히 일치한다. 몸통 문양은 선조(線條) 세공의 회선(回旋), 즉 홈을 파서 만든 고대의 잎사귀 장식과 비슷하다. 하지만 문양의 종류가 하도 다양하여 언뜻 보면 100개의 문양이 모두 똑같아 보이지만, 자세히 살펴보면 같은 것이 하나도 없다."

쿡은 또 몇 개의 가느다란 선만 제외하곤 허벅지 전체가 검은색으로 덮여 있어 "언뜻 보면 꼭 줄무늬 반바지를 입은 것 같은" 뉴질랜드인들에 대해서도 묘사하고 있다. 그는 이들 무늬의 수와 형태는 지역과 섬에 따라 차이가 많고, 노인의 장식이 젊은이보다는 훨씬 다양한 것 같다고 말하고 있다.

마오리족에게는 제격인 예기(藝技) 넘치는 그런 관습이 현대 문명의 영향으로 급속히 쇠퇴하고 있는 현상은 참으로 안타까운 일이 아닐 수 없다. 쿡 선장의 시대에 그것은 매우 보편적 현상이 되어 완벽의 극치까지 도달했으며, 그런 그곳을 그가 그냥 지나칠 리가 없었다. 그곳에서 그는 잃었던 배를 되찾았다 쿡의 항해에 동행했던 사람 중에 조세프 뱅크스가 고용한 시드니 파킨슨이라는 재주 많은 화가가 있었다. 그가 1769년 당시의 마오리족 모코를 그것의 첫 스케치와 함께 자신의 항해일지에 조금 기술해 놓았다.

"문신(tattowing)은 나선형과 그 밖의 여러 모양으로 아주 섬세하게 새겨져 있다. 멀리서 보면 그냥 검은 칠을 한 것 같지만, 자세히 보면 마치 조각을 한 것처럼 톱니 모양으로 새겨진 것들이 많이 있다." 그는 또 이렇게 덧붙였다. "그중에서도 특히 색달랐던 것이 중요한 사람들의 문신이다."

해안의 다른 곳에서도, "사람들은 지금까지 우리가 본 것과 비슷한 문신을 하였다. 다른 점이라면 이곳 사람들이 문신을 더 많이 하였다는 점이다. 이들 대부분은 입술에 소용돌이 문신을 하였고, 더러는 허벅지와 복부에 한 사람도 있었다. 얼굴에는 나선형이 아닌, 생전 처음 보는 문양이 그려져 있었다."

마오리족의 문신 형태는 다른 부족들과는 달랐으며, 특히 얼굴 문신에서는 두 눈 꼬리, 심지어는 눈꺼풀까지 덮을 정도로 문양의 배열이 독특했다. 색깔도 흐려지는 일은 있어도 완전히 벗겨지는 일은 없었다. 하지만 모코에는 그것에 담겨있는 아리송한 의미에 걸맞게 사용처가 따로 있었다. 문양 중의 일부, 특히 뚜렷한 부분은 신원확인의 증표가 되어 유럽인과의 거래 때 마오리족의 서명으로 사용된 것이다.

모코의 다양한 곡선 문양을 자신들의 서명으로 사용하는 데 대해 느끼는 뉴질랜드인들의 자부심을 폴락은 이렇게 논하고 있다. "우리는 종종 몇 개 안 남은 머리털로 보아 계절을 칠십 번은 족히 넘겼을 법한 늙은 추장이 습자 연습하는 유럽의 어린이들처럼 고개를 숙이고 혀를 내민 채 정성을 다해 그림 그리는 모습을 보고 박장대소를 했다."

마오리족이 보여준 뛰어난 기술의 또 다른 예로 테 페히 쿠페(Te Pehi Kupe)가 직접 그린 문양이 있는데, 이 역시 모코의 전형이라 아니할 수 없다. 그의 몸통은 온통 반점으로 얼룩져 있었고, 단단한 근육질 팔에는 전쟁에서 입은 상처를 나타내는 검은 선들이 수도 없이 패여져 있었다.

1826년 테 페히 쿠페(그의 딸은 살해되어 음식으로 조리되었다)는 북방 부족에 대한 반격을 위해 무기 조달차 영국에 가 있었다. 그때 초상화 모델을 하며 자신의 얼굴이 정확히 묘사되어야 한다는 점을 누차 강조하면서, 모코에 대한 여러 가치 있는 정보를 제공해 주었다. 그는 코 바로 위의 문양을 자기 이름이라고 하면서, "유럽 남자는 펜으로 자기 이름을 쓰지만, (이마를 가리키면서) 테 페히 이름은 여기 이것이외다."라고 했다. 형제와 이들 이름을 나타내는 문양도 종이 위에 그려 보였다. 얼굴과 몸통의 다른 부분에 있는 선들을 그는 정확히 기억하고 있었다. 그는 자신의 모코 초상을 거울 없이 기억에 의존해서만 그렸다. 리버풀에 머물 때는 그의 기술을 보려는 사람들이 쇄도하여,

테 페히 쿠페.

얼굴 스케치하는 데에만 거의 두 주일을 보내야 했다. 모코의 깊이와 다채로움은 곧 그 사람의 위엄을 나타내는 것이라고 그는 말했다. 그의 얼굴에선 원래의 모습을 거의 찾아볼 수 없었다. 그는 신체 다른 부분의 모코도 종종 그려보았다. 트레일 박사에게는 그의 형제와 아들의 모코를 그려주었다. 그런데 아들 것을 완성하고 나더니 애정 어린 말로 뭔가를 중얼거리며 몇 번이나 입맞춤을 하고는, 와락 눈물을 쏟으며 건네주는 것이었다.

모코의 정교함으로 그 사람의 지위까지도 알아볼 수 있다고 한 테 페히의 말은 사실일 수도 있으나, 마오리족의 경우엔 반드시 그렇지만도 않았다. 모코의 성격과 범위는 문신가에게 할애하는 시간, 문

오타고족(느가이타후 부족) 추장 투아화이키가 토지 불하 증서에 사용한 모코 서명.

신 받는 사람의 참을성과 소망, 그리고 체력과 관련이 깊었다. 대족장이면서도 부분적으로만 문신을 받은 경우는 허다하게 많다. 1884년 4명의 족장을 대동하고 이곳을 방문한 타화이아오 왕만 보더라도, 문양의 정교함에 있어서는 테 페히의 그것에 결코 미치지 못했다. 테 페히 얼굴에 그려진 그런 정도의 문양을 가진 사람이라면 문신의 비평가라고 한다 해도 전혀 손색이 없을 것이다.

마오리족 모코의 목적이 과연 어디에 있었는지, 그 모호함에 대해서는 앞에서도 이미

조금 언급한 바 있다. 하지만 좀 더 깊이 생각해보면 나름대로 시사하는 바가 있다. 우선 적과 가까이 싸울 때 상대방에게 겁을 주려는 의도가 있었다. 하지만 동시에 여자들의 관심을 끌려는 동기 또한 무시할 수 없는 것이었다. 대족장들의 얼굴과 몸통은 극도로 아름답고 섬세한 문양으로 덮여 있었고, 노예를 제외한 대부분의 남자들도 짙은 남색

마오리 전사의 모습.

문신을 하였다. 노예가 문신에서 제외되었다는 것은 주인들의 의식을 나타내는 중요한 요소이다. 몸통 문신은 전쟁에서 적에게 머리를 잘릴 경우에 대비한 신분 확인용이었다는 말도 전해지고 있다. 모코는 귀족과 평민을 노예와 구분시켜준 특별함의 상징이었다.

F. E. 매닝(Manning)은 옛 마오리 족 삶의 기억이 완전히 사라지기 전, 그것을 다룬 작가로 유명하다. 마오리 족의 전투원들을 그는 이렇게 묘사했다. "앞에서도 말했듯이 남자들은 전투에 임하여 모두 발가벗은 상태였다. 하지만 문신, 피부 색깔, 무기 등이 그 나체성을 송두리째 앗아가 버렸다.…… 솔직히 말해 그들은 의상을 입은 것보다는 벌거벗은 편이 훨씬 나아 보였다. 남자들은 예외 없이 무릎에서 허리까지 문신을 새기고 있었으며, 얼굴에도 짙은 나선형 문양이 덮여 있었다."

"남자들은 누구나 여성들에게 매력적으로 보이고 전쟁터에서도 두드러져 보이기 위해 근사한 얼굴 문신을 갖고 싶어했다. 한 민족의 장식 예술은 그들의 특성과 용맹성을 그대로 반영하는 것이다. 적에게 살해되었을 때도 문신이 없는 머리는 화풀이 대상으로 발길질이나 당했지만, 모코가 아름답게 새겨진 머리는 조심스럽게 베어져 십자가가 달린 장대, 즉 투루투루에 꽂혀 보관된 까닭도 바로 거기에 있었다. 그 모든 행위가 생존자들과 베어진 머리의 소유주에게는 무한한 기쁨이었다."

"그러기 위해 모코를 돋보이게 하려면 우선, 애초에 장식 축에 들지도 않는 수염은 기를 생각을 말아야 했다. 따라서 남자들은 수염을 뿌리째 뽑아버리는 고통을 감내해야만 했다."

아란기라는 사람도 최고의 모코 문신가 축에 드는 사람이었다. 그에 대해서는 1827년 영국 군함 비글(Beagle) 호의 스케치 화가였던 얼 씨가 그린 초상화가 한 장 남아 있다. 얼 씨는 이 탁월한 예술가를 이렇게 평가하고 있다. "이 선생은 그 지방 사람들로부터 문신의 대가로 완전히 인정받고 있으며, 최고위층 사람들도 그의 솜씨 하나만을 보고 먼 길을 마다 않고 찾아온다. 그에 대한 평가는 죽은 뒤까지 그의 작품들이 전시된 것만 보아도 알 수 있다. 내 이웃 중 아란기 문신을 보유하고 있는 추장을 최근에 살해한 사람이 하나 있는데, 그 문신을 어찌나 소중히 여겼던지 그는 그 추장의 허벅지 가죽을 벗겨 그것으로 자신의 카루투시(소용돌이 무늬 장식) 상자를 쌀 정도였다. 아란기가 그린 문양의 대담함과 정교함, 그리고 그 아름다움에는 감탄이 절로 새어나왔다. 그가 그린 선과 원은 어떤 자(尺)와 컴퍼스로도 모방하는 것이 불가능하다. 토머스 로렌스 경(Sir Thomas Lawrence: 1769-1830, 영국의 유명한 초상화가)의 손으로 그려진 얼굴이 우리에게 존경받는 만큼이나, 이 예술가의 손으로 완성된 추장 머리도 뉴질랜드에서 존경받고 있다. 이 야만인들이 미술에 쏟아 붓는 열정을 보는 것만큼 즐거운 일도 없다. 이 대가는 신분상으로는 그저 기인(奇人)이나 노예일 뿐이었다. 하지만 기술과 노력 면에서는 그 나라의 누구에게도 뒤지지 않았고, 그를 고용한 추장들 또한 늘 후한 선물을 내려주어, 그는 곧 갑부가 되었으며 주위에는 늘 유명 인사들이 들끓었다.

내 친구 술리티(조지 왕)만 해도 자기 식탁에 놓인 음식 중 가장 좋은 음식만을 골라 그에게 매일 보내주었다. 그처럼 왕실의 총애를 받는 존재였음에도 우쭐댐이 없이 항상 자신을 낮추고 아침마다 나를 찾아와 함께 차를 마셔준 그의 태도는 진정한 천재의 모습에 다름 아니었다. 그는 내가 그린 그림들, 특히 그의 초상화를 무척 좋아했다. 그리고 복제에도 아주 뛰어났고, 몇 번 받아본 그림 교습에도 열성을 보여, 다른 곳엘 들르지 않고 영국으로 곧장 돌아갈 수만 있다면, 함께 데리고 가서 그의 천재성을 꼭 살려주고 싶다. ■

9

일본

일본 최초의 문신은 그림이나 조각으로 얼굴에 문신 표시가 된 점토 입상 (立像)의 형태로 발견된다. 이런 종류로 가장 오래된 입상은 기원전 5,000년 이상의 무덤들에서 출토된 것이 있고, 그 외의 다른 종류는 기원전 2, 3천 년 경의 무덤에서도 꽤 발견되고 있다. 이 입상들은 미지의 세계로 향하는 사자 (死者)들의 여행에 동행하는 산 자들의 상징이었고, 따라서 얼굴 문신에는 종 교적, 마술적인 의미가 내포되어 있었던 것으로 믿어진다.[1]

일본 문신에 대한 최초의 기록은 서기 297년에 편찬된 중국왕조사에서 찾 아볼 수 있다. 이 사서(史書)는 일본 "남자들은 늙으나 젊으나 모두 얼굴에 문신을 하고, 몸에는 문양들이 장식되어 있다."고 기록하고 있다. 왕조사가 아닌 중국의 다른 사서에도 일본 문신은 꽤 언급돼 있으나, 그것들은 한결같 이 부정적인 내용으로만 되어 있다. 중국인들은 문신을 야만성의 상징으로 보았고 따라서 처벌의 목적으로만 이용했다.

7세기가 되어 일본 통치자들이 중국의 문화 관습을 따르게 되면서 문신 장 식도 덩달아 냉대를 받게 되었다. 처벌로서의 문신에 대한 일본 최초의 기록 은 서기 720년의 사서에서 찾아볼 수 있다. "천황은 아즈미노 무라지 하모코 를 대령시켜 다음과 같이 꾸짖었다. 너는 반역의 음모로 이 나라를 전복하려 했으니, 그 벌 죽어 마땅하나, 내 크나큰 자비를 베풀어 사형만은 면하고 문 신형에 처할 것이로다."[2]

수호지의 등장인물 한지홀률 주귀, 구문룡 사진, 단명이랑 완소오, 박천조 이응(왼쪽 위부터 시계 방향). 구니요시의 목판화.

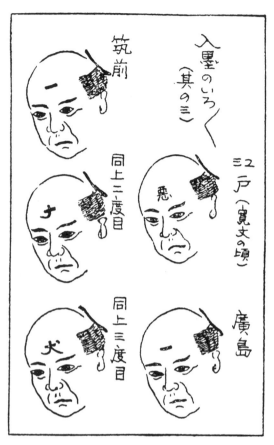

범죄자 문신의 예.

17세기 초가 되자 문신은 범죄자와 부랑아를 나타내는 표시로 널리 사용되기 시작했다. 부랑아들은 팔의 안쪽에는 십자, 바깥쪽이나 위쪽에는 직선 문신을 했다. 범죄자들은 범죄가 일어난 곳을 드러내는 다양한 모양의 문신을 했다. 어떤 곳에서는 이마에 개 견(犬)자 모양의 상형문자를 새겼는가 하면, 얼굴과 팔에 막대기, 십자, 이중선, 곡선 따위를 그려 넣는 곳도 있었다. 중죄인들은 문신을 받도록 되어 있었기 때문에 몸에 문신 표시가 있는 사람은 가족들에게 버림받는 동시에 공동체의 일원으로도 일절 참여할 수가 없었다. 가족의 일원임과 사회적 위치를 무엇보다 중시하는 일본인에게 문신은 특히 혹독하고 끔찍한 형벌이었다.3

17세기 말이 되자 문신을 대신한 다른 형태의 처벌이 등장하기 시작했다. 그렇게 된 한 가지 이유는 그때에 이르러서는 이미 장식 문신이 보편화되어 범죄자들이 자신들의 처벌 문신을 커다란 장식 문양으로 덮어버렸기 때문이다. 그것은 또 문신과 일본 조직 범죄와의 연관성을 보여주는 역사적 기원으로도 생각될 수 있다.

장식 문신에 대한 최초의 기록은 17세기 말경에 나온 소설들 속에서 찾아볼 수 있다. 『어느 호색인의 일생(The Life of an Amorous Man)』(1682)이라는 선정 소설을 보면, 고급 매춘부, 창녀, 승려, 시종 승려 같은 계급의 사람들이 문신으로 사랑의 맹세를 하고 있는 것을 볼 수 있다. 그중 가장 인기 있는 맹세의 하나는 일본어 음절문자로 표기된 연인들의 이름과 함께 목숨 명(命)자를 새기는 것이었다. 승려와 시종 승려들은 '나무아미타불'과 같은 종교적 서원을 새기는 경우도 있었다.4

18세기에는 당시 도쿄의 명칭이었던 에도의 대중문화와 관련된 그림 문신이 유행했다. 18세기 초에는 니혼바시(日本橋) 주위의 에도 지역이 사업, 유흥, 오락의 중심지로 부상하면서 가부키, 분라쿠(인형극), 스모와 같은 대단한 일본 대중예술이 탄생했다. 또한 작가, 예술가, 출판인들의 본거지가 되었고, 인근의 요시와라 지역은 게이샤들의 홍등가가 되었다.

일본 목판화는 출판인들이 소설에 들어갈 삽화의 필요성을 느끼고 연극제작자들도 홍보의 필요성을 느낌에 따라 발달하기 시작했다. 출판인이 주제를 주면 화가는 인기 연극 및 소설의 삽화 장면과 함께 배우, 매춘부, 스모 선수들의 특기가 드러나는 형태로 이미지들을 만들어냈고, 그렇게 만들어진 판화는 우키요에(浮世繪)라 했다. 이 그림들에서 우리는 유명인사, 유행, 시류들이 열지어 지나가는 모습을 볼 수 있는데, 그것들은 인생의 무상함과 찰나성을 나타내는 것들이었다.

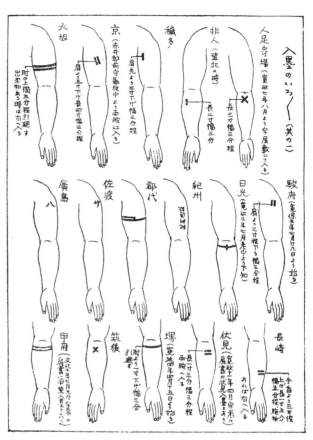

범죄자 문신의 예.

목판화의 발달은 문신의 발달에도 지대한 영향을 미쳤다. 우키요에 화가들은 간판 그림이든 의복 디자인이든 문신류의 장식 미술이든, 일이라면 가리지 않고 닥치는 대로 받아들였다. 게다가 문신은 목판화로 많이 묘사되었기 때문에 문신 문양의 스타일과 유행에도 영향을 미쳤다.

당시 일본은 독재적인 도쿠가와 막부의 지배 아래 있었다. 도쿠가와 막부는 외부세계와의 통신을 금했으며 개인의 표현의 자유도 확고한 법질서에 대한 위협이라며 일일이 감시했다. 예로부터 범죄와의 연관성 때문에 '공중도덕에 유해하다'는 이유로 도쿠가와 입법가들은 문신 역시 불법으로 규정했다.5

문신은 그것의 확산을 막으려는 정부의 노력에도 불구하고 소방수, 노동자, 그리고 최하층민들 사이에 계속 번져가기 시작했다. 특히 야쿠자라 불리는 순회 도박 갱단들 사이에 인기가 높았다. 이 갱단의 단원들은 주로 부랑아, 가난한 농민, 노동자, 그리고 운명의 전환을 꿈꾸며 에도로 이주한 사회 부적응자들로 이루어졌다. 야쿠자들은 반(半) 합법 혹은 불법적 행위를 버젓이 행하면서도 스스로를 보통사람의 대변자라 여기며, 강간이나 절도와 같은 파렴치 범죄 행위는 엄격히 금하는 나름대로의 규칙을 지켜나갔다.[6]

사무라이처럼 그들도 고통과 궁핍을 두려워하지 않는 것에 자긍심을 느꼈다. 그리고 조직을 위해서라면 죽음이나 투옥도 기꺼이 불사했다.

야쿠자들은 이러한 자신들의 이상을 문신으로 표현했다. 문신의 고통은 용기, 문신의 영원성은 평생에 걸친 조직에의 충성, 문신의 불법성은 영원한 무법성을 의미했다.[7]

18세기 중반이 되자 중국 소설 『수호지』의 일본어 번역으로 문신의 인기는 더욱 높아졌다. 이것은 1117년에서 1121년 사이 중국의 부패한 통치자들에게 도전장을 던진 108인 무법자의 모험담을 그린 소설이다. 『수호지』에 담긴 반독재적 주제는 도쿠가와 정권의 압제에 대한 저항의 상징이 되었고, 때문에 책도 근 일 세기 동안 스테디셀러가 되었다.[8]

『수호지』가 특히 문신에 영향을 미치게 된 까닭은 소설 속의 영웅들 대부분이 문신을 했기 때문이다. 사진이라는 영웅은 아홉 마리 용이 뒤엉켜 있는 모습을, 호랑이와 난투극을 벌인 무송은 등에 호랑이 문신을, 낭만적인 영웅 노지심은 꽃 모양 문신을 새겼다.

여러 다양한 화가들이 소설 속의 문신을 독창적으로 해석하여 『수호지』의 일본판 그림책을 만들어냈다. 그렇게 그려진 문양은 문신가들에 의해 복제되었고, 그 영향으로 18세기 후반에는 문신의 인기가 크게 올라가면서 급속히 발전해갔다.

『수호지』를 가장 많이 그리고 독창적으로 그린 화가는 구니요시 우타가와(1798-1861)였다. 1827년에 낱장 형식으로 발간된 구니요시 『수호지』 시리즈의 첫 번째 그림 다섯 장은 발간되기가 무섭게 대성공을 거두었다. 데생 기술과 구성 면에서 그 그림들은 당대의 기존 작품들을 훌쩍 뛰어넘는 역동적이고 흥미진진한 면을 보여주었고, 인물들의 뒤틀린 모습과 전사들의 사나운 표정 또한 신파적인 면과 투쟁적인 면을 동시에 이끌어내며 『수호지』 줄거리와 절묘한 조화를 이루었다.

俗
水滸傳豪傑百人之一個

操刀鬼曹正

つゝて黄泥岡の南八方四五十里といへり
所の酒屋の入聟となる大脱肌と
なりて一犬の鈴を持て楊志と
大いよた〳〵

11図 国芳 「通水滸傳豪傑百八人之一個」操刀鬼曹正

수호지 등장인물 조도귀 조정. 구니요시의 목판화.

첫 삽화 다섯 장의 성공에 고무된 구니요시는 108명의 영웅을 목판 하나하나에 담아 『수호지』 시리즈로 완간했다. 그것은 구니요시 이력에 일대 전기가 되어 대표적인 우키요에 화가로서의 확고한 입지를 구축하는 계기가 됐다. 구니요시는 1827년에서 1853년까지 다른 일을 하는 중에도 틈틈이 시간을 내어 『수호지』를 주제로 한 다양한 변작을 계속 만들어냈다.

구니요시는 도안의 대가이자 위대한 혁신가였다. 구사해보지 않은 형식이 없었으며, 화제(畵題)도 업계에 알려진 것은 모두 시도해 보았다. 그중에서도 그의 기량이 가장 눈부시게 발휘된 곳은 전투, 공포, 판타지 류의 그림들이었다. 오늘날 그는 일본의 역사와 전설을 토대로 한 전사들 그림으로 가장 많이 기억되고 있다. 당대인들에게 대단한 인기를 끌었던 이 그림들은 오늘날까지도 수집가들의 높은 인기를 얻고 있다.9

구니요시의 사생활에 대해서는 거의 알려진 것이 없다. 하지만 그의 친구들과 동시대인들은 그를 일본과 일본의 역사, 그리고 전설을 사랑한 가슴이 무척 따뜻하고 상상력이 뛰어났던 사람으로 묘사했다. 1853년에 쓰여진 경찰 일지에는 그의 그러한 특성이 잘 드러나 있다. 당시 그는 선동적인 정치 풍자 내용이 담긴 그림 때문에 조사를 받고 있었는데, 그런 구니요시를 담당 수사관은 이렇게 묘사했다. "그는 상스러워 보이긴 해도 마음만은 다시없는 사람이다. 돈에 상관없이 자기가 좋아하는 사람 일은 무조건 해주고, 돈을 마차로 실어와도 싫어하는 사람 일은 절대 받지 않는다. 수입도 상당하여 수습생들에게 인심도 잘 쓰고, 처자식 호의호식도 시켰으나, 자신에게만은 인색하여 단벌 신사에 빚까지 지고 있다."10

구니요시는 위대한 우키요에 화가들 중의 최후의 한 사람이었다. 1861년 그가 죽은 무렵 무려 2세기 반에 걸쳐 막강한 권력을 휘두르던 도쿠가와 막부가 내분과 외압으로 무너져 내리기 시작했다. 1850년대에 도쿠가와 장군들은 외세(서양)의 압력에 굴복하여 기나긴 고립의 역사에 종지부를 찍었다. 문호 개방과 함께 일본에는 미국 영사관이 들어섰고, 요코하마에는 유럽인 거류지도 하나 생겨났다.

그 결과 일본의 문화와 예술계에도 혁신의 물결이 밀어닥쳤다. 그러자 전통적 형식과 우키요에 주제가 돌연 진부한 것으로 받아들여졌다. 일본 대중들은 가부키 배우와 미녀들이 만들어 내는 이미지에 더 이상 흥미를 갖지 않았다. 우키요에 화가들도 원근법, 명암, 삼차원적 표현과 같은, 서구식 묘사법을 받아들여 현대화를 도모했다.

1867년 도쿠가와 막부 최후의 장군이 권좌를 빼앗기고 잠깐의 내전을 겪은 뒤, 일본은 다시 천황 중심의 왕정복고 체제로 돌아왔다. 새로 들어선 신정권은 일본의 관습이 서양인들 눈에 혹시 야만적이고 우스꽝스럽게 보이지나 않을까 염려하여 문신을 엄격히 금지하는 법률을 시행시켰다. 하지만 그것은 자국민들에게는 문신을 금지하고 서양인들에게는 허용하는 이중 잣대를 가진 것이어서, 문신의 대가들 중에는 요코하마에 영업소까지 차려놓고 외국 선원들을 상대로 사업을 벌여 짭짤한 재미를 보는 사람들이 생겨났다. 그리

수호지 등장인물 낭자 연청. 구니요시의 목판화.

고 그들의 뛰어난 기술은 곧 사람들의 이목을 집중시켰다. 고객들 중에는 영국의 클라렌스 공작, 요크 공작(후일의 조지 5세 국왕), 러시아 황태자(후일의 니콜라스 2세 황제), 유럽의 고관 등 여러 저명인사들이 들어 있었다.11

한편 불법이긴 했지만 자국민들에 대한 문신도 계속 행해졌다. 하지만 주제와 기술 면에서 일본 문신은 19세기 중반 이후로는 거의 변한 것이 없었다. 전설적 영웅이나 종교적 주제를 레퍼토리 방식으로 사용하면서, 상징적 동물이나 꽃 등을 결합시켜 파도, 구름, 번개 같은 배경 화면에 가끔씩 변화를 주는 정도가 고작이었다.

일본 문신의 뛰어난 예술적 특질은 일부 위대한 우키요에 화가들이 만들어낸 독창적 문양에 그 바탕을 두고 있다. 문신가들은 이 문양을 문신에 맞

게 변화만 시켰지 그들 스스로 새로운 것을 창안해내지는 못했다.

일본의 전통 문신은 등, 팔, 다리, 가슴을 주된 문양 하나로 다 뒤덮는다는 점에서 서양 문신과는 차이가 있다. 그러한 문양은 마구잡이로 그린 것이 아닌, 시간적, 금전적, 감정적 에너지가 투여된 대단히 중요한 작품들이다. 그 각각의 문양에는 용기, 충성, 헌신, 복종과 같은 속성이 내재돼 있고, 문신을 받는 사람은 그런 문신을 받음으로써 그 속성들까지 자신의 일부로 만드는 것이다.

지금까지도 일본 문신은 우키요에 전통의 영향을 강하게 받고 있다. 서양식 테크닉과 변형된 서구 문양이 일부 젊은이들 사이에 유행하고 있긴 하지만, 노동자와 야쿠자들은 구니요시와 그의 당대인들이 만든 몸 전체를 덮는 고전적 문양을 여전히 선호하고 있다.

나의 도제 시절*

오구리 가즈오

나는 1933년에 태어나 중부 일본의 산업도시인 기후에서 성장했다. 제2차 세계대전 후에는 모든 상황이 어려웠기 때문에 일자리를 얻기가 무척 힘들었고, 얻었다 해도 편안히 살 만큼의 돈은 벌지 못했다.

십대 시절의 나는 깡패였다. 그 깡패라는 사실에 자부심을 느껴, 19살에는 마침내 거리 깡패의 두목이 되기에 이르렀다. 깡패가 되어 다른 패거리들과 싸움을 벌이던 중 한 명을 칼로 찌르는 사고가 발생했다. 바닥에 쓰러진 그를 보고 우리는 그가 죽은 것으로 생각했다. 내 패거리들은 모두 우리 집으로 달려갔으나, 곧 들이닥칠 경찰 때문에 그곳

---

* 서구 세계와 접촉을 시도한 일본 최초의 문신가는 오구리 가즈오이다. 1970년 호놀룰루의 세일러 제리 콜린스와 교신을 시작한 그는 1972년 호놀룰루를 직접 찾아가 제리 외에도 마이크 말론, 돈 에드 하디와 같은 여러 명의 미국 문신가를 만났다. 1973년 여름에는 하디, 말론 등의 초청으로 미국 서부지역을 여행했고, 서구인들을 일본으로 초청하기도 했다. 지칠 줄 모르는 열정과 친선에 힘입어, 일본 문신의 존재와 가치도 서구에 많이 홍보되었다. 이 글은 스티브 길버트와 가진 두 번의 인터뷰(한 번은 1984년 기후에서, 또 한 번은 1987년 고베에서)를 바탕으로 쓰여진 글이다. 스티브 길버트 편역.

에 머물 수도 없었다. 똘마니들은 내게 그곳을 떠나 도쿄로 갈 수 있을 만큼의 돈을 걷어 주었다.

도쿄의 한 호텔에 머물며 극장을 배회하고 다니는 사이에 돈은 어느새 거덜이 나버렸다. 직업 소개소 앞에는 일자리를 구하는 사람들이 장사진을 치고 있었다. 내 차지는 없다고 그들이 말했다. 나는 사흘 동안 공원에서 자며 아무것도 먹지 못했다.

그렇게 두려움과 절망에 빠져 거리를 걷고 있는데, 어느 집 대문에 광고지가 붙어있는 게 보였다. 광고지에는 '견습생 구함'이라는 말만 있을 뿐, 일에 대한 구체적인 내용은 없었다. 문을 두드렸더니 친절하게 생긴 중년 부인이 문을 열어 주었다.

"광고를 보고 왔는데요." 내가 말했다. "견습생이 되고 싶어서요. 그런데 어떤 일인가요?"

"남편이 말해줄 거예요." 그녀가 말했다. "하지만 매우 힘든 일이라는 것만은 나도 말해줄 수 있어요. 웬만한 결심과 용기 없이는 해내지 못할 거예요."

"전 강합니다. 일자리만 주어진다면 무슨 일이든 할 수 있어요."

"들어와서 남편에게 말해 보세요. 위층에서 일하고 있는데 한 시간이면 끝날 거예요."

기다리는 동안 그녀가 녹차와 떡을 조금 내왔다. 당시에는 손님에게 다과 대접하는 것이 관습이었기 때문에 입맛만 다시는 것을 예의 있는 행동으로 생각했다. 하지만 배가 너무 고팠던 나는 예의고 뭐고 체면을 따질 겨를도 없이 접시 위의 떡을 다 먹어치웠다.

"보아 하니 한동안 굶은 것 같구만." 부인이 말했다. "부엌으로 와요. 내 한 상 잘 차려줄 테니." 나는 인정 많은 그 부인이 마음에 들어 무슨 종류의 일이건 그곳에서 견습생이 되리라 마음먹었다.

나의 스승으로 운명지어진 그 사람이 마침내 아래층으로 내려왔을 때, 나는 그의 팔에 새겨진 문신을 보고 너무도 놀랐다. 당시에는 문신 있는 사람은 모두 야쿠자로 취급받았고, 나 역시 예외가 아니었던 것이다. 그는 자신은 야쿠자가 아닌 문신가이고, 문신을 배울 견습생을 구하고 있는 중이라고 말했다. 그 말을 듣고 나는 잠시 망설였다. 학교 다닐 때 미술 성적이 항상 나빴기 때문이다. 하지만 그의 눈을 보니 좋은 사람 같다는 느낌이 들었고, 그래서 속으로 '어쨌든 일이 필요하니까, 한번 해보지 뭐'라고 생각하며, 그림을 좋아하니까 한번 배워보고 싶다고 말했다.

오늘날의 젊은이들은 내가 걸어온 길을 이해하지 못할 것이다. 나는 문신을 선생과 학생의 관계가 스승과 제자의 관계와 같았던, 일본의 옛 도제살이 방식으로 배웠다. 5년간을 선생 집에 머물며 청소, 설거지, 장작패기와 같은 온갖 허드렛일을 다 도맡아 했다. 내가 실수라도 할라치면 선생은 엄하게 꾸짖으며, 때로는 매질까지 했다. 그러한 삶이 생소한 나로서는 정말 견디기 힘들었다. 나는 기후에 있는 내 친구들이 사무치게 그리웠고, 밤에는 울다 잠든 적이 한두 번이 아니었다. 하지만 나는 사무라이 정신을 생각하며 아침에는 그런 내색 없이 그저 주어진 일만을 묵묵히 해나갔다.

나는 선생이 문신하는 모습을 매일 지켜보았다. 하루에 받는 손님은 보통 서너 명, 손님 한 사람당 소요 시간은 대강 두 시간 정도였다. 색소 준비와 그 밖의 문신에 필요한 도구 일체를 준비하는 것이 내 할 일이었다. 하지만 문신에 대한 질문은 일절 하지 않았고, 선생 역시 아무런 설명도 해주지 않았다. 그것이 공예를 배우는 전통적인 일본식 교수법이었다. 서당개 삼 년이면 풍월을 읊는다고, 몇 시간씩 그렇게 뚫어지게 바라보고 있노라면, 자기도 모르게 물리가 트이는 법이다. 그것이 가장 좋은 방법이다.

한번은 손님 한 분이 등에 잉어 문신을 해달라고 했다. 그 다음 일요일 선생과 나는 잉어 연못으로 가서, 하루 종일 잉어만 바라보았다. 집에 돌아오자 선생은 내게 이렇게 물었다. "너, 내가 하루 종일 잉어만 바라보고 있었던 이유를 알겠니?"

"아뇨." 내가 대답했다.

"살아있는 잉어를 연구하려고 그랬던 거야. 만화 같은 잉어를 만들기는 싫거든. 나는 프로 예술가야. 그러니 진정한 잉어의 혼을 포착해야 되지 않겠어."

그때까지 나는 다른 문신가들의 작품은 본 적이 없었다. 5월이 되자 선생은 나를 산자 사(寺) 축제에 데려갔고, 거기서 나는 아랫도리만 가린 옷을 입은 남자들의 문신된 모습을 많이 보게 되었다. 그제서야 나는 만화 같은 잉어가 아닌 살아 있는 잉어가 무엇을 뜻하는지를 알 것 같았다. 그때 본 것 중 호리 분의 잉어는 완전히 만화 같았고, 호리 우노의 잉어는 반은 진짜, 반은 가짜 같았다는 생각이 지금도 난다. 그것은 폭포의 물살을 타고 잉어가 펄쩍 튀어오르는 느낌이 들어야 제격인 문양이었는데, 그 잉어는 죽어 있었고, 죽은 잉어가 폭포의 물살을 탈 수 없는 것은 너무도 당연했다. 잉어가 폭포를 타려면 그 표정이 사무라이같이 강해보여야 함에도, 호리 우노의 잉어는 나약해 보이기만 했다. 문신에서 얼굴 표정은 대단히 중요한 요소이다. 가령 거대한 뱀과 싸우는 사무라이 문양을 예로 들어보면, 그 장면에서 사무라이는 자기가 정말 뱀을 죽일 수 있을지에 대해 확신을 갖지 못하는데, 그런 느낌이 바로 문신으로 표현되어야 한다는 말이다.

선생은 내게 최고로 생각되는 것을 하나 골라보라고 하셨다. 나는 어떤 사람의 등에 새겨진 용이 너무도 강렬하여 걸어다닐 때마다 그 용이 마치 살아 움직이는 듯한 느낌을 받았다. 그 문신가의 이름은 호리 사다였다. 내가 선생에게 그것이 최고인 것 같다고 하자 선생은, "제법 문신가의 안목을 가졌구나. 보통 사람들은 문신에서 아름다움밖에 보지 못하지만, 진정으로 위대한 문신이라면 아름다운 차원을 넘어 생명감이 있어야 하는 것이다."고 말씀하셨다.

당시 내 도제 생활은 무척 힘들었다. 하루의 일과가 끝나면 선생은 내게 사케(정종)를 가져오게 하여 그것을 몇 잔 들이켰다. 그러고 나면 완전히 제 정신을 잃고 사모님과 내게 손찌검을 하는 것은 물론 물건까지 다 때려부쉈다. 내가 술을 마시지 않는 이유도 거기에 있다. 술은 사람의 마음을 변하게 한다.

선생은 가끔 손님들 앞에서도 내게 손찌검을 하여 나를 웃음거리로 만들곤 했다. 자존심이 강한 나로서는 그런 비웃음을 산다는 것이 무척 기분 상했다. 그래서 선생에게 그런 대우를 받아본 적이 없어서 그러니까 때리려면 손님이 없을 때 때려달라고 했다. 하지만 나는 내 용기와 배짱을 선생에게 입증하고 싶었기 때문에 꾹 참고 그 매질을 다 당했다.

언젠가는 기분이 너무 나빠 보따리를 싸서 기후 행 열차를 타려고 역에서 밤을 꼴딱 샌 적도 있다. 그런 나를 사모님이 찾아내셨다.

오구리 가즈오. 자신의 문신 스튜디오에서.

"왜 나왔어?"

"너무 힘들어요. 맞기도 싫구요." 내가 말했다.

"내가 그랬잖아, 힘들 거라고. 그리고 너는 뭐라 그랬어, 참을 수 있다 그랬지. 그런데 지금 와서 포기하려고 해? 남편은 도제 생활을 너보다 훨씬 힘들게 했어. 그걸 꾹 참고 지금과 같은 대가가 된 거야. 그의 견습생이 된 것만으로도 너는 운이 좋은 거야. 너는 그에게 아들 같은 존재라구. 남편은 네게 훌륭한 문신가의 자질이 있다고 생각하고 있어. 그러니 집에 돌아가서 그가 옳았다는 것을 한번 보여줘." 나는 다시 그 집으로 돌

虎咆哮

彫秀

오구리 가즈오의 그림, 호랑이.

아갔다.

　매일 하루 일과가 끝나면 선생은 내게 그림 숙제를 주었다. 첫 숙제는 그가 그린 사자 그림을 모사하는 것이었다. 그림을 마치자 선생은 그것을 치우고는 기억만으로 똑같은 사자를 그려 보라고 했다. 나는 열심히는 했지만, 제대로 그리지는 못했다.

　"무슨 생각하고 있었던 게냐?" 그가 말했다. "그림 그릴 때는 완전 집중을 하지 않으면 안 돼. 문신할 때도 마찬가지고. 자기가 하고 있는 일에 완전 몰입하여 다른 생각이 스며들 여지가 없게 만들어야 된다구." 선생으로부터 그런 집중과 기억으로 그림 그리는 법을 훈련받은 덕에 지금은 몇 분만 보고도 그림을 완전히 기억해낼 수 있게 되었다.

　일본 문신 문양의 토대가 되는 것은 옛 이야기나 전설을 나타내는 그림들이고, 그 문양들이 지금까지 대대로 이어져온다. 도제 시절에 선생의 스승으로부터 물려받은 문양 책이 이제는 내 차지가 되었다. 선생의 문양은 모두 19세기 일본화가 구니요시 우타가와의 작품을 모태로 하고 있지만, 구니요시의 원본 그림은 한 장도 갖고 있지 않았다. 그는 스승이 그려준 것을 모사만 했을 뿐이고, 그렇게 그려진 그림을 백 장 정도 소유하고 있다. 일본 전통 문양의 원천은 대부분 구니요시 그림에서 나오고 있다. 구니요시에 대해서는 나도 익히 알고 있었지만, 그의 그림은 전쟁통에 거의 사라졌기 때문에 내가 도제 생활을 할 때는 원본을 구하기가 무척 힘들었다. 폭격을 피해 소도시에 보관돼 있던 그림들은 전쟁이 끝난 뒤 미술상이 도로 사들여 도쿄로 가지고 갔다. 하지만 그중의 많은 것들은 외국인들이 구입하여 그들의 본국으로 가져갔기 때문에 구니요시 그림의 대부분은 현재 프랑스, 영국, 미국 등에 퍼져 있다. 일본에도 구니요시 그림 소장가들이 몇 명 있긴 하지만, 그 그림들은 볼 수도 없고 사진을 찍을 수도 없다. 나는 사진과 그림으로 된 그의 복제품을 수집하여 그것을 토대로 350개 정도의 문양을 만들었다.

　선생은 3년간의 도제 생활이 지난 후에야 내게 문신할 기회를 주었다. 그동안 나는 문신을 빨리 해보고 싶어 안달을 했고, 그 열망은 날이 갈수록 높아졌다. 그 기분은 어자 친구가 사무치게 보고 싶을 때, 기다리는 시간이 길어질수록 그리운 감정은 더욱 강해지는 것과 같은 심정이었다.

드디어 어느 날 선생은 대나무 막대와 바늘 몇 개를 주면서, 도구를 챙겨보라고 하셨다. 문신할 장소는 그의 다리였다. 사람의 피부만 한 것은 없다. 그곳밖에는 달리 문신을 시험해볼 데가 없다. 처음에는 정확한 리듬과 소리를 얻기 위해 잉크 없이 시작했다. 바늘이 살갗을 뚫을 때 나는 소리가 있는데, 그것은 반드시 저음조여야 하고, 그 리듬감을 잘 잡아야 하는 것이다. 그렇게 몇 주를 보내자 마침내 잉크를 사용해도 좋다는 허락이 떨어져 그의 다리에 벚꽃 문신을 새겼으나, 결과는 그리 썩 좋지 못했다. 선생은 내게 어떻게 허둥대지 않고 침착함을 유지할 수 있는지, 매끄러운 선은 어떻게 만들 수 있는지에 대해 시범을 보여주었다. 그러고 나서 그가 잠자리에 들면 나는 다시 그것을 내 다리에 시험해 보았다. 그렇게 세 달은 윤곽 잡는 일을, 그 다음 세 달은 명암 만드는 것을 연습했다. 선생의 다리에는 커다란 검은 반점이 있어, 그곳이 견습생들의 실습 장소가 되었다. 6개월의 실습 기간을 거친 뒤 마침내 나는 내 첫 손님을 맞게 되었다.

그것은 검은색 배경에 벚꽃 문양을 넣는 문신이었다.

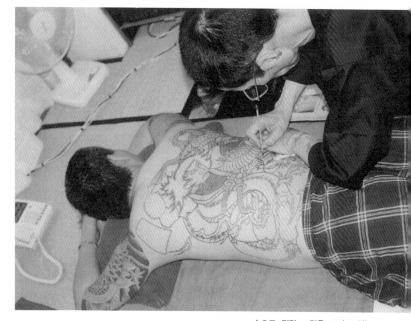

손으로 직접 그림을 그리고 있는 오구리 가즈오.

선생은 모든 일을 수작업으로 했다. 문신 기계가 있다는 소리는 들었으나, 당시 일본에선 그 기계를 구할 수 없었다. 그리고 갈색과 주홍색의 두 가지 색깔만을 사용했다. 내 첫 번째 문신을 하고 난 뒤부터 나는 선생이 문신하는 것을 도울 수 있게 되었다. 그가 윤곽을 잡으면 나는 검은 그늘을 만들었고, 마지막으로 그가 색소로 마무리했다.

5년간의 도제 기간을 거치면, 문신가는 자신의 가게를 열 수 있었다. 하지만 나는 스승에 대한 감사의 표시로 견습을 마치고도 일 년을 더 머물며 내가 번 돈을 모두 그에게 드렸다. 그가 죽은 뒤로는 그의 부인에게 돌아가시기 전까지 돈을 보내드렸다. 그것이 일본의 관습이었으나, 이제는 그런 것이 모두 사라졌다.

도쿄에서의 6년 생활을 마치고 나는 기후로 돌아왔다. 내가 찌른 남자는 죽지 않고

오구리 가즈오의 청룡 문신.

오구리 가즈오가 문신을 하기 전 용의 윤곽선을 잡아놓은 모습.

살아 있었고, 나도 더 이상 수배 대상이 아니었기 때문에 안심하고 기후에 문신 가게를 열었다.

지금은 견습 제도도 많이 달라졌다. 내 밑에는 현재 4명의 견습생이 있는데, 2년만 지나면 벌써 자신들의 가게를 열기 시작한다. 나는 그들에게 그림 숙제를 많이 내주면서 만화가 아닌, 생명감이 있는 그림을 그려보라고 한다. 물론 매질도 하지 않는다. 이제는 우리도 미국식으로 문신을 하기 때문에 예전과 같은 혹독한 견습기간은 거치지 않아도 된다. 옛 방식은 나쁜 점도 많았지만, 좋은 점도 많았다. 지금 사람들은 모두 대가로부터 일정한 수련기간 없이 문신을 시작하려고 하지만, 그렇게 해가지고는 평생 아마추어 수준을 벗어나지 못한다. 실수도 잦고, 문양의 의미를 깨닫지도 못한 채, 모사하는 데에만 급급하게 된다.

당시 가게를 열 때만 해도 나는 미국에서 문신 재료 구하는 방법을 전혀 알지 못했다. 그러던 어느 날 문신이 새겨진 미국인 선원을 한 명 만나게 되어 그에게 방법을 물어보았더니, 그는 호놀룰루의 세일러 제리가 그 일을 하고 있다며 그의 명함을 내게 주었다. 나는 세일러 제리에게 편지를 써서 색소를 좀 살 수 있는지 물어보았다. 그는 내게 스폴딩과 로저스의 주소가 담긴 답장을 보내왔다. 하지만 나는 세일러 제리를 만나고 싶었기 때문에 다시 그에게 편지를 썼다. 그러자 도쿄의 어느 대기업 사장인 기타 씨가 자기 친구라는 답장이 왔다. 그래서 그에게 편지를 보냈더니 기타 씨가 친히 나를 보러 기후로 왔다. 그는 세일러 제리가 아주 좋은 사람이고, 신사이며, 미국 최고의 문신가일 거라고 말해주었다. 그 말을 듣고 나는 하와이로 가서 세일러 제리를 만나보기로 했다. 그때가 1971년도였다. 기타 씨가 세일러 제리의 사진을 보여주었기 때문에 공항으로 마중나온 그를 나는 금방 알아볼 수 있었다.

나는 세일러 제리와 일주일을 함께 보냈다. 낮에는 그가 일하는 것을 지켜보고 밤이 되면 함께 집으로 돌아와 긴 이야기를 나누었다. 나는 그가 좋았다. 그도 나처럼 많은 시련을 겪은 강인한 사람이었다. 그를 좋아하는 감정은 날이 갈수록 깊어졌다. 나는 강하고 터프한 면을 빗대어 그에게 '뽀빠이(Popeye)'라는 별명을 지어주었다. 마침내 헤어질 시간이 되어 공항에서 작별을 고할 때 나는 그를 '팝(Pop)'이라 불렀다. 그때 이후로 그에게 편지를 쓸 때면 나는 늘 그를 '팝'이라 불렀고, 그는 나를 '아들'이라 불렀다.

문신을 할 때 나는 윤곽과 검은 그늘을 만드는 일은 반드시 수작업으로 하고, 색소 입히는 것에만 기계를 사용한다. 윤곽에는 문양 바깥 부분에 이용되는 약간 투박한 것

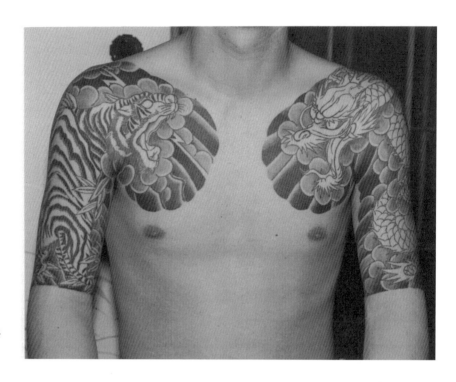

오구리 가즈오의 호랑이와 용 문신.

과, 문양 안쪽과 무늬에 이용되는 좀 더 섬세한 것 두 종류가 있다. 기계로도 윤곽을 잡아 보았으나 결과는 그리 만족스럽지 못했다. 왠지는 모르겠으나 할 때마다 매번 선(線)이 죽어 보였다. 수작업으로 하는 윤곽선에는 생명감이 있다. 쉬운 일은 아니지만 그것이 최고 아니겠는가.

오늘날 일본 문신가들은 대부분 스텐실을 사용한다. 스승에게서 배운 대로 하는 사람은 나밖에 없다. 방법은 일단 그림을 조금 그려 거기에 문신을 새겨 넣고, 거기서 조금 더 확대하고, 그런 식으로 하나하나 문양을 완성해가는 것이다. 그렇게 하기 위해선 시작하기 전에 전체적인 문양을 머리 속에 완벽히 집어넣고 있어야 한다.

내게는 스승으로부터 물려받은 훌륭한 일본 문신의 역사책 한 권이 있는데, 1936년에 발간된 하루오 타마바야시의 『문신의 백 가지 형식(A Hundred Styles of Tattooing)』이 바로 그것이다. 이 책에 따르면, 18세기와 19세기에 큼지막한 문신을 받은 사람은 국민들의 영웅인 소방수들이었다. 그들이 영웅 대접을 받은 까닭은 불은 지극히 위험하고, 나무와 종이로 만들어져 불에 타기 쉬운 일본집들의 속성, 그리고 다른 사람을 위해 자기 목숨까지도 버려야 하는 그 직업의 속성 때문이었다. 게이샤들이 특히 그들의 용맹성을 사랑했다. 에도 시절[1887년 이전]에 문신을 받은 사람은 야쿠자가 아닌 소방수들이었다.

19세기에는 화가와 문신가의 공동 작업이 많이 이루어졌다. 화가가 피부에 그림을 그리면 문신가는 그것을 모사만 했다. 하지만 문신가들 중에는 그림 그리는 법을 배워 직접 문양을 그리는 사람도 있었다.

에도 시절 이후로는 터프해 보이고 싶은 열망 때문에 야쿠자들이 주로 문신을 했다. 문신가들은 야쿠자 문신을, 사람을 겁주기 위한 문신, 즉 '오도시보리'라 불렀다. 야쿠자들은 예술성 같은 것은 신경도 쓰지 않았다. 진정한 문신 애호가는 그러나 양이 아닌 질을 중요시했고, 따라서 유명 문신가로부터 문신을 받길 원했다.

1936년 중국에서 전쟁(중일전쟁)이 일어나자, 젊은이들은 대부분 군대에 징집되었다. 하지만 문신이 있는 청년들은 군기 잡기가 곤란할 거라는 이유에서 징집에서 면제되었다. 그러자 단순히 징집을 면제받으려는 생각으로 많은 사람들이 문신을 받기 시작했고, 그 대책으로 정부는 문신금지법을 제정했다. 때문에 문신가들도 숨어서 영업을 해야 했다. 그리고 제2차 세계대전 뒤, 맥아더 장군에 의해 일본법이 개방되자 문신은 다시 합법화되었다. 하지만 문신가들은 아는 사람을 통해서만 손님을 받는 은밀한 영업방식을 그대로 고수했고, 그것이 지금까지 이어져오고 있다.

일본말에 이신덴신(이심전심)이라는 말이 있다. 굳이 해석하자면 텔레파시 혹은 무언의 소통이라는 뜻인데, 내가 수작업으로 문신을 할 때 경험하는 것이 바로 그것이다. 내 가슴과 손은 한 마음이고, 그 마음이 내 손가락 끝을 통해 손님의 피부로 전달되는 것이다. 따라서 손님은 고통도 느끼지 않고, 피도 흘리지 않는다. 부어오른다거나 염증이 생기는 일도 없다.

문신가가 올바른 정신을 지녔을 때 우리는 그것을 '부처의 마음'이라 부른다. 혹자는 내게 어떤 비밀이나 마술 같은 게 있는 것 같다고 하지만, 분명히 말하건대 그런 것은 없다. 문신을 할 때 나는 선(완전한 혹은 선한 마음)의 경지에 이르러 완전한 몰입을 경험한다. 이런 마음의 상태를 우리는 세이신 토이츄(세이신은 정신, 토이츄는 한결 같음을 뜻함)라고 한다. 전념 혹은 묵상이라는 뜻이다. 인생의 험한 국면을 맞았을 때 필요한 것도 바로 이러한 수련이다. 올바른 해답은 완전 몰입을 통해서만 얻을 수 있기 때문이다.

■

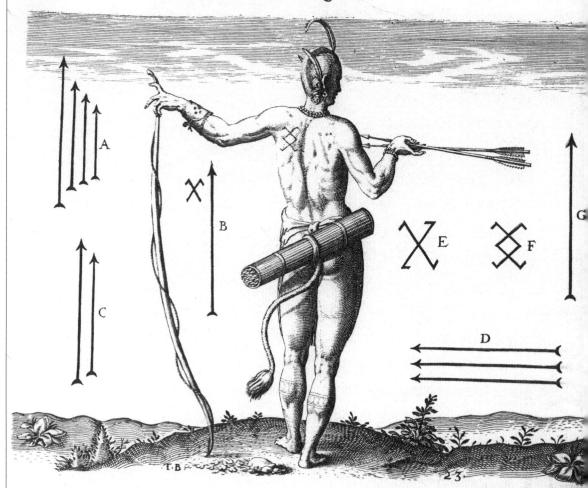

He inhabitāts of all the cuntrie for the most parte haue marks rased on their backs, wherby yt may be knowen what Princes subiects they bee, or of what place they haue their originall. For which cause we haue set downe those marks in this figure, and haue annexed the names of the places, that they might more easelye be discerned. Which industrie hath god indued them withal although they be verye simple, and rude. And to confesse a truthe I cannot remember, that euer I saw a better or quietter people then they.

The marks which I obserued a monge them, are heere put downe in order folowinge.

The marke which is expressed by A. belongeth tho Wingino, the cheefe lorde of Roanoac.

That which hath B. is the marke of Wingino his sisters husbande.

Those which be noted with the letters, of C. and D. belonge vnto diuerse chefe lordes in Secotam.

Those which haue the letters E. F. G. are certaine cheefe men of Pomeiooc, and Aquascogoc.

버지니아 원주민들의 문신 자국. 1590년에 그린 존 화이트 선장의 그림.

10

북아메리카

Worlds Old & New
구 세계와 신세계

19세기 학자들은 북미 원주민들의 문신에 대해 별 관심이 없었다. 1909년 미국의 인류학자 A. T. 싱클레어는 문신에 대한 문헌을 훑어보고 거의 포기하는 심정으로 이렇게 말했다. "이 문제를 다루는 데 있어 가장 곤란한 점 중의 하나는 문신은 광범위하게 이루어진 반면 그것의 상세한 정보는 거의 전무하다는 것이다. 약간의 힌트도 때로는 아주 귀중할 수 있다."[1] 싱클레어는 자신의 최종 논문 「아메리칸 인디언의 문신(Tattooing of the American Indians)」을 쓰기 위해 북아메리카 각 지역의 문신을 샅샅이 조사했으나, 얻을 수 있었던 자료는 고작 "알곤킨족은 어디에서나 그 관습을 행하는 것 같다."와 같은 단편적인 정보뿐이었다.[2]

콜럼버스의 아메리카 대륙 발견 이전의 북아메리카 문신에 대해서는 17세기 프랑스 탐험가와 캐나다 동부 선교사들이 몇 편의 아주 흥미로운 글을 남겨놓은 것이 있다. 다음은 프랑스 탐험가 가브리엘 샤가르 테오다가 1615년 휴론족들 사이에 행해진 문신에 대해 쓴 글이다.

> 하지만 그중에서도 가장 괴상하고 바보 같은 짓은 적들에게 겁을 주고 용감하게 보이기 위해 [휴론족은] 새나 물고기 뼈를 발라 그걸 면도날처럼 날카롭게 만들어, 우리가 조각칼로 동판을 새기듯, 살갗을 찔러 몸통을 장식하거나 새기는 데 사용한다는 것이다. 그리고 그것이 행해지는 동안에는 최대한의 용기와 인내심을 과시하

려고 한다. 감각 없는 사람들도 아니니 고통이 극심했을 텐데, 상처 난 곳에 흐르는 피를 동료들이 닦는 동안에도 그들은 신음소리 하나, 동작 하나 흐트러뜨리지 않고 꼿꼿한 자세를 유지했다. 그러고 나면 그 패여진 곳에 검정 색소나 파우더를 문지르는데, 그렇게 해야만 예루살렘 성지 순례자들의 팔에 새겨진 것과 같은 평생 지워지지 않는 표지를 간직할 수 있기 때문이다.3

문신에 대한 간단한 언급은 17세기 예수회 선교사들의 글 속에서도 많이 나타난다. 그 글들은 매년 파리로 보내져 『예수회 이야기(*Jesuit Relations*)』라는 제목의 전집으로 발간되었다. 예수회 선교활동은 캐나다 동부 전역에서 행해졌는데, 선교사들이 기록한 바에 따르면, 그들이 접한 부족들은 거의 모두 문신을 하고 있었다고 한다. 1653년 예수회 선교사 프랑수아 J. 브레사니는 이렇게 적고 있다.

몸에 영원한 표지를 얻기 위해서는 극심한 고통을 감내해야 한다. 그것에 사용되는 도구로는 바늘, 날카로운 송곳, 가시가 있다. 이 기구들로 얼굴, 목, 가슴 같은 부위의 살갗을 찔러 독수리, 뱀, 용

세인트 로렌스 섬 계곡과 5대호 일대의 원주민들. 1700년경에 그린 드 그랑빌의 그림.

혹은 자신들이 좋아하는 동물이나 괴물의 형상을 새기는 것이다. 그러고 나서 문양이 만들어진 곳의 신선한 상처에 숯이나 그 밖의 다른 검은 색소를 문지르면 색소와 피가 뒤엉키면서 상처 속으로 침투하게 되고, 그러고 나면 이제 그 문양은 영원히 피부에 남게 된다. 이 원주민들 사이에 이런 식의 문신을 새기지 않은 사람은 단한 사람도 볼 수 없을 정도로 이 관습은 너무도 광범위하게 퍼져있다. 이런 문신을 몸 전체에 행하는 것은 특히 겨울일 경우 대단히 위험하다. 많은 사람들이 문신이 끝난 뒤, 그로 인한 발작이나 그밖의 다른 이유로 죽는다. 원주민들은 이런 괴상한 관습 때문에 허무한 순교자로 죽어간다.[4]

북아메리카 원주민들의 문신은 종교적이고 마술적인 행위와 빈번하게 결합되었다. 또한 사춘기 의식(儀式)에서의 상징적인 통과 의례와, 죽은 뒤의 여정에서 영혼이 맞닥뜨리게 될 장애물의 극복을 위한 표지로도 이용되었다. 여기서 장애물이란 영혼의 길을 막고, 저승에 들어올 수 있는 증거로 특별한 문신의 제시를 요구하는 유령을 말하는 것이다. 가령 수족들(Sioux) 사이에 그러한 예가 나타나고 있는데, 그들은 전사가 죽으면 그 영혼은 유령의 말을 타고 사후의 '수많은 집들(Many Lodges)'을 찾아 여행길에 오른다는 믿음을 갖고 있었다. 그렇게 여행을 하다보면 어느 지점에선가 늙은 부인이 하나 나타나 전사의 영혼을 가로막고 문신을 보여달라고 요구한다는 것이다. 그때 문신을 보여주지 못하면, 그 부인은 전사의 영혼을 떠도는 귀신으로 만들어 이승으로 다시 쫓아버린다.[5]

문신은 치료의 목적으로도 많이 사용되었다. 오지브와족(Ojibwa)이 그 한 예인데, 그들은 두통이나 치통 같은 병들이 악령 때문에 생기는 것으로 믿고 관자놀이, 이마, 뺨 등에 문신을 했다. 그런 문신 의식에는 악마를 물리치는 의미로 춤과 노래도 곁들여졌다.[6]

문신은 전사들의 무공을 기리는 목적으로도 이용되었다. 1742년 펜실베이니아의 존 헥웰더 목사는 레나피 네이션(Lenape Nation)족과 몬지(Monsey)족의 한 연로한 전사를 이렇게 묘사했다.

이미 고령의 나이에 접어든 이 사람은 처음 보면 깜짝 놀랄 정도로 특이한 외모를 하고 있었다. 적의 화살에 찔린 자국으로 온몸이 만신창이가 된 것은 물론, 그렇지 않은 부분도 어느 곳 하나 성한 데 없이 무공과 관련된 문신들로 가득 차 있어, 보는 사람을 놀라움과 공포 속으로 몰아넣었다. 얼굴, 목, 어깨, 팔, 허벅지, 다리, 가슴 등의 부위는 그 동안 참가했던 수많은 전투 장면들로 수놓아져 있었다. 그 부족 사람이라면 모르는 사람이 없고 남에게서 그 말을 전해 들은 사람도 그의 무공을 능가할 사람은 아무도 없을 거라고 생각할 만큼 위대한 그의 전 역사가 거기 기록돼 있었던 것이다.[6]

전쟁의 무공을 기리기 위해 문신을 사용한 예는 다른 유럽인들의 기록에서도 발견되고 있다. 1663년의 『예수회 이야기』에 따르면, 프랑스인들에게 '네로'라고 알려진 이로쿠아스(Iroquois) 추장의 허벅지에는 그가 직접 손으로 잡아죽인 적군 60명의 모습이 문신으로 새겨져 있었다고 한다.[7] 그런가 하면 1720년 제임스 아다이어는 치카사스족을 이렇게 묘사했다. "그들은 가슴과 팔에 새겨진 푸른 표지만으로 전쟁에서의 무공을 손쉽게 알아낸다. 우리가 알파벳에 익숙하듯 그들은 문신에 익숙하다."[8]

미국 원주민들의 문신에 대해 가장 흥미로운 기록을 남긴 사람은 프랑스의 해군 장교 장 베르나르 보쉬(Jean Bernard Bossu: 1720-1792)이다. 그는 1757년에서 1762년 사이 미시시피 밸리에서 현재의 앨라배마까지 올라가는 도보여행을 하여, 오세이지족과 몇 달간 함께 생활했다. 그리고 그것을 바탕으로 『서인도제도로의 새로운 여행(Nouveaux Voyages aux Indes Occidentales)』(1768)이라는 책을 저술했고, 그 안에는 의식주를 비롯한 원주민의 여러 관습에 대한 상세한 정보가 담겨져 있다. 보쉬의 책은 유럽에서 상당한 호평을 받았다. 1768년 한 비평가는 그 책의 정확성과 형식의 단순성을 칭찬하면서, "우리가 야만인이라 일컫는 이들 부족은 아주 개화된 민족인데도, 이 책에선 공동체 초기 모습으로 그려져 있다."라고 썼다.[9]

하지만 안타깝게도 북아메리카 원주민의 문신 문양이라고 할 만한 삽화는 오늘날 거의 남아있지 않다. 예수회 선교시 프랑수아 뒤 크뤼의 『캐나다의 역사 혹은 새로운 프랑스(Historiae Canadiensis seu Novae Franciae)』가 문신된 원주민을 담은 최초의 삽화집으로 1656년에 발간되긴 했으나, 이들 문양

이 정확히 원주민의 것이라고 말할 근거는 어디에도 없다. 문양이 유럽적 인물과 망토, 그리고 배경으로 이루어진 점으로 보아 이들 문양은 실제의 모습이 아닌 책과 상상력에 의존하여 그려진 것이기 쉽다. 또 다른 화가(퀘벡의 샤를르 베카르 드 그랑빌일 가능성이 높다)가 그린 문양은 담뱃대, 토마호크, 하부 가리개와 같은 원주민 물건으로 인물을 장식하여 책의 신빙성을 높이려 했던 것 같다. 드 그랑빌의 그림들은 원래 『캐나다인들의 서(*Codex Canadiensis*)』(1701)에 수록되었으나, 이후 북아메리카 원주민 문신에 대한 최초의 화보집으로 광범위하게 복제되었다.[10]

1593년 존 스미스 선장은 버지니아와 플로리다 원주민들의 "다리, 손, 가슴, 얼굴이 살갗에 인공적으로 검은 점을 새겨 만든 각양각색의 짐승 무늬들로 멋지게 장식되어 있었다."라고 적었다. 이들 플로리다 원주민 문신 그림을 초기에 가장 정확하게 그린 사람은 1585년 월터 롤리 경과 함께 탐험 길에 나서 버지니아 권내의 로아노크 섬(Roanoke Island)에 식민지를 건설한 영국의 화가 겸 지도 제작자 겸 탐험가인 존 화이트였다. 화이트는 원주민과 동식물군에 대한 수백 점의 값진 그림을 남긴 뛰어난 삽화가였다. 1590년 그의 그림들은 토마스 헤리엇의 『새로 발견한 땅, 버지니아에 대한 간략하고 정확한 보고서(*Brief and True report of the New Found Land of Virginia*)』에

세인트 로렌스 섬 계곡과 5대호 일대의 원주민들. 1700년경에 그린 드 그랑빌의 그림.

「1759년 9월 13일 울프 장군의 죽음」. 벤자민 웨스트의 그림을 1776년 윌리엄 울레트가 동판으로 새긴 것.

알곤킨족 추장의 모습. 1590년경에 그린 존 화이트의 그림.

수록, 발간되었다. 화이트는 또 "대영 제국 주민들도 과거에는 버지니아인들 못지 않게 야만적이었음"을 보여주기 위해 정교하게 문신된 픽트족(영국 북 부에 살다 스콧족에 정복당한 민족)의 삽화 몇 장도 책의 부록으로 곁들여 눈길을 끌었다.[11] 화이트의 원본 그림들은 현재 대영 박물관에 보관되어 있다.

미 원주민 문신을 보여주는 가장 좋은 예는 1710년 영국의 화가 존 베렐스 트가 그린 사 가 이스 쿠아 피에스 토우(Sa Ga Yeath Qua Pieth Tow)의 유화 초상화에서 찾아볼 수 있다.[12] 사 가 이스 쿠아 피에스 토우는 피터 슐러를 대표로 한 뉴욕 인디언 위원회 대표단의 일원으로 1710년 런던을 방문한 네 명의 모호크 족장 중의 한 사람이었다. 이 대표단은 영국 식민지와 프랑스령 캐나다와의 사이에 분쟁이 벌어지자 앤 여왕을 설득하여 영국 식민지에 대 한 원조를 얻으려는 심산으로 영국을 방문한 것이었다. 슐러는 모호크 족장 들에게 인디언 부족 모두 영국군을 도울 것임을 약속하는 연설을 하도록 했 다. 그 작전이 주효하여 영국 여왕도 마침내 원정대를 파견하는 데 동의했 다.

보스턴 출신의 제임스 G. 스완은 북아메리카 원주민 문신을 직접 보고 학

알곤킨족 주술사와 그의 아내, 그리고 딸. 1590년에 그린 존 화이트의 그림.

문적 저술서를 남긴 유일한 인물이었다. 1849년 스완은 아내와 두 자녀, 그리고 잘 나가던 선박 부품 사업까지 팽개치고, 태평양 연안 원주민들과 함께 살기 시작했다. 그의 전기 작가에 의해 "독학으로 공부한 과학자, 도망쳐 나온 남편, 흥행사, 선생, 수필가, 경기 부양자, (유언)검인(檢認) 법관, 알코올 중독자"[13]로 묘사된 스완은 원주민들을 존중할 만한 존재로 여기고 급속히 사라져가는 그들 문화를 기록하려 했다는 점에서, 초기 정착민들 중에서는 아주 독특한 위치를 점하고 있는 사람이었다. 그 점에서 그는 시대를 훨씬 앞서간 사람이었다. 그가 처음 글을 쓸 때만 해도 인류학은 아직 학문적인 체계가 잡히지 않은 상태였다. 그리고 1857년에 발간된 그의 고전 『태평양의 서북부(Pacific Northwest)』는 그 지역에 대한 최초의 역사서로서 오늘날까지도 신선하고 재미있는 책으로 읽혀지고 있다.

하이다(Haida) 인디언은 북아메리카 원주민 중에서 가장 뛰어난 공예가였다. 그들의 토템 폴, 카누, 그리고 주거지들은 모두 신화적이고 토템적인 주제를 아우른 전통적인 문양으로 장식되어 있다. 1874년 워싱턴의 스미소니언 학회는 스완의 논문 『브리티시 컬럼비아, 퀸 샤로트 섬의 하이다 인디언들(The Haida Indians of Queen Charlotte's Islands, British Columbia)』을 책으로 발간했다. 뒤이어 1878년에는 그의 글 「하이다 인디언의 문신 문양(Tattoo Marks of the Haida)」이 『미 인종국(人種局)의 제4차 연례 보고서(Fourth Annual Report of the American Bureau of Ethnology)』에 실렸다. 스완은 원주민 문신을 좀 더 심도 있게 연구하기 위해 정부 보조금을 기대했으나, 미국 정부로서는 당연히 문양의 케케묵은 의미를 캐는 데 돈을 투자할 리가 없었다. 그는 결국 자비(自費)로 「하이다 인디언의 문신 문양」을 완성했고, 그것은 북아메리카 원주민 문신에 대한 유일무이한 연구서가 되었다.

오세이지족 사회의 보쉬, 1760년경*

별로 중요할 것은 없지만, 미국에서 내가 체류하는 동안에는 매우 유익할 수 있기 때문에 독자들에게는 이상하게 여겨질 수도 있는 사건 하나를 이야기해야겠다. 그것은 오세이지족이 방금 나를 양자로 삼았다는 것이다. 전사와 족장이 되었다는 표시로 내 허벅지에는 사슴 한 마리가 문신으로 새겨졌다. 나는 이 고통스런 수술을 기꺼이 감내했다. 내가 살쾡이 가죽 위에 앉아 있는 동안 인디언 한 명이 짚을 태웠다. 그러더니 거기서 나온 재에 물을 섞어 만든 단순한 혼합물로 내 몸에 사슴을 그렸다. 그리고 나선 커다란 바늘로 피가 날 때까지 그 사슴 그림을 계속 찔러나갔다. 피와 혼합된 짚의 재는 이윽고 영원히 지울 수 없는 문신이 되었다. …그것이 끝나자 그들은 나를 다른 부족들에게 소개시켰고, 그들의 따뜻한 환영에 대한 답례로 내가 할 수 있는 것이란 고작 평화의 담뱃대를 빨며 방금 새긴 문신을 보여주는 것밖에 없었다. 그것 말고도 그들은 내가 그들의 형제이며 만일 살해라도 당하면 반드시 복수해 주겠노라고 약속까지 했다….

고통의 극심함과 그것을 드러내지 않으려고 내가 기울인 노력은 말로 표현할 수 없을 정도이다. 태연함을 가장하여 여자들에게 농담까지 던져야 했다. 내 냉정함에 놀란 군중들은 기쁨에 겨워 소리를 지르고 춤을 추며 나를 진짜 남자라고 추켜세웠다. 하지만 나는 극심한 고통 속에서 거의 한 주일 동안 고열에 시달려야 했다. 그때부터 나는 이들에게 상상할 수 없을 정도로 깊은 애정을 느끼게 되었다. …… 문신은 말하자면 위대한 행위를 한 자만이 받을 자격이 있는 일종의 기사작위 같은 것으로, 그 자국으로 전쟁에서의 공훈은 배가된다. 그런 공적이 없이 문신을 받은 사람은 당연히 무시당했다.

후일 보쉬는 원시적 마취와 문신 제거라는 흔치 않은 이야기를 들려주었다. 오세이지족 남자 중에 전쟁에 나가본 적도 없으면서, 약혼녀에게 잘 보이려고 토마호크 모양 문신을 새긴 사람이 있었다. 족장 회의는 문신이 새겨진 피부를 칼로 벗겨내는 방법으로 그 이단자를 벌주기로 결정했다. 그러자 보쉬가 문신을 제거할 수 있는 방법을 대안으로

---

* 이 글은 장 베르나르 보쉬의 『북아메리카 내륙으로의 여행, 1751-1762(*Travels in the Interior of North America, 1751-1762*)』를 세이무어 펠러가 번역한 글을 실은 것이다. 아울러 이 글은 1962년 이래 이 책의 판권을 소유하고 있는 오클라호마 대학 출판부의 호의로 인용된 것임을 밝혀둔다.

제시했다. 보쉬의 이야기를 들어보자.

    나는 그 가짜 영웅에게 호리병박으로 만든 사발 가득히 소량의 아편이 들어간 단풍나무 시럽을 마시게 했다. 그가 잠들어 있는 동안 나는 가슴에 새겨진 그의 문신에 칸타리스[발포제]를 바르고, 그 위에 질경이 잎을 덮어 물집과 종기가 생기게 했다. 그러자 살갗과 문신이 떨어져 나오면서 장액(漿液)이 흘러나왔다. 이 방법은 북아메리카에서는 상당히 보편화된 칸타리스의 효능을 몰랐던 주술사들을 상당히 놀라게 했다. ■

하이다 인디언들 속의 스완, 1879년*

    1879년 1월 운 좋게도 나는 워싱턴 주의 포트 타운젠드에서 일단의 하이다족 남녀를 만나, 그들의 양해 하에 문신 문양을 복제할 수 있었다.

    하이다족의 문양은 주로 문장(紋章), 가족 토템, 혹은 새 깃 장식으로 되어 있고, 족장 집 주위의 기둥이나 기념물에 새겨진 것과 그 모양이 비슷하다. 언뜻 보면 우상(偶像)으로 보이는 그런 것들이다. 그런 문양들이 목 뒤 바로 아래의 어깨 사이, 가슴, 허벅지 앞쪽, 무릎 바로 아래의 다리에 일률적으로 새겨져 있다. 여성들의 경우는 그런 문양이 가슴, 양어깨, 양팔, 팔꿈치부터 손등을 거쳐 손가락마디까지, 무릎에서 발목까지 덮었다.

    하이다족은 백인 의상을 입고 점잖은 티를 내기 때문에 여성들 손 위의 문신만을 빼곤 겉으로는 별로 눈에 띄는 것이 없다. 그 점에서 빅토리아나 퓨젯 사운드(Puget Sound: 워싱턴 주 북서부, 태평양의 긴 만)의 도시를 방문할 때 화려한 토착 의상으로 주위의 시선을 끄는, 벵쿠버 서해안이나 케이프 플래터리 지역 인디언들과는 많이 다르다.

    북서부 연안의 인디언 여성들도 손과 팔, 그리고 얼굴의 어떤 부위에 점이나 선으로 문신을 새기고는 있으나, 그곳에서는 그것이 그저 일반적인 현상일 뿐 특별한 의미가 담겨 있지는 않다. 하지만 하이다족의 경우엔 문신마다 각각 다른 의미가 담겨있다. 가령 여성들의 손과 팔에 새겨진 문신은 곰, 비버, 늑대나 독수리 토템, 혹은 물고기 종류에 속하는 그들의 성(姓)을 나다낸다. 그들 중의 누군가도 "당신이 백조 문신을 하고 있으면, 그것으로 우리는 당신의 성을 알 수 있지요."라고 말했듯이……

* 이 글은 제임스 스완의 『하이다 인디언의 문신 문양』(1878)에서 발췌한 것이다.

하이다족 여성과 다른 종족 여성은 손등에 새겨진 문신만으로도 금방 식별이 가능하다. 하지만 백인들 중에 이들 문양의 의미라든가, 남녀의 문신 범위에 대해 알고자 한 사람은 극히 드물었다.

축제나 가면 무도회는 남자들은 발가벗고 여자들은 허리에서 무릎까지 오는 짧은 치마만을 입기 때문에 문양의 노출이 가장 많아, 그 문양의 종류에 따라 계급과 가족 관계를 알 수 있는 최적의 기회였다.

태평양 연안의 다른 부족들과 마찬가지로 하이다족들도 백인이나 이방인이 자신들의 토마나우스(Tomanawos) 의식에 끼여드는 것을 무척 경계하는 편이어서, 극소수의 백인만이

하이다 인디언들의 문신 모습.

개회식에 참가할 수 있었고, 이들 인디언에 대해 글을 썼던 사람은 아예 들어갈 엄두조차 내지 못했다.

내가 가진 정보는 하이다족으로부터 직접 얻은 것이었다. 그들이 설명해 주는 대로 그림을 그리고, 여러 각도에서 남녀의 춤추는 모습을 스케치했다. 하이다족은 남녀 모두 피부색이 매우 엷기 때문에, 여성들은 특히 100% 인디언 혈통임에도 피부가 마치 유럽인들같이 희어 문신이 아주 두드러져 보일 때가 많았다.

이들 문신은 한 번에 모두 새겨지는 것이 아니고, 누구나 다 문신 작업을 할 수 있는 것도 아니다. 이런 종류의 일에 천부적 재능을 보여주는 것은 대개 남자들이다. 게네켈로스라는 한 젊은 족장은 내가 알고 있는 최고의 문양 디자이너로, 부족들 사이에서도

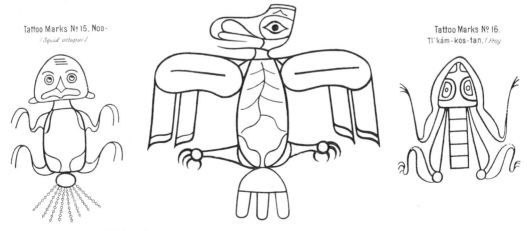

Tattoo Marks № 15. Noo-
(Squid octopus)

Tattoo Marks № 16.
Tl'kăm-kos-tan. (Frog)

문어, 새, 개구리 모양의 하이다 인디언 문신.

문신가로 대접받았다. 그는 퀸 샤로트 섬 군(群)에 속하는 모레스 섬 동쪽의 나스킥 부락에 속해 있었다. 나는 그를 고용하여 거대한 카누에 장식을 하게 한 다음, 1879년 국립 박물관을 대신하여 그것을 필라델피아 백주년 전시회에 출품했다. 우리 두 사람은 빅토리아와 포트 타운젠드에서 많은 시간을 함께 보냈다. 그는 문양 스케치용으로 가지고 있던 작은 스케치북 한 권을 내게 주었다. 하지만 카누 조각을 마치고 나서 곧 천연두에 걸려 빅토리아에서 죽고 말았다.

그는 문신의 순서를 이렇게 말해주었다. 우선, 검은 색소로 문신할 사람 몸에 조심스럽게 문양을 그린 다음, 그 문양을 따라 바늘로 본을 뜨고, 그 위에 색소를 덧발라 적당한 색상이 나올 때까지 계속 상처를 문지른다. 그에게는 막대에 부착된 바늘이 각양각색으로 구비되어 있었는데, 그중에서 그가 가장 아낀 것은 상처를 위험하게 하지 않고도 본을 뜰 수 있을 정도로만 바늘 끝이 돌출되도록 부착된, 상아나 뼈로 된 납작한 조각이었다. 하지만 그 정도의 돌출만으로도 문신을 받는 사람은 무척 고통스럽고, 이물질을 발라 피부 감각을 좀 무디게 한다고는 해도, 며칠씩 앓아 눕는 사람이 반드시 몇 명은 생기게 마련이었다. 문신이 한 번에 이루어지지 않는 이유는 그 때문이었다. 문신을 받는 것이 이토록 영예의 상징이 되다 보니, 사람들은 족장의 집 앞에 문장(紋章) 열주를 세울 때나, 토마나우스 의식이 행해질 때 혹은 그 바로 전에 문신을 받으려고 했다. 문신은 또 사람들이 지켜볼 수 있는 개방된 집에서 행해졌다. 때로는 완성하기까지 수년의 세월이 걸리기도 하지만, 막상 아름답게 완성이 되면 당사자는 행복한 마음으로 고참의 반열에 오를 수 있다.

천둥새(왼쪽)와 갈가마귀(오른쪽) 모양의 하이다 인디언 문신.

태평양 연안의 하고많은 부족들 중에 왜 하필 하이다족 인디언만이 그토록 광범위하게 문신을 새겼으며, 네이티브 레이스족에 대한 반크로프트의 네 권 짜리 저작에 수록된 그림들과 남, 중 아메리카에 대한 하벨의 연구에서 보여진 바와 같이, 중앙 아메리카의 고대인들이 나무나 돌에 새긴 조각과 너무도 흡사한 열주 조각 기술을 그들이 과연 어떻게 알아냈느냐 하는 문제는 한번 신중히 생각해 보아야 할 흥미 있는 문제가 아닐 수 없다.

하이다 인디언의 문신과 조각, 그리고 문장 문양은 한번 깊이 파고들 가치가 있는 대단히 흥미로운 과제이고, 수세기 동안 베일에 가려있던 태평양 연안 부족들에 대한 미스테리가 이것으로 풀릴 수도 있다는 생각에서 급히 서두른 이 졸작이, 모쪼록 그 문제에 대한 과학적인 접근을 일깨우는 계기가 되었으면 하는 마음이다. ■

퀸 샤로트 섬의 스완, 1874년*

이들 종족 사이에 널리 퍼진 그리고 하나의 뚜렷한 특징으로 보이는 관습은 온갖 종류의 다양한 형상을 문신으로 새기는 것인데, 이들 모두 일반적인 동물을 그로테스크하게 표현하거나 신화적이고 전설적인 동물을 소재로 하여 아주 괴상한 모양들을 하고 있다. 최근에 나는 포트 타운젠드로 이 인디언들을 찾아가 그들의 조각과 문양을 심도 있게 연구하여, 거기 담긴 진정한 의미와 중요성을 밝혀내는 데 성공했다.

나는 이 논문과 함께 몇 점의 목·석재 조각들을 스미소니언 학회로 보냈고, 그것의 이해를 돕기 위해 그 조각들의 스케치와 인디언들로부터 직접 복제한 문신 문양의 스케치, 그리고 이 문제에 대한 보다 확실한 근거가 될 사진도 함께 첨부했다.……

하지만 그들의 시간이 너무 제한돼 있었던 까닭에 전체 문신의 극히 일부밖에 복제할 수가 없었다. 하지만 그것만으로도 여기 담긴 인종학적 가치의 중요성을 증명할 정도는 되기 때문에, 하려는 열의와 창의력만 있다면 흥미 있는 결과를 충분히 도출해낼 수 있으리라 믿는다.

이들 조각과 문양의 의미를 파악하는 데 있어 내가 사용한 자료는 자연 그대로의 것, 알코올에 담근 개구리와 가재의 표본, 말린 표본, 곰과 물개의 조각, 그림, 그리고 마카(Makahs)족들에게서 이전에 내가 얻어놓았던, 비슷한 종류의 신화적인 그림들이다. 하이

---

* 이 글은 제임스 스완의 『퀸 샤로트 섬의 하이다 인디언』(1874)에서 발췌한 것이다.

다족은 내가 가지고 있던 물건들을 일일이 설명해주는 방법으로 자신들의 다양한 문양에 대한 의미를 밝혀주었다.

그들은 대구, 오징어, 벌새 등의 문신을 찾을 때, 그와 비슷하게 생긴 모형들을 보고는 구별해내지 못했으나, 표본과 그림들을 보고는 쉽게 찾아냈다. 하지만 나는 거기서 만족하지 않고, 그 그림들을 다른 인디언들에게도 보여주어 동일한 결과를 얻어내는 방식으로 내 첫 정보제공자의 말을 재차 확인했다. 하지만 인디언들은 자신들의 신화와 상징에 관련된 이야기에 대해서는 좀처럼 입을 열려고 하지 않기 때문에, 상징적인 의미를 파악하려면 좀 더 많은 시간과 상세한 연구가 필요하다. 웬만큼 친해져서 믿을 만한 사이가 되었을 때조차 세심한 주의가 요구되며, 기분이 내키지 않으면 제아무리 무슨 짓을 해도 말을 하지 않는다.……

나는 현장에서 광범위한 관찰을 하지 않고서는 완전한 이해가 불가능하기 때문에 이정도 선에서 끝내기로 한다. 요컨대 내 범위를 넘어서는 설명이 필요하게 될 그 이상의 논의는 여기서 하지 않으려 한다. 나로서는 나무와 돌, 귀금속에 새겨진 조각과 하이다 인디언들의 문양과 그림들이 흥미로운 주제가 될 수 있다는 것, 그리고 그들에 대해 한번도 적절한 설명과 이해가 주어지지 않았다는 것을 지적한 것만으로도 충분하다는 생각이다. 이집트의 피라미드도 그 수많은 세월을 신비에 쌓여 있다가 벨조니(Giovanni Battista Belzoni: 1778-1823, 이탈리아의 고고학자) 발굴단에 의해 비밀 수장품이 발견되고, 샹폴리옹(Jean Francoise Champollion: 1790-1832, 프랑스의 석학)이 로제타스톤을 토대로 그것의 상형문자를 해독함으로써 전모가 밝혀졌거늘, 하물며 그토록 오랫동안 수수께끼로 남아 있던 북서 해안 원주민들의 고대사를, 내가 일부 발견하여 여기 기술해 놓은 상징물들의 의미만으로 풀 수 있으리라고 기대하는 것은 너무 지나친 처사가 될 것이다.

포트 타운젠드에 있는 일단의 하이다 인디언들을 몇 주간 방문하여 저술한 이 지극히 간략한 논문을 보면, 정부가 이곳의 누군가에게 권한을 주어 자금 지원만 좀 받도록 해주었어도 고고학적, 인종학적인 이 연구는 충분히 실효를 거둘 수도 있었다는 것을 알게 될 것이다. ■

II

남아메리카

1519년 멕시코 해안에 도착한 코르테즈와 그의 스페인 정복자들은 그곳 원주민들이 조상(彫像)의 형태로 악마를 숭배하고, 그 우상들의 모습을 피부에까지 새겨놓은 것을 보고 그만 기겁을 하고 말았다. 문신에 대해서는 전혀 들은 바가 없는 그 스페인인들은 그것을 보자마자 사탄의 짓으로 결론지었다.

코르테즈와 그의 정복자들의 활약상을 기록으로 남긴 16세기 스페인 역사가들에 따르면, 문신은 중앙 아메리카 원주민들 사이에 매우 광범위하게 행해지고 있었다고 한다. 멕시코 정복에 대한 최초이자 가장 완벽한 책을 쓴 곤잘로 페르난데즈 데 오베이도 이 발데즈는, 그곳 원주민들이 "살갗과 피부를 찔러 그곳에 저주받은 형상을 새기는 방법으로 살아 있는 동안은 영원히 남아 있게 될 검은색으로 악마의 형상을 몸에 지니고 있다."[1]라고 기록하고 있다. 예수회 선교사 피에르 프랑수아 자비에르 드 샬레브와는 또 이렇게 적고 있다. "그들은 자신들의 우상을 '제메스(zemes)'라 부르며, 그것의 형상을 몸에 새긴다. 따라서 한시도 그들 눈을 떠나지 않고 늘 두려움의 대상으로 남아있는 그것들이 꿈에 자주 나타난다고 하여 그리 놀랄 일도 아니다. 그것들은 모두 두꺼비, 남생이, 뱀, 악어 등 흉측한 동물들뿐이다."[2] 역사가 디에고 로페즈 데 코굴루도는, 전사들의 문신은 전쟁에서의 무훈을 기리기 위한 것이었기 때문에, "늙은 영웅들의 몸도 당연히 상형 문자로 뒤덮여 있었다."

아즈텍의 두 기념 석주. 팔과 다리에 문신이 새겨진 주술사가 자신의
혀를 긴 칼로 꿰뚫어 뱀의 입 속에 피를 흘려 넣고 있다.

고 기록하고 있다.[3]

우리가 아는 한, 마야족에게 문신을 받은 스페인인은 곤잘로 게레로 한 사람뿐이고, 그의 이름은 멕시코 초기 역사서에도 언급돼 있다. 멕시코에서의 그의 활약상은 단편적이긴 하지만 매우 흥미로운 점이 있다. 게레로는 1511년 자마이카 해안에서 난파한 선박에서 살아남은 생존자 20명 중의 한 사람이었다. 그와 그의 동료 선원들은 작은 구명보트에 간신히 몸을 싣고, 물도 음식도 없이 꼬박 2주일을 바다에 표류해 있다가, 강한 자외선과 허기로 수 명의 선원이 목숨을 잃기도 했다.

그렇게 표류하다가 마침내 유카탄 해안에 다다랐으나, 마야족들에게 붙잡혔다. 거기서 게레로는 다른 4명의 선원들과 함께 탈출에 성공하여 정글을 뚫고 근처의 마야 도시국가인 체투말까지 들어갔다. 유카탄 해안의 부족들과 적대관계에 있던 체투말의 족장은 이들의 목숨을 살려주었다. 하지만 노예로 만들었다. 이후 2년 동안 허기와 중노동과 질병을 이기지 못해 3명의 스페인인이 목숨을 잃었다. 끝까지 살아남은 사람은 게레로와 가톨릭 사제 헤로니모 데 아귈라 두 명뿐이었다.

어떻게 그것이 가능했는지는 모르지만 여하튼 데 아귈라는 그 와중에서도 성무일과서를 계속 기록했다. 기독교력(西曆)으로 날짜를 계산했고, 기도문도 외웠으며, 온갖 유혹과 자극에도 불구하고 끝까지 정조를 지켰다. 그 같은 자기 절제에 깊이 감동한 체투말 족장은 데 아귈라를 추장 부인들의 공식 수호자로 임명했다.

게레로는 금욕보다는 아무래도 전투에서 더 많은 수완을 발휘했다. 스페인 병법에 능통했던 그는 침입자들과 싸우는 마야족들을 여러 모로 도와주어 자신의 위치를 호전시켰다. 스페인의 코르도바 탐험대를 맞아 성공적인 공격을 주도한 공로로 총사령관의 자리에 올랐고, 귀족의 딸과 결혼하여 자식도 여러 명 두었으며, 마야 종교로 개종까지 했다. 개종의 진실성을 보여주는 증거로 그는 온몸에 문신을 했는데, 그 정도의 사회적 위치를 가진 사람에겐 그것이 일종의 관습이었다.

1519년 멕시코 침공 길에 오른 코르테즈는 맨 처음 닿은 유카탄 해안에서 두 명의 스페인인이 본토에서 마야족과 살고 있다는 이야기를, 그곳 코주멜

케찰코아틀 신을 묘사한 것으로 보이는 아즈텍의 석상.

원주민들에게서 전해들었다. 코르테즈는 즉시 배와 몸값을 지닌 사자를 보내 그 스페인인들을 구하려고 했다. 하지만 사자와 함께 돌아온 것은 데 아귈라뿐이었다. 스페인인들의 모습을 본 데 아귈라는 땅에 무릎을 꿇고 신에게 감사하며 감격에 겨운 목소리로 그날이 수요일인지를 물어보았다. 맞았다. 그날은 수요일이었다. 8년이 넘게 그는 기독교력으로 날짜 계산을 하고 있었던 것이다.

데 아귈라가 마야족 언어에 능통하고 그들의 문화에도 익숙했기 때문에, 코르테즈는 그를 자신의 통역자 겸 조언자로 이용했다. 데 아귈라는 멕시코 침공 내내 코르테즈를 따라다니며, 그가 몬테수마와 협상을 벌일 때마다 값진 정보를 제공해주었다. 데 아귈라와는 달리 게레로는 동족에 합류하라는 제의를 한 마디로 일축하고, 스페인에 저항하는 마야족을 이십여 년이 넘게 도와주었다. 기독교인이 마야 종교로 개종했다는 사실을 도저히 납득할 수 없었던 스페인인들로서는 그의 그런 태도가 무척이나 당혹스럽고 비통하게 느껴졌다.

게레로를 스페인 편으로 끌어들이려는 두 번째 시도는 아즈텍을 정복한 코르테즈처럼 마야의 정복욕에 불타있던 군인 모험가 프란시스코 데 몬테호에 의해 이루어졌다. 1529년 몬테호는 체투말 만에 닻을 내리고 그곳에서 생포한 원주민들로부터 게레로가 체투말 족장의 총사령관직을 맡고 있다는 사실을 알아냈다. 몬테호는 데 아귈라가 코르테즈에게 했던 것처럼 게레로도 자신에게 봉사해줄 것으로 기대하고, 포로 중의 한 명을 시켜 "이들 민족에 평화와 세례를 주어 신과 우리의 주군이신 황제에 봉사할 수 있는 커다란 기회, 아니 그보다 먼저 장군의 죄를 사하여 주겠노라. 부디 악마의 힘에서 벗어나……영원히 그의 소유가 되지 않기를 바라노라.”는 메시지를 게레로에게 전달했다.

그에 대한 게레로의 답변은 몬테호 선박에 대한 공격 명령이었다. 몬테호와 그의 부하들은 그 전투에서 패하여 좀 더 쉬운 약탈품을 찾아 다른 곳으로 떠났다. 게레로는 그후에도 십 년이나 더 그곳에 머물며 마야족 저항의 선봉장 역할을 했다.

1535년 온두라스 해안에 있던 스페인인들이 카누를 타고 접근한 일단의 마야족 전사들의 공격을 받았다. 한 바탕 처절한 전투를 치른 뒤 마야족은 패배했다. 그런데 놀랍게도 마야족들의 시체 속에는 문신 장식이 있는 백인 남자의 시신이 섞여 있었다. 곤잘로 게레로였다.[4]

마야족 문신에 대한 가장 완벽한 기록은 1549년에서 1562년에 걸쳐 중앙 아메리카 전역을 순회한 프란체스코회 수도승 디에고 데 란다의 『유카탄의 정세(An Account of the Affairs of Yucatan)』에서 찾아볼 수 있다. 데 란다는 우상숭배, 무술(巫術), 문신과 같은 악마적 행위를 근절시키기 위해 무진 애를 썼던, 열렬한 전도사였다. 하지만 12년간의 전도 사업 뒤 기독교로 개종한 사람들이 아직도 대부분 비밀리에 문신과 우상숭배를 하고 있는 모습을 보고 무척 충격을 받았다. 그는 교회 지도부가 그에게 부여한 종교재판권으로, "마야족들에게선 고문을 하지 않고는 아무것도 얻어낼 수 없다."[5]는 신조하에 그들이 빛을 볼 때까지 기독교 개종자들에 대한 고문을 계속했다.

스페인인 바르톨로메 데 보로케즈는 그에 대한 목격담을 이렇게 기록했다.

> 인디언들이 몇 개의 우상(하나, 둘, 혹은 세 개)밖에 없다고 하자 수도승들은 가지고 있는 우상의 숫자와 장소를 모두 대라며, 그들을 굴비 엮듯 끈으로 묶어 공중에 매달기 시작했다. 그래도 없다고 하자……매달려 있는 [마야족들] 발에 돌덩이를 달아맸다.……그래도 숫자가 불어나지 않으면 매달려 있는 그들에게 매질을 하고……뜨거운 양초 물을 그들 몸에 끼었었다.[6]

데 란다가 우상숭배자로 의심하여 고문한 숫자는 모두 합해 4,500명이 넘었다. 그중 30명이 고문 대신 자살을 선택했고, 수많은 사람들이 평생을 불구로 살아갔다. 고문에서는 살아남았지만 자백을 거부한 극소수의 사람들은 종교재판을 거쳐 공개적으로 화형당했다. 데 란다는 "전반적으로 그들 모두 진실한 회개와 선한 기독교인이 되려는 의지를 보여주었다."며 만족을 표했다.[7]

개종자들의 고문을 끝낸 수도승들은 그 다음 단계로 마야족들의 고대 사원과 무덤을 죄다 파헤쳐 우상숭배적인 그들 조상의 뼈와 함께 묻혀 있던 다른 우상들, 그리고 악마적 조상(彫像)들을 종교재판장에 불러 세운 뒤, 데 란다가 주재한 엄숙한 의식을 통해 그것들을 모두 박살냈다. 그 뿐만이 아니었다. 마야인들의 역사, 예술, 신화, 과학, 천문학, 의학이 기록된 수천 장의 필사본까지 몰수하여 전부 불태워버렸다. 이 모든 것들이 데 란다의 눈에는 사탄의 역사로만 보였다.[8] "[마야인들은] 자신들의 고대사와 과학을 기록함에 있어 일정한 그림 문자나 글자를 사용했다.……그런 인디언 글자로 된 책들이 수도 없이 발견되었지만, 그 안에 담긴 내용이래야 고작 미신과 악마의 거짓말밖에 없었기 때문에 모두 불태워버린 것이다. 그것을 본 마야인들은 몹시 비통해 했다."[9]

중남미 아메리카에 대한 스페인인들의 침략이 계속되면서, 파괴와 살육행위도 같은 식으로 반복되었다. 선교사들은 문신을 발견하는 족족 근절시켰다. 콜럼버스 이전의 문신에 대한 기록은 따라서 인간 형상의 조상(彫像)들에 조각의 형태로 표현된 선들이 전부이다. 이들 문신이 중남미 아메리카 문화에서 차지하는 비중은 실로 대단하지만, 그 중요성에 어떤 의미가 담겨 있는지 우리로서는 알 길이 없다.

유카탄의 데 란다, 1550년경*

그들은 몸에 문신을 했고, 문신을 받는 것 자체가 지독한 고문이었으므로, 그것을 많이 받은 사람일수록 용감한 사람으로 대우받았다. 문신은 다음과 같은 방법으로 진행되었다. 먼저 문신할 부위에 잉크로 표시를 하고, 정교하게 그림을 새기면, 그 자국에 피와 잉크가 남아있게 된다. 문신은 극심한 고통이 수반되기 때문에 한 번에 다 하지 않고 조금씩 나눠서 하며, 끝난다 해도 염증과 진물이 생겨 병이 나기 십상이다. 하지만 이러한 괴로움에도 불구하고 문신을 받지 않으면 조롱의 대상이 된다. 그들은 유쾌하고 매력적이고 재능이 있는 사람으로 보이고 싶어하며, 먹는 것도 이제는 우리와 똑같은 것을 먹고 마신다. (67-68쪽)

여기서는 아무리 사소한 도둑이라 해도 예외 없이 노예가 되는 처벌을 당해야 한다. 특히 식량 기근 때 그렇게 많은 수의 노예가 생긴 것도 다 그런 이유 때문이었다. 그리고 한 가지, 우리 수도승들이 전도에 그토록 심혈을 기울인 것도, 그렇게 하면 그들에게 자유가 주어질지도 모른다는 바람에서였다. 상대가 족장이나 귀족인 경우에는 동네 사람들이 다 모인 가운데 잡아 놓은 범인의 얼굴 양쪽에 이마부터 턱까지 문신을 하는 벌을 내렸는데, 그것이 그들에겐 대단한 모욕이었다. (87쪽)

[마야족 여성들은] 콧구멍 분리대인 연골을 통해 코에 구멍을 뚫어 그곳에 호박(琥珀)을 박아넣고는 그것을 무척 대단한 장식으로 여겼다. 또 남편과 같은 귀걸이를 달기 위해 귀에도 구멍을 뚫었다. 문신은 허리 위(젖을 빨려야 하므로 가슴은 제외하고)까지만 했는데, 남자들의 문신보다 훨씬 정교하고 아름다웠다. ■

---

* 이 글은 A. R. 페그댄 편집, 번역으로 1975년 시카고의 J. 필립 오하라 사가 발간한 『디에고 데 란다의 유카탄의 정세: 마야족(*Diego de Landa's Account of the Affairs of Yukatan: The Maya*)』에서 발췌한 것이다.

영국 해군 장교들에게 문신을 새겨주고 있는 일본 문신가들. 1897년도 「런던 데일리 뉴스」에서.

12

영 국

19세기 영국에선 유럽의 그 어느 곳보다 문신이 유행했다. 그 까닭은 주로 1769년 쿡 선장의 첫 항해에서 시작된 영국 해군들의 문신 전통에서 찾아볼 수 있다. 그후 수십 년 동안 영국 선원들은 귀항할 때마다 이국적인 문신을 일종의 여행 기념품으로 달고 오곤 했다. 그들은 또 문신 기술도 배워 18세기 중반까지는 대부분의 영국 항구에 최소한 한 개 이상의 문신 가게가 들어서게 되었다.

문신이 영국에서 왕의 인가를 받은 것은 황태자가 성지를 방문하고 팔에 예루살렘 십자가를 새기고 돌아온 1862년이었다. 후일 에드워드 7세 왕으로 등극한 그는 이후에도 몇 개의 문신을 더 새겼다. 그의 아들들인 클라렌스 공작과 요크 공작(후일의 조지 5세 왕)이 1882년 일본을 방문하게 되었을 때는 가정교사에게 지시를 내려 왕자들로 하여금 문신의 대가인 호리 치요를 찾아가 팔에 용 문신을 받게 하라는 조치까지 내렸다. 귀국 길에 두 공작은 예루살렘에 들러 20년 전 부친에게 문신을 새겨준 그 문신가를 찾아가 그로부터 또 문신을 받았다.[1]

두 공작들을 따라 다른 부유한 영국인들과 해군 장교들도 일본 대가들로부터 문신을 받기 시작했다. 1890년이 되자 그 유행은 미국에까지 퍼져 문신은 이제 고급 사교클럽인 뉴욕 라켓 클럽 회원들 사이에서도 눈에 띌 정도가 되었다. 사교계 명사 와드 매칼리스터는 기자들에게 이런 불평을 늘어놓았다. "이것은 괴상한 인간들이 만들어낸 것 중에서 가장 상스럽고 미개한 습속이다. 무식한 뱃놈들이나 할 짓이지 귀족들이야 어디 가당키나 한 것인가. 영국 사교계 인사들은 황태자가 초래한 결과의 희생자에 불과하다. 목동에게 내몰리는 양떼들처럼 주인이 하니까 그들도 따라한 것뿐이다."[2]

영국 최초의 직업 문신가는 1870년경 런던 북부에 가게를 연 D. W. 퍼디라는 사람이었다. 그의 작업과 관련하여 남아 있는 기록은 『문신: 어떻게, 그리고 무엇으로 새기는가, 기타 등등(Tatooing: how to tattoo, what to use, etc.)』(런던, 매디칼 트랙스, 1895)이라는 제목으로 그의 말년에 발간된 실용적인 소책자 한 권이 전부이다. 초심자에게 다음과 같은 경고를 한 것으로 보아, 퍼디는 아마도 스텐실을 사용하지 않고 몸 위에 직접 문양을 그렸던 것 같다.

> 사람의 팔이나 그 밖의 다른 부위에 그림을 그린다는 것은 매우 힘든 일이기 때문에, 문신가는 시작하기 전에 스케치에 대한 완벽한 능력을 구비하고 있어야 한다. 이 말은 즉, 확신이 설 때까지 꾸준히 연습을 해야 한다는 말이다. 문신은 또 굵은 핏줄이 있는 부위는 피해야 하고……스케치할 때 걸리적거리지 않게 하려면 문신할 부위의 털도 말끔히 제거해야 한다. 또한 아무리 노력한다 해도 문양의 선들을 바늘 끝같이 섬세하게 그릴 수는 없는 노릇이기 때문에, 기준이 될 만한 선을 반드시 하나 가지고 있어야 한다.[3]

문신의 소재로는 연인의 초상, 타워 브리지, 의사당, 황실 협회, 영국 전함과 같은 거창한 것들을 제안했다.

19세기에 들어 문신은 완전히 인가를 받았고, 영국군은 장려까지 할 정도였다. 스스로도 문신을 하고 있던 육군 원수 얼 로버츠는, "제군들은 하나도 빠짐없이 소속 연대 표시를 문신으로 새기도록 하라. 군대의 단결심 고취에도 좋고 부상자의 신원확인에도 유용할 것이다."라고 지시했다.[4] 후일 문신으로 연대 표시를 하고 보어 진쟁(1899 1902)에 나가 전사한 22,000명 영국군 중에는 로버츠 장군의 아들과 빅토리아 여왕의 손자 크리스티안 빅터 왕자도 섞여 있었다.

톰 릴리는 19세기 말 영국의 가장 탁월한 문신가 중의 한 사람이었다. 부친이 직업 군인이었던 까닭에 릴리는 어려서부터 아버지를 따라 군인의 길로 들어섰고, 그림에 대한 그의 천부적인 재능은 보어 전쟁과 수단 전쟁 때, 연대 표시 문양을 비롯한 수천 개의 문신을 하는 과정에서 유감없이 발휘되었다.

군대를 떠난 뒤 릴리는 런던에서 문신가가 되었다. 그의 미국인 삼촌 사무엘 오릴리 역시 1890년 최초의 전기 문신 기계를 발명하여 특허까지 받은 뉴욕의 성공한 문신가였다. 사무엘 오릴리가 자신의 발명품을 톰 릴리와 공유함에 따라 릴리는 문신 기계를 사용하는 영국 최초의 문신가가 되었다. 릴리는 빠르게 업계의 정상에 올라섰고 각 대륙을 여행하며 귀족들의 문신을 새겨주는 등 오랫동안 사업을 번창시켰다.

일본 문신의 대가 요코하마의 호리치요로부터 문신을 받고 있는 요크 공작(후일의 조지 5세 국왕).

릴리의 성공은 문신가로서의 자질과 쇼맨쉽에 능한 그의 탁월한 육감이 잘 맞아떨어진 결과였다. 그중 가장 기발한 묘기는 1904년에 파리 히포드롬에서 인디언 물소 한 마리를 통째로 문신해 보인 것이었다. 3주간에 걸쳐 계속된 그의 이 묘기는 신문에 대서특필되었다. 한 기자는, "이 동물의 몸은 지워지지 않는 각종 아름다운 문양들로 덮여 있다.……이십여 명의 인디언들은 지금 향을 사르며 이 동물을 찬양하느라 여념이 없다."고 보도했다.5

릴리의 최대 강적은 서덜랜드 맥도널드였다. 릴리처럼 그도 군에 있으면서 문신을 배웠고 나중엔 정규 미술학교를 다녔다. 1890년에는 런던에 호화로운 문신 가게를 열고, 명망 있는 문신가가 되기 위한 첫 발을 내디뎠다. 그러기 위해 그는 늘 정장을 입었고, 기품 있는 몸가짐을 유지하려고 노력했으며, '-장이(-er)'는 '배관공(plumber)'과 비슷하고, '-가(-ist)'는 '예술가(artist)'와 비슷하다는 생각에서, 스스로를 '문신장이'(당시에 통용되던 명칭이었다)가 아닌 '문신가'로 불렀다.

맥도널드는 영국 해군에서 특권적인 지위를 향유했다. 플리머스에서는 제독의 요트를 타고, 전함을 방문하여 몽고메리 제독을 비롯한 해군 장교들의 문신을 해주었다.

뿐만 아니라 저널리스트들을 구워삶는 솜씨도 뛰어나 그것을 자신의 이력을 향상시키는 데 이용했고, 신문 잡지는 연일 그에 대한 아부 기사로 넘쳐났다. 1897년 4월 『더 스트랜드(The Strand)』는 맥도널드 작품을 '세계 최고의 작품'이고 "일본인의 문신에 비해서도 손색이 없음은 물론, 그들을 앞지르기까지 했다."라고 보도했다.[6] 그의 이러한 명성은 유럽 대륙에까지 퍼져나가 프랑스 신문들도 연일 그를 격찬하기에 바빴다. 1897년 『르 탕(Le Temps)』은 문신을 예술의 차원으로 끌어올린 사람으로, 『릴류스트라시옹(L'illustration)』은 '문신의 미켈란젤로'로 그를 찬양했다.[7] 맥도널드는 1937년 죽을 때까지 런던에서 문신 활동을 계속했다.

영국의 초기 문신가들 중 가장 뛰어난 사람은, 릴리와 맥도널드의 명성이 하늘을 찌르고 있던 1900년에 문신을 시작한 조지 버체트였다. 버체트는 1872년 브라이튼에서 태어났다. 어린 시절 그의 상상력은 브라이튼 해변에서 만난 선원들의 여행과 모험담으로 불타올랐다. 그들의 문신에 매혹된 그는 그들로부터 문신하는 방법을 배워 불과 열한 살의 나이에 숯과 감침바늘로 친구들에게 문신을 해주기 시작했다. 친구들은

서덜랜드 맥도널드(1895년 1월 23일 「더 스케치」).

그의 작품을 마음에 들어했다. 하지만 그들 부모들은 그렇질 못했고 그는 문신 포기를 거부하다가 결국 학교에서 퇴학 처분을 받고 말았다. 나이 열세 살에 그는 영국 해군에 입대했다.

해군에 들어간 그는 문신에 능한 선원들로부터 문신의 기초를 배웠다. 버체트가 특히 감명을 받은 것은 그들의 팔에 새겨진 버마와 일본의 화려한 문신이었다. 1889년 배가 요코하마에 정박하자 그는 7년 전 클라렌스 공작과

요크 공작에게 문신을 해주었던 문제의 그 호리 치요로부터 직접 문신을 받았다.

버체트는 선원과 순회 문신가로서의 12년간에 걸친 방랑생활을 끝내고 마침내 런던으로 돌아왔다. 그리고 스물여덟 살의 나이로 런던에 문신 가게를 차렸다. 명성은 있되 돈은 없는, 그러나 '문신가 중의 문신가'라는 호칭을 얻게 될 문신가의 길로 접어든 것이었다.[8]

버체트는 영국 초기의 문신가로서는 자신의 생애와 일에 대해 기록을 남긴 유일한 문신가였다. 자신이 받은 빈약한 정규교육 탓에 책을 낼 생각은 하지 않았지만 그럼에도 불구하고 일기와 편지, 예약 명부 등을 꼼꼼히 기록해 두었다. 문신과 관련된 자료, 사진, 논문, 도구들도 열심히 수집했다. 인생 말년에 접어들면서 그는 그동안 써놓은 자신의 일기와 수집해 놓은 자료를 바탕으로 책의 윤곽을 잡기 시작했다. 그런 식으로 죽기 전까지 몇 장 완성해 놓은 것을 후일 그의 친구 피터 라이튼이 버체트 부인과 가족들의 도움을 받아 완성했다.

그러한 공동 작업의 결과로 마침내 1958년, 반세기 이상의 문신 생활에서 터득한 버체트의 경험과 소견을 기록한 일종의 소고 형식으로, 『어느 문신가의 회상(Memoirs of a Tattooist)』이 발간되었다. 책 속에서 저자는 자신의 일을 사랑하고 범죄자로부터 왕족에 이르기까지 각계각층의 고객을 두루 상대한 기지 넘치는 인간으로 묘사되었다.

1953년 여왕의 대관식을 앞두고 새로운 문양 만들기에 여념이 없는 조지 버체트와 아들 레슬리.

살아 생전 그는 세계에서 가장 큰 문신 중 하나를 실행했으며 형제와 아들을 포함한 수많은 조수들을 고용해 썼다. 이들은 후일 런던에서 버체트라는 이름으로 3개의 문신 가게를 운영했다. 또한 수많은 신문 잡지에 기삿거리를 제공해 주었고, 그를 찾은 왕족만 해도 스페인의 알퐁소 국왕, 덴마크의 프레데릭 9세 국왕, 영국의 조지 5세 국왕 등 수 명에 이른다. 영국을 비롯한 전세계에서 문신의 인기가 그렇게 높아진 것도 어느 정도는 문신에 대한 그의 열정과 에너지 때문이었다. 그렇게 늘 바쁜 나날을 보내던 버체트는 1953년 성(聖) 금요일에 작업장에 나갈 준비를 하던 중 갑자기 쓰러져 81세를 일기로 세상을 떠났다.

릴리, 맥도널드, 버체트가 성공한 데에는 몇 가지 요인이 있다. 첫째, 젊은 시절에 여행과 실제적인 경험을 많이 쌓을 수 있었다는 것, 둘째, 뛰어난 일본 문신 기술의 고무와 영향이 있었다는 것, 셋째, 일본의 그림, 아르누보, 공예 운동이 그래픽 예술 형태로 새로운 개념의 디자인을 선보일 때, 런던에서 문신을 하고 있었다는 것, 넷째, 왕들의 후원과 부유한 귀족 고객들의 후한 씀씀이도 한 몫을 했다는 것 등을 들 수 있다. 이러한 환경 속에서 그들은 자신들의 역량을 최대한으로 발휘할 수 있었고, 그런 예술 문신의 전통이 오늘날의 영국에 그대로 살아 숨쉬고 있다.

일본의 버체트, 1889*

빅토리호가 일본의 고베 항에 닻을 내린 것은 1889년의 어느 화창한 여름날이었다. 당시 일본의 관문이었던 이 항구는 무력 대치까지 벌이며 영국, 미국, 프랑스, 네덜란드 함대의 접근을 막고 있었다. 이러한 분위기 조장에 힘입어 서구 세력과 천황 대표들 간에 원만한 타협이 이루어져 마침내 일본의 관문은 열리게 되었다. 나는 영국과 미국이 일본으로부터 유럽인의 일본 정주와 나가사키, 요코하마, 고베 항의 개항 동의서를 받아낸 지 불과 삼십 년 만에 그곳을 찾았다.

동방 항구도시들의 소란스런 모습이 나로서는 그리 신기할 것이 없었지만, 여하튼 나는 일본에서 뭔가 새로운 것을 기대했다. 하지만 그것은 착각이었다. 고베, 요코하마, 도쿄는, 나중에 알고 보니, 중국이나 영국령 해협 식민지들의 항구에 비해 '오리엔탈'적인 요소와 이국적인 분위기가 많이 떨어졌다. 넓고 직선으로 곧게 뻗은 이 도시의 거리들은 하룻밤 새에 서구화가 되어버린 듯했다. 집들도 내부분 복흥으로 된 석조가옥들이었다.

---

* 이 글은 조지 버체트의 아들 레슬리 버체트의 양해 아래, 조지 버체트의 『어느 문신가의 회상』에서 발췌한 글이다.

은행, 사무실, 상점들이 들어찬 위압적이고 지루한 건물들은 런던 한복판에 갖다놓아도 전혀 손색이 없을 정도였다. 고베에도 물론 일본인 구역은 있었지만, 거기엔 요코하마와 같은 뚜렷한 동방적 요소가 결여되어 있었다. 하지만 고베 항 자체로만 보면 역시 동방 최고의 미항(美港)이라 할 만했다. 수많은 섬들이 고베 만의 온갖 방향으로 파노라마같이 흩어져 있었고, 섬 주민들은 종이와 얇은 판목으로 지은 조그만 집에 살고 있었다. 마치 외관의 나약함을 밀착으로 보충이라도 하려는 듯, 집들은 하나같이 조그마한 군집을 이루며 다닥다닥 붙어 있었다. 지붕들은 멋진 물결 모양을 이루고 있었고, 어떤 집들은 바다 쪽으로 쭉 삐져나간 것들도 있었다. 하지만 일반인들의 주거지는 보통 고물 배나 삼판(三板: 나무로 만든 거룻배)들이었고, 그것이 고베 항을 더욱 활기 있게 만들었다.

이 장면을 배경으로 해가 지는 모습은 참으로 장관이었다. 수세기 동안이나 그토록 훌륭한 문신을 만들어낼 수 있게 한 영감의 원천을 알기 위해, 일본의 미술품들을 굳이 찾아볼 필요도 없었다. 고베의 섬들과 그것이 만들어내는 섬세한 실루엣들을 바라보고 있으려니, 마치 소년이라도 된 듯 그 순수한 아름다움에 생전 처음으로 가슴이 뭉클해지면서, 나 자신도 이해 못할 어떤 슬픔이 밀려왔다. 지금 생각해보면 그것은 삶의 어떤 요소들은 늘 쇼 윈도우의 저편에 있게 마련이라는 사실을 깨달은 것에 불과했다. 영국 군함 빅토리호에서 바라본 고베 항의 그 아름다운 전경은 예나 지금이나 내가 결코 흉내 내지 못할 그 무엇이었다.

일본의 거리 풍경은 참으로 독특했다. 모두들 왜 그리 바쁜지, 여간 잽싸지 않으면 발 빠른 쿨리, 즉 인력거를 피해갈 재간이 없었다. 그래도 용케 한가한 골목 하나를 발견하여 거리 구경을 하게 되었는데, 빨강, 초록, 보라색의 화사한 기모노 차림의 여성들이 사뿐사뿐 걸어가는 모습은 지금도 눈에 선할 정도로 아주 인상적이었다. 아이들 의상도 아주 독특했다. 진홍, 보라, 검은색의 기다란 옷을 걸치고 있는 모습이 마치 꼬마 추기경들을 방불케 했고, 옷 안에 솜까지 집어넣어 땅딸하면서도 매우 의젓한 느낌을 주었다. 그런 면에서 내가 일본에서 받은 첫 인상은 좀 더 수수한 옷차림을 즐기는 요코하마와 도쿄보다는 고베가 더 컸다고 말할 수 있으리라. 요코하마와 도쿄 사람들은 짙은 청색 옷을 즐겨 입고, 대조적인 색상의 옷은 거의 입지 않았다.

그러나 재차 말하지만 일본의 진면목은 해가 지고 난 뒤에야 나타났다. 저녁때가 되자 가게 앞에는 죄다 등불이 내걸리고, 거리의 선남선녀들은 가게 앞의 등불보다 훨씬 밝은 등불을 들고 다녔다. 어쩌면 생전 처음 맛본 사케 때문에 내 상상력이 자극을 받았을 수도 있겠으나, 여하튼 나는 '동화의 나라'를 막 다녀온 기분으로 빅토리호에 귀환했다. 물론 고베의 그런 섬세한 면을 관찰하러 온 것이 아닌 내 다른 동료 선원들에게 그런 싱거운 얘기를 했을 턱은 없다.

우리는 요코하마에서도 외출허가를 받았다. 덕분에 나도 그곳 최고의 문신가를 만나볼 수 있었다. 아니, 그의 집을 찾아갔다고 하는 편이 좀 더 정확하리라.⋯⋯'호리(Hori)'는 문신가를 일컫는 일본 전통의 호칭이다. 내가 보기에 그들은 문신가라기보다는 거의 초자연적인 기술을 지닌 일종의 사제들로 보였다. 그 모든 멋진 재능은 대부분 그들의 일하는 속도와 관계가 있었다. 하지만 선의 섬세함이라든가, 문양의 정교함, 그리고 무엇보다도 강렬한 색상과 미묘한 음영을 만들어내는 능력에 있어 호리 치요를 능가할 호리는 그 어디에도 없었다.

그러한 완벽함은 가히 종교적이라 해도 좋을 참을성과 헌신감을 지닌 동양인만이 창조해낼 수 있는 것이리라. 재능과 기술을 겸비했다는 서양의 문신가들도 알고 보면, 2000년 동안 갈고 닦은 일본 문신의 일개 모방자에 불과했다. 대대로 이어져 온 그 일본 문신의 전통과 비밀의 후계자이며 보호자인 사람이 바로 호리 치요였다.

이 대가의 작업실을 나는 꼭 찾아보아야겠다고 결심했다. 그리고 가능하다면 그를 직접 만나보고 싶었다. 치요의 작업실은 서구풍이 나는 에스플라나데에 있었다. 하지만 살림집은 전형적인 일본의 목조가옥으로, 하인과 수련생들은 거기 딸린 조촐하고 아담한 앞마당에서 손님을 맞이했다. 나는 좀 위압감을 느꼈다.

당시 일본은 떠오르는 태양의 나라를 서구화하는 계획에 따라 내려진 천황의 칙령으로 문신이 막 금지된 상황에 있었다. 하지만 그 금지는 일본인들에게만 해당되는 것이어서 외국인들과는 아무 상관이 없었다. 외국인들은 원하기만 하면 언제라도 문신을 받을 수 있었다. 그것은 서양인의 의식으로는 좀 납득하기 힘든 것이었고, 아마도 늘 비밀리에 문신을 받아야 하는 일본인들로서도 별로 유쾌한 기분은 아니었을 것이다. 여하튼 치요의 작업실은 늘 서양인 고객들로 넘쳐났다. 나도 그 집 안마당에서 차례를 기다렸다. 하지만 그 유명한 문신가와 어렵사리 예약을 하고 찾아온 장교와 부유한 기업인들의 행렬을 보고 나도 모르게 그만 내 초라한 몰골에 잔뜩 주눅이 들고 말았다.

그럼에도 불구하고 그들은 나를 깍듯이 대접해주었다. 내가 대가를 만나보러 왔다고 더듬거리며 말을 하자, 제자 한 명이 쏜살같이 주인에게로 달려갔다. 치요는 당시의 내 계급이나 위치를 뛰어넘는 사람들만 상대했기 때문에 그의 작품을 볼 수 없었다는 말을

에디트 버체트, 상체에 남편 조지 버체트의 문신이 새겨져 있다.

나는 할 수가 없었다. 기다리는 내게 그들은 담배와 생선국같이 생긴 수프 한 사발을 갖다 주었다. 그들은 이 국을 대나무 받침대 위의 커다란 용기에 담아 놓고 오는 손님들마다 대접했다. 그걸 좋아하지 않는 사람들을 위해서는 냉차나 뜨거운 물이 준비돼 있었다.

생선국의 맛을 조심스럽게 보고 있는데, 다른 제자 한 명이 내게 다가와 서투른 영어로 꼭 주인이어야 하는지 아니면 젊은 호리라도 괜찮은지를 물어보았다. 보아하니 값비싼 요금을 내가 감당할 수 있을 것 같지 않아 보이는 모양이었다. 나도 아마추어 문신가이기 때문에 대가를 만나려는 것이라고 하자 그는 빙그레 웃더니 절을 꾸벅하고 도로 들어갔다.

마침내 내 차례가 왔다. 급한 마음에 서두르다가 입구에서 어떤 중위와 부딪칠 뻔했는데, 정신을 차리고 보니 그는 내게 아주 불쾌한 표정을 짓고 있었다. 내가 경례를 붙이는데도 그는 말 한마디 없이 그냥 떠나 버렸다.

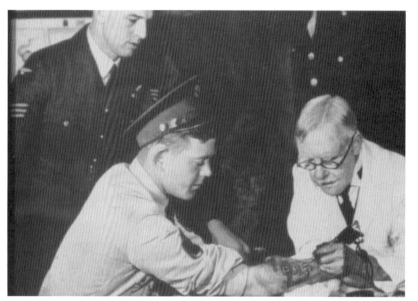

제2차 세계대전 중 미국 병사에게 문신을 새겨주고 있는 조지 버체트.

호리 치요는 방 전체에 널려 있는 여러 방석들 중의 하나에 앉아 있었다. 그가 미소를 지으며 내게 가까이 오라고 손짓했다.

그는 은색의 짧은 염소 수염을 기른 자그마하고 왜소한 체격을 지닌 사람으로, 용모로만 보면 일본의 사무라이라기보다는 오히려 중국의 관료에 더 가까웠다. 그는 용과 국화의 화려한 문양이 수놓인 노란색 기모노를 입고 있었다. 이 사람이 바로 젊은 시절 교토의 전설적인 문신가 호리 야수와 함께 공부하고, 일본 문신의 기술을 세계에 드높인 그 사람이었다.

그는 유창한 영어로 내가 문신가라는 것을 알고 있으며 내 방문을 받게 되어 영광이라고 말했다. 나는 당황하여 아직은 초보자에 불과하고 대가를 만난 것만으로도 일생일대의 영광이라고 허둥지둥 대답했다. 하지만 그것이 꼭 동양식 예법에 따른 답례의 말만은 아니었다. 치요가 내게 문신을 받겠느냐고 묻기에 나는 내 처지를 설명하면서 50엔 정도밖에 쓸 돈이 없다고 말했다. 그 정도면 5실링과 맞먹는 금액이었기 때문에 나로서는 그것도 상당한 출혈이었다.

그는 다시 빙그레 웃더니, 그럼 우리의 만남을 기념하는 의미로 조그만 문신 하나를

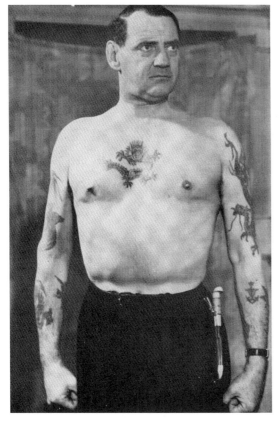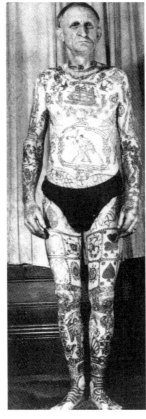

(왼쪽) 조지 버체트에게 문신을 받은 프레데릭 9세 덴마크 국왕의 모습.
(오른쪽) 버체트의 문신기술에 흡족해 한 많은 고객 중의 한 사람. 배에 그려진 복서들 둘레에 새겨진 글귀는 "목적(cuase)이 정당한 자는 복이 있나니, 일격을 먼저 가하는 자는 더욱 복이 있나니"의 내용이다. 버체트는 실수로 잘못 새겨진 'cuase'를 지우고 'cause'로 철자를 바로 잡자고 했으나, 손님은 그대로가 좋다며 그냥 남겨두라고 했다.

새겨주겠다고 했다. 그러면서 덧붙이기를, 혹시 일하는 모습이 보고 싶다면 예약된 손님을 먼저 부르는 게 어떻겠느냐고 내 의견을 물어왔다. 내가 기꺼이 동의하자 항구에서 나도 한 번 본 적이 있는 어떤 비대한 프랑스 상인 한 명이 제자의 안내를 받으며 들어왔다. 그가 옷을 벗고 방석 위에 눕자, 치요가 그에게 몸을 구부리며 한두 마디 낮게 말을 건넸다. 보아하니 그는 불어도 하는 모양이었다. 그러고는 자기 옆에 무릎 꿇고 앉아있는 제자들에게 짧게 무언가를 중얼거렸다.

그들 모두 문신 바늘과 옻칠된 조그만 접시에 놓인 색소 항아리들을 들고 있었다. 그런데 바늘을 보니 놀랍게도 조각을 하여 밝게 색칠을 한 연필 크기의 상아막대들이었다.

치요는 손님들에게 보여주지 않는 것은 물론 자기자신도 절대 문양 책을 들여다보지 않았다. 그리고는 선의 굵기에 따라 상아 바늘을 재빨리 바꿔가며 신속하게 문양을 찔러나갔다. 그 사이에 제자들이 새로운 손님들을 또 맞이하여 방석에 눕혀 놓으면, 그 와중에도 치요는 그들을 일일이 찾아다니며 윤곽을 만들어 제자들이 작업을 계속 이어나가도록 했다.

마침내 그가 내게로 와서 물었다. "팔에 작은 도마뱀 한 마리를 새기면 어떻겠소?" 나는 말도 못하고 그저 고개만 끄덕였다. 제자 한 명이 그에게 상아 바늘을 갖다주자 그는 또 다른 제자가 들고 있는 항아리의 색소에 바늘을 적셔가며 내 살을 찌르기 시작했다. 그 손놀림이 어찌나 부드럽고 재빠르던지, 문신을 하는 것인지 안 하는 것인지 나로서는 도저히 감을 잡을 수가 없었다. 바늘도 여러 번 바꿔 썼다. 그리고 잠시 뒤,

싱싱 교도소와 악마의 섬에 수감되었던 전과자 J. P. 반 딘의 모습. 버체트는 "내 고객들 중 직업 공연단원을 제외하면 반 딘 씨처럼 정교하고 색다르게 얼굴 장식을 하려고 한 사람은 극히 드물었다. 이 문신의 일부는 반 딘 씨가 직접 스케치한 것이다."고 말했다.

근사하게 명암이 진 비늘과 빨간 눈과 혀를 가진 녹, 갈, 황색의 아름다운 도마뱀 한 마리가 내 팔에 새겨졌다.

문신이 끝났다는 것을 내가 알아차리기도 전에 치요는 이미 건넌방에서 다른 손님을 돌보고 있었다. 내 관찰도 그것으로 끝이 났다. 제자 한 명이 상쾌한 냄새가 나는 젖은 비단인지 종이인지로 내 팔을 닦으며 말했다. "죄송하지만 요금은 50엔인데요?" 물론 나도 그가 내게 한 것과 같이 머리를 공손히 조아리며 계산을 했다. 치요에게도 감사함을 표하고 싶어 어떻게든 그와 눈길을 마주치려 해보았으나, 너무 바빠서 그는 나를 쳐다볼 겨를도 없었다.

그 후에도 나는 세 번이나 더 치요의 집을 찾아가 앞마당에 앉아 그나 혹은 그의 제자들이 일하는 모습을 훔쳐보곤 했다. 이제 다시 내실에 들어갈 수는 없었지만, 앞마당에서 영국인이나 미국인 선원들에게 제자들이 염가로 새겨주는 모습만은 얼마든지 지켜볼 수 있었다. 내 또래이거나 나보다도 어린 이 제자들(한 학색은 열네 살이라고 했다)은 스스로도 충분히 문신가라 할 만했고, 치요만큼이나 손놀림야 재빨랐다.

내가 듣기로 치요는 대단한 재력가였다. 그것은 1882년 해군 소위 후보생 자격으로

영국 군함 바칸테호를 타고 요코하마를 방문한 클라렌스 공작과 요크 공작(후일 조지 5세 국왕) 같은 여러 왕족들의 문신을 해준 것으로도 충분히 짐작할 만했다. 당시 두 공작은 삼 년여에 걸친 세계 일주를 하던 중, 오스트레일리아에서 일본으로 들어와 일황의 대대적인 환영을 받은 참이었다. 클라렌스 공작은 열여덟, 요크 공작은 그보다 두 살 적은 열여섯이었다. 당시 그들은 가정교사 캐논 달튼(후일 그 유명한 노동당 정치인이 된 휴 달튼 박사가 그의 부친이었다)의 책임 하에 있었기 때문에, 그런 상황에서 어떻게 호리 치요를 만날 수 있었는지에 대해 런던의 식자층은 의아함을 감추지 못했다. 하지만 내가 후일 듣기로는, 위대한 일본 대가의 손으로 왕자들에게 직접 자그마한 문신을 새겨주도록 한 사람은 바로 그들의 부친 에드워드 7세 국왕이었다. 1892년 약관 이십팔 세의 나이에 오한으로 요절한 클라렌스 공작의 문양이 무엇이었는지는 생각이 나지 않지만, 그의 동생 팔에 새겨진 호리 치요의 걸작, 용 문신만은 나도 볼 기회가 있었다.

치요는 그 후 몇 년 뒤 일본을 공식 방문한 러시아 황태자(후일 니콜라이 2세 황제)에게도 문신을 해주었다. 내가 찾았을 때는 이 대가의 시력도 이미 떨어지고 있는 듯했다. 아닌게 아니라 그는 정말 왼쪽 눈밖에 보지 못했다. 오른쪽 눈은 거의 실명 상태에 이르렀는데 그 이유는 아마도 고도로 섬세한 문신을 새기느라 늘 긴장된 생활을 했기 때문이 아닌가 싶다. 하지만 눈 문제도 그의 뉴욕 행만은 막지 못했다. 사연인 즉슨, 일황이 싫어하는 일본의 한 사무라이에게 문신을 해준 것 때문에 치요는 그의 빈축을 샀고, 천황은 그 귀족에 대한 앙갚음으로 자기 신하에게 문신한 죄를 물어 그를 잡아들이도록 했다. 그런데 호리가 그에 대해 강력히 반발하자 대신 벌금형이 내려졌는데, 벌금 자체는 별 게 아니었으나, 그런 대우를 받는다는 상황 자체를 견디지 못해 결국 호리는 일본을 떠나기로 결심한 것이다. 호리의 미국 행은 요코하마 체류 시 그로부터 문신을 받았던 적이 있는 뉴욕의 백만장자 맥스 반델 씨의 주선으로 이루어졌다. 반델 씨는 치요의 개인 수입은 별도로 하고 연간 2,400 파운드의 기본 보수를 지급한다는 조건으로 그를 미국에 초청했다. 치요는 뉴욕에 머물며 미국인 조수들과 함께, P. T. 바눔 서커스단의 윌리엄스 부부, 프랭크와 엠마 드 부르흐(Emma de Burgh)와 같은 인기인들의 문신을 새기는 과정에서 몇 건의 기념비적인 작품을 만드는 데 일조를 했다. 프랭크의 문양은 네오나르도 다빈치의 '최후의 만찬', 엠마의 문양은 그리스도 십자가상이었다. 이 두 문양이 물론 일본 화가들의 작품은 아니었으나, 그럼에도 불구하고 문양의 내용 면에서 치요가 미국 문신가들에게 미친 영향은 대단했다. ■

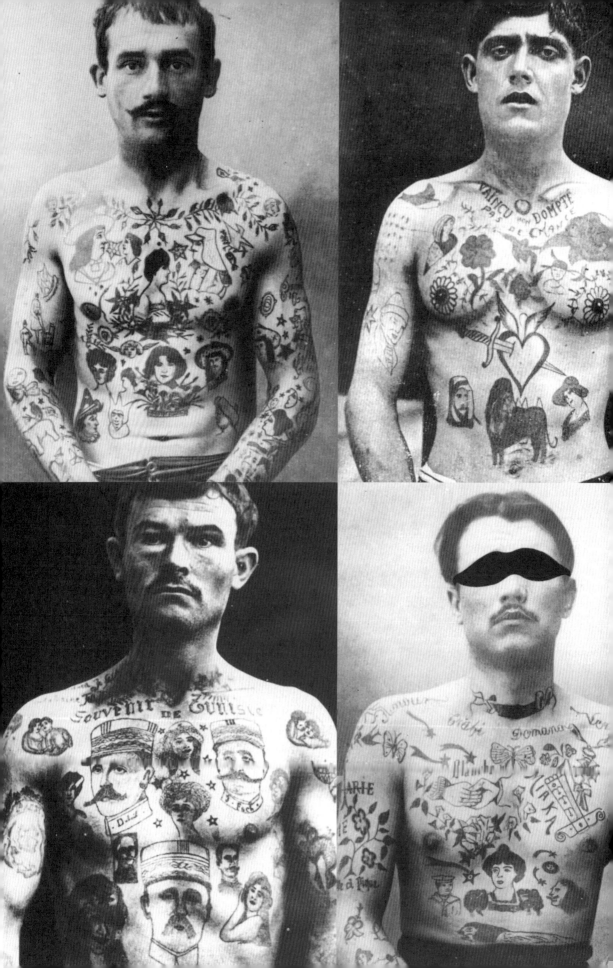

I3

프랑스와 이탈리아

프랑스에서는 19세기 전반에 선원, 노동자, 죄수들 사이에 문신이 유행했다. 중상류층 사람들은 문신을 천하게 여겼기 때문에 영국과 달리 프랑스에서는 고관이나 부유층들 사이에 한 번도 문신이 유행해본 적이 없다. 그 이유는 문신을 미신과 이교신앙과 관련지어 반대해온 가톨릭 교회의 영향이 어느 정도 작용한 때문이었다.

의료계의 반발도 만만치 않았다. 19세기 초부터 프랑스의 의학 전문 잡지들은 문신으로 인한 합병증 경고 기사를 산발적으로 이곳저곳에 싣기 시작했다. M. 레이어는 1835년에 간행된 피부병학 관련의 한 저술에서, 문신으로 인해 발병한 몇 건의 심각한 염증 사례를 보고하고 있다.[1] 1837년에는 문신으로 사망한 첫 공식 사례가 파랑 두사텔레의 작품 『파리인들의 매춘(De la prostitution dans la ville de Paris)』에 실렸다. 두사텔레는 이렇게 썼다. "보기엔 지극히 단순해 보이는 이 행위가, 왼팔에 우스꽝스러운 문신을 새겨 신분을 바꿔보려던 한 불쌍한 젊은 여인의 생명을 앗아갔다. 문신으로 인한 염증이 결국 죽음까지 부른 것이다."[2]

1853년에는 의사 위텡 씨가 문신으로 전염된 매독의 첫 사례를 보고했다. "매독을 앓고 있고 입에도 성병이 있는 남자로부터 한 병사가 문신을 받았다. 숫총각에 몸도 아주 건강했던 그 병사는 팔에 바늘을 몇 번 찌르기만 했을 뿐이다. 문신에 사용된 중국 색소는 조가비에 말린 것이었다. 문신가는

왼쪽 면
(위 왼쪽) 온 몸이 여자 얼굴 문신으로 뒤덮인 프랑스 죄수의 모습.
(위 오른쪽) 단도와 날개 달린 하트 문신을 하고 있는 프랑스 죄수의 모습. 가슴에 "망했지만 끝난 것도 아니다."와 "운이 없다."의 글귀가 새겨져 있다.
(아래 왼쪽) 프랑스의 죄수. 가슴 위쪽에는 "튀니지의 기억"이라는 글귀가, 왼쪽에는 페르디낭 포슈 (1851-1929) 장군의 초상이 새겨져 있다. 포슈 장군은 제차 세계대전의 막바지 몇 날간 연합군 사령관을 지낸 인물이다.
(아래 오른쪽) "블랑슈", "미아카" 등의 여자 이름 문신으로 온몸이 뒤덮인 프랑스의 한 죄수 모습.

바늘을 축축하게 하려고 몇 번이나 거기에 침을 뱉었으며, 색소도 침으로 개어서 썼다. 매독은 그렇게 전염되었다. 그 증상은 너무도 심각하여 환자에 따르면, 팔을 거의 절단할 지경에까지 이르렀다고 한다.3

프랑스 해군 군의관 장 아담 에르네스트 베르숑은 문신으로 인한 합병증에 대해 한 편의 논문을 발표했다. 1861년 그는 이렇게 썼다.

> 1859년 전에는 문신으로 야기되는 의학적 합병증에 대해 연구를 한다는 의식 자체가 아예 전무했다. 일반적으로 그것은 전염되거나, 일시적인 염증으로 인해 유발되는 것으로 인식되었다. 하지만 이 문제에 대해서는 아직 알려지지 않은 것이 너무 많다. 문신으로 인한 심각한 증상에 대해 기존에 출판된 인쇄물 속에서 그동안 내가 찾을 수 있었던 자료는 고작 6편에 불과하다. 그에 덧붙여 문신의 후유증으로 나타나는 신체 절단, 사망, 그 외의 여러 심각한 증상이 담긴 열 건의 사례를 지금 여기 소개하려고 한다.4

이렇게 본다면, 1860년 당시만 해도 염증이나 질병의 원인이 미생물이었다는 사실을 전혀 몰랐다는 이야기가 된다. 수술을 행하는 의사가 장갑은커녕 손도 씻지 않을 정도였다. 수술 도구도 소독을 하지 않았고, 의사는 피가 엉겨붙은 가운 차림으로 수술하는 것이 예사였다. 산부인과 병동에서 병을 퍼뜨린 사람은 바로 손도 씻지 않고 여러 여자들을 한꺼번에 다룬 의사 자신이었다. 염증과 고름은 수술 뒤에 따라오는 자연스런 치료과정의 일부로 인식되었고, 오늘날에는 안전하고 평이하게 처리되는 많은 수술들이 당시에는 심각한 염증과 혈액 중독, 그리고 괴저를 유발했다.

문신가도 의사보다 나을 게 없었다. 한 번 사용한 바늘을 씻지도 않고 여러 손님들에게 그대로 사용했으며, 색소 배합은 조개 껍질에, 반죽은 침으로 했다. 문신이 끝난 뒤의 세척도 하얀 침 아니면, 담배 때문에 갈색으로 변한 침 혹은 오줌으로 닦는 게 예사였다. 이렇게 비위생적인 상황에서도 문신 뒤의 발병 빈도가 극히 낮았다는 것이 그저 놀라울 따름이다. 베르숑의 논문이 발표되었을 때는 프랑스의 주요 항구도시에도 이미 문신 가게들이 들어서 있었다. 베르숑은 범죄자, 선원, 군인과 노동자들 대부분이 문신을 한 것으로 추정하고 있다. 그렇다면 심각한 정도의 감염은 수많은 문신 중에서 단지 몇 건이 발생했을 뿐임이 분명하다.

그렇다면 왜 어떤 경우에는 발병 빈도가 높고 어떤 경우에는 낮았던 것일까? 베르숑은 그것이 궁금했다. "조사 대상자들은 거의 만장일치로 문신 자체보다는 특정한 색소의 사용이라든가 특이 체질에서 오는 부작용을 발병의 주된 원인으로 꼽았다."5

그 문제에 대해 오랜 고민을 한 끝에 마침내 베르숑은 색소, 녹슨 바늘, 침, 담배 침, 오줌 세척은 발병의 원인이 될 수 없다는 결론을 내렸다. 그것은 확실히 시대를 앞선 진실에 가까운 결론이었다. 감염의 원인을 그는 이렇게 설명했다.

세계 최고의 문신 사나이 리카르도로 알려진 프랑스의 한 죄수 모습.

우연히 바늘에 묻어 살갗에 침투될 수도 있는 유기물들의 활동에 대해 말하자면……문신을 할 때 가장 위험한 요소는 바늘의 오염이다. 바늘의 숫자나 사용 방법으로 볼 때 그것은 거의 피할 수 없는 일로 보인다. 바늘 끝은 쉴 새 없이 사용되기 때문에 세척하는 것이 거의 불가능하다. 그렇게 살갗을 여러 번 찌르다 보면 자연히 유기물이 묻어나게 된다. 문신을 잠깐 쉬는 동안 썩고 발효가 된 이 유기물이 살갗에 재침투되어, 해부학상의 상처에서 일어나는 것과 유사한 병리 현상을 유발하는 것이다.6[괴저가 생긴 팔다리를 오염된 메스로 절단하는 것과 같은 이치이다.]

베르숑의 논문은 1861년 과학 아카데미가 수여하는 의학과 수술 부문 최우수상을 수상했다. 그것이 해군 장관의 주목을 받게 되어 전 프랑스 해군에 문신 금지령이 내려졌고, 곧이어 육군에도 비슷한 조치가 취해졌다.

첫 논문의 성공으로 고무된 베르숑은 문신에 대한 연구를 계속하여 일련의 글을 발표했고, 후일 그 글들은 『문신의 의술사(*Histoire Medicale du tatouage*)』(1869)라는 제목의 단행본으로 발간되었다. 먼저 그리스와 로마 서적으로부터 연구를 시작한 그는 플라톤, 플라우터스, 아리스토파네스, 갈레니우스, 헤로도투스, 페트로니우스, 율리우스 카이사르를 비롯한 여러 고대 작가들의 작품에 문신이 언급돼 있는 사실을 발견했다. 그것을 토대로 그는 그때까지는 거의 알려지지 않았던 사실, 즉 그리스, 로마와 같은 고대 문명권에서도 문신이 행해졌다는 것을 입증해 보였다.

그 밖에도 베르숑은 프랑스 문신가들의 작업광경을 관찰하면서, 그들이 사용하는 기술과 문양, 색소에 대한 화학적 분석과 문신 제거법에 대한 설명, 그리고 문신된 피부조직의 현미경 관찰과 문신에 대한 의학

Fig. 1.

알렉상드르 라카사뉴 박사에 의해 복제된 19세기 프랑스의 문신 문양(1881).

적, 법적 문제까지도 함께 언급했다. 그는 비위생적인 문신 행위로 감염이나 전염이 되었을 때는 문신가를 상대로 법적 대응을 할 것을 권고했으며, 프랑스 형법 조항을 속속들이 파헤쳐 문신가를 처벌할 수 있는 근거를 찾아내려 했다. 그는 문신 근절의 가능성에 대해서는 회의적이었으나, "여하튼 이 정도 사실만으로도 의사와 일반 대중 모두에게 문명국이라면 결코 정당화시킬 수 없을 그러한 관습에 대해 이전에는 알지 못했던 위험을 경고하기에는 충분하리라는 희망"을 피력했다.[7]

프랑스에서 문신은 한 번도 완전히 금지되어본 적이 없다. 하지만 육군과 해군에서의 금지만으로도 문신가들을 파산시키기에는 충분하여 19세기 후반에 들어서면 교도소를 제외하고는 문신에 대한 기록을 거의 찾아볼 수 없게 되었다. 문신을 금지시키면 무법자들만 문신을 한다는 말은 바로 이 같은 경우를 두고 하는 말이다.

죄수들의 문신을 소재로 한 최초의 책은 세자르 롬브로소(Cesare

Lombroso)의 『범죄자 우오모(*L'Uomo deliquente*)』(1876)이다.[8] 투린 대학의 정신의학 및 범죄인류학 교수였던 롬브로소는 범죄자들을 고대로의 후퇴라고 하면서 도덕성보다는 열정이 지배하는, 보다 원시적인 유형의 인간이라는 가설을 내놓았다. 그런 인간은 대개 잔인하고 비겁하며 타인의 고통에도 무감각한 채, 오로지 자신의 야수적 욕망만을 채우기에 급급하다는 것이었다. 롬브로소는 이런 유형의 범죄자들은 두개골, 안면, 신체상으로 다른 특징을 보일 것이라고 생각했다. 이마도 안으로 들어갔을 것이고, 뇌도 작을 것이며, 턱도 둔탁할 것이고, "백인종보다는 미국 흑인과 몽골리언들에게서 훨씬 많이 발견되며, 무엇보다도 선사시대의 인간을 떠올리게 하는 특징들을 지녔을 것이다.……이 특징들은 불가사의하고 복잡한 퇴화의 과정을 보여주는 표면적이고 명백한 징후들로서, 범죄자의 경우엔 거의 격세유전적이라 할 만한 사악한 충동을 유발하게 된다."[9]

문신은 범죄자를 가려낼 수 있는 가장 손쉬운 방법 중의 하나였고, 롬브로소도 책의 한 장(章) 전체를 문신에 할애할 정도로 그 점을 중시했다. 그가 조사 대상으로 삼은 범죄자 5,343명 중 10%가 문신을 한 것으로 나타났다. 그는 수백 가지에 이르는 문신 문양을 체계적으로 정리한 뒤, 그것이 범죄자의 심리 상태 분석에 대단히 중요한 자료가 될 것이라고 주장했다. 그중의 몇 가지를 들어보면 다음과 같다. 권위에 대한 경멸감이나 끓어오르는 복수심을 나타낸 말들, 음담패설이나 외설스런 그림, 음경 위에 새긴 문신(지금 당신 앞에 앉아 있는 범죄자는 위험인물이라는 것을 보여주는 확실한 증거!), 비밀 범죄조직의 일원임을 나타내는 문신이나 암호로 쓰여진 글씨(흔히 비밀 메시지를 전달하는 수단). 롬브로소는 교도소에서 범죄자들의 몸을 검사할 때는 그들의 문신 내용을 상세히 기록해 놓을 것을 권고하고 있다.

문신의 역사에서 차지하는 롬브로소의 중요성은 이탈리아 죄인들 사이에 행해진 문신의 빈도와 문양에 대해 최초의 통계적인 기록을 남겼다는 사실에 있다. 뿐만 아니라 그는 19세기 유럽 문신 문양의 복사본을 책으로 출간한 최초의 작가였다. 그의 도덕적 판단과 사이비 과학 이론도 시대착오적이긴 하지만, 그의 동시대인들이 지니고 있던 편견과 오해를 광범위하게 반영한다는 점에서 여전히 흥미로운 기록으로 남아 있다.

문신에 대한 언급은 18세기와 19세기 프랑스 문학에서도 많이 발견된다. 개중엔 문신을 개인의 신원 증명이라는 문제로 바라본 것도 있다. 1784년에 쓰여진 보마르셰의 희곡 『피가로의 결혼』에서는 유아 피가로가 신분증 대용으로 의사에게서 문신을 받고 있다. 후일 노상강도에게 납치되어 수년간 행방불명이 되었다 집에 돌아온 그는 팔에 새긴 문신으로 자신의 신원을 입증할 수 있었다.[10]

빅토르 위고의 『레미제라블』에서도 전과자 장발장은 수년 전 감옥에 들어가기 전에 알았던 죄수 두 명의 문신 모양을 정확히 묘사함으로써 자신의 신원을 입증할 수 있었다. 장발장은 이렇게 말했다.

> "슈닐디유, 자네 'Je-Nie-Die'[나는 신을 부정한다]라는 별명이 있었잖아. 오른쪽 어깨에는 T.F.P.[Travaux Forces Perpetuels: 종신 중노동]라는 글자를 지우려고 이글거리는 화로에 어깨를 갖다대어 생긴 상처도 하나 있었고. 그래도 글자는 아직 지워지지 않았을 걸, 안 그래?"
>
> "그래, 아직 남아 있어." 슈닐디유가 말했다.
>
> 그 다음 장발장은 코셰파이에에게, "코셰파이에, 자네 왼쪽 팔꿈치 안쪽 어딘가에 화약으로 새긴 푸른색의 날짜 문신이 있을 걸. 그건 [나폴레옹] 황제가 칸느에 상륙한 날짜, 1815년 3월 1일이었지. 소매를 걷어보게." 코셰파이에가 소매를 걷어올리자 그의 벗은 팔을 보려고 방청객들이 우르르 몰려들었다. 호송병 한 명이 램프를 갖다 대자 과연 그곳에는 문신된 날짜가 있었다.
>
> 장발장이 그것을 바라본 사람이라면 늘 흥분을 느끼며 기억하게 될 그런 미소를 머금고 방청객과 법관 쪽으로 얼굴을 돌렸다. 그것은 승리의 미소이면서 또한 절망의 미소이기도 했다.
>
> "이젠 내가 장발장이란 것을 믿으시겠소." 그가 말했다.[11]

문신은 19세기의 가장 떠들썩했던 법정 소송의 하나에도 신원확인용으로 이용되었다. 1854년 4월 벨리라는 이름의 스쿠너선이 바다에서 실종되면서 그 배의 선객이었던 로저 티쉬본이라는 젊은이도 죽은 것으로 추정되었다. 그로부터 몇 년 뒤 당시 벨라호 선객이었던 사람들의 친척이 혹시나 생존자

Fig. 14

Fig. 15

(왼쪽) 재봉사.
(오른쪽) 푸줏간 주인. 통 만드는 사람.

에 대한 정보를 얻을 수 있을까 하여 광고를 냈다. 1871년 그동안 카스트로라는 이름으로 살고 있던 어떤 남자가 그 광고를 보고, 자신이 로저 티쉬본이라고 주장하면서 상당한 금액의 티쉬본 가(家) 재산을 요구하고 나섰다.

그에 대한 사전 준비와 위장술이 얼마나 능란했던지 목격자들은 그를 보고 틀림없는 티쉬본이라고 증언했다. 굳이 흠을 잡는다면 진짜 티쉬본은 왼쪽 팔에 십자가와 닻, 그리고 자신의 이니셜인 'RCT' 문신을 했었는데, 가짜 티쉬본은 그 문신이 없다는 것이었다. 그 문신이 없어진 것과 이름을 바꾼 이유에 대해 카스트로는 중병을 앓다가 기억 상실증에 걸렸고 문신도 그때 사라졌다고 해명했다.

장장 251일을 끌며 언론을 떠들썩하게 한 두 번의 재판 뒤, 티쉬본은 '희대의 사기꾼'으로 유죄가 인정되어 20년형을 선고받았다.[12] 당시의 한 프랑스 저널리스트는, "이러한 사기에 그 많은 사람들이 농락당하고, 또 그토록 오랫동안 사법망을 피해갈 수 있었다는 사실이 그저 놀라울 뿐이다. 그것은 영국인들이 공통적으로 지닌 상식의 결여와 교육의 불충분함을 그대로 드러낸 것이다."라고 의견을 피력했다.[13]

문신은 종종 프랑스 법정에서 피고인의 신원확인용으로 이용되었고, 그런 이유로 1808년부터 프랑스에서는 교도관들에게 죄수들의 문신을 일일이 기록하도록 하는 교도소법을 시행해왔다. 19세기 프랑스 죄수들의 문신에 대한 의욕적인 연구는 리용 의사회 소속 법의학 교수인 알렉상드르 라카사뉴 박사에 의해 이루어졌다. 그는 프랑스 육군의 군의관으로 복무하면서, 아프리카 병사들 중에 문신을 한 사람이 많다는 사실에 주목했다. 그 부대원들은 살인, 탈영, 절도와 같은 범죄 행각으로 수감 생활을 한 사람들이 대부분이었다. 라카사뉴는 그들 문신의 소재와 다양성이 무척 흥미로웠다. 문신은 사진으로 찍기가 무척 힘들었기 때문에 라카사뉴는 투명 옷감을 그 위에 덮고 모양을 그려내는 자신만의 독특한 방법을 개발했다. 그런 방법으로 2,000점이 넘는 문양을 복제하여, 그 대부분을 『인류학적, 법의학적 문신(Les tatouages, étude anthropologique et médico-légale)』이라는 책으로 다시 출간했다.

라카사뉴는 수집한 문양을 주제와 몸의 부위에 따라 분류했고, 그중의 많은 것들은 오늘날에도 볼 수 있을 정도로 꾸준히 애호되는 것들이었다. 별, 닻, 새, 뱀, 꽃, 나비, 단도, 악수한 손, 화살 꽂힌 하트, 이름, 이니셜, 날짜 등이 바로 그런 것들이다. 하지만 그 밖의 다른 문양들은 죄수의 가슴이나 등에 커다랗게 새겨진 모토와 같이 프랑스에서만 볼 수 있는 아주 독특한 것들이었다. 몇 가지 예를 들어보면 다음과 같다. '부정한 여인들에게 죽음을', '돼지들을 죽여라', '프랑스 경관들에게 죽음을', '자유 아니면 죽음을', '복수', '불행의 자식', '불운한 별자리 생', '과거는 나를 속였고, 현재는 나를 고문하고, 미래는 나를 두렵게 한다', '전 프랑스를 다 합쳐도 똥더미만큼의 가치가 없다'.[14]

거창한 크기의 등 문신은 주로 역사, 신화, 문학적 장면들로 묘사되었다. 라카사뉴는 삼총사를 주제로 한 문신을 서른 개 이상이나 보고 나서, "사람들에게 미친 영향력 면에서 알렉산더 뒤마 소설을 능가하는 것은 없을 것이다."고 말했다.[15] 그 밖에도 나폴레옹, 잔다르크, 샬롯 코르데이, 가리발디, 비스마르크 등이 문신의 소재로 이용되었다.

에로틱한 것으로는 물론 여자 가슴이나 나체가 으뜸을 차지했지만, 라카사뉴에 따르면 "말로 표현하기 힘들 정도로 외설적인 문양들도 많았다."고 한다.[16] 그 외에도 라카사뉴는 "몸 전체를 장군 복장으로 완전히 뒤덮은 사람, 얼굴문신을 한 사람, '자유의 순교자'라는 글씨와 뱀 한 마리를 이마에 새긴 사람, '감옥이 나를 기다린다'는 예언적 문구를 새긴 사람" 등을 문신의 특이한 예로 꼽았다.[17]

배꼽 아래에는 '여인들이여, 사랑의 샘으로 오세요', '여자들을 위한 즐거움', '그녀는 나를 생각한다네'와 같은 문구, 엉덩이에는 날개 달린 음경, 부풀어 오른 음경, 항문 쪽으로 머리를 박고 있는 뱀, 한 쌍의 눈(眼), 십자 모양의 총검과 '들어오지 마시오'라는 문구가 쓰여진 군기를 들고 있는 두 명의 병사 등이 새겨져 있었다.[18]

음경에는 하트의 에이스, 화살, 복권 번호, 이름, 이니셜 같은 문양들도 눈에 띄긴 했지만, 놀랍게도 가장 빈번히 등장한 문양은 박차가 달린 승마 부츠였다. 그는 이들 문양을 열다섯 개까지 쫓아가다가, 말로는 표현할 수 없는 더 많은 문양을 발견했다. "그것은 내가 처음 생각했던 대로 남색(男色)의 표시가 아니었다. 그 부분의 질문을 받은 사람들은 이구동성으로 'Je vais te mettre ma botte au...'와 같은 문신을 한 이유는 쇼킹한 말장난을 하고 싶었기 때문이라고 대답했다.[19] 그들과 동시대의 영국인 저널리스트 로버트 플래처는, 그 말은 '해석도 안 되거니와, 너무 상스러워 입에 담을 수조차 없다.'고 했다."[20]

라카사뉴는 영국인들의 문신 열의에 대해서는 인정하지 않았다. "몇 달 전 나는—이 이야기를 나는 조건부로 되풀이하고 있다 — 영국 황태자가 세계 일주를 하던 중 팔에 닻 문신을 했다는 신문기사를 읽고 얼마나 놀랐는지 모른다."[21]

왕족들까지 문신을 하고 있던 19세기 영국에서 몇 건의 신문 기사를 제외하고는 문신에 관한 책 한 권 변변하게 쓰여진 것이 없다는 것은 참으로 아이러니가 아닐 수 없다. 라카사뉴 자신은 그 현상을 이렇게 설명했다. "그들은 문신에 대한 연구를 일절 하지 않았다. 영국의 법의학 관계자들은 프랑스인들이 쓴 책을 그대로 모방만 했을 뿐이다."

라카사뉴는 자신의 책이 법의학적인 측면 외에도 범죄 인류학과 범죄 심리학에도 대단한 기여를 하게 될 것으로 기대했다.

하지만 그것은 착각이었다. 범죄 인류학에 대한 사이비 과학은 이미 오래 전부터 불신을 받아왔다. 법의학적인 관점에서도 문신은 그저 범죄자의 신원 확인용으로만 이용되었을 뿐이다. 뿐만 아니라 오늘날의 관점으로 보면 별 것도 아닌 범죄자들을 수만 명이나 종신형에 처해 '악마의 섬'으로 알려진 프랑스령 기니의 그 끔찍한 범죄자 유배지로 보낼 정도로 19세기 프랑스의 법체계는 세계에서 가장 부패하고 억압적인 상황에 놓여 있었다.

그럼에도 불구하고 그의 책은 문신의 역사에 관심이 있는 사람에게는 귀중한 자료원이 될 수 있다. 프랑스 최초의 19세기 문신 문양의 삽화가 실려 있고, 독특한 문양을 발달시킨 프랑스 감옥 문신 예술의 역사가 담겨있기 때문이다. 또한 그때까지 유럽에서 발간된 문신에 관한 모든 서적은 물론, 19세기 문신가들이 사용한 기술과 도구, 그리고 색소에 대해서도 상세한 설명이 곁들여져 있다. 이 책은 후대의 모든 작가들로부터 유럽 문신사로 취급되는 것은 물론, 오늘날까지도 하나의 고전으로 남아 있다.

격세유전에 대한 롬브로소의 의견*

팔 문신이 런던 상류사회 귀부인들 사이에 유행하고 있다는 말이 들리는데, 이러한 취미는 우아하고 세련된 영국 숙녀들에게는 좋은 징조가 아니다. 무엇보다도 이것은 열등한 감수성을 드러내는 것이다. 허영심을 만족시키는 것 외에는 다른 아무런 목적도 없는 야만적 행위에 굴복하여 고통에 둔감해지지 않으면 안 되기 때문이다. 그리고 그 요란스런 장식 모두가 격세유전적이라는 점에서 진보에 역행하는 것이기도 하다. 장식과 의복의 단순성과 균일성은 지난 세기 동안 강건한 성(性), 즉 남자들이 획득한 일종의 진보로서, 의복에 그토록 엄청난 돈을 쏟아 부으면서도 실제적인 이득(아름다움까지도)은 아무것도 얻지 못한 여성들에 대한 남자들의 우월성을 보여주는 것이다.

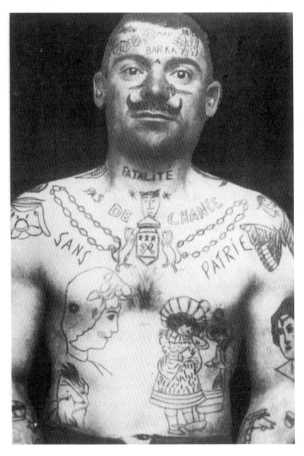

코밑에 문신 수염을 하고 있는 프랑스의 한 죄수 모습. 목에는 '운명' 또는 '불가피함'의 글귀가, 가슴에는 '운이 없다'와 '나라 없는'의 글귀가 새겨져 있다.

하지만 문신과 같은 장식이 이처럼 마구잡이로 받아들여져도 괜찮다는 생각은 결코 바람직한 일이 아니다. 그것은 조사 대상 죄수의 5,000명 이상이 자신들은 이 문신 행위를 매우 영예롭게 생각한다고 말한 사실로도 알 수 있다. 가령 군인은 2,739명 중에서 문신을 한 비율이 1.2퍼센드(그것도 모두 팔과 가슴에만 새기고 있었다)에 불과했던

---

* 이 글은 『월간 대중 과학(*Popular Science Monthly*)』 1896년 4월호에 실린 세자르 롬브로소의 「문신의 야만적 기원」에서 발췌한 것이다.

반면, 죄수들은 5,348명 중 667명이 문신을 하고 있었으며 그것을 백분율로 계산하면 성인 10퍼센트에 미성년자가 3.9퍼센트 꼴이었다. 최근 베어가 조사한 바에 따르면, 독일의 경우엔 죄수의 문신 비율이 2퍼센트, 군인이 9.5퍼센트였다고 한다. (『범죄자(Der Verbrecher)』, 1893)

죄수 문신의 특징: 복수

악인들이 즐겨 사용한 각종 문양들을 세밀히 연구하다 보면, 때때로 왜 그 수만큼 문신을 했는지 알 수 없거나 특이한 문양을 각인한 경우를 종종 발견하게 된다. 내가 조사한 어떤 죄수는 두 개의 단도 사이에 'Je jure de me venger(맹세코 복수할 것이다)'라는 끔찍한 공갈 문구가 담긴 문신을 가슴에 새기고 있었다. 그는 복수심으로 사람을 죽이고 절도를 한 피에몬테의 늙은 선원이었다.

그 유명한 나폴리의 카모라 단원이었던 살사노의 문신은 온통 허장성세적 문양으로 가득 차 있었다. 손에 몽둥이를 들고 경관을 위협하는 문양 아래로 'Eventre tout le monde(창자를 다 쑤셔놓고 말겠다)'라는 자신의 별명이 새겨져 있는가 하면, 카모라['카모라(cammora)'는 나폴리의 한 비밀 결사 이름이다] 단원임을 은근히 암시하는, 쇠사슬에 연결된 두 개의 하트와 열쇠 모양도 새겨져 있었다.

이 두 가지 예로 볼 때, 죄수들 사이에는 어떤 일정한 규칙도 없이 원시 인간들 사이에서나 볼 수 있는 일상적 사건이나 '은어(隱語)'로 이루어진 일종의 그림 문자가 통용되고 있다는 것을 알 수 있다. 실제로 이들 사이에선 열쇠 모양은 비밀의 엄수, 죽은 자의 머리는 복수를 의미하는 것이 거의 일반화된 상식이다. 때로는 숫자가 점으로 표시되기도 하는데, 일례로 한 죄수의 팔에 열일곱 개의 점이 새겨져 있기에 그 내력을 물어보았더니, 상대방이 자기 손에 걸려들기만 하면 그 숫자만큼 찌르겠다는 뜻이라는 것이었다.

죄수들(선원과 야만인들에게도 해당된다)의 또 다른 특징은 팔과 가슴(가장 많이 새기는 곳이다)만이 아니라 몸의 거의 전 부위에 걸쳐 문신을 한다는 것이다. 그래서 조사를 해보니 팔, 가슴, 복부에 한 사람이 백 명, 손에 한 사람이 다섯 명, 손가락에 한 사람이 세 명, 허벅지에 한 사람이 세 명 순으로 나타났다.

감옥에서 몇 년을 썩은 서른네 살의 어느 절도범은 뺨과 음부만을 제외하고는 몸의 한 군데도 빈 곳이 없을 정도로 전신이 문신으로 덮여 있었다. 이마에는 'Martyr de la

Liberté' 라고 쓴 듯한 문구가—그 위를 11센티미터 뱀이 올라타고 있었다—, 코에는 산(酸)으로 지우려다 실패한 십자가가 각각 새겨져 있었다.

오스트리아 군에 복무한 적이 있는 베니스의 어느 도둑은 오른팔에 쌍두(雙頭) 독수리와 그 옆에 자기 어머니와 애인 루이제의 이름을 '루이제, 내 사랑하는 사람, 나의 유일한 안식처'라는, 도둑치고는 좀 뜻밖의 비명(碑銘)과 함께 새기고 있었다. 또 다른 도둑의 오른팔에는 하트를 물고 있는 새 한 마리, 별들, 닻 한 개가 새겨져 있었다. 라카사뉴가 만나본 어느 죄수는, 'Quand la neige tombera noire, B— sortira de ma mémoire(검은 눈이 내리면, B—는 내 기억에서 사라지게 될 것이다)'라는 문구를 왼쪽 팔에 새기고 있었다.

문양의 이런 다양성은 아메리칸 인디언 스타일의 모방과 모험에 가득 찬 자신들의 삶의 편력을 몸 전체에 기록하고 싶어하는 이 별난 영웅들의 괴상한 취미에서 비롯되고 있다. 가령 폭행과 반란죄를 오십 번 이상이나 저지르고, 스페인과 아프리카 등지를 같이 여행하던, 아니 떠돌아다니던 여자들을 갑자기 버리고 달아난 이십칠 세의 한 떠돌이 해병대원은 자신의 그런 편력을 온몸에 문신으로 기록했다. 그중에는 그가 수병일 때 아일랜드 해안에서 난파된 레스페랑스호도 있었고, 그의 나이 열두 살 때 순간적인 충동으로 찔러 죽인 말의 머리도 있었으며, 언젠가 죽이려다 실패한 경관을 상징하는 헬멧도 있었다. 목에 하트가 그려진 머리 없는 여인은 천박하기 그지없었던 옛날의 자기 애인을, 산적 초상은 평소에 그가 우러러보던 도둑 두목을, 류트는 유럽의 절반을 함께 여행하고 다닌 기타의 명수이자 친구인 어떤 사람을, 별은 악마의 영향으로 태어난 자신의 운명을 묘사한 것이었다. 왕관은 자기 말로는 '정치적 기념물'이라고 했으나, 우리가 볼 때는 아무래도 그의 새로운 스파이 업무, 즉 왕국의 타도를 뜻하는 것 같았다.

한 프랑스 탈영병은 상관에 대한 복수의 표시로 가슴에 단도와 뱀을 그려놓았다. 탈출에 대한 염원으로는 배를 그렸고, 그 밖에 빼앗긴 견장, 애인이었던 무희, 자신의 불행한 삶에 너무도 잘 어울리는 슬픈 비문(碑文)도 눈에 띄었다.

스포토 박사가 그의 관리하에 있던 한 죄수의 문신 자료를 보내주어 살펴보았더니, 그 죄수의 팔은 온통 지난날의 비참했던 모험들로 가득 차 있었다(1889년 6월에 발간된 『정신병 학회지(Archivo de Psichiatria)』를 참조할 것). 몸에는 105가지의 문신이 새겨져 있었는데, 그중의 10개는 애인, 9개는 하트, 8개는 꽃이나 이파리, 5개는 동물, 28개는 이름, 성 혹은 어떤 것에 대한 묘사, 31개는 단도나 전사들이었다. 팔에는 날개가 달리고 왕관을 쓴 어떤 여인의 모습이 그려져 있었다. 날개를 단 이유를 그는, "자기 덕으로 그녀가 탈출할 수 있었기 때문"이라 했고(그녀와 함께 도망친 얘기를 하는 것이다), 왕관은 처녀성이라는 왕관 대신 자신의 애인이라는 고귀한 왕관을 선택했기 때문이라고 했다. 그녀의 손에는 딸의 가출로 몹시 상심했을 그녀의 부모를 상징하는 하트와 화살이 들려 있었고, 그 밑에는 언제까지나 청순하게 남아 있겠다는 표시로 나뭇가지 두 개가 그려져 있었다.

(왼쪽) 프랑스 죄수 몸에 새겨진 십자가와 여자들 머리 문신.
(오른쪽) 기즈 공작 암살을 기념하여 새긴 문신.

그 밖에 다른 두 명의 애인은 손에 든 시든 장미로 자신들의 비참했던 상황을 고백하고 있었다. 손에 새겨진 독수리 문신은 과거에 자신이 탔던 배를, 그 밑의 점 세 개가 박힌 하트는 그리스도의 고통(그는 예수의 탄생지 베들레헴을 방문했었다)을 의미했다. 팔에는 몇 년간 같이 살았던 애인을 기념하여 하트 하나를 새겨놓았는데, 두 아이가 딸린 그녀를 버린 표시로 중앙에 화살을 꽂아놓고, 아이들을 위해서는 피 흘리는 두 개의 하트를 더 만들어 놓았다. 죽이겠다고 협박을 할 때 말고는 도무지 말을 듣지 않았던 두 명의 애인은 팔뚝 위에 검이 꽂힌 두 개의 하트로 표시했다. 그들을 닻과 함께 쇠사슬로 연결시킨 이유는 그들이 선원의 가족임을 강조하려는 것이었고, 머리 위의 그리스 십자가는, 그리스인임을 나타내려는 것이었다. 가슴 위의 무희에게 새를 들고 있게 한 것은 그녀가 새같이 강중강중 뛰는 모습을 표현한 것이었다. 양 옆구리에는 수탉(여기서 'cock'은 수탉과 남근의 이중적 뉘앙스를 모두 지니고 있음)과 사자를 각각 한 마리씩 새겨 놓았는데, 수탉은 대가를 원하는 여자들을('수탉이 노래를 부르면, 스피리텔리가 돈

 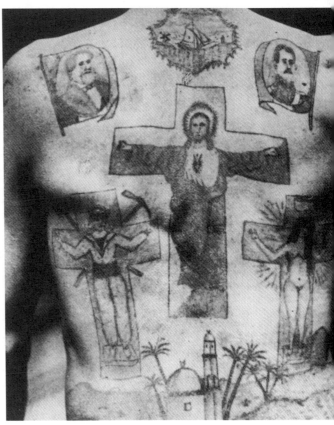

(왼쪽) 리카르도의 등 문신.
(오른쪽) 프랑스의 한 죄수 몸에 새겨진 십자가에 못 박힌 그리스도, 선원, 여자의 문신.

을 준다네') 나타낸 것이었고, 사자는 사자처럼 힘센 자기 모습을 보여주기 위함이었다. 그보다 몇 센티미터 작은 사자를 그려놓은 것은 사자들 세계에서조차 강자와 약자의 논리가 있다는 것을 강조하려는 것으로, 다시 말하면 자기는 강자이기 때문에, 다른 카모라 단원들을 이미 압도했다는 것을 말하는 것이었다.

문신이 문자보다는 오히려 관념적인 표현을 더 많이 담고 있다는 사실을 이들보다 더 확연히 보여준 예는 일찍이 없었던 것 같다. 이 문양들은 우리가 방금 묘사한 바와 같

프랑스의 한 병사 몸에 새겨진 등
대와 연애장면 문신.

이 개인들의 생생한 역사에 다름 아니었던 고대 멕
시코인이나 인디언들의 비문(碑文)에 비교될 만했다.
그렇다. 그 어떤 공식 기록도 이들 불행한 인간의
마음속에 깃든 흉포함과 음란성을 이토록 적나라하
게 보여주진 못했다.

　문양의 다양성으로 또 하나 알 수 있는 것은 죄
수들도 야만인만큼이나 고통에 둔감했다는 것이다.
그 밖의 특징으로는 연령의 조숙함을 들 수 있다.
프랑스의 경우 16세 이전엔 문신 현상이 그리 두드
러지지 않았다(물론 선원으로부터 문신을 배운 소년
들은 제외하고)는 것이 타르디유와 베르송의 의견이
긴 하지만, 우리가 조사한 바에 따르면 일반인들
중에도 일곱 살에서 아홉 살 사이에 문신을 새긴
사람이 4명이나 됐고, 성인 죄수들의 경우엔 여든
아홉 명 중에 예순여섯 명이 아홉 살에서 열여섯
살 사이에 문신을 한 것으로 나타났다.

　문신은 또 특정 조직을 상징하는 표시로도 이용
되었다. 가령 바바리아와 남부 독일의 노상강도들은
‘Thal und Land(계곡과 나라)’라는 뜻의 T자와 L
자 문신을 몸에 지니고 다니며, 서로 마주칠 때마

다 그 문구의 반을 나누어 읊조리는 방법으로 같은 조직원임을 확인했다. 그 표시가 없
으면 즉각 경찰에 팔아 넘겼다.

　사람들 사이에 문신이 그토록 널리 퍼진 가장 중요한 요인은, 내가 볼 때 격세유전
혹은 소위 전통이라 불리는 역사의 격세유전 탓이 아니었나 싶다. 사실 문신은 원시적
인간과 오늘날까지도 여전히 야만적 상태에 머물러 있는 인간의 기본 특성 중의 하나이
다.

　저 심해(深海) 밑바닥의 온도가 늘 같은 수준을 유지하듯 원시인들의 습속과 미신, 심
지어 성가(聖歌)에 이르기까지 그대로 보유하고, 또 그들처럼 격렬한 열정, 무딘 감성, 다
분히 유아적인 허영심, 일상화되다시피 한 게으름, 흔하디 흔한 나체주의의 습성에 물들

어 사는 그 같은 계층에 야만인과 선사시대 인간들 사이에 그토록 널리 퍼졌던 하나의 관습이 다시 나타난다 한들 그것이 뭐 그리 놀랄 일이겠는가. 실제로 이런 괴상한 관습은 야만인들 사이에서 가장 많이 행해졌다.

이 연구를 마치고 내가 내린 결론은 문신은 정말 야만적인 관습이라는 것이다. 그것은 소수의 타락한 사람들을 제외하곤 우리 같은 부류에서는 절대 찾아볼 수 없고, 죄수들 사이에선 이상하리만치 거의 전문적으로 퍼져나갔지만, 본인들도 가끔 말하듯 병사들을 구분짓는 제복의 역할을 한 것 외에는 일반인들 사이에서 결코 확산돼 본 적이 없다는 사실로도 알 수 있다. 우리에게 그 죄수들은 심리학적 연구 대상으로 이용될 수 있다. 문신한 죄수들을 통해 이해하기 힘든 그들 정신의 어떤 측면, 별난 허영심, 복수에 대한 열망, 필적(筆跡)에까지 나타나는 그들의 격세유전적 성격 등을 알아볼 수 있을 것이다.

따라서 그런 관습을 이런 고상한 세계에 소개한다는 것은 실제로 그것을 행하지는 않는다 해도 그런 야만적인 말을 꺼낸다거나 생각을 한다는 것만으로도 혐오감이 마구 치밀어 오른다. 예컨대 그것은 천벌의 재판-격세유전으로의 회귀, 즉 생각하기도 싫은 저 중세 종교재판으로의 회귀와 같다고 할 수 있다.

오, 유행이란 그 얼마나 경박스런 것이더냐! 인류의 가장 아름다운 반쪽에 허다한 불평을 자아내게 한 장본인! 하지만 자만하지 말지어다. 아직 이곳까지는 도달하지 못했으니, 그리고 앞으로도 그런 일은 절대 일어나지 않을 것이다. ■

14

미국

미국 전통 문신의 가장 대중적인 문양은 작품의 교환, 복제, 비판을 통해 서로의 작품을 끊임없이 채찍질해온 수많은 화가들의 노력으로 발전이 이루어졌다. 그런 방법으로 그들은 특히 두 차례의 세계대전 중에 선원과 군인들로부터 받은 영감, 즉 당대의 시대상이라 할 수 있는 하나의 정형화된 틀을 만들어냈다. 이들 문양은 주로 용기, 애국심, 죽음을 두려워하지 않는 불굴의 투지, 조국에 두고 온 가족과 사랑하는 이들에 대한 그리움으로 이루어져 있다.

미국 문신에 대한 최초의 기록은 19세기 초반 뱃사람들에 의해 쓰여진 항해일지, 편지, 일기 등에서 발견되고 있다. 1840년대에 미 해군 프리깃함에 승선했던 허먼 멜빌은 그 항해의 회고록에서 당시의 동료 중 일부를 이렇게 묘사했다. 즉 이들은,

군함에서 불려지는 대로 문신 혹은 찌르는 것의 명수였다. 이들 중 대가의 경지에 올라 오랫동안 이름을 날린 두 사람이 있었다. 이들이 지닌 작은 상자 속에는 도구와 색소가 가득 들어 있었고, 용역에 대한 대가도 무척 비싸게 받았다. 그 결과 항해가 끝나갈 무렵에는 400달러 정도의 거금을 너끈히 손에 쥐었다. 이들은 소나무, 닻, 십자가, 여자, 사자, 독수리, 그 밖에 손님이 원하는 것은 무엇이든 바늘로 찔러 무늬를 만들었다.……천주교도 선원들은 멀리 떨어진 곳에서나마 가톨릭 국가의 신성한 땅에서 제대로 매장되고 싶다는 염

원에서 대개는 십자가를 새기게 마련이었다. 앞돛대 망루 선원 한 명은 항해를 하는 내내 허리에 닻줄 문신을 하여, 끝나고 나서 작업복을 벗겨보니 그 모양이 마치 밧줄이 칭칭 감긴 캡스턴처럼 보였다. 이 선원은 닻줄 고리 하나당 18펜스를 지불했다.……바늘을 반복하여 찌르는 것에서 비롯된 고통으로 인해 항해 내내 시달린 것만 해도 대단했을 텐데 거기다 이 선원은 피 같은 돈까지 지불한 것이다.[1]

C. H. 펠로즈는 미국 최초의 직업 문신가 중의 한 사람이었다. 그의 문신 도구와 문양 책은 1966년 로드아일랜드의 한 골동품상에게 발견되어, 지금은 코네티컷 주 미스틱의 항구 박물관에 보존되어 있다. 그의 삶이라든가 예술에 대한 그 밖의 다른 기록은 남아 있지 않다. 19세기 회사 인명록을 샅샅이 뒤져보아도 그의 이름이 나오지 않는 점으로 미루어 아마도 그는 선단을 따라다니며 배 위나 항구도시에서 문신 영업을 했던 것으로 보인다.

그의 문양 책에는 검붉은색으로 된 백여 개의 문양이 수록되어 있다. 주로 종교적, 애국적, 해양학적인 거창한 주제를 담고 있다. 이들 중 어떤 것은 남북전쟁과 미서(美西)전쟁의 특정 해전(海戰)을 기념한 것들이라는 점에서 특별한 흥미를 자아낸다. 남북전쟁 중의 해전은 남부군 전함 앨라배마(Alabama)호가 북부군 전함 컬세이지(Kearsage)호의 대포 공격을 받고 불길에 휩싸여 바다로 가라앉는 모습으로 묘사되었다.[2] 그 당시의 사료에 따르면, 1864년 6월 19일 컬세이지호의 장교와 승무원들은 앨라배마호에 대한 자신들의 승리를 기념하기 위해 이마 위에 별 모양의 문신을 새겼다고 한다.[3]

그 외에 또 다른 거창한 문양으로는 전함 메인(Maine)호의 침몰 모습이 있다. '메인(Maine)호를 기억하라'는 문구가 쓰여진 배의 기(旗)와 함께 배의 동체와 사령관 찰스 D. 싱스비의 초상화를 서로 포개지게 만든 문양이었다. 1898년 쿠바의 아바나 항구에서 일어난 메인호 침몰 사건은 미서전쟁의 신호탄이 된 중요한 사건이었다.[4]

산티아고 데 쿠바 항구에서 스페인 전함들을 봉쇄한 함대 제독 윌리엄 토마스 샘슨도 문양의 주제가 되었고, 마지막 전투에서 스페인을 격퇴한 미 전함들 중의 하나인 아이오아(Iowa)호 역시 문양의 주제로 사용되었다.[5] 그 밖

에 펠로즈 문양의 주제가 된 선박으로는 하트
포드(Hartford)호가 있다.[6] 이 배는 19세기 남북
전쟁을 치른 해군들에게는 기함(旗艦)으로 알
려졌었고, 그 후에도 미 해군의 훈련용 선박으
로 오랜 동안 이용되었다.

　남북전쟁 중에는 또 수 명의 문신가들이 수
도 워싱턴에서 문신 영업을 했는데, 그중 가장
널리 알려진 사람이 독일계 이민자로 1846년부
터 문신을 시작한 마틴 힐데브란트(Martin
Hildebrandt)였다. 그는 워싱턴 말고도 여러 지
역을 두루 돌아다니며 북부와 남부군의 환영
속에 그들의 군장(軍葬)이나 애인 이름을 새겨
주느라 바쁜 나날을 보냈다. 후일 그는, "선원
과 병사들에게 새겨준 문신만도 수천 개가 넘
고, 미국 전역에 이름도 꽤 알려지게 되었다."
고 회고했다.[7]

　1870년 힐데브란트는 뉴욕 시 오크 가(街)에

C. H. 펠로즈가 그린 미국 선박 하
트포드호의 모습.

스스로 '아틀리에'라 명명한 스튜디오를 개설했다. 우리가 아는 한 이것은
미국 최초의 문신 스튜디오였다. 힐데브란트는 이곳 한 곳에서만 이십 년이
넘게 활동하면서, 수 명의 제자들을 길러냈고 그의 딸을 비롯한 일부 서커스
단원들에게 최초로 전신 문신을 선보이기도 했다.

　그의 뉴욕 스튜디오가 성공을 거둠에 따라 많은 모방자들이 생겨났다. 그
리고 오래지 않아 사무엘 오릴리라는 강적을 만나게 되었다. 1875년 보웨리
의 차이나타운 근처 차탐 스퀘어 11번지에 들어선 오릴리 스튜디오는 근래에
조성된 2번가와 3번가 영향으로 교차로의 통행량이 늘어난 보웨리 입구의 차
탐 스퀘어를 끼고 있다는 점에서 장소 면에서 지극히 이상적인 곳을 차지하
고 있었다. 도박장, 성인용 술집, 실내 사격장, 유곽, 극장 등의 오락시설이
밀집돼 있는 차탐 스퀘어는 하루 통행량만도 수천을 헤아렸고, 그중의 많은
사람들이 오릴리로부터 문신을 받았다.

오릴리가 스튜디오를 열었을 때만 해도 문신의 모든 행위는 아직 손으로 이루어지고 있었다. 힐데브란트와 오릴리를 비롯한 당시의 문신가들은 나무 손잡이에 부착된 바늘 세트를 이용했다. 문신은 색소에 적신 바늘을 손에 들고 위아래로 리드미컬하게 움직이며 매초당 두세 차례 살갗을 찌르는 방법으로 이루어졌다. 이 방법은 기민한 손동작을 요구하기 때문에 완벽을 기하려면 수년간의 수련기간을 반드시 거쳐야 했다. 이런 식의 수작업은 내로라하는 대가들조차 진행이 아주 더디게 이루어졌다.

오릴리는 뛰어난 문신가였을 뿐 아니라 유능한 기능공이자 기술자이기도 했다. 문신업에 뛰어든 지 얼마 안 되어 그는 일에 속도감을 주기 위해 기계 이용법을 강구하기 시작했다. 핸드 핼드 기계의 바늘을 위아래로 자동적으로 움직이게 할 수만 있다면, 문신도 그림 그리는 속도만큼이나 빨리 새길 수 있다는 게 그의 생각이었다. 오릴리는 토마스 에디슨이 발명한 육필 인쇄기 즉, 황동관 속의 바늘을 위아래로 움직여주는 캠과 함께 회전식의 작은 전기 모터로 이루어진 조판 기계에서 그것의 영감을 얻었다. 그리고 마침내 에디슨 기계의 레버와 황동관 체계를 바꾸는 방법으로 최초의 전기 문신기를 발명했다. 1891년 그 기계는 정식으로 특허를 받아 색소, 문양과 같은 다른 문신용품들과 함께 시판에 들어갔다.[8]

미국의 문신 기술은 하룻밤 사이에 혁명을 이루었다. 오릴리에게도 주문이 폭주하여 몇 년 새에 그도 꽤 많은 돈을 벌어들였다. 그 명성이 얼마나 자자했던지, 필라델피아를 비롯한 미국의 주요 도시를 순회하며, 문신 스튜디오에 모습을 드러내기 꺼려하는 부유한 신사 숙녀들 집에 가서 직접 문신을 새겨주기도 했다.

서커스 단원들에게서도 주문이 들어왔다. 그 결과 오릴리와 그의 조수들은 애니 하워드, 존 헤이즈, 프랑크와 엠마 드 부르흐와 같은, 서커스 연예인들의 장식을 도맡아하게 되었다. 사업은 날로 번창했다. 나중엔 일본 문신의 대가 호리 토요까지 가세하여, 일본 문신의 진수를 찾는 고객들의 요구에 부응해야 했다. 오릴리는 또 학생들을 지도하면서 자칭 교수를 자처하기도 했다.[9]

이십여 년이 넘게 전성기를 구가하던 오릴리의 문신 사업도 세기말에 이

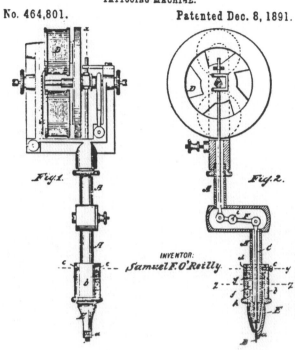

르러 창의력에 한계가 오기 시작하면서, 젊고 패기만만한 젊은 학생들에게 점점 밀리기 시작했다. 나중엔 일군의 경쟁자들이 그의 것과 비슷한 기계를 만들어 시장에 내놓자, 되지도 않을 특허권 소송을 일으켜 괜한 시간만 낭비하는 우를 범하기도 했다. 그는 브롱스에 있는 자기 집에 페인트칠을 하던 중 사다리에서 떨어진 후유증으로 1908년 숨을 거두었다.

　1900년이 되자 미국의 모든 주요 도시에 문신 가게가 들어섰다. '빌보드'와 '폴리스 가제트'에는 문신용품점들의 우편 주문 광고가 실렸고, 전국지들도 문신의 신경향을 알리는 기사 싣기에 동분서주하는 모습이었다. 문신가가 되려는 희망자들은 대부분 기술적으로는 뛰어났지만, 문양을 그릴 실력은 갖추지 못했다. 하지만 그중에도 그림에 뛰어난 능력을 보여준 문신가가 몇 명은 있었다. 류 알버츠가 바로 그런 사람이었다. 전직이 상업 미술가 겸 벽지 디자이너인 그는 미서전쟁 때 해군에 복무하면서 문신을 배웠다. 전쟁이 끝나자 그는 브롱스에 문신 가게를 열고 수천 점의 문양을 만들어 문신 전문용품점을 통해 판매했다.

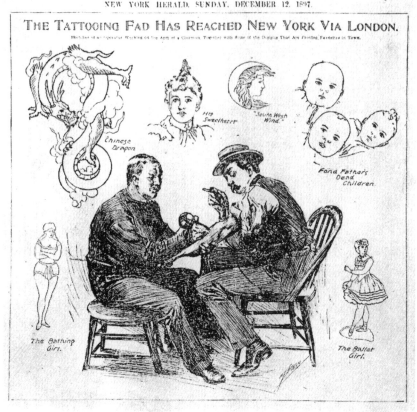

NEW YORK HERALD, SUNDAY, DECEMBER 12, 1897.

THE TATTOOING FAD HAS REACHED NEW YORK VIA LONDON.

문신 작업 중인 사무엘 오릴리. 1897년 12월 12일자 「뉴욕 헤럴드」지에 실린 삽화이다.

알버츠는 문양의 영감을 주로 그 당시 상업미술 장식에서 얻었다. 상업미술의 대중적인 이미지에 대담하고 거침없는 선을 입혀 힘과 단순함을 지닌 문양으로 재창조했다. 그의 문양이 문신가들에게 인기가 있었던 까닭은 예술적이면서도 복제하기가 그리 어렵지 않았기 때문이다. 하트, 장미, 뱀, 용, 독수리, 항해중인 배와 같은 미국 문신의 전통 이미지들은 대부분 류 알버츠에서 나온 것들이다. 그의 문양에 나타난 감상적이고 애국적이고 종교적인 주제들은 이후 50년 이상 미국 문신계를 지배했다.[10]

미국의 초기 문신가 중에 가장 재주가 뛰어나고 왕성한 활동을 벌인 인물은 찰스 와그너이다. 그는 오릴리가 스튜디오를 연 바로 그해, 1875년에 태어났다. 와그너는 당시 눈부신 경제 성장을 이루고 있던 뉴욕에서 성장했다. 19세기의 과학적 발명품들은 나오기가 무섭게 실용화되었고, 새로 특허를 받은 기계와 전기용품들도 해마다 수천 건씩 쏟아져 나왔으며, 이런 현상은 곧이어 전등, 자동차, 라디오, 비행기, 전기 문신기 등의 대량 생산으로 이어졌다. 찰스 와그너는 말하자면 시운과 장소를 잘 타고난 사람이었다.

후일 자신의 삶을 돌아보는 자리에서 와그너는, 십대 시절 그랜드 박물관(차탐 스퀘어에 있었다)에서 우연히 P. T. 바넘 서커스단의 문신 연예인 프린스 콘스탄티누스를 본 것이 문신에 관심을 갖게 된 계기가 되었다고 하면서, 알버트 패리 기자에게 이렇게 말했다.

> 그의 몸은 눈동자 바로 위까지 온통 동물들로 덮여 있었다. 나중에 알아보니 그는 아무것도 안하고 거기 그렇게 서서 문신을 보여주는 것만으로 일주일에 6o달러를 받는다고 했다. 나는 약간의 잉크와 바늘을 빌려 스스로 문신을 새겨보기 시작했다. 그 일은 주로 내가 야간 경비를 서고 있던 보웨리 건너편의 양복점에서 밤에 이루어졌다. 나는 그림에는 소질이 있었기 때문에 즉시 요령을 터득했다. 오후가 되면 구(舊) 3번가 부두로 내려가 배에서 내리는 손님들을 모아 밤이 되면 양복점으로 데려와 문신을 새겨주었다. 문신은 그렇게 시작됐다.[11]

와그너는 몇 년간 그렇게 양복점 문신 생활을 하다가 운 좋게 사무엘 오릴리의 견습생으로 발탁되었다. 와그너에 따르면, 견습생으로 있던 그 시절의 주 고객은 뱃사람들이었고, 문양의 선택에서는 미신이 중요한 역할을 했다고 한다.

> 남자들은 행운의 문신 하나쯤은 누구나 다 몸에 지니고 있었다.……내가 문신을 배우려고 부둣가 경비원 일을 그만두려 할 때 그 옛 선원은 가슴에는 잡귀를 물리칠 십자가 문신을, 왼쪽 발등에는 물에 빠져 죽는 것을 막을 수 있는 돼지를, 손에는 '쇠'를, 손가락에는 돛에서 떨어지는 것을 미연에 방지해줄 글자를 새겨달라고 말했다.[12]

미서전쟁 중에는 전투 행위를 문신으로 남기려는 해병 고객들이 줄을 이었고, 그에 따라 오릴리와 와그너도 눈코 뜰 새 없이 바빴다. 당시의 기록을

보면, 미 해군 사병의 80% 이상이 문신을 한 것으로 되어 있다. 오릴리는 문신으로 해병들의 전투심을 고취시켜 궁극적으로 조국에 봉사하게 한다는 사실에 대단한 자긍심을 느꼈다. 그는 이렇게 썼다.

> 산티아고와 그 외 지역에서의 우리 군함의 영광은 해병의 허리까지 벗겨 내리고 바지는 무릎까지 걷어올리게 하여 그들의 흰 피부를 온통 문신으로 수놓게 했다. 화약을 뒤집어 쓴 채 그들은 죽느냐 싸우느냐의 기로에 서 있었다. 용감한 형제들! 전투의 자욱한 연기 속에 쏟아지는 포탄에도 한 점 두려움 없이 자기 살을 북북 문질러보고는 거기 그렇게 있는 문신의 존재에 그토록 감격하던 그들.[13]

1908년 오릴리가 죽자 차탐 스퀘어 스튜디오는 와그너가 인수했다. 와그너는 자신이 새로 개량한 전기 문신기의 특허를 내고, 거기에 잉크와 문양지(紙)를 끼워 문신가가 되고자 하는 사람들에게 우편 판매를 실시했다. 해병 고객들도 여전히 넘쳐흘러 1908년을 계기로 그의 문신 사업은 절정을 이루었다. 그해에 해군이 "추잡하거나 음란한 문신은 거부의 사유가 되겠지만, 그 문양을 바꿀 의사가 있는 사람에게는 자격만 된다면 당연히 기회가 주어져야 한다."는 내용의 훈령을 내렸기 때문이다.[14]

1944년 『PM』지와의 인터뷰에서 와그너는 옛날 애인 이름을 지워주는 것 다음으로 당시의 그에게 고소득원이 되었던 것은 1908년의 해군 훈령이었다고 털어놓았다. 제2차 세계대전 중 공중 위생법 위반으로 뉴욕의 경범죄 법정에 소환되었을 때는 중요한 전쟁 임무(벗은 여인을 새긴 문신 위에 옷을 새겨줌으로써, 더 많은 남자들을 해군에 입대할 수 있게 했다는 것)를 수행하느라 너무 바빠서 바늘 소독을 못했다면서 선처를 부탁했다. 법관도 그 이유가 그럴 듯하다고 여겨졌는지 10달러의 벌금과 바늘 소독을 명하는 것으로 그 사건을 종결지었다.[15]

와그너는 전신 문신을 받은 서커스 단원과 서커스 소속 연예인 50여 명을 비롯하여 수만 명에 이르는 사람들이 그로부터 문신을 받은 것으로 추정했다. 특히 그는 명사 인명록에 등재될 정도로 부유한 남녀 인사를 고객으로 두고 있다는 사실에 무척 자긍심을 느꼈다. 그의 사진을 보면 우아하게 차려

1920년경 젊은 시절의 찰스 와그너.

1930년경 찰스 와그너와 그로부터 문신을 받은 차탐 스퀘어의 서커스 단원들. 앉아 있는 여성은 문신가 밀드레드 헐이다.

입은 사교계 여성에게 실크 해트와 꽃 장식을 한 정장 차림으로 문신을 해주는 그의 모습을 심심찮게 볼 수 있다.

와그너는 문신상의 여러 혁신을 이룬 것으로도 유명하다. 그는 여성들의 입술, 뺨, 눈썹에 성형 문신을 도입한 미국 최초의 문신가였다. 그 외에도 도둑에 대한 대비책으로 개와 말에도 문신을 했고, 화학적인 문신 제거법을 개발했으며, 류머티즘과 같은 통증 부위를 잉크가 묻지 않은 바늘로 문신하여 치료하는 방법을 찾아냈다. 그의 강점은 특히 대작(大作) 문양과 전신 문신에 있었다. 그는 능란한 자재(自在) 화가였으며, 수많은 자잘한 문양을 하나의 통일된 대 문양으로 만드는 것에 특히 뛰어났다. 그의 놀라운 기술과 예술성은 지금까지 남아 있는 서커스 단원들의 홍보용 사진으로도 잘 알 수 있다.

안타깝게도 와그너는 일기와 회고록 같은 것을 전혀 남기지 않았다. 하지만 생전에 신문 잡지의 많은 기사감이 되었고, 미국 문신사에서 가장 뚜렷한 족적을 남긴 인물의 하나로, 길고도 화려했던 이력을 보여주는 수많은 사진들을 남겨놓았다. 1880년대 말 그가 처음 문신을 시작했을 때 미국에는 불과 서너 명의 문신가밖에 없었다. 그러던 것이 1926년 『콜리어스 위클리(Collier's Weekly)』와 가진 인터뷰에서 그가 추정한 바에 따르면, 아마추어와 프로를 합해 총 2천 명의 문신가가, 그것도 모두 자기 소유의 기계와 문양을 가지고 활동하고 있는 것으로 나타났다.[16]

와그너는 1953년 1월 1일 칠십팔 세를 일기로 숨을 거두었다. 그는 죽을 때까지 문신을 계속했으며, 생애 통산 육십 년이 넘는 세월을 직업 문신가로 활동했다. 그가 죽은 후 집주인은 스튜디오 안에 있던 그의 물건들을 모두 쓰레기 하치장에 내다버렸다. 그와 함께 그의 원본 문양도 모두 파손되었다. 하지만 상당한 평가를 받았던 문신기와 인쇄된 문양 몇 점만은 개인 소장품으로 여전히 보관되었다.[17]

와그너의 그림은 한번도 예술사가들의 관심을 끈 적이 없고, 화랑이라든가 미술관에 전시돼 본 적도 없다. 그럼에도 불구하고 그의 그림들은 생전에는 엄청난 인기를 끌어, 유럽과 미국 전역의 서커스단들에 전시되어 많은 이들의 감탄을 자아냈으며, 죽은 뒤에는 수많은 사람들의 살갗으로 보존되었다. 문양 역시 문신가들에게 인기가 높아 그로부터 많은 변형작들이 쏟아져 나왔다. 오늘날 그는 미국의 고전 문신 스타일에 지대한 영향을 끼친 인물로 평가받는다. ■

보웨리의 와그너, 1945년*

차탐 스퀘어 11번지는 사실 어느 이발소의 주소였다. 두세 명 정도 들어가면 적합할 공간을 한 다스나 되는 남자들이 꽉 메우고 있었다. 찰리 와그너만 빼곤 모두 젊은이들뿐이었다. 찰리는 칸막이 한쪽 끝 백열 전구 아래 앉아 있었다. 무거운 표정에 면도도 안하고, 유난히 코가 큰 얼굴이었다. 손가락 관절이 금방이라도 튀어나올 것처럼 마디가 툭 불거진 그의 손에는 평범한 펜 하나가 들려 있었다. 그 펜을 잉크병에 푹 담그더니 그는 앞에 있는 젊은이 팔에 우아한 장미 한 송이를 그리기 시작했다.

그림은 순식간에 완성되었다. 그것이 완성되자 '사랑을' 이라는 문구와 '어머니께' 라는 단어를 그 장미꽃 위에 차례로 적어 넣었다. 그러고는 펜을 던지고 그림 위에 문신기를 갖다대자 바늘들은 대번에 윙 소리를 내며 빨갛고 파란 무늬를 찍어나가기 시작했다. 그 일을 하면서도 그는 그 큼지막한 손으로 청년의 살갗 위에 놓인 기계를 거칠게 밀어대기만 할 뿐 아무런 감정 표현도 보이지 않았다.

다음 손님은 19살 정도 된 금발의 잘생긴 청년이었다. 그는 허리까지 알몸을 하고 있었다.

"달콤새콤한이라고 했던가?"라고 와그너가 묻자 청년이 고개를 끄덕였다. 다른 사람들은 빙그레 웃기만 했다. 와그너가 청년의 한쪽 가슴에는 '달콤한' 을, 다른쪽 가슴에는 '새콤한' 을 새겼다.

"어제는 가슴에 나사 한 쌍과 그 밑에 '가까이 오지 말 것' 이라는 문구를 새겨 넣은 선원이 있었는데"라고 와그너가 말하자, 모두가 웃음을 터뜨렸다.

"지난주에는 개한테도 문신을 해 주었는걸." 바늘이 윙윙거리며 계속 돌아가는데도 와그너는 말을 멈추지 않았다. "잡종 티를 없애려고 코 위의 흰 점을 까맣게 만드는 문신이었지. 운전 기사가 데리고 왔더군."

신문에는 와그너의 나이가 67세로 나와 있었으나, 실제로는 50살 정도로밖에 보이지 않았다. 50년이 넘게 문신을 해온 그는 미서전쟁 이후로는 죽 차탐 스퀘어 11번지에서만 영업을 해왔다.

"그런데 말야," 그가 정색을 하고 말했다. "진짜 **찰스 와그너**는 바로 나라구. 바늘잡이

---

* 이 글은 1945년 3월에 발간된 『사이언스 다이제스트(*Science Digest*)』 17호 21-23 페이지에 실렸던 글이다.

사자(死者)들의 살갗에 보존돼 있는 초기 미국인들의 문신.

들 중에 나를 사칭하는 인간들이 많은가본데, 그것들은 다 가짜야. 어느 잡지 기자가 한 번은 날보고 살(皮)의 미켈란젤로라고 하더군. 하지만 나는 물러나야 해."

부스 안에는 아직 기다리는 젊은이들이 많았다. 12분만에 문양 하나를 끝내고 그 요금으로 25센트를 챙겨 받으면서도 그는 쉴 새 없이 말을 지껄였다. 그날 아침에는 젊은 신부의 어깨에 새겨진 나비 문신을 지워주었는데, 이유는 신랑이 좋아하지 않기 때문이라고 했다.

그러더니 또 최근 어느 부자에게 새겨준 야한 팬티 문신 얘기를 꺼내며, 지난주에 갓 결혼한 그 친구는 자기 부인에게도 똑같은 팬티 문신을 새겨달라고 한다며 너스레를 떨었다.

와그너가 하던 일을 멈추고 바늘을 바꾸었다. 자기가 직접 고안하여 특허를 받았다는 그 기계는 여덟 개의 바늘을 동시에 사용할 수 있었다. 그 바늘들은 1인치의 32분의 1 크기로, 1분에 24,000개의 구멍을 뚫었다. 와그너는 그 기계를 무척 자랑스러워하면서 마요 병원에서 직접 보내온 주문서까지 꺼내 보여주었다.

"성형 수술에 이 기계를 이용한다더군." 그가 말했다. "의사들도 이 기계의 성능을 인정한 결과라 할 수 있지. 직접 와서 해달라는 병원도 가끔 있을 정도니까. 지난주에는

찰스 와그너와 친구들.

성형수술로 만든 가슴에 젖꼭지를 만들어주기도 했어. 모양은 자기네끼리 그럭저럭 잘 만들었는데, 색깔 입히는 것 때문에 날 불렀더군."

그의 주 수입원은 과연 무엇일까? "이름 바꾸는 것." 그가 말했다. "처음엔 '에디트에게 사랑을'이라는 문신을 새겨달라고 했다가 몇 주 뒤에 다시 찾아와 '에디트를 지우고 그 자리에 헬렌을 넣어달라'고 하거든."

"그런 일이 끊임없이 반복돼요. 그리고 법관에게도 말했듯이, 벗은 여자들 그림에 팬티 그려 넣는 일도 많이 하고. 선원들한테 해줄 때도 있지만, 대개는 갓 결혼한 신부가 신랑 어깨 위의 벗은 여인을 질투하여 끌고 오는 일이 가장 많아요."

와그너는 자신의 이런 삶을 좋아할까? "물론이죠. 이 일을 하다보면 별의별 사람을 다 만나볼 수 있거든."

새로운 손님이 슬며시 의자에 와 앉았다. 열다섯 살 정도 되었을까, 두 입을 꼭 다물고 있었다.

"작은 하트 하나하고 '어머니'라는 글자를 새겨주세요." 그가 말했다.

"가격은 같으니까 하트를 두 개 새기면 어떻겠어?" 와그너가 물었다.

"그냥 하나만 해주세요." 소년이 말했다.

"그건 불길한 징존데."

"그래도 하나만 해주세요."

"그러면 상처받을 일이 생길 걸." 와그너가 심각하게 말했다.

"그럴 일 없어요." 소년이 그렇게 말하자 와그너가 일을 시작했다. 소년에게 왜 문신을 하느냐고 우리가 묻자,

"이유가 따로 있나요. 반지같이 그냥 하나의 장식이죠 뭐."라고 했다.

찰리가 히죽이 웃으며 말했다. "저 아이, 분명히 다시 올 거야. 한번 시작하면 절대 멈추지 못하는 게 문신이라구. 나를 봐. 닻 한 쌍과 하트 하나로 시작한 것이 지금 어떻게 됐나."

그가 왼쪽 바지를 걷어올리자, 촘촘하게 그려진 색 바랜 문양이 무릎에서 발목까지 덮여 있었다. 희미하긴 하나 자세히 살펴보니 남자들 얼굴이었다.

"내 친구들이에요." 찰리가 말했다. "여섯 명의 중국인인데 지금은 다 고인이 되었지. 그런데 말야, 오른쪽 다리에도 여섯 명이 있는데 그들은 아직 죽지 않았어. 그 참 묘하지!" ■

서커스

19세기 후반과 20세기 전반에 불어온 문신의 유행은 서커스와 관련이 깊었다. 서커스가 번창하면 문신도 번창했고, 서커스가 파산하면 문신가도 파산했다.

서커스단들은 70년이 넘는 세월 동안 온몸이 문신으로 덮인 연예인들을 몇 명씩은 반드시 고용해왔다. 그들 중에는 여흥만을 제공하는 사람도 있었고, 칼 삼키기와 같은 전통 서커스 묘기를 선보이는 사람도 있었다. 서커스단들은 거금을 들여서까지 가장 정교하게 문신된 연예인들을 확보하기 위해 치열한 경쟁을 벌였다. 옛날에는 문신가들이 봄여름에는 큰돈이 벌리는 서커스단을 따라다니고, 겨울이 돼야 집으로 돌아오는 일이 허다했다. 서커스는 문신가들에게 자신들의 작품을 널리 선보일 수 있는 전시장이었고, 실제로 우리 손에 들어온 초기 문신 작품도 서커스 홍보용으로 쓰였던 사진과 포스터인 경우가 많았다.

문신과 서커스 간의 밀월은 러시아 탐험가 게오르그 H. 폰 랑스도로프가 마르케사스를 찾은 1804년부터 시작되었다. 당시 그곳에는 전신 문신을 하고 원주민 여자와 결혼하여 여러 명의 자식까지 두고 있던 장 밥티스테 카브리라는 프랑스인 탈영병이 살고 있었는데, 그를 랑스도로프가 발견했던 것이다.[1]

카브리는 랑스도로프와 함께 러시아로 돌아와 모스크바와 상트 페테르부

마르케사스에 살고 있던 장 밥티스테 카브리의 초상(1804).

르그에서 짧지만 성공적인 무대 경력을 쌓았다. 그러고는 크론스타트의 해병사관학교에서 1년간 수영교사 생활을 한 뒤 다시 무대로 복귀하여 유럽 순회공연을 다니다 그곳에서 저명한 의사의 검진을 받고 왕족들 앞에 서게 되었다. 하지만 그의 무대활동은 몇 년이 지나지 않아 곧 사양길로 접어들었다.

말년에는 훈련받은 개를 비롯한 각종 대중 오락물들과도 경쟁을 벌이는 처지가 되었고, 그러다가 마침내 1822년 자신의 출생지인 프랑스 발랑시엔느에서 초라하고 잊혀진 존재로 숨을 거두었다.[2]

영국 최초의 문신 연예인은 존 러더포드였다. 1828년 뉴질랜드 마오리족들 사이에서 겪은 그의 흥미진진한 모험담이 대중 매체에 소개되었다. 그는 마오리족에게 붙잡혀 십 년간을 포로로 지냈는데, 붙잡힌 지 얼마 안 되어 전 부족이 지켜보는 가운데 4시간의 의식을 가진 뒤 두 명의 사제들로부터 강제 문신을 당했고, 문신을 받는 동안엔 까무러치기까지 했으며, 끝난 다음에도 수주간 앓아 누웠다는 것이다.

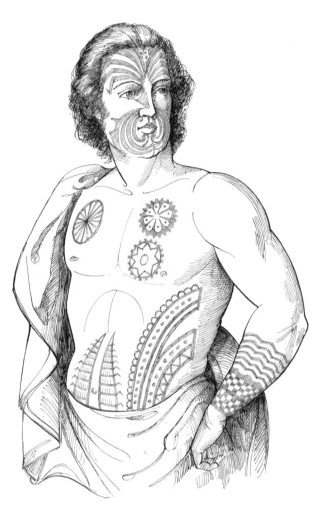

1828년의 존 러더포드(조지 크레이크 이후 다시 그린 것이다).

자리에서 일어난 러더포드는 이후 마오리족 양자(養子)가 되어 추장의 자리에까지 오르며 상당한 대우를 받고 살았다. 마오리족은 얼마든지 좋다며 60명의 여자를 그에게 신부감으로 제공했다. 하지만 그는 신중히 처신하여 족장의 딸 두 명만을 신부로 취했다. 마오리족과 지내는 동안 그는 전쟁과 머리 사냥을 비롯한 각종 부족 활동에 참가했다.

1826년 러더포드는 한 미국 범선에 구조되어 하와이로 보내졌는데, 그곳에서 또 다른 원주민 여자와 결혼하여 행복하게 살았다. 하와이에서 일 년을 보낸 러더포드는 영국으로 돌아왔다. 그의 전기 작가 조지 크레이크는 다음과 같이 말했다.

　　그는 순회마술단을 따라다니며 사람들에게 문신과 흥미진진한 모험담을 들려주었다.……그는 온순하고 예의가 바르며 아이들도 무척 좋아하여, 자신의 이상한 외모에 대해서도 싫은 기색 없이 아주 자상하게 설명해주는 등, 지극히 수수한 면모를 보여주었다. 그는 자신의 모험담을 책으로 낸다는 생각에 무척 즐거워하며, 서리 내리는 영하의 추위 속에 웃통을 벗고 앉아 있어야 하는 불편을 감수하면서까지 기꺼이 초상화 모델이 되었다. 그는 돈을 위해 몸을 판다는 것에 대단한 혐오감을 느꼈으나, 오타히티로 돌아가려면 원고료 외에 큰 돈이 필요했기 때문에 어쩔 수 없이 그 일을 받아들였다. 그때[1830] 이후로 우리가 그에 대해 들은 바는 없지만, 그는 분명 자신의 소망을 성취했을 것이다.3

1820년경 프랑스의 한 카니발에 출연한 장 밥티스테 카브리의 모습.

　　19세기의 유명한 흥행사 P. T. 바눔은, 본인의 말을 빌면, "자연의 정상적인 궤도를 불가사의하게 이탈한" 색다른 인간들을 모아 최초의 단체 전(展)을 기획한 사람으로 평가받고 있다. 그들은 1841년 뉴욕에서 문을 연 바눔의 미국 박물관에서 첫 전시가 된 이래 그 도시의 가장 수지맞는 흥행물의 하나로 떠올랐다.4

　　바눔의 미국 박물관 고객들은 이국적인 동물, 과학 강연, 마술 쇼, 멜로 드라마, 샴 쌍둥이, 난쟁이, 수염 난 여자, 색소 결핍 흰둥이, 집시, 뚱보, 갈비씨, 식인종 등의 인간 희귀종이 뒤섞인, 그야말로 교훈과 오락의 뒤범벅 쇼를 함께 구경했다. 이것들은 모두 진짜와 가짜가 뒤섞인 이국적인 기원과 모험이 담긴 얼토당토않은 이야기로 소개되었다.

　　1842년 바눔의 미국 박물관에서 가장 인기를 끌었던 인물 중의 하나는 문신 인간으로는 미국 최초로 전시되는 영광을 차지한 제임스 F. 오코넬이었다. 오코넬은 캐롤라인 제도의 포나페 섬 원주민들과 수년간 함께 살면서 그들로부터 문신을 받은 사람이었다. 캐롤라인 제도를 떠나 미국으로 돌아온

제임스 F. 오코넬. 남태평양에서의 그의 모험담을 담은 한 팸플릿에 표지인물로 등장했을 때의 모습이다.

뒤에는 『뉴 홀랜드와 캐롤라인 제도에서의 11년(*Eleven Years in New Holland and the Caroline Islands*)』(1834)이라는 책을 발간하고, 이후 이십 년 동안 미 동부의 보드빌 극장과 서커스단에서 배우, 댄서, 곡예사로 활동했다.

그는 카브리와 러더포드가 말한 것과 똑같은 이국적이고 허풍스런 모험담으로 관객들을 즐겁게 했다. 포나페 섬의 야만인들에게 생포된 뒤 일군의 육체파 처녀들에게 넘겨져 강제로 문신을 당했다거나, 실망스럽게도 섬의 관습 때문에 문신을 해준 맨 마지막 처녀와 결혼할 수밖에 없었고, 그래도 그녀는 공주였기 때문에 오코넬도 당연히 추장이 되었다는 둥 그런 이야기였다. 1837년 6월 15일자 연극 프로그램 광고 전단에는 남태평양에서 그가 겪은 모험담을 기초로 한 멜로드라마에서 오코넬이 직접 연기하는 모습이 담겨 있었다.

오코넬의 상세한 문신 문양은 안타깝게도 하나도 남아 있지 않지만, 날짜 미상의 한 그림을 보면, 캐롤라인 제도의 대표적 토착 미술인 기하학적 문양으로 그의 팔이 문신된 것을 볼 수 있다. 오코넬이 데뷔할 때만 해도 미국에는 직업 문신가가 없었기 때문에 문신이라는 걸 별로 구경해본 적이 없는 박물관 고객들은 그 새로운 구경거리를 무척 신기하게 여겼다. 당시의 한 기사에 따르면, "거리에서 그를 만날 때마다 여자와 아이들은 놀라서 비명을 질렀고, 목사들은 임신한 여성이 그의 문신된 모습을 보면 그와 똑같이 문신된 아이를 낳게 될 것이라며 독설을 퍼부었다."[5]

오코넬은 1854년 12월 뉴올리언스의 댄 라이스 원형극장에서 그의 마지막 공연을 가졌다. 댄 라이스의 친척 마이라 와드 브라운은 오코넬의 마지막 날들을 이렇게 묘사했다.

1850년경 무대 위에서 춤을 추고 있는 제임스 F. 오코넬.

순회 공연을 다니는 동안 병이 나서 공연을 할 수 없게 됨에 따라 그는 댄 라이스와 몇몇 단원들의 극진한 보살핌을 받았다.……병은 점점 악화되어 상태는 절망적이었다. 최후의 시간이 가까워오는 것을 깨달은 그는 기발한 제안을 하나 했다. 그를 매장할 때 밴드가 음악을 연주하면 진 존슨[오코넬의 순회 공연 동료였고 많은 공연에서 그의 파트너 역할을 했다]에게 무덤 위에서 뱃사람 춤을 추게 하라는 것이었다. 가엾은 오코넬! 그는 궁핍과 고통스런 삶과의 작별은 슬픔과 비탄보다는 음악과 환희로 축복 받아 마땅하다고 느꼈음이 분명하다.[6]

1869년 미국 최초로 대륙간 철도가 연결됨에 따라 서커스에도 혁명의 바람이 불어왔다. 재래의 교통 수단이 비포장도로 위를 말이 끄는 사륜마차로 이 마을 저 마을을 느릿느릿 이동해 다니는 것이었다면, 기차 여행은 무거운 장비와 함께 수많은 사람과 동물을 단 며칠 새에 전국의 주요 도시로 실어다 주는 수단이었다. 수익도 엄청나게 불어났다. 서커스는 바야흐로 전성기에 접어들었고, 문신 인간과 문신가들의 고용 기회도 덩달아 높아졌다.

1871년 바눔은 두 개의 기존 서커스단을 하나로 합쳐 세계 최대의 서커스단인 P. T. 바눔의 순회 박람회를 조직했다. 거기에는 박물관과 동물원 그리고 30여 종의 인간 희귀종이 포함되었다. 애초에 바눔의 순회 박람회에는 문신 인간이 포함되지 않았으나, 2년 뒤 콘스탄티누스라는 아주 정교하게 문신된 그리스인을 바눔이 찾아내어 그 자리를 메우게 되었다.

1884년경에 그려진 한 서커스의 포스터. 콘스탄티누스가 강제로 문신 당하는 모습이 그려져 있다.

19세기 말의 한 서커스 포스터에
등장한 미녀 이렌느의 모습.

콘스탄티누스의 이력은 원주민 공주와 결혼했다는 것, 포로로 붙잡혔다는 것, 문신을 받느라 심한 고통을 당했다는 것, 탈출하여 아시아와 아프리카를 떠돌아다니며 엄청난 모험을 했다는 것 등에서 카브리와 러더포드의 그것과 놀랍도록 흡사했다. 그는 본인의 말로, "세계 최고의 악당에 도둑이었으며, 여성들의 선망의 대상이었다."7

눈치 있는 사람이라면 금방 알아차렸겠지만, 이것은 모두 허풍이었다. 콘스탄티누스는 버마에서 몇 년 지낼 때 연예계에 진출하려는 의도로 자청해서 문신을 받은 평범한 그리스인에 불과했다. 그의 성공 요인은 허풍스런 모험담 때문이었다기보다는 다른 경쟁자들에 비해 훨씬 정교하고 예술적이었던 그의 문신에 있었다. 예술성과 기교 면에서 콘스탄티누스의 문신은 당시 유럽에 소개된 그 어느 것보다도 우수했다.

전기 문신기가 발명되자 너도나도 서커스에서 쉽게 돈벌 방법을 찾기 시작했다. 오릴리와 와그너 두 사람 모두에게서 문신을 받은 '미녀 이렌느(La Belle Irene)'는 1890년 런던 데뷔를 하면서 서커스 사상 최초로 전신 문신을 받은 여성임을 강조했다. 그녀의 문신은 꽃, 새, 하트, 큐피드, 당시의 장식 상업미술을 본떠 만든 소용돌이 문양과 감상적인 어구 등이 어우러진 모습이었다. 그녀는 자신이 그런 문신을 하고 있는 이유를, 이상하고 야만적인 나라에서 있을지도 모를 원주민들의 불쾌한 접근을 막기 위해서라고 런던 시민들에게 설명했다.

그 후 오래지 않아 미녀 이렌느는 오릴리의 초기 걸작품 중에서도 가장 유명한 문신을 한 엠마 드 부르흐라는 호적수를 만나게 되었다. 드 부르흐의 문양은 주로 최후의 민찬과 같은 종교적이고 애국적인 내용을 담고 있었다. 그녀와 역시 문신을 하고 있던 그녀의 남편 프랭크는 영국과 유럽 대륙에서 성공적인 순회 공연을 가졌으나, 뱃살이 늘어나기 시작하면서 인기가 곤두박

질치는 바람에 그동안 벌어놓았던 돈도 한순간에 모두 날려버렸다.[8]

19세기의 마지막 십 년간 서커스는 전례 없던 호황을 누렸다. 바넘, 베일리, 콜 브라더스와 링글링 브라더스와 같은 대형 서커스단은 전국 방방곡곡을 누비며 미 전역에서 순회공연을 가졌다. 그에 질세라 백여 개가 넘는 소규모 서커스단과 순회 공연단도 전국을 종횡무진으로 누비며, 대형 서커스단보다는 질이 좀 떨어지는 구경거리를 시골 사람들에게 제공했다.

서커스가 번창하면서 문신 인간들의 수요도 급증했다. 서커스단들은 주로 성조기, 미국의 국장(國章)인 흰머리 독수리, 그리고 자유의 여신상 같은 종교적이고 애국적인 문양을 좋아했다. 그 외에 면류관을 쓴 그리스도, 십자가, 성모마리아와 아기 예수, 최후의 만찬 같은 문양도 선호되었고, 그런 것들은 대개 '서로를 사랑하라' 라든가 '예수가 구원하리라' 등의 문구와 함께 새겨지게 마련이었다. 문신에 거부감을 갖는 촌스럽고 보수적인 서커스 관객들에게도 그런 내용은 충분히 받아들여질 만했다.

보다 진귀한 문신작품을 내놓기 위해 서커스단들이 각축전을 벌임에 따라 단원들 간에도 경쟁이 치열해져 문신 인간들 중에는 검을 삼키는 사람, 불을 먹는 사람, 마술사, 독심술을 하는 사람, 난쟁이, 장사(壯士), 뚱보여인, 레슬러, 칼잡이, 심지어는 서커스 동물들까지 생겨났다. 1920년이 되자 무려 300명 이상의 문신 인간들이 서커스 단원이나 그

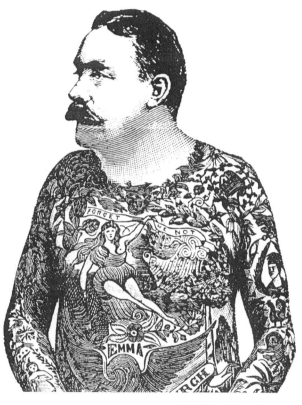

1875년경의 프랭크 드 부르흐.

밖의 다른 연예인으로 고용되기에 이르렀다. 어떤 사람들은 주당 거의 2백 달러(당시로서는 거금이었다)까지 수입을 올렸다. 그만한 돈을 벌면서 서커스단과 여행도 할 수 있다는 생각은 모험심은 강해도 어쩔 수 없이 그냥 시골구석에 저박혀 살고 있던 사람들에게는 대단히 매력적인 직업으로 비쳤을 게 분명하다.[9]

호러스 리들러는 문신 인간으로는 당시 가장 유명한 사람이었다. 1927년 그는 런던 제일의 문신가 조지 버체트를 찾아가, 얼굴에 1인치 크기의 얼룩말 무늬를 비롯하여 몸통 전체에 문신을 해줄 것을 요청했다. 문신이 완성되자 리들러는 이빨을 뾰족하게 갈아 전체적인 인상을 더욱 험악하게 만들었다. 코에도 구멍을 뚫어 상아 엄니를 끼우는가 하면, 귓불을 뚫어 구멍 지름이 1인치 이상 될 때까지 길게 잡아늘였다. 이러한 고난을 거친 뒤 마침내 리들러는 서커스 사상 가장 진귀한 구경거리의 하나인 위대한 오미로 탈바꿈하는 데 성공했다. 그는 1950년 은퇴할 때까지 매우 성공적인 삶을 살았고, 은퇴한 뒤에는 아내와 함께 서섹스의 조그만 마을로 주거지를 옮겨, 그곳에서 향년 77세를 일기로 숨을 거두었다.[10]

위대한 오미의 성공 요인은 그의 독특함에서 찾아볼 수 있다. 하지만 그의 활동 후반기에 접어들면서 서커스단에서는 점점 문신된 사람들을 찾아보기 힘들게 되었다. 그들은 더 이상 진기한 구경거리가 아니었다. 서커스 관객들은 흔해 빠진 미국 스타일의 문신을 보는 것에 식상함을 느꼈다. 서커스에서 문신이 점점 사양길에 접어든 또 다른 요인으로는 문신 인간들의 전시가 주종을 이룬 희귀 쇼의 소멸을 들 수 있다. 제2차 세계대전 이후 희귀 쇼는 기형적 인간들을 오락과 돈벌이 수단으로 이용하는 것에 강력히 반발해온 의료계와 사회 개혁자들의 집중적인 공격의 대상이 되었다. 뿐만 아니라 그동안 이루어진 의학적 진보로 신체적 기형의 원인인 호르몬 불균형과 같은 갖가지 이상 증후군에 대한 치료와 예방법이 개발됨으로써 희귀 쇼에 쓸 사람도, 출연하길 원하는 사람도 많이 줄어들게 되었다. 대중들의 취향에도 변화가 있었다. 서커스 관객들은 이제 더 이상 무식하고 단순한 사람들이 아니었다. 구식 쇼의 주종을 이룬 엉터리 광고와 허풍스런 모험담을 이제 그들은 더 이상 믿지 않았다. 희귀종으로 전시되었던 사람들은 병자나 불쌍한 존재로 취급받았고, 부모들은 그런 사람이 웃음거리가 되는 곳에 자식들을 데려가려 하지 않았다.[11]

그런 가운데서도 제2차 세계대전 이후 몇몇 대형 서커스단들은 기형 쇼와 함께 문신 인간들을 여전히 출연시키고 있었다. 하지만 텔레비전과 영화 같은 복합적 요인들이 생겨나면서, 서커스 수입은 급격히 감소했다. 수입은 감소하는데, 장비와 동물, 단원들의 운송비는 늘어만 갔고, 엎친 데 덮친 격으로 서커스 종사자들은 노조까지 가입하여 급여를 올려달라며 아우성을 쳤다. 이 상황에서 소규모 서커스단들은 급기야 파산 길로 접어들었다. 대형 서커스단들도 더 이상 서로 경쟁할 입장이 아니었기 때문에 힘을 합쳐 하나의 독점권을 형성하기에 이르렀다.

1956년 7월 16일 미국 최후의 3링 순회 서커스(세 군데 연기장에서 동시에 쇼를 할 수 있는 서커스) 쇼인, 링글링 브라더스의 지상 최대의 쇼가 펜실베이니아 주 피츠버그에서 열렸다. 쇼가 시작되기 전 광대 한 명이 꼬마 소녀를 번쩍 들어올려 자기 무릎에 앉히고는 이렇게 소리쳤다. "오늘 밤만은 모든 근심 걱정을 잊어주세요. 여러분이 마지막으로 보게 될 3링 서커스가 이제 시작됩니다." 이 지상 최대의 쇼는 여름 시즌 중반에 파산하여 막을 내리고, 차량 80대분의 서커스 짐은 기차에 실려 플로리다의 겨울용 막사로 보내졌다. 다음날 『뉴욕 타임스』에는 '서커스 천막 마지막으로 접다'라는 머리기사가 실렸다. 서커스단 중엔 규모를 대폭 줄인 가운데 실내 쇼만을 개최하며 근근이 명맥을 유지하는 곳도 있긴 했지만, 희귀종이나 문신 인간은 이제 더 이상 찾아볼 수 없었다.[12]

전통 서커스 문양 사진을 보고 있노라면, 예전에 근사했던 것은 지금도 근사하다는 생각이 든다. 콘스탄티누스와 오미가 현대의 문신 대회에 나왔더라면 예전에 못지 않은 센세이션을 불러일으켰을 게 분명하다. 와그너 문양의 매력도 그대로이다. 그의 문양의 중심축을 이루었던 십자가, 국기, 하트, 용, 항해하는 배 등은 믿음, 애국심, 충성, 사랑, 용기와 같은 심오하고도 단순한 감정에 대한 거리낌없는 표현이었다.

1953년 찰리 와그너가 마지막으로 문신을 한 이래 수많은 세월이 흘러갔다. 문신에 대한 취향도 많이 변했다. 와그너 문양들은 지금의 우리에게는 너무 단순하게 느껴진다. 하지만 그와 동시에 문신 유산에 대한 새로운 평가도 이루어지고 있다. 진보의 과정에서 과거를 재발견하여 그것을 새로운 눈으로 바라보고, 영속적인 것을 찾아내는 것이야말로 우리의 할 일이 아니겠는가.

THE
GREAT
OMI

유럽의 카브리, 1805년경*

우리가 누크히바를 출발하려 할 때, 그 섬에 붙잡혀 거의 야만인이 되다시피 한 프랑스인 장 밥티스테 카브리 역시 생각지도 않게 그 섬을 떠나야만 했다. 이후 그는 캄차카에서 우리와 헤어져 육로를 통해 상트 페테르부르그로 갔다. 이 사람의 특이한 운명과 기이하게 문신된 모습은 모든 이들의 관심을 자아냈다. 그는 모스크바와 상트 페테르부르그의 무대에서 야만인 춤을 선보였고, 그 나라의 모든 국민들로부터 진짜 희귀종으로 대접받았다. 그는 시간이 가면서 유럽의 관습에 차츰 익숙해지긴 했지만, 그럼에도 불구하고 전에 자기가 죽인 사람들, 죽여서 돼지와 맞바꾸거나 어쩌면 자기가 먹어버렸을 지도 모를 사람들에 대한 생각을 멈출 수가 없었다. 그는 누크히바 원주민들조차 따라잡지 못한 수영 실력으로 크론스타트에 있는 해병대 학생 교련단의 수영선생 자리를 얻어, 지금까지 그곳에 살고 있다. 언어도 누크히바 말은 거의 잊어버리고 놀랄 만큼 빠르게 모국어를 습득해가고 있다. 지난 날 누크히바 공주와 결혼했던 것이며 그 섬에서 겪은 모험담은 이제 유럽에서 얻은 에피소드와 새롭게 뒤섞여, 그의 말을 듣는 사람이면 누구나 그가 얼마나 황당한 말을 하고 있는지를 금새 알아차리게 되었다. ■

독일의 콘스탄티누스, 1872년**

버마에서 온 문신 인간

비엔나 대학 교수 카포시 박사(모리츠 콘) 씀

비엔나에 몇 달간 거주했던 한 남자에게 그리도 대단한 관심이 쏠렸던 것은 몸에 문신된 그 많은 문양과 그것의 예술성 때문이었다. 헤브라 교수는 그것을 특이한 사례로 간주하여 대학과 의대 교수진들을 위해 기꺼이 기록해주는 수고를 아끼지 않았다. 그의 요청에 따라 앙거러 씨는 그 남자에 대한 다양한 사진들을 찍어주었고, 하이츠만 박사도

---

* 이 글은 1813년 런던에서 간행된 게오르그 엔리케 폰 랑스도로프의 『세계 각지로의 항해와 여행(*Voyages and Travels in Various Parts of the World*)』에서 발췌한 글이다.
** 이 글은 1872년에 발간된 『주간 바이너 의학(*Wiener Medizinische Wochenschrift*)』 제2호에 실렸던 글이다. 스티브 길버트 번역.

위대한 오미의 1939년도 모습.

실물 크기로 그의 머리와 몸통 그림을 그려주었다. 그 그림은 헤브라 박사의 『피부병 도해서(*Atlas der Hautkrankheiten*)』 제8권에 실리게 될 것이다.

문신 인간은 피부과 교수들을 비롯한 대학의 여러 관계자들에게 보여졌고, 나 역시 1870년 10월 27일 많은 회원들이 참석한 의학협회 모임에 그를 데려간 적이 있다.

더불어 인류학 협회, 미술가 조합과 같은 수많은 비 의료단체 회원들까지 그에게 커다란 관심을 보이며, 이 걸어다니는 미술 화랑이 다 닳아 헤질 때까지 꼼꼼히 관찰했다는 것도 여기에 부언해두는 바이다.

하지만 그럼에도 불구하고 의학, 민족학, 언어학, 미술, 그리고 어쩌면 고고학계의 권위자들밖에는 풀 수 없을 수수께끼 같은 문제들이 많이 남아 있다. 따라서 문신 인간의 피부에 대해 정밀한 과학적 조사를 할 수 있는 해부학자, 동물학자, 피부학자, 외과의가 포함된, 이 분야의 전문가들로 구성된 위원회 구성을 제의하는 바이다.

나는 이것을 적절한 때와 장소를 만날 때마다 누차 강조를 해오고 있지만, 아직까지도 실효를 거두지 못하고 있다. 문신 인간은 베를린과 런던으로 곧 떠나야하기 때문에 이곳 비엔나에는 그리 오래 머물지 못한다. 그곳에서도 그는 내가 제안한 연구 대상이 될 게 분명하다. 비엔나 학계가 이 기회를 놓친다면 그건 무척 안타까운 일이 될 것이고, 그들의 무관심 때문에 결국 이 색다른 사례에 대한 연구 업적은 외국 학자들에게 넘어가고 말 것이다.

그의 말에 따르면, 게오르그 콘스탄티누스라는 이 남자는 알바니아 태생으로 43살의 독신이다. 모국어인 그리스어 외에도 아랍어와 페르시아어를 유창하게 구사하고, (유창하진 못해도) 프랑스어, 이탈리아어, 독일어도 할 줄 안다. 이것은 모두 페르시아 국왕의 전 주치의였던 폴락 박사와 해박한 동양 언어학자인 뮐러 교수가 확인한 사실들이다.

자신의 문신에 얽힌 이야기를 그는 다음과 같이 들려주었다.

5년 전 그를 포함한 12명의 동료들은 회사를 하나 차려놓고 중국의 타르타르족과 금(金) 교역을 하면서 그 지역 반란군들에게 무기 판매도 병행하고 있었다. 그런데 반란군들이 패하면서 콘스탄티누스와 그의 동료들도 타르타르족에게 붙잡히는 몸이 되었다. 그 중 9명은 학살되고, 그와 나머지 2명만이 살아남아 평생 자국으로 남아 있게 될 '무시형(刑)'을 선고받았다.

그중 1명은 극심한 고통 때문에, 아니면 계속되는 감염으로 문신을 받다가 숨지고, 다른 1명은 충격으로 실명한 뒤 지금은 홍콩에 살고 있다. 콘스탄티누스 자신은 중국을 통해 인도양의 한 항구로 탈출하여 그곳에서 영국 선박을 만나 마닐라로 가서, 마닐라에서 다시 홍콩과 수에즈를 거쳐 마침내 그리스 땅에 닿게 되었다.

그는 언젠가는 중국인들과 싸우는 프랑스인을 돕다가 중국인들에게 생포되어 그들로부터 문신을 당했다고 하는 등 매번 다른 말을 늘어놓았다. 하지만 사실이야 어찌됐건, 그와 인터뷰해 본 사람들의 일치된 견해는 동아시아에 대한 지식이 무척 해박하다는 것이었다.

그에 따르면 문신은 모두 한 사람이 새겨주었다고 한다. 네 명의 장사가 반항하면 죽이겠다고 겁을 주며 그를 붙들고 있는 가운데 매일 아침 3시간씩 행해졌다는 것이다. 문신은 석 달 만에 완성되었다.

완벽한 예술성을 지닌 그 문양들을 볼 때, 그의 마지막 말은 지금까지 말한 그 어느 것보다도 신빙성이 없어 보인다.

문신 인간은 중키에 생김새도 수려하고 영양 상태도 좋은 강건한 체력의 소유자이다. 턱수염도 더부룩하게 길렀고, 검은색 긴 머리는 두 줄로 땋아 머리 위에 올려놓았다. 의복을 입지 않은 상태에서 보면, 마치 아름다운 무늬가 수놓아진 몸에 꽉 끼는 옷을 입은 것처럼 보인다. 몸 전체에서 문신이 안 된 곳은 음경의 밑면과 음낭, 그리고 발바닥뿐이다. 문양들 사이의 공간에는 청, 적색의 문자나 기호로 된 글자 같은 것이 새겨져 있다. 이런 글자들은 손등에서 손가락, 발등에서 발톱에 이르는 부위에서도 찾아볼 수 있다.

헤브라 교수의 『피부병 도해서』에 실린 콘스탄티누스의 모습.

턱수염 밑의 피부와 머리 가죽도 예외는 아니다. 이마 중심선 양쪽에는 서로 마주보고 있는 표범 두 마리가, 그 사이에는 기호들이 새겨져 있다. 수염이 없는 맨 뺨 부위에는 별 모양의 문양이 그려져 있다.

몸통의 나머지 부위에서 그중 큰 것을 세어보니 386개가 나왔고, 거기다 이마의 문양

까지 합하면 총 문양 수는 388개가 된다. 그것을 부위별로 나누어 보면 다음과 같다.

가슴	50
왼팔	51
오른팔	50
등	37
목	8
엉덩이와 골반	52
음경	1
두 다리	137
이마	2
합계	**388**

동물의 문양은 모두 푸른색에 크기는 중간 정도이고, 몸의 중심선에서 대칭을 이루며 서로 마주보도록 새겨져 있다. 가령 가슴 윗부분을 보면, 왕관을 쓴 두 마리의 스핑크스, 두 마리의 뱀, 두 마리의 코끼리, 두 마리의 백조가 양쪽에 마주 보도록 새겨져 있고, 그 사이에 올빼미 모양의 새가 들어앉아 있는 것이 그 좋은 예이다.

그 밖에 다른 동물들로는 원숭이, 표범, 사자, 악어, 도마뱀, 도롱뇽, 용, 물고기, 가젤 영양(羚羊), 홍합, 달팽이 등이 있고, 그 외에도 활, 화살통, 화살, 과일, 잎사귀, 꽃 등의 별의별 문양들이 다 들어 있다.

뮐러 교수는 그의 손등에 새겨진 글씨를 버마어로 인식했다. (문신 인간 자신도 버마에 있었음을 인정했다.)

문신이 안 된 채로 남아있는 극소 부위의 피부 색깔은 정상인 것 같았다. 문신된 곳의 피부도 유연하고 부드러워, 선(腺)이 부풀어오른 곳은 단 한군데도 찾아볼 수 없었다. 피부의 호흡작용도 극히 정상이었다.

문양의 모양들은 하나같이 우아한 선으로 완벽하게 마무리를 한 뛰어난 예술적 감각을 보여주었다. 사실적인 것들이 있는가 하면 양식화된 것들도 있다. 새의 날개를 보면, 금방이라도 훨훨 날아갈 것같이 아름답게 묘사되었다. 문양들은 자수 바늘 끝 크기만한 아주 조그만 점들로 이루어졌는데, 그 각각의 중앙에는 희끄무레한 산처 모양의 구멍이 하나씩 나있다. 문양과 글자들은 붉은색 글씨가 가끔씩 눈에 띄는 가운데 거의가 푸른색으로 되었다. 모두가 문신 테크닉에는 잘 어울리는 점들이다.

(의료계 사람이 아닌 한 참관인은 그 문양을 보고 문신된 것이 아니라 부각(腐刻)된 것 같다고 했는데, 그것은 해부학의 무지에서 나온 소치이다.)

문신에 사용된 색소는 식물에서 추출한 것 같았다. 유럽의 문신가들은 푸른색은 화약이나 숯, 붉은색은 진사(辰砂: 수은의 원광)에서 추출하듯 주로 광물질에서 나온 색소를 이용한다. 현미경으로 조사해본 결과, 피부의 미세 구멍 속으로 침투된 진사의 입자들은 결합조직 속에 갇힌 채 그대로 남아있었다(1859년 에어랑어 사에서 간행된 폰 배렌스프룽의 『피부병들(Die Hautkrankheiten)』 91쪽 참조할 것). 임파선을 통해 림프샘으로 옮겨가 거기 머무르는 입자들도 간혹 있긴 했다.[피어쇼브(Virchow)와 멕켈(Meckel)]

콘스탄티누스에게서는 선(腺)이 부풀어 오른 흔적은 찾아볼 수 없었다. 피부조직과 색소의 관계에 대해서는, 피부 조직의 견본 채집에 본인이 동의하지 않았기 때문에 이렇다 할 결론을 내리지 못했다. 그런데 그가 말하는 문신 도구라는 게 참으로 재미있었다. 가령 청동 핀 하나를 보여주길래 살펴보았더니, 전체 길이는 약 5인치 정도 되고, 윗부분 너비가 3인치 정도 되는 것이 아래로 내려갈수록 뾰족하게 생긴 그런 바늘이었다. 바늘의 끝 부분은 아주 미세한 틈을 사이에 두고 두 부분으로 갈라진 것이 꼭 펜 같아 보였다. 거기에 손잡이까지 부착하면 총 길이는 15인치로 늘어나고 무게도 당연히 무거워진다.

문신가는 왼손 엄지손가락과 집게손가락으로 도구를 잡고 방향과 각도를 조절한다. 그 정도의 무게라면, 도구를 신속하고 용이하게 움직일 수도 있고, 타격으로 만들어지는 구멍의 깊이도 늘 일정하게 유지할 수 있다.

액체 색소는 문신 기구의 두 갈래 갈라진 사이에 담고 있다가 기구가 살갗을 뚫고 들어갈 때 흘려 넣는다. 그 기구의 모양과 사용된 기술을 보면, 석 달 안에 그 수많은 문양을 만들어냈다는 것도 헛말은 아닌 것 같다.

그와는 달리 유럽의 문신(선원, 군인, 노동자: 성형과 개조 수술에서)은 바늘로 살갗을 찌른 다음 그 위에 색소를 문지르는 방식으로 이루어진다. ■

영국의 콘스탄티누스, 1872년*

문신 인간

근계: 그 유명한 문신 인간이 비엔나 의학협회 회원들에게 소개될 때 본인도 그 자리에 있었습니다. 그의 외모도 이젠 어느 정도 익숙해진 상태에서 그날 저녁의 진짜 관심은 문신된 인간의 살갗에 새겨진 그 아름답고 정교한 수많은 문양들 사이에 점점이 찍힌 붉은 점들의 의미를 해독해낸 어느 박식한 교수에게 집중되었습니다. 형체가 아주 불분명한데서 오는 약간의 고충을 겪은 뒤, 마침내 가스콰뉴 박사는 그것을 버마어로 발표했고, 박사의 그 놀라운 이론도 이제는 대부분 받아들여지는 추세입니다. 당시 문신에 관한 본인 스스로의 설명은 어딘가 모르게 허구적인 냄새가 풍겼고, 타르타르와 같은 반(半) 야만족에 의한 처벌도 극도로 우아한 문신의 형태가 아닌 간략한 성격을 띠었을 거라고 많은 사람들은 생각했습니다. 하지만 당시의 신문도 언급하고 있듯, 대중의 호기심을 충족시켜주는 대가로 보상을 받으리라는 희망에서 본인 스스로 고통스런 수술을 자원했다는 말이 이제는 어느 정도 신빙성 있게 들리기도 합니다. 찰머의 경우, 어떤 종류의 선(腺) 팽창이라도 있었는지를 알 수 있다면 그것도 참 재미있을 것 같습니다. 피어쇼브(세포 병리학)는 문신된 피부 근처의 첫 번째 임파선 군(群)에 반드시 나타나게 되는 색소 침전물을 이미 발견해서 설명했던바, 그토록 광범위한 피부 염증이라면 비엔나 표본에서 이미 발견되고도 남았어야 할 충혈이 세밀한 조사에서도 전혀 감지되지 않았다는 것은 참으로 놀라운 일이 아닐 수 없습니다. ■

–로버트 파쿠하슨, 1872년 5월

버체트가 오미를 문신하다, 1927년 런던**

때때로 내게는 머리끝에서 발끝까지 몽땅 덮어달라는 굉장한 주문이 들어올 때가 있다. 세상은 물론 그런 사람들을 완전히 미친 인간으로 취급한다. 그런 짓이란 극소수의 괴짜들만이 충동적으로 하게 마련이니까. 하지만 이 기묘한 인생살이에서 별난 행동을

---

* 이 글은 1872년 6월 1일 『란셋(*Lancet*)』에 게재된 글(777쪽)을 옮긴 것이다.
** 이 글은 조지 버체트의 아들 레슬리 버체트의 양해 아래, 조지 버체트의 『어느 문신가의 회상(*Memoirs of a Tattooist*)』에서 발췌한 글이다.

하지 않을 수 없는 이유 중의 하나는 바로 돈이라는 사실을 결코 잊어서는 안 된다. 그에 대한 욕망을 수치스럽게 여기거나 이상하게 본다면, 우리들 대부분은 분명 곤경에 처하게 될 것이다.

흥행업계에 종사하는 사람이면 다 알겠지만, 사람들은 그냥 돈을 뿌리는 게 아니라 별종을 구경하려고 오는 것이다. 하지만 뚜렷한 특징과 남다른 결단력이 없이는 별종은 결코 탄생할 수 없다.

그런 뚜렷한 특징을 가진 사람이 동서를 통틀어 최고의 개런티와 최고의 인기를 누렸던 쇼맨 중의 한 사람이자 내 친구이기도 한 '지브라 맨', 즉 위대한 오미이다.

위대한 오미, 아니 당시에 알려진 대로 R. 소령이 나를 찾은 것은 1927년이었다. 그는 큰 키에 당당한 체격을 가진 잘생긴 사람이었다. 행동이나 말하는 태도에도 교양이 묻어 있었고 교육수준도 상당히 높아 보였다. 그는 '가장 위대한 인간 별종의 하나'가 되고 싶어했다.

그는 내 작품에 대해서는 익히 알고 있다며, 아주 특별한 작품을 만들어달라고 했다. 그러고 나선 자신의 계획을 말해주었다. 나는 그가 손수 들고 온 문양에 기초하여 군청색이나 검정색 지브라(얼룩말)를 그의 온몸에 새길 참이었다. 하지만 몸통만이 아니라 얼굴까지 원한다는 것을 알고는 너무 놀라 그만 쓰러져 버렸다. 나는 그에게 그렇게 진한 문신은 제거가 안 되기 때문에 죽는 날까지 지녀야 하고, 가족이나 친구들도 등을 돌려 앞으로의 인생이 매우 비참해질 것이고, 사회로부터도 완전히 버림받게 될 것이라며 입에 거품까지 물고 설득을 시도했다. 하지만 위대한 오미는 이미 마음의 결정을 굳힌 상태여서 애초부터 아예 입을 다물고 있는 편이 훨씬 나을 뻔했다.

그는 아주 정중하게, 자신의 결정으로 인한 그 모든 가능성에 대해서는 신중히 생각해보았고, 아내도 많은 고민 끝에 결국은 동의해주었다며 차근차근히 설명해주었다. 그래도 나는 문신을 시작하기 전에 문서로 된 그의 동의서를 받아놓아야겠다며 끝까지 우겼다. 문신이 전부 완성되려면 수개월 아니 수년이 소요될 수도 있다는 점도 분명히 해두었다. 그렇게 모든 것이 결정된 후, 인간을 지브라로 바꿔놓는, 내 일생일대의 힘든 과업을 착수했다.

위대한 오미의 몸통, 팔, 다리, 머리에 굵은 선을 새겨넣는 그 힘든 몇 달 동안 나는 그의 살아온 내력을 듣게 되었다. 그는 자기 연민 같은 것은 눈곱만큼도 없이, 자기가 왜 그리고 어떻게 중산층의 체면을 깡그리 버리기로 결심했는지를 자세히 설명해주었다.

그는 집안 대대로 공무원, 성공한 사업가, 장교, 학교 교장, 농장 경영자 등을 배출한 유복한 집안의 아들이었다. 런던 외곽에 큼지막한 주택을 소유하고 있던 그의 부친은 골동품과 희귀본 수집 같은 고상한 취미에 파묻혀 지낼 만큼 다방면으로 풍부한 교양을 지닌 사람이었다.

위대한 오미는 막내아들로 부친의 귀여움을 독차지했다. 어린 시절과 청소년기도 안락한 분위기에서 걱정 없이 보냈다. 학교 공부라든가 대학 진학 같은 것에는 그다지 큰 관심을 보이지 않았지만, 유명 사립학교에 들어가 공부도 그럭저럭 곧잘 했다. 그는 부친의 허락을 받고 장차 군인이 되기로 결심했다. 그의 부친은 오미가 보병 소위로 임관하기 전, 상당한 돈을 들여 그에게 유럽과 북아메리카 여행을 시켜주기까지 했다. 당시의 그는 오직 직업군인이 되겠다는 열망밖에 없었지만 그럼에도 불구하고 파리, 함부르그, 비엔나의 서커스와 음악회, 코펜하겐의 티볼리 가든, 이탈리아의 야외극, 스페인의 투우장은 그를 매혹으로 들뜨게 했고, 북아메리카에서는 마술사, 곡예사, 점쟁이, 뱀 요술사들과 시장통에서 몇 날을 보낼 만큼 거기에 푹 빠져들기도 했다. 하지만 이 모든 것들은 그저 한가한 유람에 불과했을 뿐, 언젠가는 자기 집이 서커스장이 되리라고는 당시로서는 꿈도 꾸지 못했다.

부친의 사망과 함께 이 젊은 장교는 빈약한 소위 월급을 보충하고도 남을 정도의 상당한 금액을 유산으로 상속받았다. 하지만 제1차 세계대전 전의 태평한 분위기에 휩쓸려 어리석은 짓을 하는 바람에 그 재산도 얼마 안 가 곧 바닥이 나버리고, 부유하고 귀족적인 자기 동료장교들 수준에 맞추려 허세를 부리다 결국은 군을 떠날 수밖에 없는 곤경에 처하게 되었다.

군인 외에는 다른 직업에 대해 전혀 준비가 되어 있지 않았던 장교출신의 이 젊은이는 이후 여러 직업을 전전하였으나 번번이 실패를 맛보며 매우 힘든 나날을 보냈다. 그리고 1914년 8월, 제1차 세계대전의 발발과 함께 기병으로 다시 군에 입대했다. 그는 소년 시절 부친이 경주마를 보유하고 있을 때 이미 날랜 승마 솜씨를 뽐낸 적이 있었고, 그의 승마 교관은 런던 수족관에서 인기스타로 호시절을 보낸 바 있는, 부친의 마부 조 그린이었다. 그린은 승마 외에도 그에게 곡예와 뛰어가며 말 타는 기술, 그리고 화려한 서커스 생활에 대해서도 많은 이야기를 해주었다. 미래의 위대한 오미는 제1차 세계대전 중 플랑드르와 프랑스의 전장에서 2년 반 동안 싸웠고, 장교로 임관되었으며, 무공에 대한 훈장도 받았다. 나중에는 사막의 고지 군단에 지원하여 메소포타미아에서 터키와 독일군을 상대로 싸웠으며, 그 유명한 기갑부대도 지휘했다.

전쟁이 끝나자 오미는 약간의 퇴직금과 소령 계급을 달고 군에서 제대했다. "문제는 바로 그때부터였어요." 오미가 말했다. 수천 명의 제대 장교들이 하는 것처럼 그도 얼마 안 되는 퇴직금을 양계농장에 다 쏟아부었고, 당연히 몽땅 날려버렸다. 그는 장사꾼이 되는 데 필요한 훈련 같은 건 단 한 번도 받아본 적이 없을 뿐더러, 사무실에서 펜대나 굴리고 싶은 생각은 더더군다나 없었다. 그런 식으로 안정된 직장을 찾으려는 모든 노력이 수포로 돌아감에 따라 그는 결국 해외로 나가 온갖 잡일을 하면서 운수가 필 날만을 고대하며 하루하루 불안한 생활을 이어갔다. 그렇게 떠돌다가 어쩔 수 없이 다시 영국으로 돌아온 그는 이제 두 번 다시 굶지 않겠다는 독한 마음을 먹게 되었다. 그는 옛날에 좋아했던 서커스를 떠올렸다. 하지만 안장 없는 말타기나 곡예 기술은 그보다 훨씬 우수한 사람이 많았기 때문에 일자리를 구하기가 힘들었다.

하지만 서커스와 전시장에 자신의 전 인생을 걸기로 한 결심에는 추호의 변함도 없었다. 그리고 그는 달라질 것이었다. 그는 머리부터 발끝까지 문신을 하여 인간 별종으로 구경거리가 되어보는 것은 어떨까 생각해보았다. 그간의 해외 여행에서 수염 난 여자라든가, 야생 인간, 인어, 난쟁이, 거인, 진짜 혹은 가짜의 별종들이 엄청난 관객을 끌어 모으며 돈을 걷어들이는 것을 그는 익히 보아온 터였다.

1922년 마침내 오미는 자신의 계획을 실행에 옮겨 중국인 행세를 하는 어느 문신가로부터 약간의 문신을 받았다. 하지만 그리 뛰어난 문신가가 아니었던지라 그가 새겨놓은 엉성한 문양을 덮어씌우느라 나는 무진 고생을 해야 했다. 그중의 어떤 것은 그냥 단순한 그림에 불과했고, 그때까지는 그저 별 볼일 없는 막간 연예인으로 근근히 입에 풀칠만 하고 있던 오미는 그리도 갈망하던 스타가 되기 위해서는 그보다 훨씬 정교하고 대담한 무언가를 하지 않으면 안 된다는 절박감에 빠져들었다. 얼룩말 무늬는 그렇게 해서 나온 생각이었다. 얼룩말 무늬의 곡선들 너비가 약 1인치 정도 될 것이기 때문에 이전 문양의 어떤 것들은 그 밑에 깔릴 수밖에 없었다. 가슴과 등도 피부 외피 속으로 들어가면 암청색으로 변하는 검은 색소로 완전히 덮어버릴 예정이었다.

얼굴과 빡빡 밀은 머리는 부득불 성형수술을 하지 않을 수 없어서 자신의 목적을 달성하기 위해 오미는 무려 500번의 수술을 받아야 했다. 머리, 목, 얼굴을 비롯한 몸 전체 문신을 하는 데 걸린 시간은 이후 계속된 작업시간을 빼고도 꼬박 150시간, 그것을 기간으로 따지면 1년이었다. 내가 감당할 수 있는 작업량은 하루 2인치가 최대치였고,

그런 식으로 일주일에 세 번 이상 작업하는 것은 우리 두 사람 모두에게 무리였다. 그의 얼굴에 뚫은 구멍이 15,000,000개, 그러니 몸통에는 모르면 몰라도 500,000,000개는 족히 뚫렸을 것이다. 눈 밑의 움푹 꺼진 곳이라든가 목 근방같이 문신을 하지 말아야 할 부분에는 특별한 주의가 요구되었다. 오미의 문양은 대칭미가 특별했기 때문에 아주 섬세한 주의력이 요구되었고 그런 관계로 작업을 몇 주씩 중단해야 될 일도 가끔 발

위대한 오미.

생했다. 그리고 고통이 별로 수반되지 않는 평범한 문신에 비해 – 전에도 말했듯, 내 손님들의 대부분은 바늘로 '찌르는' 느낌이 싫지 않고, 색소를 바른 뒤의 따끔거림도 그런대로 견딜 만하다고 늘 말해왔다 – 1인치씩이나 되는 그런 두터운 문신을 하노라면 육체적 고통과 함께 심리적 괴로움도 대단했을 것이다. 게다가 얼굴 한 면은 '인간적'이고 준수한 예전의 모습 그대로이고, 다른 한 면은 문신을 한 몰골로 집에 돌아가야 하는 그 기분은 말로 표현하기 힘든 참담한 심정이었을 것이다.

위대한 오미에게는 확실히 남다른 용기와 유머 감각이 있었다. 그의 아내도 그에 못지 않았다. 이들 두 인물에게 나는 더할 수 없는 경외감을 느끼고 있다. 그때까지 용기

있고 비범한 인물을 많이 보아왔지만, 서로에 대한 그들의 헌신은 내 긴 생애 중에 겪은 가장 멋진 일 중의 하나였다.

문신을 마친 뒤에도 처음과 같은 두텁고 진한 문양을 유지하기 위해서는 여러 번 손을 보는 것이 필요했다. 부풀어오르는 것도 피할 수 없는 일이어서 때때로 오미는 주치의의 입회 하에 규정 식(食)을 하면서, 오랜 기간 병상에 누워있어야 했다. 하지만 이 모든 것들도 그의 의지는 꺾지 못했다. 그에 따르면 문신비, 성형수술비, 병원비, 환자용 식대를 모두 합하면 25년 전만 해도 상당한 금액인 1,000파운드에 이르렀다고 한다. 뿐만 아니라 당시엔 돈을 거의 벌지 못했기 때문에 이 모든 것을 그는 저축에서 축내야 했다.

그는 얼굴 문신의 몇 개만 마치고 몸통은 아직 푸르둥둥한 상태에서 몇 번이나 해외여행을 감행하여 인도를 비롯한 여러 식민 도시들의 서커스장과 버라이어티 쇼에 모습을 나타냈다. 대도시들은 문신이 완성되기만 하면 틀림없이 대성공을 거두게 되리라는 확신이 있었기 때문에 가급적 회피했다.

그는 별종이 되기로 결심하기 바로 직전에 지금의 아내와 결혼했다. 그러니 그 결정이 그녀에게 얼마나 충격적이었을지는 짐작이 가고도 남는다. 하지만 그녀는 확고한 헌신과 믿음으로 그의 결정에 흔쾌히 동의해주었다. 그녀와 나누었던 대화를 위대한 오미는 이렇게 말해주었다.

"물론 우리는 그때까지 누리고 있던 모든 사회적 위치를 희생해야 된다는 걸 알고 있었죠. 친구와 심지어는 가족들조차 등을 돌리게 되리라는 건 불을 보듯 뻔한 일이었어요. 아내에게도 나는 내 모습이 혐오스러울 것이고 두 번 다시 나를 만진다거나 가까이 오는 것조차 싫어하게 될 거라고 말해주었어요."

하지만 결과적으로 상황은 그리 나쁘게 돌아가지 않았다. 용감한 그의 아내는 자기 스스로도 한 사람의 예술가 즉 '오메티'가 되어, 남편의 동지와 아내 역할을 훌륭하게 수행했다. 각국의 언어로 세계의 청중들에게 위대한 오미를 소개한 이는 다름 아닌 그의 아내였던 것이다.

"아내는 그 일을 아주 멋지게 해냈어요." 오미가 말했다. "어떤 사람들은 내 몰골이 너무 흉측해서 여자들이 겁을 먹을 거라고 했지만, 아내만은 한번 익숙해지면 괜찮을 거라고 하면서 끝까지 내게 용기를 주었어요. 그녀는 정상인 내 모습보다 문신된 모습을 오히려 더 사랑하는 것 같았어요."

살기 위해 인간 별종이 된다는 것은 실현가능성을 점칠 수 없는 매우 위험한 도박이었다. 하지만 다행스럽게도 그것은 실현되었다. 위대한 오미는 이제 전세계 유명 서커스장의 스타가 되었다. 1934년 문신이 완성되기가 무섭게 오미에게는 좋은 조건의 첫 번째 일자리가 주어졌다. 런던 올림피아에서 열린 버트람 밀즈 서커스 쇼에 출연하게 된 것이다. 그때 이후로 그는 두 번 다시 자신의 인생을 돌아보지 않았다. 밀즈가 그를 데리고 영국 전역의 순회 공연에 나섰을 때, 극장과 연예관 앞에는 연일 수만 명의 인파가 세계 최고의 문신 인간을 보기 위해 장사진을 쳤다. 그는 유럽의 대도시들로도 여러 번 순회 공연을 다녀왔다. 그리고 마침내 1938년 미국으로 건너가 리플리의 그 유명한 '믿거나 말거나' 쇼에 출연했다. 그는 브로드웨이의 오디토리움에서 26주간의 성공적인 공연을 끝내고, 세계적으로 유명한 링글링 브라더스와 베일리 서커스단에 합류하여 그들과 함께 순회 공연 길에 올랐다. 그의 모습은 메디슨 스퀘어 가든에서도 볼 수 있었고, 1940년에는 토론토 전시회에도 나타났으며, 이후 오미와 오메티는 미 대륙 횡단 공연을 두 번이나 감행하여 가는 곳마다 대성황을 이루었다.

제2차 세계대전 초, 이제 어느 정도 나이를 먹은 위대한 오미는 영국군에 들어가 조국 방위 임무를 수행하려고 했다. 하지만 그의 모습을 본 뉴욕의 영국 영사관 측은 현역으로는 받아들이기 힘들다며 난색을 표했다. 하지만 어떤 식으로든 조국에 봉사하고 싶은 일념에서 그는 영국군을 위한 자선쇼도 여러 번 개최하고, 캐나다 주둔 영국 공군 주둔지에도 이따금씩 용케 모습을 드러냈다. 성공은 성공을 불러와 위대한 오미는 이제 쇼 비즈니스계에서 가장 비싼 개런티를 받는 연예인이 되었다. 하지만 그는 전쟁이 최고조에 달한 시점에서 폭격으로 쑥대밭이 된 조국으로 다시 돌아가기로 결심했다. 그리고 캐나다의 할리팩스에서 배를 얻어 타고 영국 땅에 닿자마자 전시(戰時) 자선 공연과 군대 음악회에 모습을 드러냈다. 전쟁 말기에 런던과 맨체스터의 밸부, 그리고 여러 지방 도시들에서 벌인 그의 공연은 이전 것들보다 훨씬 성공적이었다. 오미는 여권과 등기 같은 데에는 본명을 쓰면서도 그 밖의 다른 일에서는 익명성을 유지하기 위해 무진 애를 썼고, 그 결과 수년 동안은 별탈 없이 잘 지나갔다. 그런데 그의 실체가 거의 드러날 뻔한 적이 한 번 있었다. 런던의 인간 별종 세계 대회에 참석한 그를 당시 브릭스톤의 멜버른 스퀘어에 살고 있던 제임스 헤리슨 씨가 알아본 것이다. 그는 제1차 세계대전시 소령으로 복무한 오미의 부하였다. 헤리슨 씨는 위대한 오미를 알아보자마자 그를 만나려고 대기실에서 기다리다가 마침내 해후를 했고, 비밀을 지켜달라는 오미의 당부를 끝까지 저버리지 않았다. 위대한 오미의 본명을 아는 사람은 손에 꼽을 정도밖에 되지 않는다. 나도 그중의 하나이지만, 이 용감한 사나이와의 약속을 나는 무덤 속까지라도 기꺼이 가지고 가려고 한다. ■

예지드족, 아시리아족, 투르크멘족, 술루바족 남자들에게 사용된 여러 다양한 문신들.

16

아랍인, 유대인, 기독교인

아랍인

서남아시아에 고대 문신이 존재했다는 증거는 1930년 티그리스–유프라테스 강 계곡의 고대도시 우르에서 6,000년 전 것으로 보이는 채색 소상(小像)들을 발굴해낸 레오나드 울리 경에 의해 처음 발견되었다. 울리는 이렇게 적었다. "모든 [소상들]의 앞뒤쪽 어깨 위를 보면, 채색 문양들에는 검은 자국이 있고, 그 밖의 다른 것들에는 덧붙여진 작은 점토덩이를 볼 수 있는데, 그 것들을 나는 현대 야만인들의 반흔(瘢痕)과 같은 거친 문신으로 본다."[1]

19세기의 서남아시아 여행자들 중에서도 문신에 대해 언급한 사람들이 꽤 있다. 1827년 J. S. 버킹검은 이런 글을 썼다.

> 바그다드에는 화환, 허리띠와 같은 최신식 문양으로 여성들의 가슴
> 이나 허리 장식을 전문으로 하는 직업 예술가가 있다. 그리고 어느
> 영국인 초상화가의 말마따나 이 작업은 시간도 많이 걸리고 모델도
> 여러 번 세워야 하기 때문에 유럽 왕립 조각 미술학교의 화가들보
> 다 여성의 신체미를 감상할 기회가 훨씬 풍부하다.[2]

안타깝게도 아랍의 문신에 대해서는 영어로 된 책자가 기의 전무한 실정이다. 그래도 하나 꼽으라면 문신과 낙인, 그리고 헤너 물감과 화장 먹(아라비아 여인들이 눈언저리를 검게 칠하는 데 씀)에 대한 사용법이 들어 있는,

헨리 필드의 『서남아시아의 보디 마크(Body Marking in Southwestern Asia)』를 들 수 있다. 필드는 그 자료들을 하버드의 피바디 박물관 소속 자연 인류학자 자격으로 1925년에서 1955년 사이에 이라크, 이집트, 시리아, 이란, 카프카스, 페르시아 만 지역에서 행한 일련의 탐사여행에서 수집했다. 동시대인인 W. D. 햄블리와 마찬가지로 그도 문신이 '원시 지중해' 문화의 종교 의식에 그 기원을 두었고, 선사시대의 이주민들에 의해 전파된 것으로 믿었다. 그는 그 이론에 대한 증거로 당시 문신 문양의 지리적 전파 방향과 초기 여행자들의 기록을 들고 있다.

서남아시아의 문신은 전통적으로 여성들에 의해 행해졌기 때문에, 그에 관련된 기술과 신앙도 비밀로 꼭꼭 숨겨져 왔다. 그런 상황에서 과거 프란츠 보아스의 연구에 참여했던 머리 좋은 미국의 인류학자 위니프레드 스미튼을 협력자로 얻을 수 있었다는 것은 필드에게 대단한 행운이었다. 스미튼은 아랍의 관습에 익숙했을 뿐만 아니라 그곳의 언어도 유창하게 구사했다. 1934년 이라크 수상은 자기 아이들의 가정교사로 있던 스미튼을 필드 발굴단에서 잠시 일할 수 있도록 허락해 주었다.[3] 스미튼은 필드의 책에도 기고했고, 독자적으로도 1937년에 『미국인 인류학자(American Anthropologist)』를 발간했다. 그녀의 논문 「이라크의 아랍인들 사이에 행해진 문신(Tattooing Among the Arabs of Iraq)」은 아랍 문신에 관해 지금까지 쓰여진 글 중 가장 흥미롭고 알찬 기록으로 알려졌다.

(왼쪽) 17세기 함부르크 출신 순례자의 팔에 새겨진 문신.
(오른쪽) 일라이어스 아리체가 1612년 윌리엄 리스고우에게 새겨준 문신.

유대인

구약 성서 레위기 19장 28절에는, "죽은 자를 위하여 너희는 살을 베지 말며, 몸에 무늬를 놓지 말라"는 구절이 있는데, 이것은 사람들은 문신과 살 베기를 금하는 것으로 해석해 왔다. 하지만 다른 역사 기록이나 성경 구절을 보면, 고대 헤브루인들 중에도 종교적 문신을 한 사람이 있는 것으로 나와 있다. 그에 대한 증거로 스커트와 고치 보고서는 태양 신 바알이 자신의 숭배자들에게 "힘을 얻으려면 그 비책으로 손에 성스러운 표시"를 하라고 요구한 점을 들고 있다.4 이 두 사람은 또 문신이 신성 모독의 용도로 사용된 최초의 예라고 할 만한 것, 즉 "한 유다 왕국의 왕은 자기 생식기에 야훼의 이름을 문신함으로써 전능하신 하나님을 욕보였고, 그것으로도 모자라 가족들과 마구잡이로 근친상간까지 저질렀다."는 내용의 기록을 발견했다.5

성서학자 윌리엄 맥클루 톰슨은 모세가, "그러한 관습을 [문신]으로 명명했거나 이미 문신으로 존재하고 있는 것을 종교적 목적에 전용했을 뿐"이라고 하면서,6 그 증거로 출애굽기 13장 8절과 9절을 다음과 같이 인용했다. "너는 그날에 네 아들에게 뵈어 이르기를 이 예식은 내가 애굽에서 나올 때에 여호와께서 나를 위하여 행하신 일을 인함이라 하고, 이것으로 네 손의 기호와 네 미간의 표를 삼고……." 톰슨은 모세가, 손등과 이마에 신비한 상징을 문신으로 새겼던 아랍인들로부터 그 관습을 들여온 것으로 이론화했다. 아마도 모세는 "속박에서 해방된 유대인들을 기념하도록 고안된" 문양으로 자신의 목적을 이루려고 했던 것 같다.7 톰슨에 따르면 레위기의 금지 구절은 우상숭배 및 미신과 관련된 이교도 문신을 지목한 것이지 모세가 승인한 문양과는 전혀 관계가 없다는 것이다.

톰슨은 문신에 관한 언급이 있는 구약의 다른 구절도 인용했다. 신명기에서는 모세가, "유대인의 표시가 아닌 표시"를 하고 있는 자들을 꾸짖고 있으며,8 요한계시록에도 문신이었을 가능성이 있는 종교적 표지에 대한 암시가여러 개 나와 있다. 가령, "그 옷과 그 다리에 이름 쓴 것이 있으니 만왕의 왕이요 만주의 주라 하였더라."(19장 16절)와 같은 구절이 그것이다. 이사야서에는 문신에 관한 언급이 보다 구체적으로 되어 있다. "여인이 어찌 그 젖먹는 자식을 잊겠으며 자기 태에서 난 아들을 긍휼히 여기지 않겠느냐. 그들은 혹시 잊을지라도 나는 너를 잊지 아니할 것이라. 내가 너를 내 손바닥에 새겼고 너의 성벽이 항상 내 앞에 있나니."(49장 15, 16절)9

톰슨의 추론에는 확실히 흥미로운 점이 있지만, 성서학자들 모두가 그에 동의하는 것은 아니다. 유대인들은 과연 문신을 했을까? 하지 않았다면, 존재하지 않는 어떤 것에 대해 왜 굳이 법률을 만들어야 했을까? 그렇게 본다면, 문신을 금지했다는 바로 그 사실이 고대 헤브루인들이 문신을 했다는 가장 확실한 증거가 아닐까?

기독교인

성서학자 프란츠 요세프 되거는 초기 기독교 문서들을 꼼꼼히 연구한 결과 마침내 종교적 문신에 관한 기록을 찾아내는 데 성공했다. 그에 따르면 서기 4세기에 배출된 가장 걸출한 교회 박사 중의 한 사람이었던 성(聖) 바질 대주교는 신도들에게 다음과 같이 설교했다고 한다. "어느 누구도 음탕한 생각으로 자신들을 타락시키는 사탄의 사도들인 그 이교도들처럼 머리를 기르거나 문신을 새겨서는 안 될 것이다. 가시와 바늘로 자기 몸을 찔러 땅에 피를 흘리는 그러한 자들과는 상종도 하지 말아야 한다. 음란한 자들로부터 자신을 보호하여 마음으로 매춘부와 정을 통했다는 말은 결코 듣지 말아야 한다."[10] 이 인용으로만 보면 문신을 금지하는 것으로 볼 수 있지만, 되거는 음탕한 생각의 금지에 문신을 연결시켰다는 자체가 곧 손등에 연인의 이름을 새기던 아랍인의 관습을 나타낸 것이라고 믿었다.

"나는 내 몸에 주 예수의 흔적들을 지니고 있다."고 한 바울의 말을 대부분의 학자들은 문신으로 해석하고 있다. 서기 528년에 쓰여진 이사야서의 주해에서 가자의 프로코피우스도 많은 기독교인들이 팔에 십자가나 그리스도 이름을 새겼다고 적었다.[11]

서기 787년 노섬벌랜드 종교회의에서 발표된 칙령은 교회의 교부가 이교도 문신과 기독교 문신을 분명히 구분 짓고 있음을 보여주고 있다. "신을 위해 문신의 고통을 감내하는 사람은 용서받아 마땅하지만, 이교도들을 따라 미신적 이유로 문신을 하는 사람은 그것으로부터 아무런 것도 얻어내지 못할 것이다."[12] 노섬벌랜드 종교회의에서 언급된 이 이교도 문신은 당시 행해지고 있던 토착 브리튼족의 전통 문신을 이르는 것이었다.

되거가 고대 책자에서 찾아낸 자료는 그 외에도 부지기수였다. 아주 간단하기는 하지만 이 자료들로 알 수 있는 것은 초기 기독교인들은 십자가 양, 물고기, 예수의 이름 문신을 신원확인이나 인지의 방법으로 이용했다는 것이다.[13]

루드비크 카이머는 성지에 온 중세의 십자군 전사들이 여행 기념으로 팔에 십자가 문신을 새긴 것이 중세를 통해 하나의 관습으로 굳어졌을 가능성을 제시했다. 가장 오래된 종교적 기념 문신의 하나는 1612년 성지(팔레스타인)로 순례 여행을 다녀온 윌리엄 리스고우의 원고에서 찾아볼 수 있다.

> 다음날 일찍, 베들레헴에 살면서 수도승들에게 식료품 조달을 하고 있는 기독교인 친구 일라이어스 아리체가 우리를 찾아왔다. 그는 그리스도 무덤가에 있던 우리 중의 몇 명에게 예수의 이름과 성 십자가 문신을 팔에 새겨준 사람이었다. 여기 보이는 바대로 그것은 우리 스스로의 선택과 욕망에 따른 것이었다. 하지만 나는 서로 뒤섞인 제임스 국왕의 왕관 네 개를 해독하여 그 밑에 첨가시키고, 왕관의 아랫면에는 야곱 왕 만세라는 문구를 또 새겨넣었다. 그 친구에게는 2피에스타(1파운드의 100분의 1)의 사례금을 별도로 지급했다.[14]

성지 문신에 관한 이와 비슷한 기록은 기독교 순례자들의 여행기에서도 많이 발견되었고, 그런 식으로 문신 행위는 20세기까지 별 제한 없이 계속된 모양이었다. 1956년 존 카스웰은 예루살렘을 방문하여 17세기 이래 집안 대대로 내려온 목판 문양으로 작업을 하고 있던 야곱 라죽이라는 직업 문신가를 만났다.

카스웰은 라죽에게서 목판을 빌려 종이 위에 문양의 본을 떴다. 1956년 200부 한정판으로 펴낸 『콥트인들의 문신 문양(*Coptic Tattoo Designs*)』에서 카스웰은 184개의 복사 문양을 싣고, 그 문양들의 상징과 전통에 대한 하나하나의 해설을 덧붙였다. 카스웰의 이 책을 통해 서방인들은 그동안은 모르고 지낸 고대의 한 예술 형태에 대한 매력적인 자료를 접할 수 있었다.

이라크의 스미튼, 1935년경*

1933년에서 1935년까지 이라크에 체류하는 동안 나는 이 나라에 거주하는 아랍인들과 그 밖의 다른 민족들 사이에 행해지고 있는 문신을 내 눈으로 직접 관찰할 수 있는 기회를 가졌다. 이와 비슷한 현상은 이집트와 북아프리카, 그리고 아라비아 반도의 저쪽, 즉 이란과 인도에서도 발견되었다.

이라크에서 광범위하게 행해지고 있는 문신은 치거나 두드린다는 원뜻을 가진 '다크(daqq)'나 '다그(dagg)'로 흔히 알려졌고, 명칭으로도 알 수 있듯이 이것은 찔러서 새기는 것을 의미한다. 학식이 있는 사람들은 가끔 '와샴(washm)'이라는 고전어를 사용하기도 하지만, 일반적으로 널리 통용되는 말은 '다크'라고 할 수 있다. 문신은 특히 대도시에선 이미 쇠락의 기미를 보이고 있는 하나의 관습이다. 상류층에서는 거의 찾아볼 수 없고, 도시 하류층으로부터도 천대를 받고 있다. 하지만 부족민과 농부들(fellahin) 사이에선, 특히 바그다드와 같은 대도시에서 받는 경우, 여전히 대단한 것으로 여겨지고 있다. 나시리아의 한 정보제공자에 따르면 문신가가 도시인인 경우는 가뭄에 콩 나듯이 가끔 있긴 하지만, 도시인들 자체가 문신을 수치스럽게 여기기 때문에 거의 없다고 한다.

내가 살펴본 바에 의하면 이라크에서 문신은 크게 장식용 문신과 마술적 혹은 치료적 문신 두 종류로 나뉘어진다. 하지만 이것은 단순한 관찰에 의한 것일 뿐 문신의 궁극적 목적과는 아무런 관련도 없다. 발전 과정이야 어떻든 문신의 궁극적 목적은 신비적이고 종교적인 데에 있는 것 같다.

일반적으로 아프거나 다친 부위에만 뜨게 마련인 치료적, 마술적 문양은 그 형태가 매우 단순하고, 미(lil-hila)를 목적으로 한 문신은 범위도 넓고 문양도 좀 더 정교하다. 하지만 둘 사이의 경계가 모호해질 때도 있어 단순한 문양이 장식으로 이용되는가 하면, 장식적 문양을 치료의 목적으로 이용하기도 한다.

접질림에 새기는 문신은 치료적 문신의 가장 대표적인 예라 할 수 있다. 그 밖에 두통이나 눈의 질병에도 이용되는데, 이때의 문신은 눈 근처 이마나 관자놀이에 새기게 된다. 문신은 또 국부적인 피부감염이나 국부 통증, 그리고 아주 흔한 경우로 류머티즘이나 감기에도 이용된다.

---

* 이 글은 1937년 발간된 『미국인 인류학자』 제39권 53-61쪽에 실린 위니프레드 스미튼의 「이라크의 아랍인들 사이에 행해진 문신」을 실은 것이다.

우리 시각으로는 이런 것들도 다 마술로 보이는데, 알고 보니 소원성취를 시켜준다는 또 다른 마술 문신이 있었다. 어리석은 미신의 세계가 늘 그렇듯, 마술 문신은 주로 여성들과 관계가 깊다. 그중의 세 가지를 꼽아보면, 첫째, 아랍 여성들에게는 극히 중요한 사안인 불임을 치료하는 문신, 둘째, 아이들, 특히 아들들을 죽음으로부터 지켜주는 문신, 셋째, 사랑 혹은 매력이 샘솟게 하는 마법의 문신이 있다.

　　불임을 치료하는 문신을 내 눈으로 직접 본 것은 딱 한 번뿐이었지만, 어쨌거나 이것은 다른 두 명의 자료제공자도 확인한 사실이다. 바그다드 병원에 있는 한 여인의 아랫배와 배꼽 둘레에는 커다란 점 세 개와 문양 하나가 불규칙한 형태로 새겨져 있었다. 아이를 갖게 하는 데 특히 효험이 있는 것은 점들이었으나, 문신을 받기 전에도 그녀는 이미 아이를 가진 전력이 있는 여성이었다. 이 문신은 월경 셋째날에 행해졌다. 아이를 갖게 하는 문신이라면, 마술 문신에 관한 한 최고의 정보제공자였던 카디마인의 산파로부터도 들은 얘기가 있다. 그녀에 따르면, 그 문신은 보통 월경 둘째날이나 셋째날에 행해지고, 하나 혹은 세 개나 다섯 개의 점으로 이루어진 작은 문양을 배꼽 아래나 엉덩이 바로 위의 등에 새긴다는 것이다. 배꼽 중앙에 새기는 점 하나에 대해서는 나시리아의 문신가 쿨투만이 말해주었다.

　　마술 문신의 가장 일반적인 형태는 뭐니뭐니해도 어린아이 코끝에 새기는 점 문신일 것이다. 유아 사망율이 높다보니 아이의 생명을 지켜준다는 마술 문신도 그만큼 인기가 높을 수밖에 없다. 아이를 잃어본 일이 있는 여성은 그 후에 태어나는 아이들의 코끝이나 배 아래에 반드시 점 하나를 새겨준다. 정보제공자들 중에는 마술의 효력이 나중에 태어나는 아이에게까지 미친다는 사람도 있었고, 한 번의 문신은 한 번의 효력밖에 없기 때문에 나중에 태어나는 아이는 별도의 문신을 해주어야 한다고 말하는 사람도 있었다. 나시리아의 문신가는 사마와 마을 남자들은 모두 코끝에 점 문신을 하고 있는데, 단 한 사람만이 입 양쪽에 새기고 있다는 말을 해주었다. 마술 문신의 그러한 변종은 우자이리 족 출신의 한 바그다드 경찰관에게서도 발견되었다. 그는 코끝의 점 대신 모서리에 점이 있는 십자가 하나를 관자놀이 양쪽에 새기고 있었다. 사연을 들어보니, 먼저 태어난 아이들을 몽땅 저 세상으로 보낸 그의 모친이 그만은 어떻게든 살려내려고 그 문신을 새겨주었다는 것이다.……

　　교감직 성격을 띠고 있는 세 번째 마술 문신의 효험은 문신이 행해지는 동안 누군가가 읊어주는 코란 암송의 도움을 받도록 되어 있다. 여성에 의해 은밀히 진행되는 이 문

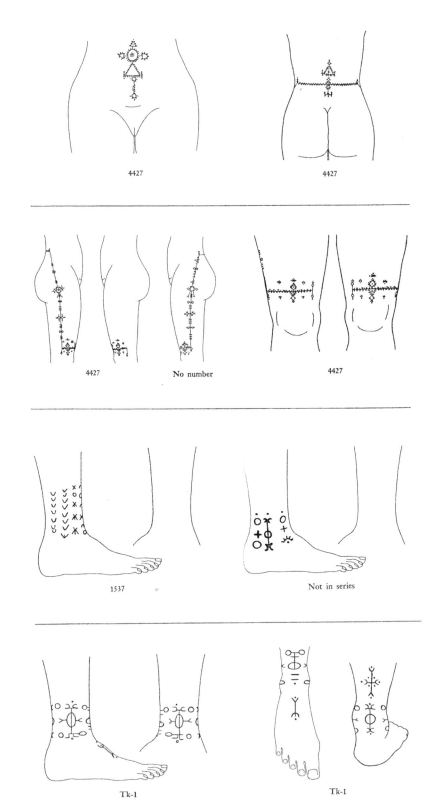

4427

4427

4427

No number

4427

1537

Not in series

Tk-1

Tk-1

나시리아 병원의 연속 문양과 이라크 문신가들이 몸통과 다리에 행한 문신 모양.
샤마르족, 투르크멘족, 예지드족 여성의 발목과 발 문신.

신을 나는 딱 두 번 관찰했다. 한 번은 바그다드에서 오른쪽 손바닥 삼각형 안에 세 개의 점 문신을 새기고 있는 여성을 보았는데, 그렇게 함으로써 남편의 사랑을 언제까지나 지킬 수 있다고 했다. 남편의 헌신적 사랑을 더 이상 원치 않을 때는 그와 비슷한 문양을 왼손에 새겼다. 또 한 예로 카디마인의 산파는 오른쪽 손바닥에 다섯 개의 점으로 이루어진 원 문신을 새기고 있었다. 이유를 들어보니 그녀는 첩이었고, 남편이 세 번째 첩을 얻자 그의 부인이 부릴지도 모를 어떤 마술을 미연에 방지하려고 효험이 가장 좋은 시간대인 금요일 정오를 기해 한 여자 물라(mullah: 회교 율법선생)가 코란을 암송하는 가운데, 오른쪽 손바닥에 그 문신을 새기고 있는 중이라고 했다. 그 문신의 효력은 그녀 남편이 다른 아내들과는 모두 이혼을 하고 그녀만을 택함으로써 여지없이 입증되었다!

예루살렘의 카스웰, 1961년*

1956년 어느 날 오후 나는 구 예루살렘 시에서 아주 독특해 보이는 일련의 목각 수집품들을 보게 되었다. 그것들의 소유주는 순례자들의 팔에 문신을 새길 때 바늘의 길잡이로 그것을 사용하는 한 콥트인 문신가였다. 그로부터 목각품들을 빌려 종이에 문양을 떠보았더니 그 모습이 어찌나 매혹적이고 변화무쌍하던지, 그들의 기원과 현재의 사용 목적, 그리고 전파 범위에 대해 알고 싶은 마음을 억누를 수가 없었다. 이들 문양은 분명 예술적, 인류학적, 종교적, 도상학적인 측면에서 대단한 관심을 끌게 될 것이고, 그것들의 특별한 측면에 대해 전문적 해설을 맡아줄 나보다 유능한 학자들도 얼마든지 포진해 있다.……

야곱 라죽이라는 그 문신가는 현재 예루살렘의 작은 콥트인 마을에 살고 있는 한 가정의 가장으로서, 18세기에 이스라엘로 건너온 이집트인의 후손이었다. 처음에 나는 장의사를 하고 있는 그의 가게 문 앞에 붙어 있는 문신 광고를 보고 흥미를 갖게 되었다. 그 둘의 결합이 너무도 기묘하여 그에게 연유를 물어보았더니, 장의사와 문신가를 병행하고는 있으나 그 둘 사이엔 아무런 관련이 없다고 말했다. 내가 문신에 관심이 있다고 하자 그는 자기 기술에 대해 말해주면서 도구와 방법도 보여주겠다고 했다. 목판은 그렇게 해서 보게 되었다.

문신은 라죽 가문 대대로 내려온 기술이었다. 고객은 주로 성지 순례의 영원한 기념

---

* 이 글은 존 카스웰의 『콥트인들의 문신 문양』에서 발췌한 글이다.

(왼쪽에서 오른쪽으로) 수태고지 상, 베로니카 성녀 상, 성모 마리아 와 아기 예수 상.

을 원하는 이집트의 콥트인들이었다. 문신은 부활절에 가장 호황을 누리는 한철 장사였고, 그것이 문신과 다른 직업을 병행하는 그의 또 다른 이유였다. 그가 문신을 해주는 콥트인 수는 한 해 평균 못 돼도 200명은 족히 넘었다. 콥트인들은 눈에 보이는 증거가 없으면 성지 순례를 했다는 것을 믿지 않았기 때문에 성지를 찾는 콥트인들은 사실상 모두 문신을 했다고 보아야 한다. 그 밖에 다른 종파의 기독교도들도 그에게서 문신을 받았고, 그것은 그가 지닌 목판들 속에 아르메니아, 시리아, 라틴, 아비시니아, 슬라브 문양들이 포함돼 있는 것으로도 알 수 있다. 빠진 것이 있다면 헤브루 문양이었다.

목판은 라죽의 문신 도구 중 가장 중요한 부분으로 두 가지 역할을 했다. 우선, 고객들이 그것을 보고 문양을 고를 수 있는 카탈로그 역할을 했고, 그 다음엔 선택된 문양을 피부에 새길 때 바늘의 안내자 역할을 했다. 방법은 목판의 표면에 잉크를 묻혀 살갗에 찍으면 문양이 나오고 그 문양에 따라 바늘을 찌르는 것이다. 개인적으로 나는 다른 문신가가 그 같은 목판을 사용하는 것을 본 적이 없다. 내가 알기로 문신가들은 눈으로 본 것을 그대로 복사하든지, 문양의 구도를 잡아 그것을 직접 살갗에 그리든지 두 가지 방법 중에서 하나를 택하는 것으로 알고 있다. 문양을 목각에 영구히 새긴다는 생각은 아마도 속도감 때문에 생겨난 관습인 것 같았다. 아닌게 아니라 힘들여 그리는 것보다는 목판으로 찍는 것이 훨씬 빨랐고, 손님이 한꺼번에 몰려드는 작업 환경을 가진 라죽 같은 사람에게 그것은 꼭 필요한 도구였다. 부활절에 20여 명의 콥드인들이 차례를 기다리며 그의 집에 앉아 있는 것은 나도 목격한 적이 있다(가끔은 일가족 전체가 한꺼번에 받는 일도 있다).

목판은 나뭇결이 촘촘한 올리브 나무를 사용한다. 다양한 크기에 목판 두께는 4분의 1인치에서 1인치까지이고, 개중에는 양면에 조각된 것들도 있다. 문양의 형식과 수법이 각양각색인 점으로 미루어, 이들은 한 사람이 아닌 여러 사람들에 의해 만들어진 것임을 알 수 있다(라죽은 다 자기 집안 사람들이라고 했다). 조각의 형식은 카메오 세공, 즉 돌을 새김 방식으로 되었다. 라죽의 생전에는 조각하는 모습을 본 적이 없기 때문에, 조각 도구에 대해서는 전혀 알려진 바가 없다. 하지만 몇 점의 조각에 나타난 깊이와 복잡함으로 보면, 날카로운 칼과 함께 둥근끌 같은 특별한 도구도 사용되었던 것 같다. 조각이 완성되기 전에 버려진 목각들을 살펴본 결과, 조각의 과정은 세밀하게 그려진 도안에 따라 윤곽선을 먼저 잡은 다음, 그 윤곽선 안에서 세부 문양을 파 내려갔던 것 같다.

문양이 살갗에 찍히면 잉크에 적신 바늘로 그 문양을 따라 살갗을 찌르게 된다. 라죽은 미국에 사는 형이 보내준 전기 바늘을 사용하였기 때문에 조상들의 문신 방법과는 차이가 있었다. 이 전기 바늘은 또 여러 색깔을 이용할 수 있다는 점에서 상업적으로도 유리했다. 이것을 얻기 전까지는 라죽도 막대에 몇 개의 바늘을 묶어 오랫동안 힘들게 문신을 새기는 재래 방법을 이용했었다.……

라죽은 남녀, 아이들 모두에게 문신을 해주었고, 손님의 성별(性別)과 문양에 따라 문신의 위치도 천차만별이었다. 십자가 같은 경우는 오른 손목 안쪽에 새기는 것이 보통이었다. 문양이 복잡할수록 팔의 윗부분으로 올라갔다. 여성들 중에는 간혹 팔 윗부분 안쪽이나 무릎 바로 위 다리에 새기는 것을 선호하는 경우도 있었다. 손등은 십자

성 조지와 드래곤. 야곱 라죽 콜렉션 중 목판으로 찍은 것.

가에 견줄 만한 문장(紋章)과 함께 작은 십자가들을 새기는 곳으로 정해져 있었다. 십자가 모양으로 된 네 개의 점은 보통 하나 혹은 그 이상의 손가락 끝 부분에 새겨졌다. 라죽 가족들도 모두 그런 십자가 문신을 새기고 있었다. 삐거나 팔에 상처를 입은 사람들은 띠를 이룬 점 문신을 새기기도 한다.……

(왼쪽) 그리스도 수난 상.
(오른쪽) 그리스도 부활 상.

목판에 날짜가 기재된 것은 1749년으로 표기된 아르메니아 목판과 1912년으로 표기된 부활 문양 두 개뿐이었다. 목판들 중에는 마모 상태가 아주 심하여 완전히 골동품같이 보이는 것들도 있었다. 라죽은 그것을 17세기부터 가보로 간직해오는 것이라고 주장했다.……목판들은 정확한 연월일을 파악한다는 것이 사실상 불가능하기 때문에 두 기간 중의 어느 한 시기에 만들어졌을 거라는 추측밖에 할 수가 없다. 또한 이 같은 종류의 원시 미술에는 평가기준이 될 만한 패턴이나 단계라는 것이 없기 때문에 형식이나 발전 단계에 대한 연대기적 규명을 한다는 것도 사실상 불가능하다. 예루살렘에서는 문신에 대한 요구가 전통적으로 늘 끊이지 않아 문신이 사라질 기미는 어디에서도 찾아볼 수 없었다. 위니프레드 스미튼은 이라크의 아랍인 문신에 대한 자신의 연구에서 도시화가 문신의 인기에 역효과를 주는 것 같다고 했으나, 동방의 기독교인들에게는 그것이 전혀 해당되지 않는 말이었다. 아르메니아와 콥트인 식자층 여러 명에게 말을 걸어본 결과 예루살렘으로의 성지 순례는 문신으로 마땅히 기록해두어야 한다고 하나같이 입을 모았다. 최근에 나는 베이루트의 한 공공 택시에 우아한 차림의 한 젊은 여성과 동승한 적이 있는데, 그녀도 팔에 갓 새긴 듯 1958년으로 날짜가 표시된 문신을 하나 지니고 있었다. 라죽 목각 수집품 중의 하나였다.……

성지라는 예루살렘에 기독교 미술과 건축의 걸작품, 즉 뛰어난 기독교 예술품 하나 변변히 없다는 사실은 하나의 불가사의가 아닐 수 없다. 현대의 여행자들은 기독교 유적보다는 그것의 관련성에서 더 깊은 감명을 받는다. 지금까지 성묘(聖墓)를 찾은 사람 중에 그 어수선한 난장판 속의 침침한 예배당과 싸구려 상업주의와 사이비 종교가 판치는 주변 모습에 실망감과 아연함을 느껴보지 않은 사람이 과연 몇 명이나 될까. 그것은 결코 현대적 발전상이 아니다. 15세기의 성묘 순례자였던 펠릭스 파브리는 자신의 동료 순례자들을 이렇게 평하고 있다. "비비꼰 모양에 금박과 채색된 양초를 잘난 듯이 들고 다니며, 수수한 양초를 들고 있는 사람들에게 경멸의 시선을 보내는 그런 인간들이 있으니……허영심은 부족할 일이 없었다." 그 예배당 주변의 선물가게들에서는 지금도 그와 똑같은 양초를 팔고 있었다. 이들 가게에는 옛 올리브 나무, 진주로 만든 성모 조각상, 도금한 향 메달, 은 십자가, 빵 덩어리 조각, 손 열쇠 달린 지하 예배당, 묵주와 잡다한 싸구려 사진들……여하튼 인간이 생각해낼 수 있는 온갖 종류의 기념품들로 가득 차 있었다. 예술적 요구는 완전히 무시된 그러한 것들은 천박하긴 하나 그런 대로 수세기 동안 순례자들의 믿음의 척도가 되어왔다. 그런 기념품들과 더불어 성지 순례자들이 지닌 신앙심의 어떤 측면을 좀 더 재미있게 보여준 것이 이 문신 문양이었다. ■

17

전문가들의 의견

조세프 뱅크스 경은 폴리네시아 원주민들의 문신 동기를 밝히려 했던 사람으로 기록된 최초의 유럽인이다. 1769년 타히티를 찾은 그는 이렇게 썼다. "그토록 심한 고통을 참아낼 정도로 강력한 동기가 무엇인지를 알기란 쉬운 일이 아니다. 어떤 인디언(물어본 사람이래야 몇백 명에 불과했지만)도 내게 그 동기를 말해주지 않았다. 어쩌면 그것은 미신과 관련된 것인지도 모른다. 그토록 불합리해 보이는 관습에 무슨 다른 이유가 있겠는가. 그것이 내 생각이다."(이 책의 2장 참조할 것).

저명한 독일의 인류학자 빌헬름 외스트(Wilhelm Joest)는 스스로 그 해답을 안다고 생각했다. 그는 문신의 동기를 미신이 아닌 허영심에서 찾았다. 1887년에 나온 『문신, 흠집, 그리고 보디페인팅: 비교 민족학에 대한 기고 (*Tätowiren, Narbenzeichnen und Körperbemalen: Ein Beitrag zur vergleichende Ethnologie*)』의 서문에서 그는 이 문제를 아메리카, 아시아, 인도네시아, 아프리카 원주민들에 대한 직접 관찰과 문신 관련 학술자료의 꼼꼼한 조사를 토대로 연구했다는 것을 밝혔다. 외스트의 질문은 우선, 문신은 어떻게 시작되었고, 어떻게 그 수많은 이질적 문화권에서 발견되느냐 하는 것이었고, 그 대답을 그는 그리 어렵지 않게 생각했다. 그에 따르면 문신, 보디페인팅, 흠집과 같은 모든 형태의 신체 장식은 자기 몸을 꾸미고 싶어하는 '자연인'의 본질적 욕망이었다.[1] 그는 고대문화에서 문신은 종교적 중요성이

서커스 연기자 겸 안장 없는 말타기의
명수 베티 브로드벤트의 모습.

내포돼 있다고 주장하는 동료학자들의 의견에 이의를 제기하면서, 그 같은 이설(異說)이 "보편적으로 인정된 사실로 교과서에 수록될 우려가 있다."는 점을 독자들에게 경고했다.[2]

> 문신에 종교적 중요성이 내포돼 있다는 주장을 지지할 말한 증거를 나는 내가 찾은 섬들의 그 어느 곳에서도 발견하지 못했다. 문신 과정이 이 고통스런 수술의 성공적 결과를 바라는 어떤 특정 의식과 관련이 있는 것은 사실이다.……하지만 좀 더 자세히 들여다보면, 문신의 동기는 종교적인 것보다는 남녀간의 은밀한 관계와 더 밀접한 관계가 있다는 걸 알 수 있다. 고로 나는 문신의 첫 번째 동인은 신체의 꾸밈에 있다는 결론을 감히 내리는 바이다. 신을 위해 고통의 과정을 감내해야 된다는 생각은 그들의 신들에게서 바라는 것은 오직 혜택뿐이고, 어떻게 해서라도 고통으로부터 해방되기를 바라는 원주민들의 일반적 태도와는 전혀 맞지 않는다.[3]

외스트의 책이 나온 이후 몇 년 동안 인류학계에는 라이벌 학자들의 이설이 수없이 쏟아져 나왔다. 1925년 옥스퍼드의 인류학자 윌프리드 다이슨 햄블리는 『문신의 역사와 그 중요성(The History of Tattooing and its Significance)』이라는 저서를 내고, "문신의 중요성을 다룬 이론에는 정말 흥미로운 것들이 많다."며, 다음의 것들을 그 예로 꼽았다.[4]

1. 미적 감각의 고취
2. 자연 도태 과정을 인위적으로 돕는 하나의 수단
3. 고대 방혈(防血) 의식의 잔존
4. 적과 동지를 구분하기 위한 하나의 수단
5. 격세유전
6. 일종의 종교적 역동성

햄블리는 특정 문신에 대한 동기와 기술을 다룬 외스트 작품의 중요성은 인정하면서도 문신의 동기를 오직 허영과 신체의 꾸밈에서만 찾으려하는 그의 이론에 대해서는 이의를 제기했다. 그것은 참으로 '경솔한 이론'이라고 그는 썼다.5 외스트 책이 발간된 이후 인류학계에는 종교적, 마술적 신앙과 문신과의 관련성을 보여주는 새로운 증거들이 속속 발견되었다.

햄블리는 세계 여러 인류학자들의 현지 조사에서 추출한 풍부한 사례들을 그것의 증거로 소개했다. 즉 문신은 고통의 예방, 총상으로부터의 보호, 질병의 치료, 초인적 힘의 부여, 젊음의 유지, 샤먼 개인의 초자연적 힘의 고양, 내세에서의 영혼의 식별, 기복(起福), 마법으로부터의 보호, 신성(神性)의 보호, 마력(魔力)의 부여, 익사 예방, 액막이, 토템적 동물 혹은 영적 수호자의 보호, 성지 순례의 기록 등에 이용되었다는 것이다.

그리고 이전 연구자들이 자주 오류를 범했던 이유는 종교적, 마법적 문신에 대한 정보수집 자체에 이미 상당한 위험이 내포돼 있었기 때문이라고 설명했다. 문신은 여러 나라의 신화 속에서 신성한 기원을 가진 것으로 표현되었다. 복잡한 의식과 금기가 포함된 문신 과정은 실제로 사제들에 의해서만 행해졌고, 그 계층 사람들에게만 알려진 비밀 신앙과 관련되어 있었다. 따라서 그런 의식과 금기의 비밀스런 중요성을 정보제공자들이 몰랐거나 혹은 말하지 않았을 경우, 인류학자들은 충분히 오도(誤導)될 위험성을 안고 있었던 것이다.6

끝으로 햄블리는 문신을 역사적으로 인간의 영혼을 초자연적인 힘과 동등하게 만들어 이승과 저승 사이에 다리를 놓으려는 목적으로 행해진 종교적 습속과 관련된 흠집과 방혈에 대한 고대 의식과의 관련 속에서 시작된 것으로 결론지었다.

> 원시인은 빈틈없는 정확성으로 치러지는 긍정적 의식들을 통해 비인간적 힘에 다가서면서도 금지나 '금기'의 형태를 지닌 다른 몇 가지 부정적 의식도 함께 병행한다. 그러한 의식과 신체에 자국을 내는 것과의 관련성은 곧 그 의식의 중요성을 일깨우는 것이다. 경계, 비밀, 의식과 더불어 천국에서의 문신 자국의 가치, 신성에 대한 헌신, 문신 기술의 사제들에로의 이관, 혹은 그와 동류의 개념과 관련된 확실한 믿음까지 존재하고 있다면, 그 안에 종교적 역동성이 내재해 있을 여지는 두말할 나위 없이 확실한 것이다.7

1925년까지 인류학 관계 학술서적들에 꾸준히 소개된 햄블리의 책은 오늘날까지도 문신에 관한 비할 바 없이 귀중한 연구서로 남아 있다. 이 책과 함께 현지조사의 시대도 막을 내렸다. 햄블리 책이 나온 시점에서는 이미 선교사들과 유럽 제국주의자들의 억압으로 그나마 얼마 남지 않은 원주민 문신 전통도 거의 사라져버렸고, 문신의 현지조사 가능성도 그만큼 희박해졌기 때문이다.

문신 관련의 글을 쓴 의사와 정신의학자들의 대부분은 햄블리의 책을 무시했다. 20세기 유럽과 아메리카 대륙 전체에 초점을 맞춘 그들은 문신의 동기가 종교적 신앙심이 아닌, 억압된 성욕과 성도착(倒錯)이라는 사실을 알아냈다. 문신의 잠재의식적 동기의 분석을 시도한 작가들 중에 가장 영향력 있는 사람으로 꼽히는 알버트 패리는 자신의 작품 『문신(Tattoo)』에서 다음과 같이 썼다.

> 문신을 하는 사람 중에 문신가를 찾는 진정한 동기를 아는 사람들은 극히 드물다.……문신을 받는 사람들이 의식을 하든 못하든, 문신 행위는 거의가 꿈의 기록이다. 인간 꿈의 대부분은 자신의 진정한 사랑, 즉 표면 위로 나타나려 애쓰는 억압된 성적 세계를 반영하고 있다. 따라서 꿈의 기록인 문신 역시 성적 특성이 그대로 반영되는 것으로 볼 수 있다. 문신의 과정 자체도 본질적으로는 성적이다. 우선 길고 날카로운 바늘과 찌른 살갗 위에 붓는 액체를 봐도 그렇고, 한 사람은 능동적이고 다른 한 사람은 수동적인 관계 속에서 이루어진다는 점도 그렇다. 그것은 곧 희열과 고통의 진귀한 결합에 다름 아니다.[8]

수잔나 S. 하이는 『계간 정신분석(Psychoanalytic Quarterly)』에 기고한 『문신』에 대한 비평에서 패리의 정확한 간파력에는 찬사를 보내면서도, '문신의 항분석 효과'를 민감한 것에 대해서 비판을 가하고, "똥을 짓이기고 싶어하는 어린아이의 충동과 지워지지 않는 물감을 칠하고 싶어하는 어른의 충동 사이에는 분명한 연관 관계가 있다."라고 말했다.[9]

패리의 책이 발간된 그해에 정신분석학자 월터 브롬버그는 프로이드 이론으로 문신을 연구하여 병리학적인 여러 동기들을 발견했다. 그는 가장 대중적인 문신 문양을 분석한 결과 문신이 사디즘적 환상, 마조히즘적 환상, 사도마조히즘적 환상, 근친상간의 소망에서 비롯된 죄책감, 마스터베이션, 억압된 동성애욕, 그리고 그와 관련된 많은 동기들에서 비롯되고 있다는 것을 알아냈다. 브롬버그가 분석에 애를 먹은 경우는 딱 한 번밖에 없었다. 그 자신도 실토했듯 "미키 마우스 문신을 정신분석학적으로 설명하기는 곤란"했던 것이다.[10] 그 연구로 브롬버그는 문신과 잠재의식에 관한 권위자가 되어 이후의 학자들에게 많은 영향을 끼쳤다.

정신의학자 셜리 M. 퍼거슨 레이포트는 1950년에 발표한 한 이론에서 문신에는 '특정한 정신의학적 상태에 관한 진단적 중요성'이 내포돼 있다고 주장했다. 가령 말편자 모양과 '행운'이라는 글자를 새기는 사람은 자신의 운명을 이끌어갈 능력이 없이 모든 걸 운명이 통제한다고 잠재의식적으로 믿는 '정신이상자'라는 것이다. 그런가 하면 '정신분열증적 문신'은 별, 핏방울, 마술적 특성을 지닌 은밀한 상징들로 나타나고, 국기로 몸을 감싸고 있는 여성상은 정신분열증 환자의 '정상적인, 특히 성적 접촉으로부터의 이탈과 소원(疏遠)'을 상징하는 것이라고 했다. 그런 문신들은 퍼거슨 레이포트에 따르면, "자아에 대한 깊은 불안감과 정신분열증 환자의 이탈적이고 냉담한, 그리고 응결된 태도를 그림으로 표현해준" 것이다.[11]

1990년 로버트 F. 라스파는 "[퍼거슨 레이포트의] 이론이 맞다면 문신의 분류만으로도 간단히 병을 진단할 수 있다는 말이 된다. 하지만 내가 수집한 자료에 의하면 어느 특정 진단과 문신과의 상호관련성은 문양의 내용이 아닌 문신 그 자체에 있었다. 고로 모든 문신은 저변에 깔린 정신의학적 상태의 분석이 필요한 일종의 경고 표시로 볼 수 있다."라고 하면서,[12] '충동성, 자존심의 결여, 자기 통제의 부족, 동성애적 성향, 사도마조히즘, 속박, 성도착(倒錯), 양성(兩性)적 취향, 레즈비언적 취향, 반사회적 성향, 알코올 과다 섭취 및 그에 대한 의존, 약물 과다복용 및 그에 대한 의존, 경계성 질병, 정신분열적 성향, 조병(躁病) 혹은 이구성 질병, 정신분열증' 등을 정신의학적 상태의 예로 꼽았다.[13]

정신의학자 아만도 R. 파바자는 정신의학계의 동향을 다음과 같이 요약해서 말했다.

> 현재의 지배적 의견은 대부분의 사람들은 — 특히 비순응자 그룹에
> 속하는 사람들 — 전통적 권위에 대한 도전, 물리적 힘과 공격성에
> 대한 일종의 정형화된 상징, 다른 구성원들과의 정체성 및 단결에
> 대한 표시로 문신을 한다는 것이고……복합 문신을 하는 사람은 반
> 사회성, 증가된 공격적 행위, 충동성, 이성애(異性愛)에의 부적응증
> 과 연관시키고 있다.[14]

인류학자 캐스린 코에는 문신을 정신병리학 및 반사회적 행위와 일률적으로 연결시키는 것은 잘못된 것이라고 지적했다. 문신은 군대와 같은 남자들 세계에 속해 있는 사람이 그 단체의 정체성을 드러내거나 객관화시키는 방법으로 그 단체의 일원임과 명예를 드높이려는 지극히 정상적인 행위일 수 있고, 그 경우 남성적 유대감의 표시는 구성원들 모두가 같거나 비슷한 문신을 받는 과정에서 함께 나누는 고통을 통해 용기를 입증해 보이는 행위로 나타난다는 것이다.[15]

이러한 동기는 그러나 여성 문신에는 적용시키기 어려운 점이 있다. 포스트 모던 페미니스트 이론가들 중에는 지독히 두꺼운 문신을 하는 여성을 인습과 남성지배에 대한 도전의 표시와 자기 몸을 일신하여 인생의 주도권을 잡겠다는 의지의 표현으로 보는 사람들도 있다. 그에 반해 인류학자 마고 드멜로는 가끔은 상충적이고 모호한 동기들도 있을 수 있다는 의견을 피력하고 있다. 여성들 중에는 자기 소유물이라는 표시를 하고 싶어하는 남자에게 완전히 구속되어 문신을 하는 경우도 얼마든지 있을 수 있다는 것이었다. 그러면서 남편에게 소유되고 착취당하고 문신까지 당한 여성 서커스 단원들을 그 한 예로 제시했다. 드멜로는 이렇게 썼다. "문신은 여성들에게 힘을 부여해주기는커녕 남성 지배 사회에서의 대상적 존재로만 더욱 부각되고 있을 뿐이다."[16]

그런가 하면 현대의 몇몇 문화 인류학자들은 전 세계적으로 문화의 경계가 허물어지면서 흔적, 상처, 찌르기와 같은 신체 변형상에 일어난 보다 광범위한 문화 현상의 일부로 문신을 보고 있다. 예컨대 그런 현상은 잠재의식

적이고 비언어적인 형상으로 생의 의미를 규정해주는 원형적인 이미지들과
의 연결 고리로 고안된 원시적 의식에 참여함과 동시에, 동시대의 사회적 규
범 아래 신음해온 정신의 특성도 함께 표현해줌으로써 서구산업사회의 억압
적 관습에 도전하려는 소외된 젊음의 욕구가 불러일으킨 일종의 정신적 구
도라는 것이다. 다니엘 로젠블라트의 문화인류학적 언어로, "신체 장식은
'자아' 탐구를 위해 '원시인들'의 생각을 이용할 수 있다는 점에서, 저항이
될 수 있고……그러한 자아 탐구는 사회 전체에 대한 하나의 위협으로도 간
주될 수 있다."[17] 따라서 문신을 문화적으로 규정하면, "소비 자본주의에 대
한 대항으로서의 자아 회복에 기반을 둔 치료적 특성을 지닌 것"으로 말할
수 있을 것이다.[18]

　토론토에서 십여 년이 넘게 직업 문신가로 일해온 다렌 부드는 로젠블라
트의 생각을 너무 이론적이라고 하면서, "그 친구, 이론은 그럴 듯한데 전혀
현실감이 없어요. 우리 가게에 오는 손님들을 보면, 돈을 못 써 안달을 하며
팔에 문신이나 하나 새겨볼까 해서 오는 사람들이 대부분이에요. 대충 그런
수준이죠."라고 덧붙였다.

　문신의 동기는 다윈의 이론으로도 해석이 가능할까? 동물들의 행동에는
유사성이 있는 걸까? 인종학자인 아모츠와 아비샤그 자하비는 비늘, 날개,
머리털의 모양과 뿔 등에도 잔존 가치가 있음을 보여주는 요소가 있다고 말
한다. 그러면서 얼핏보면 실용성이 없을 것 같은 숫사슴의 뿔과 공작 꼬리를
그 예로 들었다. 사실 애써 만들어 끌고 다녀야 된다는 점에서 그것은 일종
의 장애물이라고 볼 수 있다. 하지만 생존 가치적인 면으로 보면 거기엔 장
애적인 것을 보상하고도 남을 만한 충분한 이유가 있다. 즉 장애물을 끌고
다닐 만한 힘이 있다는 것을 남에게 보여주는 것이다. 그런 과시는 자연히
이성(異性)을 끌어들이고, 라이벌들에겐 위협적 존재가 되며, 생식력을 좋게
하고, 더 크고 더 긴 뿔과 꼬리를 가진 새끼를 낳도록 한다.[19]

　문신에도 그와 비슷한 기능이 있을까? 비싸고, 고통스럽고, 위험이 내포돼
있다는 면에서 보면 문신도 분명히 하나의 장애물이다. 하지만 마르케사스
인, 일본 야쿠자, 미국의 폭주족이 지닌 정교한 문신에는 하나의 공통점이 있
다. 그들은 돈이 있고, 고통을 참아낼 수 있으며, 지독하게 엄숙하고, 전투에

서 위험한 적수가 될 것이라는 것을 남에게 보여주는 것이다. 또한 싸우지 않고 위압감만으로도 적을 이길 수 있는 전사라면 가정에서 가장 역할도 잘 할 것이므로 그는 분명 다원론의 한 변종이라 할 수 있다. 이것은 확실히 좀 더 탐구할 가치가 있는 흥미로운 연구 분야이다.

"그토록 불합리해 보이는 관습에 무슨 다른 이유가 있겠는가?"라고 한 조세프 뱅크스 경의 질문에 이제는 답변을 할 수 있게 되었지만, 그렇다고 그것이 '정답'이라고는 할 수 없다. 문신의 동기에 관한 이론들은 저자의 관점과 그들이 속한 시간과 장소에 따라 다양한 형태를 취하고 있다. 그리고 "미신과 관련된 것인지도 모른다."고 한 뱅크스의 말은 확실히 통찰력이 있는 추측이었다. 현대 문신사의 가장 뛰어난 인물이라 할 수 있는 돈 에드 하디는 대부분의 문화에서 문신은 마술적이고 초자연적인 것과 연결되어 있다고 하면서, 다음과 같이 기술했다.

> 오늘날 문신의 원시적 힘은 그 어느 때보다도 강하고, 그 안에 담긴 의도적이면서도 무의식적인 마술적 의미 또한 매우 강해졌다. 그것의 범위는 특정한 고대 상징물로부터 그 문신을 지니고 있는 사람만이 알 수 있는 복잡한 의미의 형상에 이르기까지 참으로 다양하다. 많은 사람들이 '초월적인 어떤 것'과 연계되어 속세의 일상사를 뛰어넘는 좀 더 거대한 힘과 연결되기를 갈망한다.……우리에게 있어 문신의 본질적 매력은 이제 그 어느 때보다도 그것으로부터 교감적 힘을 얻을 수 있는 기회, 즉 뜻깊은 통과의례(어느 해군이 외박 나온 첫날 팔에 뽀빠이를 새기는 것에 불과할지라도)에 참가하여 악령 — 오늘날엔 도덕적 다수파(미국의 보수적 기독교 정치단체)와 억압적인 사상 경찰 타입 — 을 물리치는 데 있다.……어쩌면 [문신은 그저 하나의 겉치레에 불과할지도 모른다. 하지만 그럼으로써 우리 기분이 나아지고, 그것이 주위 사람들에게까지 전파된다면, 그 자체로서 효과가 있는 것이다. 우리는 꿈을 입고 있는 것이다.[20]

마술과 종교에 대한 햄블리의 견해, 1925년*

약 40년 전에 나온 외스트의 『문신』을 알고 있는 독자들이라면 이 부가적 설명을 어쩌면 쓸데없는 것으로 여길지도 모르겠다. 하지만 이것은 결코 그런 것이 아니고, 『문신』(1887)이 나온 시점도 현대의 인류학적 연구가 시작되기 훨씬 이전이었다는 사실을 결코 잊어서는 안 된다. 따라서 외스트도 채색과 문신, 그리고 흠집을 기술적인 면으로만 조사했을 뿐, 지난 이십 년간 이루어진 연구, 즉 뉴기니, 보르네오, 아삼, 북아메리카 문신의 존재 이유가 되는 금기와 의식(儀式), 그리고 신앙의 문제까지는 언급할 생각을 하지 못했다.……

이러한 측면들 중에서 다른 것들보다는 그래도 심리학적, 사회학적, 미학적 분야의 연구가 비교적 수월했던 이유는 정신적, 사회적 과정으로서의 몸에 자국내기는 토템 신앙, 이족(異族) 결혼, 불사(不死) 등이 한데 어우러진 조화로운 전체의 일부였기 때문이다. 문신 속에서 이처럼 긴밀히 연결된 마술과 종교의 조화는……자연과학적 방법의 결핍으로 표현은 서툴지 몰라도 원시인에게도 논리가 있었다는 것을 보여주는 증거이다.

문신의 역사적 측면은 여성 문신에 나타난 고고학적 증거와 유물, 그리고 매장에서의 적황색 사용에 대한 조사를 하려면 6,000년이라는 한정된 역사시대를 훌쩍 뛰어넘어 저 까마득한 구석기시대로까지 거슬러 올라가야 된다는 점에서 거의 극복될 것 같지 않은 수많은 난제들을 안고 있다. 그런 가운데 바빌론, 이집트, 페루, 멕시코, 중국을 포함한 세계 문화 중심지들에서의 고대 문신의 연구는 흥미로운 여러 사실과 함께 시대에 따른 문신의 이동 경로까지 밝혀주었다. 하지만 13세기에서 19세기까지는 문신의 존재를 시대적으로 추적할 만한 증거가 거의 발견되지 않았고, 따라서 초기 연구자들도 문신 기술과 작업 방식에 관한 내용이 전부인 평이한 자료에 만족해야 했다. 문신과 관련된 금기와 의식, 그리고 신앙에 관한 내용은 인류학적 현지 조사가 이루어진 19세기의 마지막 15년을 남겨놓은 시점에 와서야 비로소 알려지게 되었다. 의식(儀式)은 아무런 공통점도 없는 지구상의 전혀 다른 곳들에서 동일한 신앙, 금기, 습속이 출현했다는 것에 대한 이론적 근거로서 영혼의 일치라는 그 낡은 이념과는 반대되는, 문화 이동에 대한 증거를 제공해 주었다.……

---

* 이 글은 W. D. 햄블리의 『문신의 역사와 그 중요성』(1925년 런던 H. F. & G. 위더비 사 발간)에서 발췌한 글이다.

그런 점에서 나는 미래의 삶, 자기 과시, 교감, 암시의 힘, 암시 능력과 관련된 호기심을 비롯하여 인간이 지닌 균일한 감정적 성향의 표현에 '영혼의 일치'라는 용어를 사용해도 좋을 하나의 편리한 감각이 존재한다는 점을 말하고자 한다. 이러한 정신 활동의 모든 측면은 인간에게 공통적이고, 특히 어떤 것들은 우리 유인원 선조의 현대 표본들에서도 뚜렷이 나타난다.

이러한 공통의 감정적 성향은 문화의 급속한 확산에 대한 설명이 될 수도 있다. 문화가 어떤 측면이나 교리의 면에서 사회적 지위 획득이나 보존에의 끈질긴 요구를 만족시켜줄 때 특히 그러하다. 요컨대 육체적 사망 이후의 삶에 대한 질문에 해답을 주고, 고통이나 질병의 악마로부터 벗어날 수 있는 수단을 제공해주며, 사춘기에서 성년기로의 이행을 편안하게 도와주며, 행운을 불러오고, 흉안(凶眼)을 피할 수 있는 수단을 제공해주는 것 등이 그런 것들이다. 그리고 이것은 전 세계에 배급망을 가진 문신 조직이 해결해주는 절실한 요구의 극히 일부에 불과하다.

살갗을 찌르는 것에 대해 어느 정도 경외감을 가져야 한다는 생각은 야만인 세계에서는 젊음의 소생과 불사(不死)의 요소로 대단히 중시되는 피를 흘리는 행위가 포함되었다는 점에서 그리 이해하기 힘든 문제는 아니다. 게다가 문신은 수많은 문을 열어 악(惡)을 불러들이기도 하고, 무엇보다도 소년에서 남성으로, 소녀에서 여성으로의 이행, 사회적 관계의 한 국면을 넘어서는 인생의 어떤 분기점과 연관되어 있다는 점에서 특히 중요하다. 입문의 시기에 문신을 받는 것은 그들의 가장 독창적 문화 요소인 다산(多産) 의식에 채색과 문신이 관련되어 있음을 보여준다는 점에서 아주 중요하다.

마술과 종교의 관련 자료에서 최고의 존재나 초인적인 힘에 다가설 때, 귀신을 달래거나 질병과 고통을 주는 악귀를 달랠 때 몸의 자국들은 보편적으로 일치된 사고체계의 일부임을 보여준 바 있다. 적황색을 이용한 매장과 해골을 붉게 칠하는 행위, 그리고 선사시대의 그와 유사한 행위는 모두 피의 상징들로 존재의 연속성과 회춘을 보장받으려는 최초의 시도로 간주될 수 있다. 역사가 시작되기 오래 전, 그러니까 최초의 인간 확산이 시작되기 전, 마술과 종교의 어떤 강렬한 사고체계가 죽은 뒤의 생의 연속성 문제에 대한 하나의 해답으로 색소이용을 중심으로 형성된 것이다. ■

잠재의식적 동기에 대한 브롬버그의 견해, 1935*

이 간략한 연구 자료는 지방 형사 법원의 정신병동에서 얻은 것이다. 지난 한 해 (1933) 동안 수감자들에 대한 일상적 조사를 하는 과정에서 나는 문신이 있는 젊은이들을 연구할 기회를 갖게 되었다. 피부 심리학에 관한 논의에서 오늘 밤 발표된 주요 내용들은 거의 전부 문신된 사람들로부터 나온 것이다. 거기서 나온 최초의 충격적인 사실은 조사 대상자의 전부가 문신을 받겠다는 결정을 충동적으로 내렸다는 것이다. 그것은 마치 극복하지 않으면 안 될 어떤 거대한 저항과 같은 것이었다. 그 저항은 피부를 상하게 하는 것에 대한 사회적 금기의 극복과 나르시스적 기관(器官) 즉 살갗에 상처를 내는 데 대한 당연한 혐오감 두 가지 형태로 나타났다. 좀 더 깊숙이 들어가 보면 피부는 거의 모든 사람들에게 일종의 완전기관이라 할 수 있다. 꾸밈없는 그대로의 상태에서 (본래적인 것은 제외하고) 모든 아름다운 요소를 지니고 있을 때 그것은 가장 신성한 것이다. 과연 피부는 자기애의 보고라 할 만하다. 문신을 받겠다는 충동적인 결정에 가장 중요한 영향을 미친 것은 친구들이었다. 남자들은 흔히 술기운에 문신을 새겼고, 친구 따라 강남 간다고 같이 있던 친구들도 너도나도 따라 새겼다. 따라서 문신된 모양을 보면 동성애적 요소가 알게 모르게 저변에 깔려있는 것을 알 수 있다. 동성애적 요소의 활동성을 보여주는 또 다른 예는 문신 바늘과 액체라는 상징성 그 자체로 나타난다. 즉 자기보다 나이 많은 사람(즉 문신가)에게서 받는 고통의 형벌, 사도마조히즘적 감정에의 몰입, 동성애에 대한 억제가 술기운으로 약화된다는 사실로 표현되는 것이다.……

일반적으로 문신을 받는 사람은 두 종류로 나뉘어진다. 가령 나이가 좀 있고 정력적인 사람은 자기가 받은 문신에 만족을 느끼며 한 해 두 해 그 수를 점차 늘려나간다. 이런 유형은 말할 것도 없이 자기현시욕이 강한 사람이고, 이것이 극단적으로 나아가면 직업 문신가나 서커스단으로 빠지게 된다. 두 번째 유형은 강한 인물들과의 동일시로 자신의 열등감을 극복하려는 젊은이, 요컨대 젊은 선원 같은 부류들이다. 이런 사람들은 자신들이 받은 문신에 금방 혐오감을 느껴 젊은 시절의 몇 년을 제외하고는 두 번 다시 문신을 새기지 않는다. 이들에게 문신은 곧 사회적 금기를 의미하는 것이 되어, '상스럽고

---

* 이 글은 『신경학과 정신의학에 관한 A. M. A.의 기록(*A. M. A. Archives of Neurology and Psychiatry*)』(1935) 제33호 228-232쪽에 실린 월터 브롬버그의 「문신에 있어서의 심리학적 동기」를 옮긴 것이다.

거친' 것으로 생각하게 된다. 하지만 기본적으로 이런 감정은 거세의 공포에 대한 두려움을 나타내는 것이기 때문에 문양의 경향도 자연히 강건한 용사나 권투 선수, 혹은 인디언 전사와 같이 힘센 사람의 모습으로 나타나게 된다. 요컨대 힘을 과시하는 문신을 새김으로써 공격적 성향을 키우려는 것이다. 현시욕과 공격성은 근육질의 팔, 떡 벌어진 가슴의 문신을 거침없이 드러내고 다니는 선원들에게서 그 일치된 모습을 찾아볼 수 있다. 그런 연관성 속에서 선원들의 문신과 자기애와의 관계를 살펴보는 것도 흥미 있는 일이다. 배를 타고 다니던 시절 선원은 긴 항해 동안 서로에게 문신을 해주었고, 혹자는 그것을 미국 문신의 시작과 발전으로 보기도 한다. 지난 날 여성을 접하기 어려운 상황, 이성(異性)적 사랑을 나눌 대상의 부재, 그리고 동성 선원들 간에 형성된 친밀한 관계 속에서 선원들은 곧잘 자신들의 내면에 잠재해 있던 동성애적 감정을 문신으로 표현하곤 했다. 게다가 문신 부위로 가장 많이 사용된 곳은 팔과 가슴이었다. 레윈을 비롯한 몇몇 학자들의 '신체의 생식기화(Genitalization of the body)' 이론에 따르면, 팔은 물론이고 가슴조차도 남근의 상징이 될 수 있고 따라서 신체 문신은 자기애적이고 자기 색정적인 만족의 직접적 상징이 될 수 있다는 것이다.······[21]

문신에 사용된 그림은 놀랄 정도로 종류가 다양하다. 하지만 거기엔 모두 중요한 원칙이 있고, 그중 가장 빈번히 등장하는 것이 성적(性的) 대상물, 즉 음담을 곁들인 벌거벗은 여인들이다. 항문 속에 반쯤 파묻힌 생쥐를 쫓는 고양이 그림 같은 동성애적 문양도 등 문신에서 자주 볼 수 있는 그림들이다. 대개의 경우 성적 대상은 남자의 이성애(異性愛)를 표방하고 있다. 하지만 그것은 또 뚜렷한 죄의식이 결합된 오이디푸스적 상황에 대한 궁극적 표현이기도 하다.······

세 번째로 많이 쓰인 그림은 해골, 단도, 피(血)(이들 모두 강렬한 사디스트적 환상을 대변한다) 등과 같은 사디스트적 문양이다. 유난히 피가 많이 묻은 칼들은 나도 종종 본 적이 있다. 뉴욕 시의 어느 문신가는 피의 표현에 검푸른 색소를 쓰는 것으로 유명하고 또 그것에 자부심까지 느끼고 있다.······

자주 쓰인 그림의 네 번째 종류는 죽음, 그리고 명예와 죄의식의 문제를 다룬 그림들이다. 이들은 흔히 생존해 있는 경우엔 날짜 없이, 사망했을 때는 날짜가 포함된 '어머니'라는 단어와 함께 십자가 그림으로 표현된다.······이런 류의 그림 – 특히 어머니를 상징하는 이름과 날짜가 들어간 묘비 – 저변에는 오이디푸스적 상황을 나타내는 강한 죄책감이 서려있다.······

지극히 감정적이고 심리적으로 불안정하며 자기중심적인 미성숙함을 보이는 19살의 어느 젊은이는 자신의 열등감을 감추기 위해 마치 조개껍질같이 딱딱한 분위기를 풍기고 다니며, '치욕 이전에 죽음을'이라는 문구가 곁들여진 해골 문양을 팔에 새기고 있었다. 그것은 그에게 배짱을 의미했다. 심리학적인 관점으로 보면 그것은 사도마조히즘적이고 자기애적인 본인의 성향에 대한 일종의 도전이었다.……그것에 자부심까지 느끼던 그의 태도는 그러나 시간이 가면서 문신을 한 것에 대한 깊은 후회와 두려움, 그리고 창피한 감정으로 바뀌었다. 창피한 이유를 그는 '해변가에서 사람들이 깡패로 보기' 때문이라고 했다. 그의 거세의 두려움(이 경우 위협을 가한 것은 어머니이다)은 이제 사회의 비난, 즉 해변가 사람들이 자신을 좋아하지 않으리라는 것에 대한 두려움으로 바뀌었다.

다섯 번째 유형은 보통 직업 문신가가 새로운 문양을 시험해본다든지, 서커스 단원과 같은 연예인들이 머리끝에서 발끝까지 온몸을 뒤덮는 형태로 나타난다. 직업 문신가들이 한 문신은 아주 특이한 경우가 많은데, 그들에게 있어 문신은 하나의 직업이기 때문에 그에 대한 죄책감은 전혀 느끼지 않는다. 문신가들 중에 문신을 심하게 한 것에 대해 죄책감을 느끼거나, 문신을 직업으로 택한 것에 후회하는 사람은 거의 찾아볼 수 없다. 문신가들은 죄의식 없이 문신을 통한 피부의 성적 감흥에서 끝없는 희열을 느낀다. ■

1817년 마샬 군도인들의 문신.

Contemporary Contributions

마샬 군도

더크 H. R. 스펜네만*

마샬 군도는 29개의 환상 산호섬(환초)과 5개의 일반 섬으로 이루어져 있고, 북서 태평양 적도 부근에 위치해 있다. I200개의 크고 작은 섬들이 태평양 상의 약 960,000제곱킬로미터에 걸쳐 뻗어있는 마샬 군도의 환초(環礁)들은 고리 모양의 암초면 위에 놓인 좁은 모래톱들의 버팀목 역할을 한다. 환초 위에 놓인 섬들 중 I제곱킬로미터 이상인 것은 극히 드물고, 초호(礁湖)와 바다 면과의 거리도 대부분 300미터를 채 넘지 못한다.

지금 그곳에서 전통 문신은 이제 더 이상 찾아볼 수 없고, 장식과 장식 분야의 의미도 이미 퇴색한 지 오래이다. I990년대의 마샬 군도에서 진짜 전통 문신을 한 사람을 보았다는 사람은 이제 거의 찾아볼 수 없게 되었다. 따라서 우리 연구도 역사 자료에 의존할 수밖에 없다. 마샬 군도의 문신 기록은 I9세기 말과 20세기 초의 잡다한 민족지학적 자료에 묻혀 있다가, I992년이 되어서야 비로소 하나의 분야로 통합되었다.

그런 자료를 깊이 있게 읽다보면, 그 많은 사람들이 문신을 했고, 그것의 의미와 의식에서 불려진 찬가(讚歌) 및 문양의 전통까지도 알고 있었으면서도, 그에 대한 기록 행위는 거의 이루어지지 않았다는 사실에 무척 놀라게 된다. 또한 기독교의 영향으로 의식 자체는 소멸되어 갔지만, 문신가는 여전

---

* 더크 H. R. 스펜네만 박사는 오스트레일리아 뉴 사우스웨일즈의 찰스 스튜어트 대학교 환경정보과학대학 문화유산학과의 선임강사로 있다.

히 존재해 있었다. 그렇게 본다면 언어 문제, 그리고 아마도 기독교의 복잡한 죄의식에서 비롯되었을 마샬 군도인들의 심리적 혐오감이 지식 전달에 억제 요소로 작용한 것인지도 모르겠다.

마샬 군도 문신의 역사

고고학적 자료에 따르면 현재의 마샬 군도 공화국을 이루고 있는 섬에 사람들이 최초로 정착하기 시작한 것은 기원전 1000년에서 500년 사이로 보고 있다. 그들은 수세기를 거치는 동안 환초 위의 빈약한 땅이 제공해주는 원예 농업의 가능성을 극대화시켜, 영구 조직에 대한 생각은 별로 없이 하나의 복잡한 사회 제도를 만들어냈다. 정보 전달은 주로 구두로 이루어졌다. 하지만 현대의 뉴스기사가 그렇듯 이 방법은 기술, 정보, 사회 규약의 전수에는 효과적이었으나, 내용의 의도적 수정이나 변경의 가능성도 늘 상존해 있었다.

그로부터 2천 년 뒤 유럽인들이 처음 이 땅을 밟으면서 최초의 기록도 함께 이루어졌다. 당시 마샬 군도의 환초를 최초로 밟은 이들은 1529년 10월에 필리핀에서 멕시코로 귀항 중이던 알바로 데 사베드라 대장 휘하의 스페인 탐험대원들이었을 가능성이 가장 높다. 사베드라는 우제랑으로 여겨지는 마샬 군도 북서쪽의 환초들과 마주쳤음이 분명하다. 문신의 출현에 대해서는 알려진 게 없지만, 여하튼 짙게 문신한 원주민들과의 짧은 만남에서 얼마나 깊은 인상을 받았던지, 그들은 마샬 군도 섬 전체를 아예 채색된 자들이라는 뜻의 '로스 핀타도스' 라 명명했다.

환초들과 맞닥뜨린 최초의 영국인들은 포트 잭슨(오스트레일리아의 시드니)에서 중국을 경유하여 영국으로 향하고 있던 길버트와 마샬 선장이었다. 이후 그곳을 찾은 스페인, 영국, 미국인들과 마찬가지로 그들 역시 문신에 대해선 아무런 언급도 하지 않았다. 마샬 군도인들의 문신에 관한 최초의 상세한 언급은 1816년과 1817년에 처음 마샬 군도 북시 지역을 찾은 뒤 1824년에 또 한 번 그곳을 찾은 오토 폰 코제브에 선장 휘하의 러시아 탐험대원들에게서 찾아볼 수 있다. 탐험에 참가했던 독일인 박물학자 아델버트 폰 사미소는 어떻게든 문신을 받아보려 했으나 결과는 실패였다.

문신은 신체를 뒤덮지도 손상시키지도 않으면서 우아한 장식과의 조화로 아름다움을 더욱 극대화시켜주는 것 같았다.

탐험대 화가 초리스는 문신된 남녀들의 스케치 몇 장을 남겨놓았다. 러시아인들이 떠나고 난 뒤 마샬 군도에 대한 민족지학적 연구는 근 반세기가 넘도록 정지된 상태에 있었다.

마샬 군도는 19세기 후반부터 독일의 세력권으로 편입되기 시작하여 1885년에는 아예 독일의 보호령으로 떨어졌다. 그때부터 독일의 학자, 종교인 그리고 행정관들에 의해 넓게는 마샬 군도의 민족지학, 좁게는 문신이 대강 혹은 아주 상세하게 연구되기 시작했다. 장사꾼들인 헤른샤임과 하거는 호기심 많은 자국민들에게 보여주려는 목적으로 마샬 군도인들의 삶과 관습에 대한 짤막한 기록을 남겼으나, 그 내용은 주로 이제 막 불붙기 시작한 독일의 식민지 야망을 위한 마샬 군도 환초들의 경제적 중요성에 대한 것이 대부분이었다.

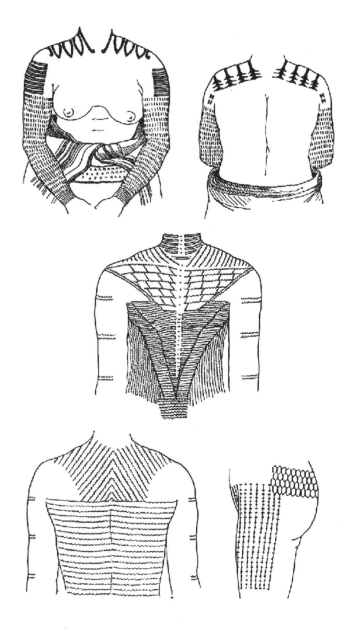

1887년 아두아르드 헤른샤임이 그린 마샬 군도인들의 문신.

학자들인 핀쉬와 쿠바리의 기록은, 특히 핀쉬의 기록은 마샬인들의 언어를 구사하지 못해시였겠지만 약간의 오해를 하고 있긴 했어도, 교역인들의 그것보다는 상세한 편이었다. 그 밖에 아이젠하르트라든가 험프리 같은 난파선 선원들도 약간의 기록을 남겨놓았다.

식민지 행정관과 의사들은 몇 건의 공식 보고서를 만들어 그 대부분을 정기 간행물 형태로 출간했다. 행정관과 그들의 배우자, 그리고 해군 장교와 민간인 방문객들 역시 거의가 평이한 것이긴 했지만 그래도 유용한 정보가 담긴 사적인 글을 식민지 신문 잡지에 기고했다.

1904년 선교협회가 조직되자마자 예수회의 가톨릭 선교사들은 거의 반세기에 걸쳐 이미 입지를 다져놓은 개신교 선교사들과의 경쟁을 시작했다. 가톨릭 신부들은 전통과 민족학적인 정보를 수집하는 한편, 마샬인들의 언어도 함께 연구했다. 에어드란트 신부는 문신에 관한 내용이 광범위하게 포함된 종합 민족학과 사전을 각각 한 권씩 출간했는데, 그 사전에는 몸의 특정 부위나 장식에 사용된 문양을 일컫는 듯한 내용과 더불어 몸통 부위의 문신에 관한 용어도 몇 개 들어 있었다.

아우구스틴 크레머는 1897년과 1898년에 있은 두 달간의 마샬 군도 체류를 바탕으로 1904년 돗자리 짜기와 문신에 관한 논문 한 편을 발표했고, 2년 뒤에 발표된 여행 모노그래프에도 문신에 관한 내용이 포함되었다. 1910년 크레머는 이번에는 독일 남태평양 탐험대와 함께 다시 한 번 마샬 군도를 찾아 그 탐험을 다룬 일련의 시리즈물로 한스 네베르만과 함께 완벽한 민족학 자료집(1938)을 발간했다. 이번에도 문신은 취급되었고, 그와 함께 다른 모든 독일 자료들도 언급되었다.

문신의 소멸

문신은 19세기 후반기에 거의 사라져 문신 바늘을 논하고 있던 오토 핀쉬까지도 "1879년에는 그런 도구들을 구한다는 것이 더 이상 쉬운 일이 아니다."고 털어놓기에 이르렀다.

선교사들은 성경의 가르침과 함께 일련의 도덕적, 윤리적, 미적 가치들(물론 그 당시 그들 본국 사회의 가치, 아니 좀 더 정확히 말하면 그들 계층의 가치)도 함께 들여왔다. 그들이 기독교계와 유럽 사회의 그 수상쩍은 은총 없이도 잘만 지내고 있던 태평양인들에게 부과하려 했던 가치가 바로 그런 것들이었다. 마리아회, 런던 선교사회, 웨슬리 교파(영국 감리교파), 미국 개신교 부흥론자를 비롯한 모든 종파의 선교사들은 태평양 섬 전역에서 행해지고 있던 문신과 전통 의상, 그리고 전통 무용을 야만성의 극치로 규정하고 전면 금지시켰다.

마샬 군도에서는 특히 원주민들에 대한 미국 해외 선교 위원회(보스턴 선교단)의 내정 간섭이 두드러졌다. 마샬인들의 관습에 가한 이 같은 파괴행위는 사회 생활 거의 전반에 걸쳐 악영향을 끼쳤다. 문신은 판단력이 있는 사람에게나 없는 사람에게나 똑같이 해당되는, 즉 다음과 같은 몇 가지 이유 때문에 반드시 근절되어야 했다.

* 구식 생활 방식, 그리고 신분과 집단의 정체성과 관련돼 있기 때문에.
* 전통 종교 및 영적(靈的) 신앙과 밀접하게 연결된 '이단'이기 때문에.
* 미적으로 유럽인의 눈에 거슬리기 때문에.
* 석방된 죄수와 탈영병을 문신으로 식별한 19세기 영국과 미국의 형법 제도 때문에.
* 이스라엘인은 문신하지 말지어다(레위기 19장 28절)라는 성경구절에 따라, 문신 행위도 당연히 비기독교적으로 인식되었기 때문에.

이처럼 문신에 대한 선교사들의 혐오감은 어느 정도 유럽인들의 편협한 사고방식과 그들의 미적 기준에 근거하고 있으며, 이것은 성서에 의해(근본주의자들 때문에) 도덕적으로도 정당화되었다.

하지만 선교사들의 노력은 무시당하기 일쑤였고, 총체적인 유럽화도 그곳 고유의 사회제도를 소멸시킨 것으로 비난의 표적이 되었다. 의복과 신체 장식 풍습의 소멸을 초래한 것이 마샬 군도의 총체적 유럽화가 아닌 기독교 선교사들이었다는 사실은 1880년대 중반 기독교가 아직 입지를 굳히지 못하고 있던 북쪽 섬들에선 아직 문신이 행해지고 있었다는 사실로도 충분히 짐작할 수 있다.

> 장발을 비기독교적으로 본 선교의 기독교적 영향으로 원주민들의 머리 모양에도 변화가 왔다.……선교사들이 아직 침투하지 못한 북쪽 섬들과 라탁 [체인]에선 특징적인 머리 모양만큼이나 옛 풍습이 그대로 남아 있다.……그리고……
> 북쪽 섬사람들은 자신들의 원주민 풍습을 굳건히 지키고 있어 지금 그곳에선 귓불의 엄청난 확대와 함께 문신과 꽃 장식이 한창

유행이다.

선교사들이 일으킨 변화의 속도는 실로 엄청났다. 문신은 선교사들이 에본에 닿기가 무섭게 금지되었다. 문신과 관련된 고유 의식들에는 종교적인 중요성도 내포돼 있었기 때문에 유럽의 선교사들이 그곳에 나타나자 에본인들은 그들 앞에서는 그 의식을 행하려 하지 않았다(약 800명의 사람들이 의식을 좀 더 안전하게 치를 수 있는 잘루이트로 떠났다).

독일 식민 당국자들은 문신에 대해 아무 할 말이 없었거나 혹은 별로 없었던 것 같았다. 식민지 기록소가 벌인 조사에 따르면, 잘루이트 식민지 출장소장과 뉴 브리테인 섬 라바울 소재의 총독 간에 오고간 교신에서 그 문제는 그리 중요하게 다루어지지 않은 것으로 되어 있다.

제1차 세계대전의 발발과 함께 1914년 10월 마샬 군도는 일본군의 수중에 떨어졌고, 일본의 미크로네시아 점유는 1922년 국제 연맹에 의해 공식화되었다. 마샬 군도의 지배권을 인수한 일본인들은 독일과는 달리 문신을 금지시켰다. 1943년에 발간된 미국 정부 간행물에 따르면, 다음과 같다.

> 1922년 일본인들은 문신 혹은, 본인이나 다른 사람 몸에 자국을 내는 일을 30일 이하의 강제노동에 처할 수 있는 경범죄로 입법화했다. 아마도 그렇게 함으로써 족장과 일반인들을 구분지어주는 신체 자국을 없애려는 의도였던 것 같은데, 문신을 받고 나면 대개 고열에 시달린다는 이야기도 있으므로 감염원을 막으려는 시도였는지도 모른다.

수 명의 일본인 민족지학자들도 마샬 군도에 머물며 문신을 주제로 한 연구를 했다. 미크로네시아 문신에 대한 일본인들의 연구는 주로 고톤드 하세베에 의해 이루어졌는데, 그는 당시의 문신 문양과 마샬 군도 전통 문양의 쇠퇴를 다룬 논문을 1930년에 발표했다.

1930년의 인구 조사에 따르면 238명의 남자 중 전통 문양으로 문신을 한 사람은 56명에 불과한 것으로 나타났고, 이들 중 대다수(48명)는 팔 다리에 수평 띠 문양만을 하고 있었다. 이들 대부분의 문신이 독일 식민지 시대에

마오리족 초상화는 원래 유럽인 화가 찰스 프레드릭 골디(1870~1947)와 고트프리드 린다우어(1839~1926)가 그린 것들로 오클랜드 미술관의 영구 소장품이다. 1915년 H. E. 파트리지가 기증한 이 그림들을 오클랜드 미술관 '토이 오 타마키(타마키의 예술이라는 뜻의 마오리어이고, 타마키는 오클랜드의 한 지명이다)'에서 마오리 예술 담당의 명예 큐레이터 느가히라카 메이슨, 고트프리드 린다우어, 이하카 환가의 허락을 받아 유화로 복원한 것이다. (8장 뉴질랜드 편 참조)

찰스 골디의 회상: 누가푸히족의 족장. 유화. 에밀리와 알프레드 네이션의 기증품으로 오클랜드 미술관 토이 오 타마키 소장.
(8장 뉴질랜드 편 참조)

고트프리드 린다우어가 그린 파레 와테네의 초상. 유화. 1915년 H. E. 파트리지가 기증한 것으로 오클랜드 미술관 토이 오 타마키 소장.
(8장 뉴질랜드 편 참조)

찰스 골디가 그린 테 아호테 테 랑기 화레푸 느가티 마하타의 초상. 유화. 에밀리와 알프레드 네이선이 기증한 것으로
오클랜드 미술관 토이 오 타미키 소장.
(8장 뉴질랜드 편 참조)

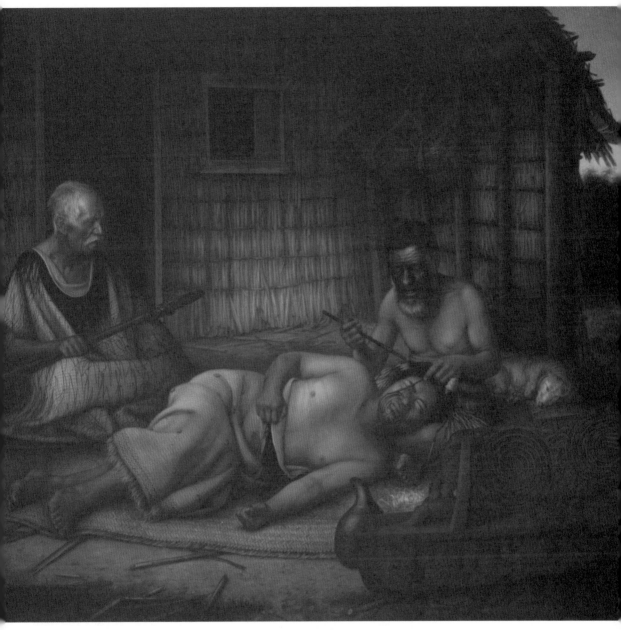

고트프리드 린다우어의 그림, 작업 중인 마오리족의 전통 문신(모코)가. 유화. 1915년 H. E. 파트리지가 기증한 것으로
오클랜드 미술관 토이 오 타마키 소장.
(8장 뉴질랜드 편 참조)

손과 발에 이용된 보르네오의 문신 문양. 19세기 독일 탐험가 칼 보크의 "보르네오의 머리사냥꾼들"을 1881년 런던에서 석판으로 인쇄한 것. (5장 보르네오 편 참조)

불사조. 일본 문신가 오구리 가즈오가 전통적인 수작업으로 새긴 문신.
주) 피닉스 그림. 종이에 그린 오구리 가즈오의 수채화 작품.
(일본 편 참조)

수호지에 나오는 영웅 한지홀률 주귀. 19세기 일본의 우키요에 화가이며 문신화가인 우타가와의 목판화.
1827년에 나온 대중 무협소설 『수호지』의 삽화로 소개된 것임.
(9장 일본 편 참조)

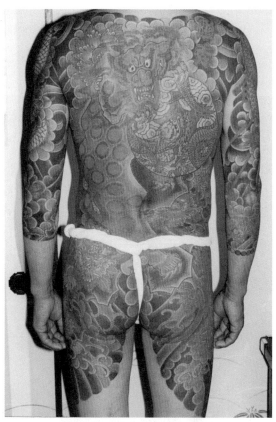

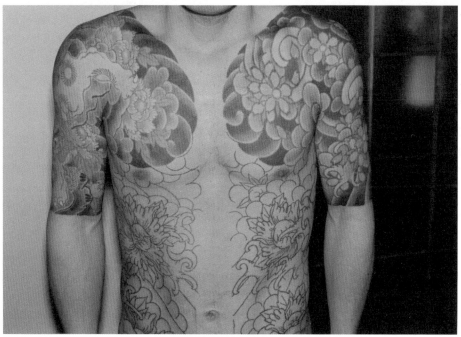

(위 왼쪽) 오구리 가즈오의 수호지 영웅 문신.
(위 오른쪽) 오구리 가즈오의 사자와 작약 문신.
(아래) 오구리 가즈오의 작약과 벚꽃 문신.
(9장 일본 편 참조)

1710년 존 베렐스트가 그린 모호크족 족장, 사 가 이스 쿠아 피에스 토우의 초상.
(10장 북아메리카 편 참조)

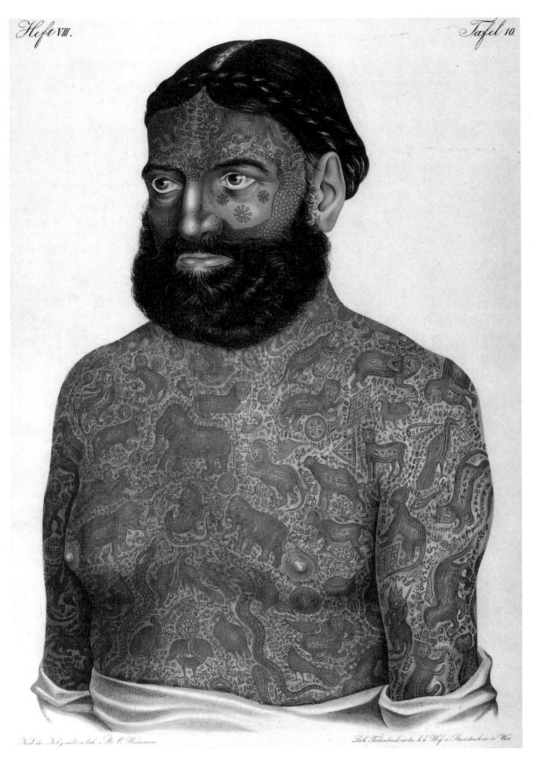

Heft VIII.   Tafel 10.

19세기의 서커스 및 쇼 출연자 게오르그 (일명 "왕자") 콘스탄티누스.
1875년 런던에서 독일어로 석판 인쇄된 피부병 전문의 페르디난드 헤브라 박사의 『피부병 도해서』에서.
(15장 서커스 편 참조)

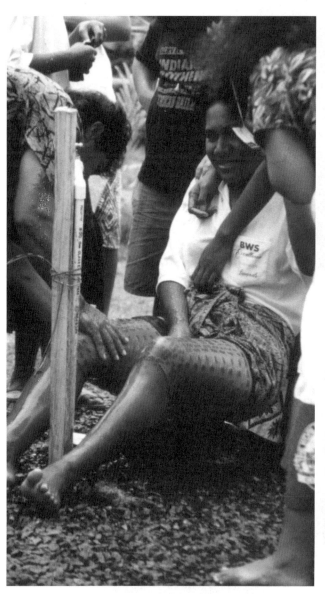

무릎 바로 아래에서 허벅지 위까지 문신을 하고 있는 사모아 여성. 고대
에는 문신이 허벅지 위쪽으로 더 올라가 음부 바로 위에서 멈추었으나,
현대의 기독교적 규범으로는 그것이 적합치 않은 것으로 여겨지고 있다.
또한 고대에는 여성들 손에도 문신을 했었다. 손 문신은 지금두 여전히
계속되고 있긴 하지만 그것은 아주 드문 경우에 속한다.
(20장 폴리네시아의 오늘 편 참조)

마르케사스 군도 우아 푸 섬 출신의 에프라이마 후티. 그와 그의 남동
생 시미온은 아마 생존해 있는 마르케사스 군도 최고의 문신가들일 것
이다. 하지만 지금은 타히티 섬에 살며 시장통의 한 건물 2층에서 조그
만 문신 가게를 열고 있다. 에프라이마는 귀 뒤에 문신을 하고 있던 마
르케사스 여인들의 고대 관습에서 영감을 얻어 그것을 현대석 분신 문
양으로 만들고 있다.
(20장 폴리네시아의 오늘 편 참조)

섬에 있는 타히티식 문신 가게 전경. 토마스는 오늘날 남태평양 문신가들 대부분이 사용하는, 손으로 직접 만든 면도기계를 사용한다.
폴리네시아의 오늘 편 참조)

(왼쪽) 캘리포니아에 사는 타이티족 댄서 크리스토퍼 (파하나) 마나오이스의 모습. 가슴에 새겨진 문신은 현대의 네오 마르케사스풍 문신으로 자신과 부모 그리고 아들을 나타낸 것이다. (트리시아 알렌 작품)

(오른쪽) 현재 타히티에서 일류급에 속하는 문신가 루누이. 그는 투아모투 군도 출신임에도 주로 마르케사스 문양의 영감을 받은 문신을 몸 전체에 하고 있다.

(20장 폴리네시아의 오늘 편 참조)

(왼쪽) 이스터 섬 주민들은 지금도 축제와 여흥 때가 되면 과거에 했음직한 문신 문양으로 온몸을 장식한다.

(오른쪽) 사모아는 폴리네시아에서 문신의 역사가 면면히 이어지고 있는 유일한 섬이다. 지금도 이곳에서는 문신의 전통 기법을 사용한다. 마타이(족장들)는 타파 천 라발라바(허리 감싸개)도 입고 허리에서 무릎 바로 아래까지 내려오는 페아(문신)도 새긴다.

(20장 폴리네시아의 오늘 편 참조)

(왼쪽) 돈 에드 하디의 1977년 작품. 국화와 물. (『타투타임』 제3호에서)
(오른쪽) 돈 에드 하디의 1980년 작품. 13세기 중국의 서사시에서 산적 두목이
하늘의 여왕으로부터 지혜의 서를 받고 있는 장면. (『타투타임』 제2호에서)
(21장 현재의 동향 편 참조)

완성된 것으로 본다면, 그 소멸의 여파가 어느 정도 였는지는 충분히 짐작이 가고도 남는다.

1945년 일본이 제2차 세계대전에서 패함에 따라 마샬 군도도 유엔의 신탁 통치령이 되어 미국의 통치권 아래 들어갔다. 제2차 세계대전의 종료와 함께 실시된 민족지학 연구에 따르면, 마샬 군도에서 문신은 이제 더 이상 행해지지 않는 것으로 나타났다.

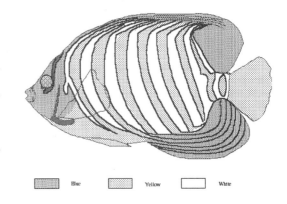

| Blue | Yellow | White |

제왕 엔젤피시(Pygoplites diacanthus)는 마샬 군도인들에게 선명한 선의 극치이자 문신의 본보기였다.

마샬 군도의 전통 문신

정신적으로 보나 개념적으로 보나 마샬인들의 문신은 해양적 환경에 깊이 뿌리 박혀 있고, 문양의 요소와 아이디어도 당연히 바다에서 끌어오고 있다. 문신의 문양은 주로 특정 물고기의 추상적 형태, 카누의 부품, 혹은 카누의 움직임 등으로 이루어져 있다.

좀 더 구체적으로 말하면 마샬 군도에서는 문신을 선(線)들의 그림을 의미하는 에오(eo)로 부르고 있는데, 그 까닭은 독일 민족지학자 크레머도 지적하듯 푸른색 줄무늬와 제왕 엔젤피시(Pygoplites diacanthus)의 줄무늬 모두가 에오로 불리고 있기 때문이다.

마샬인들의 문신은 일반적으로 물고기 자국, 물고기가 물어뜯은 자국, 조가비 모양 혹은 그 장식 등 아주 추상적인 상형문자의 형태를 띠고 있고, 그 의미는 위에서도 잠깐 언급했듯 이들이 살고 있는 주위 환경에 뿌리를 두고 있다.

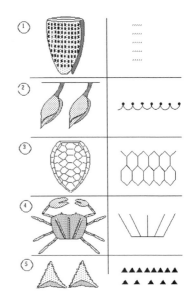

마샬 군도인들의 문신 주제
1. 보리팽이고둥과 addilajju 모티브
2. Lepas anserifera와 elonwa 모티브
3. 거북의 등딱지와 bod 모티브
4. 게의 등딱지와 addijokur 모티브
5. 상어 이빨과 pako 모티브

남성들의 문신

마샬인들의 문신은 매우 체계적이어서 어느 것 하나 그냥 만들어진 것이 없고, 모든 문양과 배열이 엄격한 질서 하에 만들어진다. 남자들의 문신은 그 완벽성이 특히 놀랄 만하다. 19세기의 관찰자들도 지적하고 있듯 문신을 마친 남자의 모습은 마치 사슬 갑옷을 입은 중세의 기사를 연상케 했다.

남자들 문신은 마샬인들의 뱃사람 기질을 보여주는 '돛대', '굽이치는 파도', '배', '구름'과 같은 명칭을 지닌 일련의 장식 대(帶) 모양을 하고 있다.

가슴 문신은 가슴 위아래의 삼각형 문양과 중앙의 수직 문양을 기본으로 한 세 가지 구성요소에 이들을 떠받치는 요소로 어깨 문신과 가슴 양옆이나 복부의 띠 같은 문양들이 또 있다.

어깨 문신과는 별도로 등 뒤쪽 문신은 중앙의 삼각형, 위쪽 띠, 아래쪽 벌판의 세 부분으로 나누어져 있다.

목과 머리 문신은 족장급의 상류층에만 한정되었고, 목 문신(Eoten-booro)은 목젓 부위만 빼고 목둘레 전체를 감는 수평 띠들로 이루어져 있다. 이 문신은 아랫턱 선을 넘어 머리털이 난 곳까지 올라가다가 얼굴 문신 자리만 남기고 귀 언저리에서 끝이 난다. 이 문신에는 마법의 목걸이라는 의미가 담겨 있다.

얼굴 문신(eoon-maj)은 눈에서 턱 밑 언저리까지 흐르는 수직선으로 되어 있는데, 얼굴 앞쪽의 선들은 목 부위까지 이어져 있다. 이마, 얼굴, 턱 부위에는 보통 문신을 새기지 않고, 뺨의 앞쪽도 대개는 그냥 비워둔다.

팔 문신은 아주 다양하여 몇 개의 선만으로 이루어진 것도 있고, 겨드랑이에서 팔목까지 팔 전체를 다 뒤덮은 것도 있다. 전체를 뒤덮은 문신은 대개

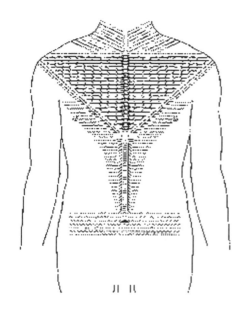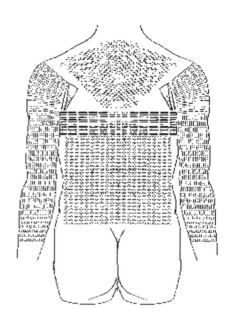

(왼쪽) 남자들의 문신. 마샬 군도 미리 환초 섬의 한 젊은 족장 가슴에 새겨진 문신.
(오른쪽) 마샬 군도 잘루이트 환초 섬의 한 젊은 족장 등에 새겨진 문신.

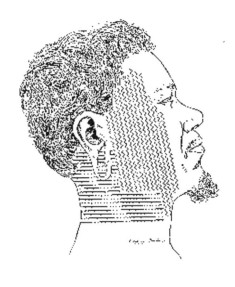

위, 아래, 중간의 세 부분으로 나뉘어지고, 다른 부위와는 달리 이곳에서는 팔 안쪽에는 문신을 새기지 않는다.

삼각근을 덮는 팔 위쪽 부위는, 윗부분은 겨드랑이와 어깨 사이의 선 [상완(上腕) 골머리 (caput Humeri)의 시작]이라는 분명한 한계가 있는 반면, 아랫부분은 경계가 좀 모호하기 때문에 등 윗부분 띠의 맨 위쪽 선에 주로 맞추고 있다. 아주 흔한 경우로 팔 윗부분에 몇 개의 띠만을 새길 수도 있다. 주로 지그재그 선으로 이루어진 이들 띠들은 팔찌모양으로 팔 둘레를 빙 둘러싸고 있다(lukwo 또는 rojanpe).

팔 아래쪽 문신은 보통 팔꿈치와 팔목 중간에서 시작되어 팔목까지 이어진다. 문신의 기조는 수직형의 문양이 작은 수평선 그룹들로 배열돼 있어 그 모양이 마치 고리가 팔을 빙 둘러싸고 있는 것처럼 보인다.

다리 문신(wünne)은 일반적으로 허벅지 위의 바깥쪽 앞부분과 중앙 부분으로 한정되었고, 문양의 종류도 허벅지나 장딴지 위에 새기는 몇 개의 선, 물결 무늬 띠 혹은 지그재그 문양이 전부이다.

위에 언급된 것 외에도 남자들은 겨드랑이 옆이나 엉덩이, 혹은 생식기에도 가끔 문신을 새겼다.

엉덩이 문신은 엉덩뼈 아래쪽을 덮는 하나의 직각 띠로 이루어지는 것이 보통이지만, 때로는 엉덩이 측면을 덮기도 한다.

겨드랑이 옆 문신은 몸의 뒤쪽에 새겨지는데, 밑면은 위쪽을 향하고 꼭대기는 측면을 향해있는 작은 삼각형 모양을 하고 있다. 19세기 말에 자취를 감춘 이 문신은 원래 족장들에게만 한정된 것이었으나, 평민들에게도 어느 정도 허용되었을 가능성이 있다.

여성들의 문신

전체적으로 여성 문신에 관한 자료는 남성들의 그것에 비해 빈약한 편이다. 그 이유는 민족지학자의 대부분이 남성들이었던 까닭에 기질적으로나 문화적 기회로나 여성들 세계에 접근하기가 그만큼 힘들었기 때문이다. 에어드란트는 여성 문신의 지식에 관한 자신의 한계를 솔직히 인정한 사람 축에 든다. 하지만 그런 경우는 극히 드물었고, 일부 독일인 관리들처럼 여성 문신 자체를 아예 부정하는 보고서를 만들어 성적 편견을 그대로 드러내 보인 사람들도 많았다.

> 남자들은 계급에 따라 등과 가슴에 문신을 하고 있으나, 여성들에게서는 문신을 찾아볼 수 없다.

그런데 사실 마샬 군도에 외세의 간섭이 시작되고 나서 문신의 전통을 이어간 사람은 남성들이라기보다는 오히려 여성들이었다. 여성 문신 기록에 있어 단 하나 예외적인 경우가 남편 아우구스틴을 따라 마샬 군도로 와서 성의 장벽을 허문 엘리자베스였다. 모든 기록으로 미루어 볼 때, 여성들 문신이 남성들의 문신보다는 내용적으로 훨씬 통일돼 있는 것을 볼 수 있다. 문신 부위도 일정한 체계를 갖추고 있어 어깨, 팔, 다리, 손가락에만 한정시켰다.

에어드란트 신부에 따르면, 마샬인들은 여성의 어깨 문신을 대단히 중요하게 여겼다고 하는데 그 까닭은 "주문(呪文)이나 찬가(讚歌)에도 나와 있듯이 여성의 인기는 그녀의 어깨에 달려 있었기 때문"이라고 한다. 어깨 문신은 대단히 복잡한 몇 개의 문양으로 이루어지고, 색소의 사용도 속으로 집어넣는 방식보다는 표면을 덮는 방식을 사용하는 문신이었다. 문양은 거의 브월락(bwilak) 주제 하나만을 쓰면서, 그것으로 이것저것 다른 모양을 만들기도 하고 결합시키기도 했다.

브월락 문양을 사용하는 여성의 어깨 문신은 등과 가슴 모두에 새겨지는 유형 I과 등에만 새겨지는 유형 II, 두 가지 종류로 나누어볼 수 있다.

유형 I은 한 세트의 삼각형으로 어깨 위를 마감하면서 브월락 문양 네 세트로 등 쪽 양어깨를 수놓는 형식을 취한다. 가슴 쪽 양어깨와 어깨 위 역시

마샬 군도 여자들의 문신 문양.

등 쪽과 마찬가지로 네 세트의 브월락 문양과 한 세트의 작은 삼각형으로 처리한다. 이들 문양의 아랫부분은 작은 삼각형 문양이 매달린 두 세트의 지그재그 경계선을 넣어 윗부분과는 다른 형태를 보여준다. 지그재그 선은 중간에 빈 공간을 둔 두 개의 선으로 이루어진 것과 색소를 넓게 칠해 하나의 선으로 만든 것, 두 종류가 있다. 그 외에 또 다른 변형으로는 등 쪽에 매달린 작은 삼각형들이 있다.

팔 문신은 삼각근 부분과, 삼각근에서 팔목까지의 두 부분으로 나뉘어지는데, 팔목에는 그것 말고도 작은 띠 모양이 또 새겨진다. 삼각근 장식은 보통 팔을 옆으로 가로지르다 팔 뒤쪽 측면에서 아래쪽으로 꺾이고, 팔 안쪽에서 다시 올라가는 모양의, 여러 줄(보통 세 줄이나 네 줄)의 지그재그 띠로 이루어진다. 하세베는 문신된 여성에게서 직접 얻은 정보에 기초하여 삼각근 문신은 에오 이디크디크(eo idikdik) 혹은 작은 문양으로, 수직으로 나열된 손목과 삼각근 사이의 문신은 루즈(looj) 문양으로 각각 표기했다. E자 모양의 문신은 보통 문신을 받는 사람 앞쪽을 향해 열려 있다. 때로는 루즈 문양이 있으면 지그재그 선들은 빠지는 경우도 있다. 팔목 부위엔 팔과 직각을 이루는 수갑이나 완장 모양의 장식 띠가 새겨지는데, 이 띠들은 주로 지그재그나 물결무늬 선으로 이루어진나. 팔에도 복잡한 것 대신 단순한 완장 모양의 문신이 종종 새겨지기도 한다.

여성의 다리 문신에 대해서는 별로 기록된 것이 없다. 그나마 있는 것들도

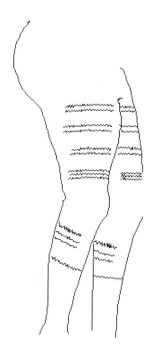

여자들의 다리 문신.

허벅지 문신과 그것과는 별 상관이 없는 종아리 문신으로만 구성되어 있을 뿐이다. 외관상으로 허벅지 문신은 엷은 띠나 가느다란 선들을 다리 앞쪽에만 새겼던 것 같고, 종아리 문신은 수평선들로만 이루어졌던 것 같다. 문양의 모양은 지그재그이다.

손등 문신(eo in peden-pa)은 케인 콤(kein kom)문양이 기조를 이루고 있는 가운데 물결 무늬(kodo)와 지그재그 선으로 이루어져 있다. 손 문신은 상류층 여성들에게만 허용되었고, 또 아주 개인적인 것이었기 때문에 신분 확인용으로도 이용되었다. 전설에 따르면 아이를 낳다 죽은 한 여자 귀신이 사람들을 괴롭히려고 몸통은 없이 손만 있는 모습으로 나타나 바나나를 훔치려다 문신 때문에 그만 발각되었다고 한다.

손가락 문신(eoon-addin)은 상류층 여성들에게만 허용되었고, 작은 반지 모양의 띠가 손가락 전체를 둘러싼 모양과 좀 더 일반적인 것으로 가운데 손가락 겉쪽만을 장식하는 두 종류가 있다. 문양은 지그재그 띠(eodikdik)가 기조를 이루고 있다. 손가락 문신은 약손가락과 새끼손가락 문신도 가끔 눈에 띠긴 하지만 가장 보편적인 것은 역시 가운데 손가락 문신이다. 전통적으로 마샬인들은 반지를 끼지 않았던 점으로 미루어 반지 문양은 유럽인들의 반

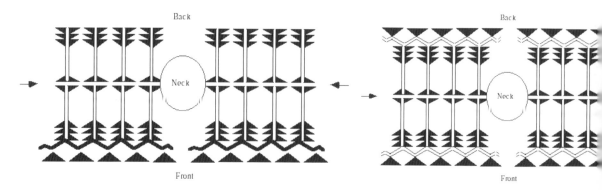

지를 모방한 것으로 보인다.

그 외에도 여성들은 '흔히 눈에 보이지 않는 문신'으로 알려진 그들만의 '비밀' 문신 (bod en Lobollon)을 새기기도 했는데, 아마도 이것은 미크로네시아 다른 지역의 문신과 유사한 치골(음부) 부위의 문신이 아니었나 싶다.

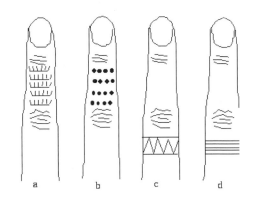

마샬 군도인들의 손가락 문신.

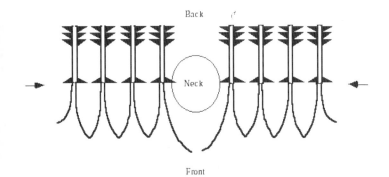

여자의 어깨 문신(화살들은 어깨선을 나타낸다).

19

북극지방

라스 크루탁*

꽁꽁 얼어붙은 베링해의 파수꾼 세인트 로렌스 섬은 2000년의 세월을 넘나드는 눈부신 문신 전통을 보유하고 있다. 넘쳐나는 해마(海馬: 상아를 보유했음)와 바다동물에 이끌려 세찬 바람 휘몰아치는 이 변경 지역을 최초로 식민지화한 민족은 아시아에서 건너온 고대 해양민족들이었다. 옛 베링해족, 오크비크족, 푸누크족은 자신들이 들여온 진보된 사냥기술과 물질 문화로 섬 환경에 신속히 적응해갔다. 통제하기 힘든 자연의 힘은 애니미즘에 기초한 복잡한 종교를 만들어 그것으로 대처해갔다. 이들 해양민족은 희생과 의식을 통해 자신들의 신을 달래가며 영적 존재를 만족시키는 방법으로 험난한 세계를 헤쳐나가려 했다. 그러한 노력에 문신이 강력한 도구가 된 것은 지극히 당연한 일이었다. 살갗에 한번 입히기만 하면 지워지지 않는 자국은 초자연적 존재에 대한 보호막과 희생의 두 가지 의미로 사용되었다.

하지만 전(前) 세기에 들어 세인트 로렌스 섬, 아니 좀 더 넓게 말하면 북극 지방의 문신은 완전히는 아니라 해도 거의 소멸 지경에까지 이르렀다. 질병, 선교, 그리고 현대화로 인한 원주민 사회의 붕괴는 곧장 고대 관습의 소멸로 이어졌고, 그러한 상황은 세인트 로렌스 섬의 유피겟족 중 전통 문신을 보유한 사람은 채 열 명(모두 1920년대 이후에 새긴 사람이다)도 안 된다는

라스 크루탁은 인류학자이면서, 워싱턴 스미소니언학회 소속 국립 인디언 박물관에서 인디언 본토송환 연구원으로 일하고 있다.

캐나다 이뉴잇족 여성의 문신.

사실로 충분히 입증이 되었다. 앨리스 야바세욱(93세)은 세인트 로렌스 섬에 현존하는 최후의 문신가 겸 문양가이다. 따라서 문신을 연구하고자 하는 사람은 한 줌밖에 안 되는 빈약한 정보로 급속히 소멸해가고 있는 '마법의 예술'을 밝혀내지 않으면 안 된다.

이 글은 세인트 로렌스 섬의 유피겟족, 알래스카, 캐나다, 그린랜드의 이뉴잇족 사이에 행해진 문신과 유럽과 아시아에서 발견된 문신 미라와의 비교 분석에 초점을 맞추고 있다. 흔히 어딘가 모르게 '신비적'이고 '이해하기 힘든' 예술로 치부되고 있긴 하지만, 북극인들의 문신은 사냥-채집이라는 순환, 생존적 문화에의 공동 참여를 의미하는 일종의 영원한 상징이었다. 문신의 내용은 남성과 여성, 인간과 동물, 병약함과 건강함, 산 자와 죽은 자의 양극단을 넘나드는 일련의 주요 관계들을 통해 개인적, 사회적 체험을 보여주는 요컨대 개인의 '일대기'로 되어 있다. 확실히 문신은 이뉴잇족과 유피겟족 존재의 인식 기반이 된 개인과 공동체 사이에 하나의 연계를 제공해주었음이 분명하다.

세인트 로렌스 섬 유피겟족의 얼굴 문신.

북극 지역 문신의 역사

인간의 소(小) 입상 조각(彫刻)에서 발견된 고고학적 증거에 따르면, 북극 지방의 문신은 3,500년 전부터 이미 시작된 것으로 알려져 있다. 뿐만 아니라 베링 해협과 그린랜드에서 발견된 몇 구의 미라는 문신이 고대 전통의 기본 요소였음을 보여주고 있다. 이러한 사실은 문신의 기원이 태양과 달의 창조와 관련돼 있음을 보여주는 신화로 더욱 보강되었다. 1887년 박물학자 루시엔 M. 터너는 퀘벡의 포트-치모 이뉴엣족에 대해 다음과 같은 글을 썼다.

태양은 여성으로 생각되었다. 달은 남자이면서 태양인 여성의 오빠이기도 했다. 어느 날 밤 그녀는 여느 때와 다름없이 [부모의 집] 자기 방에 누워 있었다. 그녀로서는 도저히 정체를 알 수 없는 한 남자의 방문을 받게 되었다. 그녀는 어떻게든 그 정체를 밝혀내리라 작정하고, 그 방법으로 기름과 램프 그을음의 혼합물로 자기 젖꼭지를 까맣게 만들었다. 그리하여 다시 찾은 그가 그녀의 가슴에 입술을 갖다대자 그 입술이 까맣게 변해버렸다. 다음 날 아침 오빠 입술에 묻은 자국을 보고 그녀는 그만 소스라치게 놀랐다. 그녀가 하도 미친 듯 발광을 해대자 그 소란을 목격한 그녀의 부모는 이유를 대라며 그녀에게 종 주먹을 댔다. 그리고 너무도 분개하여 두 남매를 같이 나무라자 그녀는 수치심을 이기지 못해 그날 밤으로 마을을 떠났다. 그녀는 불길을 지나가다가 불씨 하나를 움켜쥐고는 그대로 지구 저편으로 도망쳐갔다. 그녀의 오빠도 계속 그녀를 쫓아갔다. 그로 인해 횃불에서 불똥이 떨어지고 [그래서] 그들은 하늘의 별이 되었다. 오빠는 그녀를 쫓아가면서 드문 경우를 제외하고는 그녀를 따라잡을 수 있었다. 그 드문 경우가 해, 달의 식(蝕)이었다. 달이 기울기 시작하면 오빠는 동생이 나타날 수 있도록 모습을 감추어야 했다.

민족지학적인 면에서 문신은 모든 에스키모인, 특히 여성들이 즐겨 사용했다. 문신 기록에 있어서는 그 지방 것들도 다수 있기는 하지만, 1576년에 쓰여진 마틴 프로비셔 경의 기록을 최초의 공식 기록으로 보고 있다. 프로비셔는 지금은 그의 이름을 따서 프로비셔 베이로 명명하고 있는 곳에서 당시에 마주쳤던 에스키모인들을 이렇게 묘사했다.

> 여성들은 뺨에는 세로줄, 눈 주위엔 가로줄의 푸른색 문신을 새기고 있고……그들 중 몇몇은 턱, 뺨, 이마, 손목에 한 것처럼 얼굴도 솜씨 있게 [긁거나 찔러] 그 위에 짙은 청색을 입히고 있다.

문신가들이 나이든 여성들의 존경을 받는 것이 그곳에서는 하나의 전통이었다. 가죽 재봉사(파카, 바지, 부츠, 배 덮개 등)로 그들이 받은 광범위한 훈련은 '인간 살갗을 꿰매는 데' 필요한 문신의 정확성에 많은 도움을 주었다. 문양은 손으로 직접 그리는 것이 보통이었으나, 때에 따라서는 문신할 부위에 대강의 윤곽을 먼저 잡아놓는 경우도 있었다. 윌리엄 길더는 19세기의 전형적인 모습을 담고 있는 자신의 한 저서에서 허드슨 베이의 한 지류인 달리 베이 주위에 살고 있던 센트럴 에스키모들의 문신 모습을 이렇게 묘사했다.

캐나다 도셋에서 출토된 3,500년 전의 상아 마스켓. 북극지방에서 발견된 인간초상으로는 가장 오래된 것이다.

램프 그을음으로 얼굴 문신을 한 그 아내는 사람들 사이에서 점잖은 부인으로 통했다. 문신을 하는 방법은 살갗 밑을 바늘로 찔러 재빨리 꺼내자마자 기름에 적신 솔 막대를 그곳에 대고, 솥 밑바닥에서 긁어낸 그을음을 문지르면 된다. 이마에는 콧날 지점에서 눈 밑을 거쳐 아주 정확한 각도로 좌우쪽 머리 뿌리 부분이 시작되는 바로 전 지점까지 우아하게 경사져 올라간 두 줄의 V자 문신이 새겨져 있다. 두 뺨 역시 코의 양 끝 부분에서 시작되어 눈 모서리 쪽으로 약간 치켜져 올라간 달걀 모양의 문신이 새겨져 있다(이것 역시 이중 선으로 되어 있다). 하지만 가장 멋지게 장식된 부분은 뭐니뭐니해도 아랫입술 가장자리에서 두 겹으로 겹쳐져 나온 선들이 입 언저리 쪽의 목에 이르러 아랫턱 바깥쪽으로 다시 뻗어나가는 형태의 그물 문신이 새겨진 턱이다. 이 모든 것들은 관습에 따른 것이었지만, 여성들 중에는 거기서 그치지 않고 손, 팔, 다리, 발을 포함한 몸 전체를 푸른색 트레이서리(고딕식 창의 격자 장식)로 뒤덮은 사람도 있었고, 그 정도면 콘스탄티누스 선장의 모습도 완전히 지워버릴 만했다.

길더도 기술한 바와 같이 베링 해협 주변의 문신은 적용방법에서는 일관성을 보여주지만, 색소의 사용에 있어서는 다양한 면모를 보여준

1566년 프랑스 선원들에게 납치된 캐나다 이뉴잇족. (여자 얼굴에 문신이 새겨진 것을 볼 수 있다.) 이 목판화는 유럽인들이 생존한 에스키모를 묘사한 것으로는 가장 오래된 것이다.

19세기 말 캐나다 중부 이뉴잇족의 문신.

다. 알래스카의 고고학자 오토 W. 가이스트에 따르면, 세인트 로렌스 섬 유피겟족의 문신가는 강철 바늘이나 뼈 바늘의 귀 속으로 힘줄(腱)실을 꿰어, 그것을 램프 그을음, 오줌, 흑연으로 만든 액체 색소에 담근 뒤, 살갗에 뜸을 뜬다고 한다. 바늘은 피부 아래 약 1인치의 32분의 1 정도까지만 찔러 넣는다. 이러한 문신 '수술'은 단번에 끝나지 않고 몇 번에 나누어 행해지며, 심한 고통과 부풀어오름, 그리고 때에 따라서는 감염과 죽음까지 초래할 수 있다.

결과야 어찌됐든 신체를 변형시키는 과정은 사용된 색소의 성격뿐만 아니라 그들을 둘러싸고 있는 사회의 격언과도 어느 정도 일치하는 점이 있었다. 시베리아 척치족과 세인트 로렌스 섬 유피겟족들 사이에선 램프 그을음이 샤먼이 망령을 쫓아내기 위해 집 주위에 마법의 원을 그릴 때도 사용될 정도로 악에 대해서는 아주 직효인 것으로 알려져 있었다. 러시아 인류학자 보블로프도 1930년, "그 돌의 혼-흑연-은 악령과 그 악령이 불러온 질병으로부터 [인간을] 지켜준다."라고 했듯 흑연에도 그와 비슷한 힘이 있었다. 한편 오줌은 사악한 존재들이 치를 떨며 싫어하는 물질이었다. 척치족과 아시아 에스키모족에 관한 연구로 유명한 민족지학자 월데마 보고라스에 따르면, 오줌을 망령의 머리에 들어부으면 접촉과 동시에 얼어붙으면서 망령체를 쫓아버렸다고 한다. 그렇게 본다면 똑같은 이유로 집 주위에 오줌(tequq)을 뿌린다고 말해준 일부 세인트 로렌스 섬 주민들의 경우도 그리 이상할 것은 없다. 문신의 경우엔 오줌 속에 든 암모니아 성분이 소독 역할을 하여 곪는 것을 방지해 주었던 것 같다.

문신에 대한 북극인들의 개념

이뉴잇족(혹은 일반적으로 알려졌듯이 에스키모족)과 세인트 로렌스 섬 유피켓족들은 특히 극지에 사는 사람들의 대부분이 그렇듯 살아있는 육체가 관절 부위에 저마다 한 자리를 차지하고 있는 복합 영혼들의 지배를 받는 것이라고 생각했다. 인류학자 로버트 피터슨은 영혼에 대한 정의로 삶의 과정, 숨결, 따스함, 감정, 생각하고 말하는 능력을 육체에 부여해주는 요소라고 했다. 에스키모학자 에드워드 웨이어도 그의 저서 『에스키모인들(*The Eskimos*)』에서, "[모든] 질병은 영혼의 상실에 불과하다. 인체의 요소 요소에는 작은 영혼들이 하나씩 깃들어 있어 어느 곳에 병이 났다는 것은 곧 영혼이 그 부분, [즉 관절을] 버렸다는 것을 의미한다."라고 말했다.

그러한 의미에서 알래스카 특히 세인트 로렌스 섬의 장례식에서 문신이 중요한 역할을 했다는 것 역시 그리 새삼스러울 것은 없을 것 같다. 장례 문신(nafluq)이란 어깨, 팔꿈치, 엉덩이, 손목, 무릎, 발목, 목, 허리뼈와 같은 각 관절의 접합부에 새기는 작은 점들을 말한다. 문신을 새길 때 남녀 두 경우 다 여자 문신가는 바다표범 기름, 오줌, 요리용 냄비에서 긁어낸 그을음의 혼합물에 적신 고래 힘줄(腱)과 커다란 피혁용 바늘을 사용했다. 고래 힘줄을 꿴 바늘로 살갗의 한 겹을 떠올려 한쪽을 찌르고 다른 쪽으로 빼내어 두 개의 '자국'을 만들어내는 것이다.

세인트 로렌스 섬 주민 폴 실룩에 따르면 이 문신은 혼령의 공격으로부터 관 메는 사람을 지켜주는 문신이었다고 한다. 그들은 죽음을 산 자들이 죽은 자의 '혼령'이나 악령에 홀릴 수 있는 지극히 위험한 순간으로 생각했고, 죽은 자의 혼령도 생전에 자기가 살았던 동네에 한동안 남아 있는 것으로 믿었다. 모든 이들의 눈에 다 보이는 것은 아니었지만, '혼령'은 시체의 완전한 물적 대역으로 인식되었다. 그리고 관 메는 사람은 이 혼령체에 직접 몸을 대고 있었기 때문에 의식(儀式)으로 그것을 물리치기 위해 문신을 새긴 것이다. 특히 관절 부위가 문신 장소로 선택된 이유는 악령이 침투할 때 영혼의 안식처인 관절로 들어온다고 믿었기 때문이나. 오줌과 색소는 마귀를 쫓는 역동적 힘의 연계로, 관 메는 사람의 몸 속으로 악령이 침투하지 못하도록 방지하는 역할을 했다.

흥미로운 것은 죽은 자들의 속성은 거의 모두 죽은 동물들의 특성과 같은 것으로 인식되었다는 것인데, 이 생각은 동물의 영혼도 반(半) 인간적 형태를 지니고 있다는 믿음에서 나온 것이었다. 세인트 로렌스 섬 남자들(여자들은 기회가 드물었다)이 난생 처음 바다표범이나 북극곰을 죽였을 때, 혹은 북극고래(aghveq)를 작살로 죽였을 때는 문신을 받았다. 관 메는 사람의 문신과 같이 '첫 살생' 문신(kakileq)도 어깨, 팔꿈치,

1901년 아시아 에스키모족이 츄코트카의 인디언 포인트 지역에서 살 갖을 꿰매고 있다.

엉덩이, 손목, 무릎, 발목, 목, 허리와 같은 각종 관절 부위의 접합부에 새기는 작은 점들로 이루어졌다. 그리고 이 문신 역시 그들 섬세한 부위에 귀신이 드는 것을 미연에 방지하기 위함이었다.

'첫 살생' 문신은 사냥의 다른 측면에서도 중요한 역할을 했다. 겜벨 지방의 한 노련한 사냥꾼은, "[문신을] 하는 이유로 목표물을 잘 맞추고 싶은데 그렇지 않을 때도 있으니까, [그래서] 새기는 것 같다."고 말했다. 알래스카 노스 슬로프 지역의 문신과 그 밖의 다른 장식들은 고래를 배 가까이 유인해 작살잡이들이 손쉽게 다룰 수 있도록 도와주는 일종의 고래잡이 부적이었다고 인류학자 로버트 스펜서도 말한 점으로 미루어 보면 그것도 그리 놀라운 일은 아니다. 이런 류의 교감적 문신은 남자들의 입 모서리에 새겨진 그 멋들어진 '고래 꼬리' 문신에도 잘 드러나 있다. 그리고 이런 문신은 북극 지방 종족들에겐 흔한 일이듯이 세인트 로렌스 섬과 츄코트카의 유피겟족들 사이에선 첫 살생 의식의 일부로 새겨졌다.

인간이 됐든 동물이 됐든 여하튼 죽음의 문제는 문신이라는 상징에 극지인들의 삶을 결정하고 평가하는 중요한 문화적 가치를 부여해 주었던 듯하다. 하지만 한 차원 높이 생각하면 문신은 또 조상의 존재를 기억하고, 전혀 다른 시간적 차원에서 당대의 세상 속으로 넘어오는 '방문' 혼령체에게 길을 제공해주는 하나의 도관으로도 이해될 수 있었다. 극지의 샤머니즘 의식에서 '혼령 조력자'가 몸 안으로 쉽게 들어올 수 있도록 신체를 개조[가면, 보디

페인팅, 제의(祭衣), 혹은 문신의 형태로]한 것이 그 좋은 예이다. 그리고 그것 역시 문신과 같은 여러 형태의 장식이 혼령의 힘을 끌어들이는 자석의 역할 – 즉 제의(祭衣)를 통해 몸 속으로 들어왔다.– 을 했다는 점에서 하등의 놀라울 것이 없는 일이다.

문신의 과정에는 '다른 세상'에 대한 도상학적인 현시(顯示), 현시의 힘에 대한 인정(認定), 인간 피부의 외피 속에 그 힘을 구현시키는 모든 것이 포함되었다. 세인트 로렌스 섬의 여성과 남성들은 혼령 조력자들의 의인화된 모습을 그들의 이마, 팔, 다리에 문신했고, '수호자'나 '조력자'로 불려진 그 막대 모양의 인물들은 악령, 바다에서의 조난, 낯선 곳, 이방인, 그리고 심지어는 새 어머니와 아이들 상실에 이르기까지 그 모든 것들로부터 개인들을 지켜주었다. 츄코트카에서는 살인자들이 살해당한 사람의 영혼을 '조력자' 혹은 자신들의 일부로 만들려는 생각에서 어깨에 그 같은 문신을 새겼다.

그와는 별도로 입술 장식과 문신 사이에는 적어도 베링 해 지역에서는 모종의 어떤 관계가 있었던 것 같다. 1815-1818년 사이 콧체뷰 탐험대의 일원이었던 박물학자 아델버트 폰 사미소에 따르면 세인트 로렌스 섬 주민들은 입술 장식은 거의 하지 않고 주로 문신을 새겼다고 한다. 19세기 말 미 육군 통신기관에서 근무한 박물학자 에드워드 W. 넬슨 역시 이들 고리 모양의 문신을 입술-마개 혹은 입술 장식의 유물이라고 주장했다. 보고라스는 문신의 위치가 '통상적인 입술 장식 위치와 일치하지' 않은 점은 있지만, 그래도 사실일지 모른다는 약간 애매한 주장을 내놓았다. 스탠포드 대학의 사회학자 듀이 앤더슨과 월터 엘스는 1930년대에 세인트 로렌스 섬을 방문한 뒤, "바다에

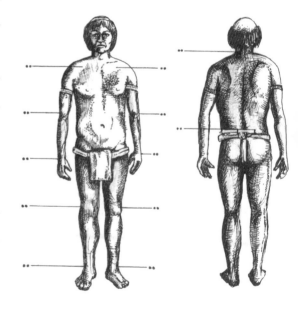

세인트 로렌스 섬의 관절 문신.

자꾸 빠지는 남자들을 익사에서 구하기 위해 양 입술 모서리 밑 아랫입술에 작은 고리 [문신을 새겼다.]"라고 기록했다. 비슷한 경우로 19세기 말에는 베링 해협 디오메데 섬의 한 주민이 입술 양끝에 문신을 하고 있는 모습이 눈에 띄었다. 그에 대한 질문을 받고 그는 익사해서 죽은 아버지 운명을 몰아내기 위해 그의 어머니가 처방해준 예방책이라고 말해주었다.

전술(前述)된 사실로 볼 때 고리의 미는 베링 해협 문화, 특히 바다에서 부딪치는 생사의 문제에 있어 대단히 중요한 문제였던 것 같다. 민간 신앙에서도 물이나 얼음 위에서 사냥하는 남자들은 물에 빠져 다치거나 목숨을 잃을 위험이 상존했다는 것을 암시하고 있다. 하지만 스미소니언 학회 소속 고고학자 헨리 B. 콜린즈는 남자들에게 특별히 위험한 요소는 해마(海馬)였다고

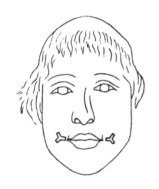  

(왼쪽에서 오른쪽으로) 남자들의 고래 꼬리 문신, 수호자 또는 조력자 문신, Tuutaq 또는 타투.

하면서 이렇게 주장했다.

"해마는 그들의 주식인 해초 말고도 바다표범과 심지어는 인간까지도 잡아먹었다고 알려져 있다. 폴 [실룩]의 부친에게서 나는 해마에게 쫓긴 얘기를 두 번이나 들은 적이 있다. 그렇게 이상한 음식을 먹는 해마는 아주 어릴 때부터 어미 없이 내버려져 제대로 된 식사법을 배우지 못한 것으로 믿어진다."

여하튼 베링 해협 사람들이 입술 장식 모양의 문신을 한 것은 그런 공격을 사전에 예방하기 위한 것이었다는 것만은 확실하다. 민간 전승 측면에서 입술 장식 문신은 범고래(mesungesak) 형상을 상징하고 있었던 것으로도 생각된다.

입술의 문신 장식.

"범고래의 양 입가에는 시베리아 본토 원주민들의 입술 장식과 똑같은 하얀 자국이 있는 것으로 알려졌다."

이러한 범고래 문신은 당연히 위험한 바다에서 해마의 추격을 저지시켜 사냥꾼의 통로를 안전하게 열어주는 것으로 생각되었다. 한편 미술 사가(史家) 랄프 코에 같은 사람은 입술 장식의 대부분은 해마 상아를 깎아만든 것이라고 하면서 입술 장식 문신도 분명 해마의 엄니를 흉내냈을 것이라고 말했다.

"그 엄니(상아)는 에스키모인들이 나무를 힘의 상징으로 생각했듯 동물 혹은 인간, 그의 영혼[들]과 그 수령인의 호환성을 상징하고 있는 듯하다. '에스키모인들에게 난쟁이 버드나무(dwarf willow)는 남자들이 생존을 위해 자연의 힘과 싸우면서도 한편으로는 그 힘에 복종하여 순응하는, 압도적인 북극 환경에 대항하는 힘과 유순함의 상징이라 할 수 있다.'"

해마(엄니)의 해부학적 특성을 받아들이는 행위는 관념적으로 그 공격적행동의 정수를 포착하거나, 사냥꾼을 아예 그 동물로 변형시킨다는 의미였을 것이다. 인간이 동물로, 동물이 인간으로, 동물이 또 동물로 바뀌는 변형은 베링 해협 사람들 삶의 모든 측면에 속속들이 스며들어 각종 대상물에 표현되었다는 점에서 그것 역시 지극히 당연한 것인지도 모른다. 이런 현혹적인 '문신 장식'은 당연히 적(敵)의 주의를 산만하게 하여 사악한 공격으로부터 사냥꾼을 안전하게 지켜주었을 것이다.

문신 장식은 입술 모양 문신에만 한정되지 않고, 팔 윗부분과 입술 아래에 고리, 반쪽 고리 문신을 새기거나, 질병의 혼령을 속이기 위해 양 입가에 십자가 문신을 새기는 등 다양한 모습을 보여주었다. 폴 실룩은 그것을 이렇게 설명했다. "사람들은 집안에 유전병이 있을 때, 어린아이에게 이 문신을 새겨주면 혼령들이 그 아이를 다른 집안 사람으로 착각할 것이라 믿었다. 그런 식으로 그들은 걱정거리를 없애려했다."

이들에게 나타난 '수호신' 형태와 문양의 다양성으로 미루어 볼 때, 문신 '치료법'은 사람마다 아니 집집마다 모두 달랐을 것으로 생각된다. 1940년에 겜벨을 찾은 한 차플리노 유피겟족[인디언 포인트 지역]의 말을 빌면, 적어도 시베리아 본토에서는 그것이 사실이었음을 알 수 있다.

나는 우리 집안의 맏이였다. 아버지는 내 남동생과 누이들을 구하기 위해 어떤 여자에게 부탁하여 내게 문신을 새겨주었다. 내게 문신을 새기면서 그녀는 온갖 주문을 다 외웠다. [한] 여성이 누군가에게 문신을 새길 때는, 바늘 한 땀 한 땀에 그녀의 말도 같이 새기는 것을 의미했다. 아버지는[,] 어떻게 해서든 나를 구해주려고, 이마와 팔목에는 가죽띠를 감아주었고, 눈 위에는 구슬을 주렁주렁 매달았으며, 자식을 죽음에서 구하기 위해……양말 밑바닥에까지 구슬을 꿰매어 달았다. 또한 관절 마디마디에도 구슬이 꿰어졌고, 때로는 팔꿈치에까지 작은 종을 꿰매어 달았다. 어깨 위 띠와 팔 아래에는 작은 다람쥐 집 조각들을 꿰매어 달았다. 이 모두가 아이들을 구하려는 부모의 마음이었다.

여성들의 얼굴과 신체 문신

에스키모 여성들 사이에 이렇다하게 널리 퍼졌던 문신은 없었던 모양이다. 턱의 줄무늬 문신이 그중 많이 눈에 띈 정도였다. 사회적 맥락으로 볼 때, 턱의 줄무늬에는 여러 다양한 의미가 담겨 있었다. 우선 턱 문신은 여성이 사춘기에 도달했다는 징표를 나타내는 것으로, 사회적 성숙을 의미하는 의식의 일부로 새겨졌다. 턱의 줄무늬는 또 적의 급습이 있을 때 여성을 보호하는 역할도 했다. 전통적으로 시베리아인과 세인트 로렌스 섬 주민들 사이의 싸움은 아주 협소한 지역, 즉 '넨글루(Nenglu)'라 불리는 여러 형태의 반지하 주거지들에서 일어났다. 급습자들은 대개 곤히 잠

1929년 플로렌스 누파크가 겜벨 지방에서 그린 턱의 줄무늬 문신.

들었을 때 덮치려는 생각으로, 이른 아침이나 동트기 전에 들이닥치는 것이 보통이었다. 당시만 해도 중요한 '상품'으로 여겨졌던 에스키모 여성들은 그들이 지닌 많은 능력으로 인해 상당한 대우를 받고 있었다. 그런데 넨글루 내부의 흐린 불빛 아래에서는 의복만으로는 남자들과 구별이 잘 되지 않았고, 그런 상황에서 식별을 용이하게 하여 그들의 목숨을 구해준 것이 턱의 줄무늬 문신이었다. 하지만 한번 잡히기만 하면 그들은 노예로 팔려나갔다.

보다 일반적으로 디오메데 섬 주민들의 턱 줄무늬 문신에는 미적인 중요

성이 담겨 있었다. 인류학자 세르게이 보고자플랜스키는 턱에 새겨진 가느다란 문신 줄은 아내 선택의 귀중한 지표였다고 하면서 이렇게 말했다.

> 여자가 웃음이 헤프면 그 줄들이 퍼져나가 병을 앓는다는 속설이 있었다. 턱에 한 벌의 완전한, 즉 전부 가느다란 줄 문신을 하고 있는 여성은 성실하고 근면하게 생각되었기 때문에 장래의 좋은 아내감으로 여겨졌다.

한 벌의 완전한 줄 문신은 극심한 고통을 참아낼 수 있음을 보여주는 강력한 물리적 증거였을 뿐 아니라, '동물' 유인에 있어서의 여성의 힘을 보여주는 증거이기도 했다. 20세기 초 세인트 로렌스 섬과 차플리노 유피크 지역 여성들은 '행운을 가져다 줄' 동물을 흉내내고, 숭배하고, 경애 혹은 유인하기 위해 얼굴에 채색과 문신을 하는 의식을 가졌다. 월데마 보고라스는 사냥감을 찾는답시고 공연히 황야를 배회하고 다니는 남자들에 비해 여자들은 "해안가로 유인하는 법을 이미 알고 있기 때문에 등불 옆에 그냥 가만히 앉아 있는 것"이라며, "사냥과 추격에서 여성이 남성보다 뒤지리라 생각하는 것은 잘못"이라고 말했다.

베링해 에스키모 신화에 따르면, 고래의 영혼과 생명력은 젊은 여성에게서 나온다고 한다. "그녀의 집은 고래 뱃속이고, 그녀의 타오르는 등불은 고래의 가슴이다. 젊은 여인이 그 집 문가를 들락날락하기 때문에 그 거대한 동물도 숨을 쉬는 것이다."

어떻게 보면 문신은 바다의 일부를 집 안으로 끌어들일 때 그것의 동물적 삶과 정신적 삶의 일부도 함께 불러들인다는 의미에서 정신의 영원함에 대한 일종의 확인이었던 셈이다. 젊은 딸을 둔 아버지가 고래 포획과 같은 이변을 연출하면 그 기념으로 고래꼬리 문신을 자기 딸 뺨에 새겨준 것도 어찌 보면 지극히 당연한 일이었다. 그렇게 함으로써 아시아의 에스키모 사회에 자신의 용맹을 뽐내려는 것이었다.

그 밖에도 여성들은 촘촘히 붙은 세 줄의 평행선을 조금 삐딱한 형태로 얼굴에 새겼다. 보고라스에 따르면, 아이가 없는 추크치 여성들은 "세 줄의 등거리 선을 양 뺨에 빙 둘러 새겼는데, 말하자면 이것은 불임에 대한 일종의

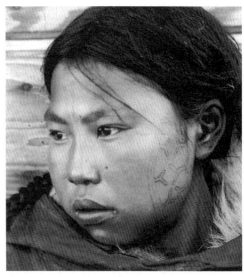

부적이었다."고 한다. 지금은 사라진 세인트 로렌스 섬 쿠쿠록 마을 출신의 아인간가웬이라는 여성의 사연에서도 이와 비슷한 생각을 찾아볼 수 있다. 그녀는 아이들이 날 때부터 건강하지 못하여 어렸을 때 모두 잃어버렸는데, '문신을 받고 나서 가진 아이들은' 그런 일없이 끝까지 잘 자라주었다고 한다.

같은 지방의 또 다른 문신은 해독하기가 여간 어렵지 않다. 이마 꼭대기부터 코 전체를 길게 내려 덮은 끝이 약간 뻗어나간 두 줄의 선이 바로 그 같은 경우이다. 이 문신은 흔히 사춘기 이전의 소녀들(6세에서 10세 사이)에게 맨 먼저 새겨주는 문신으로 알려졌다. 알래스카 놈에 거주하는 다니엘 S. 뉴먼은 1917년, "[남녀] 의상의 유사성 때문에 여성과 남성의 구별이 불가능한 내세에서" 여성을 구별시켜준 것이 이들 문신(atngaghun)이었다고 썼다. 추크치 신화에는 이들 문신이 여성 그 자체의 상징으로 묘사되었다. 또 세인트 로렌스 섬에서는 사춘기에 달한 여성의 허벅지에도 문신을 새겨주었다. 세인트 로렌스 섬에서 동쪽으로 약 4,000킬로미터 떨어진 캐나다 이글룩리크의 여성들은 새로 태어나는 아기는 세상에 나올 때 아름다운 것을 제일 먼저 보아야 한다는 의미에서 이 허벅지 문신을 새겨주었다. 이 문신은 또 여성들의 분만도 수월하게 도와주었다.

복잡한 소용돌이 문신(qilak)은 뺨에 새겨진 또 다른 종류의 문신이고, 여

팔 문신을 하고 있는 킹 섬 여인들, 약 1900년경.

성들의 팔에 새겨진 문신(iqalleq)은 족보를 나타내는 듯한 수수께끼 같은 문양들로 이루어져 있다. 세인트 로렌스 섬 여성의 대부분은 이들 문신을 단순히 몸을 장식하기 위한 '메이크업'일 뿐이라고 말한다. 그에 대해 뉴먼 박사는 1917년에는 그것이 사실이었다고 인정하면서도, "각각의 부족은 그들만의 고유한 문양을 지니고 있으면서 서로 다른 구성원임을 표시해주는 약간의 변형도 있었다. 가령 손과 팔 문양에는 종족과 가족 문양을 결합하여, 말하자면 하나의 가계도를 형성하기도 했다."라는 믿음도 가지고 있었다. 내 여성 정보제공자의 팔을 보면 손목에서부터 팔뚝까지 고래 꼬리 줄(列)이 길게 새겨져 있는 걸 볼 수 있는데, 이 줄들은 위대한 고래잡이들의 영광스런 혈통, 즉 그녀의 씨족(Aymaramket)을 나타내는 것이었다.

위의 전술로 미루어보면 여성들의 문신 문양은 지극히 개인적이었던 것 같지만, 그러나 손등의 문신(igaq)만은 예외였다. 내 생각에 이들 문양은 어느 일단에 소속된 개인들의 신분 표시였던 것 같고, 그것은 두 그림에서도 볼 수 있듯이 두 여성의 손등 문신이 똑같다는 사실로도 알 수 있다. 이들은 세인트 로렌스 섬에서 1920년경에 문신을 새긴 마지막 연령대에 속하는 여성들이었다.

문신의 주술(종교)적 기능

앞부분에서 나는 초자연적인 홀림에 대한 일종의 주술로서 문신의 마귀 쫓는 측면에 대해 논한 바 있다. 질병의 원인—악령—을 바라보는 토착 이론의 관점에서 보면 문신을 여러 질병을 치료해주는 일종의 주술로 여겼다는 것이 그리 놀라운 일은 아니다. 이 주술은 예방적인 혹은 치료적인 역할을 했던 것으로 믿어진다.

그 역할들 중에서도 단연 으뜸은 문신의 예방적 기능이었다. 극지인들은 초창기부터 달리기, 체조, 역도, 차가운 물에 들어가기 등을 통해 자신들의 육체를 단련하도록 교육받고 또 그렇게 훈련되었다. 샤먼이 그(그녀)의 영혼의 힘으로 건강을 지키거나 회복시킬 필요성이 제기되는 때는 '예방적' 주술로도 어쩌지 못한 생물학적 질병으로 목숨이 그야말로 경각에 달했을 때뿐이었다. 어떤 것으로도 설명할 수 없는 다른 불행들과 마찬가지로 질병 역시 초자연적인 힘이 그 원인인 것으로 생각되어 문신으로만 치료가 가능한 것으로 믿어졌다. 이런 종류의 주술적 문신은 늘 그랬던 것은 아니었지만 샤먼에 의해 행해지는 것이 일반적이었다.

치료제로서의 문신은 질병에 특효약이었다. 어떤 병들은 감염 부위나 그 근처에 조그만 선이나 자국을 새기는 것만으로도 치료가 되었다. 세인트 로렌스 섬에서 행해진 치료적 문신의 몇몇 예를 들어보면 다음과 같다.

세인트 로렌스 섬의 손등 문신.

1. 흉골(胸骨) 위의 문신: 심장병을 치료하는 샤먼의 치료법
2. 양쪽 눈 위의 조그만 일직선 문신: 눈병 치료법
3. 그 밖에 몸 위의 여러 조그만 자국도 샤먼에 의해 가끔 치료제로 사용되었다.

1890년대에 에드워드 넬슨이 관찰한 세인트 로렌스 섬 출신의 한 남자 눈 위에 새겨진 두 개의 작은 선도 이런 종류의 치료적 문신이었다. 민족학자 조지 B. 고든이 베링해 지역에서 입 가까운 곳 두 뺨 위에 몇 개, 관자놀이 위에 한 개, 이마 위에 두 개의 문신을 새기고 있는 디오메데 섬 주민 한 명을 관찰한 결과, 얼굴 위에 새겨진 그 세 벌의 문신은 '약'으로 설명되었고, 그것들의 존재는 그것을 지닌 사람의 행복에 지대한 영향을 미치는 것으로

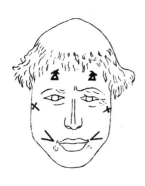
베링 해협의 주술 문신.

믿어졌다.

북서 알래스카 지방에서는 전통 문신 행위와 의식(儀式)에서의 방혈(防血)이 서로 혼합되어, 때로는 이 둘 간에 서로 중복되는 일도 가끔 발생했다. 베링 해 지역에서는 몸의 염증이나 고통을 완화시키는 방법으로 샤먼이 방혈 의식을 이용했다. 넬슨은 "자기 딸의 머리를 창으로 찌르는, 즉 가늘고 끝이 긴 뾰족한 창끝으로 자기 딸의 머리 가죽과 두개골 사이를 열두 번 내지 열다섯 번 정도 찌르는" 샤먼의 모습을 지켜본 적이 있다. 비슷한 경우로 알래스카 알류트족도 '나쁜 피' 때문에 생긴 수많은 질병을 방혈로 치료했다. 세인트 로렌스 섬에서 방혈은 심한 편두통이나, 그 섬의 한 주민도 말했듯, "조상 대대로……고혈압과 관련된 병에는 어느 것에나 다 통하는" 것으로 알려져 있었다. 추가치 에스키모족은 눈병이 났을 때, 코 뿌리나 관자놀이 부위에 피를 내어 환자로 하여금 그 피를 마시게 하는 방법으로 그것을 치료했다.

세인트 로렌스 섬 주민 몇 명도 문신 '수술' 중에 나오는 피를 빨아먹는 중요성에 대해 말해준 점으로 미루어, 방혈이 각종 질병 치료와 영혼의 계시적 기능에 이용되었던 것은 사실이었던 것 같다. 살갗 꿰매는 일을 하던 여자 문신가는, '눈의 시력을 좋아지게 하려고' 상처에서 나오는 피를 가끔 핥아먹었다. 추측컨대 문신 의식에서 빼내는 나쁜 피는 특이 질병에 대한 보충제 역할을 했던 것으로 믿어진다. 이러한 방편에의 의존은, 악령의 제거는 피의 방출을 통해 이루어질 것이라는 생각에서 비롯된 듯하고, 그렇기 때문에 문신가는 입을 통해 피를 동력화하거나 혹은 침으로 중화시키는 방법으로 신성하게 만든 것이다.

침술 도구로서의 문신

주술에서의 샤먼의 예언적 기능과 중국 침술사의 그것은 두 방법 다 증상과 징후의 차이로 질병의 원인을 찾아내어 그에 맞는 적절한 치료법을 제공한다는 점에서 서로 밀접하게 연관돼 있다. 침술에서는 외부의 병원소가 입, 코, 혹은 몸의 표피를 통해 인체로 침투해 들어오는 것으로 믿고, 그렇게 해서 생긴 질병을 외인성 질병이라 불렀다. 극지권 문화 특히 세인트 로렌스 섬에서는 병의 주된 원인을 악령이 몸 바깥에서 아픈 사람 영혼들 중의 하나에 침투했기 때문으로 생각했다. 육체에 대한 영혼의 이러한 사악한 행위는 착란적 행동, 홀림, 질병, 그리고 끝내는 죽음으로 이어졌다. 그리고 그것을 막기 위해 세인트 로렌스 섬 주민들은 주술 혹은 치료적 방법으로 특정 관절 부위에 문신을 새겼다. 앞에서도 언급했듯이 관절은 사악한 물체가 인체로 들어와 병을 유발시키도록 도와주는 일종의 매개적 '하이웨이'였다. 따라서 관절 문신은 이들 통로를 막아 질병을 예방하는 데 목적이 있었고, 그것이 가능했던 것은 색소의 원료가 되는 물질들(오줌, 그을음, 물개 기름, 그리고 때로는 흑연까지)이 악령이 인체로 침투하는 것을 막아주는 다이내믹하고 마귀를 내쫓는 힘의 결합체였기 때문이다. 중국 침술론과 세인트 로렌스 섬의 주술론이 공통적으로 믿는 것은 인체의 모든 질병은 결국 체내든 체외든 살갗 표면 아니면 그 바로 밑의 특정 부위에 나타난다는 것이었다. 침술에서는 이들 질병의 대부분이 주요 관절의 접합 부분에서 일어나 경락이라 불리는 특정 통로에 놓이는 것으로 믿고 있는데, 이 경락들은 체내 기관을 신경과 혈관에 아주 근접해 있는 표피 속이나 표피 위에 놓인 특정 지점과 연결시켜 준다. 이런 특징을 가진 인체는 중국 침술사들이 이용하는 음양론에 따라 남성과 여성, 인간과 동물, 아픔과 건강 사이를 오락가락하는 영원한 역동적 평형 상태에 놓이게 되고, 이들 부위의 심한 압박감을 덜어줌으로써 인체는 다시 한 번 체내외적으로 이전의 항상성 (조화)을 회복하게 되는 것이다. 누구라도 상상할 수 있겠지만 기관, 부위, 관절, 문신들 간에는 여러 복잡한 상호작용과 결합들이 충분히 일어날 가능성이 있다.

세인트 로렌스 섬의 전통 문신을 분석한 결과에 따르면, 그들 몸에 새겨진 몇 개의 문신 부위는 전통적인 침술 부위와 정확히 일치하는 것으로 나타났다. 사실 이 일치는 오래지 않은 과거에

퀼라키소크 미라의 재현된 모습.

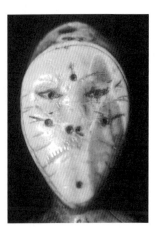

(왼쪽) 옛 베링해 오크비크족 문화에서 나온 인형머리. 문신 상처가 있다.
(오른쪽) 푸누크족 문화에서 나온 인형머리. 역시 문신 상처가 있다.

세인트 로렌스 섬 주민들에게 이미 알려져 있었다. 가령 문신이 새겨진 부위 중의 하나가 눈의 통증과 이마 두통 치료의 침술 부위인 '양백(Yang Pai)'과 일치하게 된 경위를 한 여인은 내게 이렇게 설명해주었다.

조부모님은 두통이 있어서 그 부위를 바늘로 찌르실 때나, 눈에 이상이 있는 것같이 생각되면……침술을 이용하셨지요.

물론 이것은 아주 오래된 이야기이고, 이런 종류의 무통 침술에 대한 최초의 언급은 두통에 침술을 사용한 최초의 중국의사로 알려진 화타(華陀: 110-207)의 전설에서 찾아볼 수 있다.

고대 중국인이나 세인트 로렌스 섬 주민들처럼 알류트족도 두통, 눈병, 복통과 같은 병의 치료에 침술을 이용했다. 그리고 세인트 로렌스 섬 주민들처럼 이들도 관절 쑤심에는 '찌르는 문신'을 이용했다. 인류학자 마가렛 란티스는 알류트 아트카 섬 주민들이 "화약(아마 그을음 대용품이었던 것 같다)에 적신 실로 통증이 있는 관절 부위나 아픈 부위의 후면 살갗을 바늘로 뜨는 것"을 목격했다고 한다.

아주 먼 옛날에는 저 그린란드까지 미쳤던 점으로 미루어 이 뛰어난 효능의 치료술은 북태평양 주변에만 한정되지 않고 보다 광범위한 지역으로 퍼져나갔던 것 같다. 방사성 탄소 연대측정법에 의한 측정 결과 15세기 것으로 판명된 퀼라키소크 미라의 얼굴 주요 부위에는 의식적이고도 가혹한

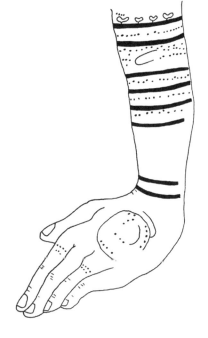

키알레각 미라의 팔뚝 문신.

298

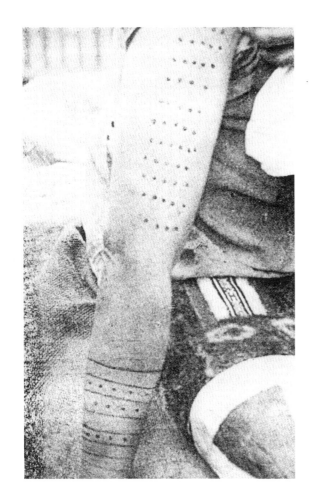

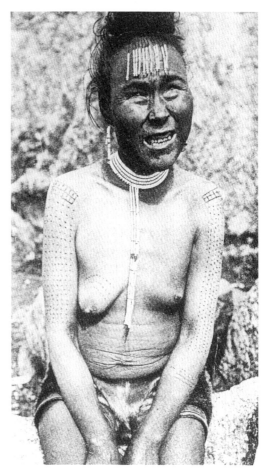

방식으로 점 문신을 새기려는 시도가 있었던 것으로 나타났다. 이들 점 문신
이 침술로 생각된다는 점과 또 실제로 그 각각의 점이 전통적인 침 부위와
일치한다는 점에서 이들 문화의 친화력의 정도는 충분히 짐작할 만하다. 뿐
만 아니라 덴마크의 민족학자 구스타프 홈도 1914년 동(東) 그린랜드인들은
"몸이 아프면 종종……문신에 의지하곤 했다."라는 기록을 남기고 있다. 홈
이 말하는 것이 반드시 '문신-찌르기'인지는 확실치 않지만, 여하튼 세인트
로렌스 섬에서 발굴된 1,500년 전의 '인형-머리' 두 개를 살펴보면 고대인들
의 상호작용은 수천 킬로미터와 수백 년은 족히 넘나들었던 것 같다.

　1970년대 초 바닷가 침식으로 드러난 옛 베링해 오크비크족 여성의 짙게
문신된 미라 몸통은 방사성 탄소 측정 결과 1,600년 전 즉 서기 390-370년(오
차 ±90년) 사이 세인트 로렌스 섬 케이프 키알레각의 것으로 밝혀졌는데,

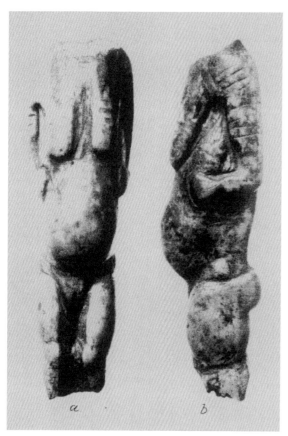

푸누크족 문화에서 나온 상아 입상. 가슴과 팔 문신을 볼 수 있다.

그녀의 팔뚝 문신은 19세기 아마살리크의 동 그린랜드인들 사진에 나타난 그것과 아주 흡사했다. 아마살리크족 여성들의 가슴과 팔 문신도 세인트 로렌스 섬의 푸누크 문화에서 나온 조그만 상아 여성상(像)과 아주 유사한 모습을 보여줌으로써 이들 문신이 수세기 동안 계속돼온 사실을 간접적으로 입증해준다. 따라서 가슴의 한쪽만 새기는 문신과 위 양팔을 다 새기는 문신의 혼합된 스타일은 에스키모 지역 전체의 문화적 통일성, 아니 좀 더 구체적으로 말하면 그린랜드의 물질문화에서 세인트 로렌스 섬 고대 문화로의 문화적 통일을 강조하는 것으로 볼 수 있다.

'오에치'와 파지리크 '족장'

1991년 약 5,500년 전 것으로 추정되는 '아이스 맨' 하나가 티롤의 알프스 고산지대에서 발견되었다. '오에치'라 불리는 그 아이스 맨은 미라화된 피부에 문신을 지닌 지구상에서 가장 오래된 인간으로 판명되었다. 콘라드 스핀들러는 그의 문신 위치를 다음과 같이 밝혀주었다.

> 허리등뼈 왼쪽에 네 군(群)의 선, 허리등뼈 오른쪽에 일 군의 선, 오른쪽 무릎 안쪽에 십자가 문양 하나, 왼쪽 종아리에 세 군의 선, 왼편 아킬레스건 왼쪽에 작은 십자가 문양 하나, 오른쪽 발등에 일 군의 선, 오른쪽 발목 바깥쪽 옆에 일 군의 선, 오른쪽 발목 안쪽 위에 일 군의 선.

이들 선의 위치는 그들 부위의 관절 접합 위치와 정확히 일치하고 있다. 문신 부위의 80%가 전통 침술 부위와 일치하고 있다는 것 외에도 이들 선의 구성은 류머티스성 질환 치료에 가장 일반적으로 쓰이는 침술의 형태를 보여준다. 실제로 오에치 몸을 엑스레이로 판독해본 결과 그는 목, 등 아래부위, 오른쪽 엉덩이에 관절염을, 그리고 발가락 하나에도 동상에서 비롯된 것이 분명한 만성 관절염을 앓고 있었던 것으로 나타났다. 따라서 퇴화에 내려진 그 같은 결론과 그와 연관된 푸르스름한 문신은 관절염 치료가 목적이었다는 가정을 해볼 수 있다(현재의 알프스에서도 민간 요법으로 사용되고 있다).

그리고 이런 결과를 1947-1948년 고고학자 세르게이 루덴코가 발굴하여 복구한 러시아 초원의 알타이족 파지리크 문화권의 한 남자 미라와 결부시켜 보면, 문신들 간의 유사성은 더욱 두드러진다. 이 파지리크 '족장' 역시 아이스 맨의 그것과 거의 동일한 위치인 허리등뼈 양쪽과 오른쪽 발목에 점 모양 문신을 지니고 있었다. 루덴코는 이렇게 말한다.

"문신은 바늘로 뜸질을 하거나, 찔러서 살갗 속에 그을음으로 생각되는 검은 색소를 집어넣는 두 가지 방법이 사용되었다. 오늘날의 알타이족은 문신을 할 만한 날카로운 바늘과 실을 가지고 있지 않지만, 그래도 역시 뜸질보다는 찌르는 방법이 사용됐을 가능성이 높다.……"

파지리크 문신은 아이스 맨의 문신과만 일치하고 있는 것이 아니라, 세인트 로렌스 섬의 문신과도 직접적으로 연관돼 있다. 우선 고대의 파지리크 문신가가 행한 방법(찌르기와 뜸질하기)이 세인트 로렌스 섬의 문신가들이 행한 방법과 같다는 것이 그렇고, 그을음, 날카로운 바늘, 힘줄(腱)과 같은 재료도 두 곳에서 똑같이 사용하고 있다. 그런가 하면 파지리크 문신은 오에치의 문신처럼 직선으로 되어 있지는 않지만, 세인트 로렌스 섬의 문신과는 정확히 일치하는 점 문양으로 되어 있다. 끝으로 파지리크 족장의 문신 위치를 보면 세인트 로렌스 섬의 장례와 첫 살생 문신의 위치와 똑같은 부위(등 아래쪽이나 허리 그리고 발목 관절)에 놓여 있는 것을 알 수 있다.

중국 침술과 세인트 로렌스 섬 관절 문신에 나타난 치료적 기능을 살펴본 뒤, 그것을 다시 알류트족 침술, 퀼라키소크 미라, 오에치와 파지리크 족장에 대한 설명과 결합시켜 보면 알류트족, 고대 그린랜드인의 '문신-찌르기', 아이스 맨, 파지리크 족장, 세인트 로렌스 섬의 관 메는 사람과 '첫 살생' 문신 간에는 숫자, 미적 감각, 관절 문신에 나타나는 종류의 다양성만을 제외하곤 놀랄 만한 유사성이 존재하고 있는 것을 알 수 있다. 하지만 이들 유사성에

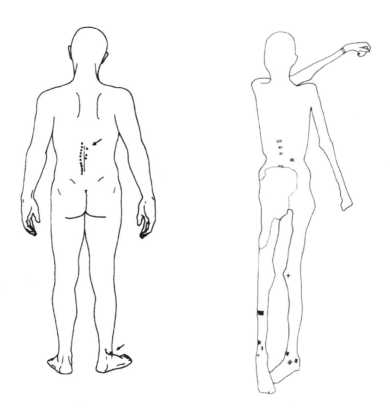

(왼쪽) 파지리크족 족장.
(오른쪽) 아이스 맨.

서 그 이상의 정보는 얻을 수 없는 것일까? 지금까지 발견된 증거로 미루어
보면 초기 베링해 문화에 최초로 영향을 미친 것은 극동 아시아와 그 주변지
역의 문화적 요소이고, 이것이 다시 북극 지방과 그린란드까지 스며들어간
것으로 볼 수 있다. 따라서 관절 문신의 각각의 예는 일종의 범인간적 현상
이거나 혹은 여러 시대를 포괄하는 범유라시아적인 현상이었을 가능성이 높
다. 이러한 가정은 또 문신의 개념에 대한 개별적 발전과 연상적 치료 행위
의 가능성도 함께 시사해준다.

결 론

문신에 내포된 치료적 의미와 그것의 기원과는 관계없이 북극인들 사이에
행해진 문신은 분명히 동질적이었다. 세계 최대라는 이들 문화권의 광대함을
고려하면 그것은 정말 놀랄 만한 사실이다. 하지만 환경, 언어, 관습, 신앙으
로 뭉쳐진 하나의 민족으로서의 구분은 아주 뚜렷하다. 문신이 피부의 일부

가 되면서 신체도 북극 문화의 일부가 된 것이다. 문신은 북극인들이 자신들의 몸을 통제하고, 살고, 체험하고자 한 수많은 방식들을 표현해준 사회의 믿음과 가치에 대한 일종의 도해(圖解)적 형상이었고, 존재의 인식 기반이 된 개인과 공동체 사이에 하나의 연계를 제공해 준 것 또한 문신이었다.

(왼쪽) 조지는 소시에테 제도, 후아히네 섬의 유명한 불춤꾼이며 문신가이기도 하다. 사진에서 보이는 몸통의 반쪽 문신은 마르케사스 군도의 타후아타 섬에서 파티 피로부터 받은 것으로, 17세기 후기 마르케사스에서 유행했던 형식이다.

(오른쪽) 사모아는 폴리네시아에서 문신의 역사가 면면히 이어지고 있는 유일한 곳이다. 지금도 이곳에서는 문신의 전통 기법을 사용한다. 마타이(촉장들)는 타파 천 라발라바(허리 감싸개)도 입고, 허리에서 무릎 바로 아래까지 내려오는 페아(문신)도 새긴다.

20

폴리네시아의 오늘

트리시아 알렌*과 스티브 길버트의 대담

스티브: 당신과 교신을 시작하기 전엔 솔직히 폴리네시아 문신 부활에 대해 전혀 아는 것이 없었다. 19세기에 선교사들에 의해 다 말살된 것으로 알고 있었다. 문신 역사책에는 그런 식으로 쓰여 있기 때문에 다른 사람들과 마찬가지로 나 역시 그들에 의해 중단된 것으로 생각했다. 자, 폴리네시아의 현재 상황에 대해 좀 말해달라.

트리시아: 문신, 타파 천 만들기, 천 짜기, 조각, 노래하기, 불 속 걷기 등 고대 예술의 전 분야에 걸쳐 부활이 일어나고 있다. 문신은 폴리네시아 문화 부활 현상의 일부에 불과할 뿐이다. 내가 볼 때 문신은 "나는 폴리네시아인이다."라고 외치는 영원한 선언이라는 점에서 부활의 가장 중요한 요소라 생각한다. 그리고 어떻게 보면 정치적 선언, 혹은 전통 문화에 대한 충성의 선언이 될 수도 있다.

스티브: 이 부활은 어떻게 또 언제 시작되었는가?

트리시아: 군도들마다 약간씩 차이가 있긴 하지만, 대부분의 경우 지난 20년간에 걸쳐 진행되었다. 타히티는 1981년에 시작되었는데, 그 경위를 말하면, 와이키키에서 폴리네시아 레뷔 쇼를 공연하는 나이트클럽을 운영하던 어떤 사

---

* 트리시아 알렌은 하와이 대학교 인류학과의 박사 과정에 있는 학생이다.

람이 1980년경에 사모아로 여행을 가서 문신을 조금 받은 뒤, 그곳의 투푸가 즉 문신가를 타히티로 데려와 프랑스 혁명 기념일 축제에 문신 시범을 보인 것이 계기가 됐다. 타히티에서는 전통 예술, 무용 경연과 같은 다양한 행사가 포함된 혁명 기념일 축제가 보통 한 달간 계속되는데, 거기서 사모아인들의 작품을 보고 영감을 얻은 타히티인들이 자기들만의 고유 문양을 재창조한 것이다. 그들은 처음에는 사모아인들과 같은 전통 도구를 사용했으나, 1986년 프랑스 보건성이 프랑스령 폴리네시아에서 전통 도구에 의한 문신 행위를 금지시키는 바람에 더 이상 사용할 수 없게 되어, 그때부터 지금 사용하는 것과 같은 전기 면도기에서 만들어진 기계를 사용하기 시작했다.

스티브: 보건성은 왜 문신을 금지시켰는가?

트리시아: 건강상의 위험 때문이었다. 도구의 재료들인 다공성(多孔性) 물질(뼈와 나무)은 소독하기가 쉽지 않다.

스티브: 그들은 문신으로 병이 전염되었다는 것을 입증해 보였는가?

트리시아: 내가 아는 한 하지 않았다. 전염될 가능성이 많아 보이니까 그렇게 한 것뿐이다.

스티브: 전통 도구에 의한 문신 행위를 금지시킨 그들이 기계 문신은 왜 안전하다고 생각했는가?

트리시아: 일회용 바늘을 쓰니까 비교적 안전하다고 느낀 것이다. 문신을 할 때마다 도구를 새로 깎아 쓴다든지 하여 적절한 주의만 할 수 있다면 전통 도구도 안전하게 쓸 수 있다. 하지만 그것은 그렇게 쉽게 그리고 빨리 만들어지는 것이 아니기 때문에 시간 소모적인 작업이 될 수밖에 없다. 사용 전에 도구를 표백제에 담그는 것과 같은 주의도 도움이 되긴 하겠지만, 그 많은 것들을 다 법으로 규제하기가 힘드니까 한꺼번에 금지시켜버린 것이다.

스티브: 하지만 튜브는 일회용이 아니지 않는가? 그리고 그것도 소독하지 않으면……

트리시아: 맞다. 하지만 그들은 튜브를 사용하지 않는다. 타히티에서는 대부분 전기 면도기나 면도칼로 자신들이 직접 만든 기계를 사용한다. 면도기는 정교한 회전식이 아닌, 머리부분이 앞뒤로 왔다갔다하는 구식 면도기이다. 그 면도기의 머리를 떼어내어, 거기서 날이 든 부분을 빼낸 뒤, 꼭대기에 재봉 바늘이 묶인 나무 성냥개비를 부착하는 것이다.

스티브: 잉크는 바늘에 어떤 형태로 있게 되는가?

트리시아: 재봉실을 이용하여, 바늘 끝 지점 1인치의 8분의 1 내에서 바늘 전체를 단단히 동여 감는다.

스티브: 농담(濃淡) 조절도 가능한가?

트리시아: 아니, 하지 못한다. 내가 아는 한 그곳에서 농담 조절을 할 수 있는 사람은 극소수에 불과하다. 그들 대부분은 명암 없이 그냥 검은색으로만 된 큼지막한 전통 스타일을 구사한다. 검은색만으로는 꽤 만족스런 작품도 만들어내지만, 중간색으로는 상당히 애를 먹는다.

라파 누이(이스터 섬), 아후 아키비에서 모아이 석상 그늘 아래 파스칼 파카라티에게 문신을 새겨주고 있는 트리시아 알렌, 1992년.

스티브: 검은색으로만 된 큼지막한 부분은 그럼 어떠한가? 흉터는 반드시 남게 되는가?

트리시아: 아주 더디기는 하지만 할 수는 있다. 집에서 만든 그들의 기계를 내가 먼저 사용해 본 뒤, 내 기계를 그들에게 사용해 보라고 했다. 그들 기계에서 내가 발견한 문제점은 피부 걸림 현상이 자주 발생한다는 것이다. 타히티에서는 흉터 난 문신을 그리 많이 보지 못했지만, 사모아에서는 살갗을 너무 깊숙이 뚫기 때문에 상처가 나지 않을 수 없다. 선의 윤곽도 흐릿한 것이 많다. 하지만 타히티인들이 만든 기계로는 정말 깨끗하게 문신을 새길 수 있다.

스티브: 다시 역사로 돌아와서, 타히티에서 문신기를 사용하기 시작한 것은 1987년경인데, 그후로는 어떻게 되었는가?

트리시아: 전통방식에 의한 문신을 금지시킨 1987년 전에는 문신 부활에 가담한 사람들이 꽤 있었다. 최소한 대여섯 명은 고정적으로 문신 일에 매달려 제한된 환경 속에서도 좋은 작품을 만들어내고 연구에도 많은 힘을 쏟았다. 그리고 결과도 정말 좋았다.

스티브: 어떤 결과였는가?

트리시아: 타히티 최초로 전신 문신을 한 테베는 직업 무용수였는데, 그의 전

신 문신이 완성된 것은 1982년이었다. 그리고 정말 성공적이었다. 텔레비전, 맥주 광고, 포스터, 우편엽서, 달력 등 광고마다 등장하지 않은 곳이 없었으며, 호텔들도 도어맨이나 댄스 쇼 출연자로 서로 모셔가려고 했다. 그리고 어느 정도는 그의 성공에 고무된 나머지 무용수를 비롯한 다른 사람들까지 큰 문신을 받으려고 했다. 그것은 아마도 그의 성공만큼이나, 아니 그보다 더 전반적인 정치 사회 분위기 탓이었는지도 모른다. 타히티인들은 소시에테 제도(남태평양에 있는 프랑스령 제도로 그곳 최대의 섬이 타히티이다) 인구의 70%를 차지하고 있고, 그들 대부분은 프랑스의 존재를 아주 달갑지 않게 여기고 있다.

테베는 여전히 무용수로 일한다. 최근에는 유럽을 돌며 티키 빌리지 극장이라 불리는 관광업소에서 댄스 실연과 공연으로 바쁜 나날을 보내고 있다.

스티브: 그렇다면 그는 문신 인간으로서의 진정한 이력을 쌓은 것인가? 그리고 그와 똑같은 길을 밟은 사람이 또 있는지?

트리시아: 있다. 그 외에도 몇 사람이 전신 문신을 받았다. 한쪽 팔이나 한쪽 다리를 완전히 덮은 사람도 수천 명까지는 안 되겠지만, 수백 명은 족히 되고도 남는다. 1993년 어느 날 시내 우체국 옆의 한 쾌적한 공원에 앉아 5시간 동안 지나가는 행인을 지켜본 결과 한쪽 팔이나 한쪽 다리를 완전히 덮은 사람이 150명이나 됐다.

스티브: 문양은 어떤 종류였나?

트리시아: 대부분이 마르케사스 문양이었다. 진짜 옛날 타히티 문양은 20개도 채 안 된다. 타히티 미술은 다른 곳에 비해 장식이 화려하지 않았기 때문에 오늘날에는 기록상태가 아주 좋은 마르케사스에서 문양을 빌려오고 있다.

스티브: 마르케사스 문양집은 어디서 구하는가?

트리시아: 대부분의 문신가들이 칼 폰 덴 슈타이넨의 책 『마르케사스인들과 그들의 예술(*Die Marquesaner und ihre Kunst*)』(1928년 베를린의 D. 레미어 사 발간)에서 발췌한 일부 복사본을 지니고 있다. 원본 전체를 소유하고 있는 사람은 아주 극소수이고, 있다고 해도 독일어를 읽지 못하기 때문에 문양의 의미를 이해하지 못한다. 마르케사스 문양 명칭이 들어 있고, 어떤 이름은 여전히 마르케사스인들에게 익숙한 것인데도 말이다. 따라서 타히티 문신

의 초기 부활에 관여했던 사람들(타바나, 치메, 레이몬드, 그리고 포루투) 말고는 대부분이 그냥 마르케사스 문양을 자기것으로 만들어 명칭만 '마호히'라고 부르고 있다.

스티브: 그럼 윌로딘 핸디 책 『마르케사스인들의 문신』(1922년 호놀룰루 비숍 박물관 출간)은? 그것도 가지고 있나?

트리시아: 일부만 가지고 있다. 다시 말하지만, 그것은 어디까지나 토막 토막일 뿐이다.

스티브: 온전한 책은 왜 소유하지 못하는가?

트리시아: 그런 책들은 이곳 우수한 도서관에서도 구하기가 힘들고, 타히티에서는 더더욱 그렇다. 한마디로 말해 그런 책들은 구할 수가 없다. 그 두 책은 나도 도서관에서 복사한 것밖에 없다. 누군가 몇 페이지라도 복사를 하면 그걸 또 복사하여 친구들에게 나누어주고, 그런 식으로 재빨리 퍼져나간다.

　때로는 초기 자료에 접근하기 어려운 탓에 심각한 오역(誤譯)이 발생하기도 한다. 가장 재미있는 일 중의 하나가 변경지역의 하나, 즉 타히티 섬들에서 일어난 사실을 아는가. 1922년 비숍 박물관이 발간한 『마르케사스인들의 문신』의 저자 윌로딘 핸디는 1935년에 프랑스어로 발간된 『마르케사스인들의 예술(*The Art of the Marquesas*)』의 저자이기도 하다. 그 책 속엔 알파벳 a, b, c 순으로 이삼십 쪽에 걸쳐 문양이 수록돼 있고, aa, bb, cc 식으로 하나의 쪽 속에 26개 이상의 문양이 편입돼 있는가 하면, 쪽수나 삽화는 1, 2, 3으로 번호가 매겨져 있고, 뭐 그런 식이었다. 그런데 한 젊은 타히티 문신가가 이 페이지들 중의 하나를 복사해놓고, 그것을 고대 타히티 문자로 착각한 것이다. 그는 자기 손님의 이름을 물어본 뒤, 그 글자들에서 일치하는 문양의 요소를 찾아내어, 그것들을 하나의 문신이나 따로 결합시켜 놓곤, 손님의 이름을 철자화한 것으로 생각했다. 그 말을 듣고 내 머리에 우선 떠오른 생각은, '그럼 폴리네시아 언어에는 없는 Q 같은 글자는 어떻게 되는 거지?' 였다. 폴리네시아 언어는 보통 12글자밖에 사용하지 않기 때문에 그런 의문이 생긴 것이다. 그러고 나서 1, 2분이 지나자, '그건 타히티어가 아니고 마르케사스어잖아' 라는 생각이 퍼뜩 들었다. 무엇보다 중요한 것이 폴리네시아어는 문자어가 아니라는 사실이었다. 타히티 문자라고 생각한 자체가 이미 잘못된

문신은 프랑스령 폴리네시아(타히티와 마르케사스)에서 너무도 흔한 현상으로 받아들여져 문신 받은 사람들이 우표 시리즈에까지 등장할 정도가 되었다.

것이었다. 여하튼 나는 그걸 내 마음속에만 담아두고 있었다. 그러고는 그 문신가에게 그 페이지가 포함된 책을 내가 가지고 있으며, 그에게 갖다 주겠노라고 했다. 나는 열다섯 시간이나 걸리는 화물선을 타고 주도(主島)까지 가서, 한쪽당 50센트씩을 주고 책 한 권을 몽땅 복사한 뒤, 그걸 들고 다시 480킬로미터를 더 달려 보라보라의 그에게 넘겨주면서 사건의 진상, 즉 그것은 타히티 알파벳이 아니고 문양을 분류, 설명하는 저자의 방식이라는 것을 그 스스로 깨닫게 되기를 바랐다. 내가 책을 건네주자 그는 반색을 하면서, "와, 잘 됐네요. 페이지 수가 많으니까 몇 개로 나누어, 나같이 문신을 하고 있는 내 두 동생들에게 나눠줄 수도 있겠어요."라고 했다. 그래서 나는, "그렇게 하면 안 돼요."라고 말하곤, 책의 구성 방법에 대해 보여주면서, 책은 분리시키면 안 되고 동생에게 보여주고 싶으면 통째로 빌려주라고 말해주었다. 하지만 그후 얼마 되지 않아, 거기서 480킬로미터 떨어진 타히티에서 나는 또 한 번 내 생각이 착각임을 깨달았다. 아주 아름다운 문신을 하고 있는 여인 하나가 길을 지나가기에 불러 세운 뒤 타히티어로 "굉장히 예쁜데, 이거 어디서 새긴 거예요?"라고 묻자, "이건 고대 타히티어로 쓴 내 이름이에요."라고 아주 자랑스럽게 말하는 게 아닌가. 그래서 나도, '아무렴 그렇겠지! 본인이 그렇다는 데야 누가 말리겠어' 하고 체념하고 말았다.

여하튼 그런 식으로 문신가들은 여러 다양한 책에서 복사한 문양집들을 하나씩은 다 가지고 있다. 문신가들 중에 경쟁의식이 아주 없는 것은 아니지만, 최소한 한두 명의 친구들과는 자료를 함께 공유하게 마련이고, 그 친구들이 다시 다른 친구들과 공유하고, 뭐 그런 식이다. 1991년 처음 그곳을 찾을 때 나는 [돈 에드 하디가 발간한] 『타투타임(Tattootime)』 잡지 한 보따리를 가지고 가서, 여덟 명인가 열 명쯤 되는 문신가들에게 나누어준 적이 있다. 그리고 나서 한 일 년 반 뒤에 다시 가보았더니, 그 잡지의 복사본들이 온 사방 천지에 널려 있는 것이 아닌가! 내가 480킬로미터 떨어진 한 섬에 처박혀 있을 동안 이 친구들은 자신들이 가진 그림이나 화집은 다 제쳐놓고

『타투타임』만 열심히 복사하고 있었던 거다. 그래서 말인데 『타투타임』은 타히티에서는 구해볼 수 없는 잡지이다.

스티브: 그건 왜 그런가?

트리시아: 판매를 하지 않는다. 다른 문신 잡지도 마찬가지다.

스티브: 주문은 못하는가?

트리시아: 물론 할 수 있다. 하지만 폴리네시아인이나 타히티인들의 사고방식으로는 잡지 한 권을 우편 주문한다는 것이 그리 간단한 일이 아니다. 그들에겐 자기 지역에 없는 것이면 구할 수 없는 것이다. 이곳의 어떤 문신가가 미국에 가서 문신 가게에서 당연히 팔겠지라고 생각하고는 문신기계를 사려고 했으나, 그렇게는 살 수 없다는 걸 알고는 무척 놀란 경우가 있는데, 그게 바로 그런 이야기이다. 우편 주문을 해야 한다는 걸 몰랐던 거다.

스티브: 그건 그렇고, 타히티의 문신 부활은 다른 섬으로까지 전파되었는지?

트리시아: 타히티나 마르케사스나 다 프랑스령 폴리네시아에 속하기 때문에 오늘날에는 타히티와 마르케사스 섬들 간의 접촉도 많이 이루어지고, 여행도 많이 하고 있다. TV 방송국들도 타히티에만 있어 마르케사스인들은 프랑스어와 타히티어로 나오는 타히티 뉴스를 본다. 아주 최근까지 사람들은 고등학교 졸업장을 받으려면 타히티까지 가야 했다. 또한 타히티인들과 마르케사스인들이 의무적으로 받는 2년간의 군 복무도 대개는 타히티에서 받고 있다. 그뿐만이 아니다. 타히티에는 한두 세대 전에 이민을 와서 살고 있는 마르케사스인들이 많이 있다. 그리고 타히티에 사는 마르케사스인들 중에는 아주 일찍부터 문신에 흥미를 보인 사람들이 있는데, 그런 점에서 마르케사스의 문신 부활에 불을 지핀 것은 어느 정도 타히티의 영향 때문이라고 볼 수 있다.

스티브: 마르케사스에서 문신이 부활된 것은 몇 년도부터인가?

트리시아: 타히티에서 부활의 조짐이 있고 난 몇 년 뒤, 즉 1980년대 중반부터이다.

스티브: 타히티의 인구는 얼마나 되는가?

트리시아: 1990년대 초에는 8만 명이었는데, 지금은 잘 모르겠다.

스티브: 타히티와 마르케사스에서 문신가로 활동하고 있는 사람은 몇 명이나 되는가?

트리시아: 1993년에 타히티 주도에서만 300명의 목록을 만든 적이 있다. 그들 대부분은 소위 스크래처(긁는 사람)들로서 그리 대단한 존재는 아니다. 주도에서 진짜 대가라 할 만한 사람은 약 20명 정도 될 것이다. 마르케사스에서는 일급의 반(半) 전문가로 불러줄 수 있는 사람이 8명에서 10명 정도 되고, 전부 합하면 25명에서 30명 정도 된다. 마르케사스의 인구수가 타히티에 비해 훨씬 적은 때문이다.

스티브: 사모아의 문신은 어떤가? 다른 섬들의 문신과 다른 점이 있는가?

트리시아: 고대로부터 현대에 이르기까지 문신의 역사가 계속되고 있는 유일한 지역이 바로 사모아이다. 사모아 정부는 한 번도 문신을 금지시켜본 적이 없다. 선교사들도 방해만 했을 뿐 금지까지는 시키지 못했다. 오늘날에는 사모아에도 문신을 옳지 못하다고 생각하는 사람들이 꽤 있는데, 그 까닭은 독실한 기독교 지역이어서 엄격한 면들이 많기 때문이다. 마르케사스나 타히티에서는 찾아볼 수 없는 현상이다.

스티브: 그토록 독실한 기독교 전통을 가진 지역에서 문신이 계속된다는 것은 좀 아이러니가 아닌가?

트리시아: 그렇다. 그뿐만이 아니다. 그들은 카바(폴리네시아산 관목 뿌리로 만든 마취성 음료)나 아바바 같은 음료도 여전히 마시고 있다. 사모아 문화에는 아주 기묘한 모순과 이분법이 존재하고 있다.

스티브: 사모아인들은 아직도 전통 문신 기구를 이용하는지?

트리시아: 그렇다. 집에서 만든 기계를 사용한다. 과일 시장 근처엘 가보면 작은 가판대 혹은 부스에서 기계 문신을 하는 사람도 볼 수는 있지만, 팔의 띠 문신이 대부분인 사모아 스타일은 거의 전통 기구로 이루어진다. 내가 알기로 사모아에서 신식 기계를 사용하는 문신가는 페텔로 술루아페와 와티라는 이름을 가진 두 사람밖에 없다.

스티브: 그럼 문양은? 문양도 전통 사모아식을 고수하는가?

트리시아: 현재는 대부분의 지역에서 전통 문양만을 사용한다. 한때는 서구식 문신을 하는 사람들도 꽤 있었지만, 그들 대부분이 상선의 선원들이거나 군인들이었던 까닭에 사모아가 아닌 다른 나라에서 문신을 받았다. 그리고 미국식으로 문신을 새기는 아주 조잡한 아마추어 문신가도 몇 명 있긴 하지만,

기본적으로 사모아에서는 사모아 전통 문양만을 사용한다.

스티브: 그렇다면 그것은 사모아 역사나 전통 문화와 어떤 관계가 있는 것인가?

트리시아: 물론이다. 사모아의 문신은 여전히 고대 문화에 대한 존중의 표시이고, 그 안에는 깊은 의미와 상징이 담겨 있다. 그렇긴 하지만 정치적인 것보다는 타히티, 마르케사스, 하와이, 그리고 뉴질랜드와 같은 강렬한 식민지(혹은 식민 후기)적 존재가 느껴지는 지역들의 영향을 더 많이 받았다고 보아야 한다.

스티브: 뉴질랜드의 현재 상황은 어떠한가?

트리시아: 부활의 바람이 거세게 불고 있다. 태평양의 다른 섬들처럼 그곳도 서구와 미국 스타일을 계속 사용했기 때문에 문신도 일종의 하위문화 형태로 보존되어 왔다. 하지만 내가 볼 때 마오리족이 전통 문양에 새로운 관심을 갖게 된 것은 1970년대와 1980년대에 로저 잉거튼이 펼친 노력에 힘입은 바 컸다. 로저는 지금도 그곳에서 문신을 계속하고 있다. 하지만 마오리 문신의 부활에 결정적 영향을 준 것은 그의 초기 작품이었고, 서구인임에도 불구하고 그는 마오리족에게서 존경을 받고 있다. 그는 여러 명의 마오리들과 함께 그곳의 전통 문양으로 문신을 시작했다. 아마도 그는 150년만에 처음으로 마오리족 얼굴에 모코 문신을 새긴 최초의 문신가였을 것이다. 하지만 마오리 문신 부활에 그의 작품이 스프링보드 역할을 한 것은 분명하지만, 그럼에도 불구하고 언어, 자생권, 주권 찾기, 독립 운동, 옛 땅 찾기 노력과 같은 토착 문화의 전반적 부활이 없었다면 그것은 불가능했을 것이다. 따라서 어느 하나만을 따로 떼어 생각하는 것에는 모순이 있고, 문신의 부활도 로저 한 사람의 업적으로만 돌릴 수는 없다. 하지만 분명한 것은 마오리족에게서 느껴지는 변화에 대한 의지이다. 그때 이후로 많은 마오리 예술가들이 문신을 배우기 시작하여 지금은 약 십여 명의 문신가들이 조상들의 모코, 즉 옛날의 그 족보 문양 작업을 계속하고 있다.

스티브: 전통적인 턱 문신을 한 마오리족 여성도 있는지?

트리시아: 있다. 지난 이십 년간 꽤 많은 여성들이 턱 문신을 했다.

스티브: 뉴질랜드의 모코 문신 소유자를 대강 몇 명 정도로 추산하는가?

트리시아: 그건 잘 모르겠다. 1992년 두 명의 여성이 로저에게서 받았다는 말

을 들었는데, 그때 이후로 마오리족 문신가로부터 적어도 십여 명은 받지 않았을까.

스티브: 남자들 얼굴 전체를 덮는 문신의 경우는 어떠한가?

트리시아: 그렇다. 남자들의 모코 문신 역시 부활했다. 두 가지 형태, 즉 하나는 갱단에서, 다른 하나는 전통적인 마오리 운동 차원에서 부활한 아주 대조적인 양상을 보이고 있다. 오클랜드의 좀 더 도시화된 지역의 갱들은 자신들의 상징으로 얼굴 문신을 새기고, 북 섬의 마오리족 – 그리고 다시 말하지만 이것은 다른 그룹의 사람들에게서 나타나는 별개의 현상이다 – 중에도 영화 〈전사의 후예(Once Were Warriors)〉에 나오는 갱들과는 전혀 상관이 없는 사람들이 많이 있다. 그 영화는 마오리 사회를 아주 잘못 묘사했다. 대부분의 마오리들은 자신들의 옛 문화 가치와 현재의 생활 방식을 아주 조화롭게 이끌어가는 기본과 균형이 잘 잡힌 사람들이다. 실제로 마오리족 중에는 언어 부활 운동에 관여하여 그것을 학교 교육에까지 반영시키는 경우가 비일비재하다. 뉴질랜드에는 마오리어로만 가르치고, 마오리 역사를 가르치는 언어 집중 학교까지 있을 정도이며, 그들은 자신들의 뿌리에 대한 존경의 표시로 모코 문신을 새긴다.

스티브: 내가 알기로 당신은 라파 누이(이스터 섬)에도 여러 번 다녀온 걸로 알고 있다. 그곳 문신 방식에는 어떤 변화가 일어나고 있는가?

트리시아: 1991년 처음 그곳을 찾았을 때의 통계치는 15살에서 25살 사이의 라파 누이 남자 5명당 1명꼴로 문신을 하고 있는 것으로 나타났다. 하지만 그것은 모두 성냥개비에 재봉 바늘 하나를 동여매어 만든 기구로 찔러 새긴 문신이었다. 그중에 전통 문양, 특히 라파 누이 문양은 거의 찾아볼 수 없었다. 개중에는 옛날 문양이 종종 눈에 띄기도 했지만, 대부분은 이니셜이나 서구적 상징으로 되어 있었다. 옛날 문양도 반드시 전통 문양이라고는 할 수 없고, 바위 미술이나 나무 조각에서 아이디어를 얻은 것이 대부분이었다. 라파 누이의 전통 문신은 전신 문신이었기 때문에 하나의 띠나 어깨 문신으로 분리한다거나 결합시킨다는 게 사실상 불가능했다. 현재의 라파 누이족들이 바위 미술 같은 곳에서 문양의 아이디어를 얻는 이유도 바로 그 때문이다.

스티브: 라파 누이에서 전신 문신을 한다는 게 사실인가?

트리시아: 사실이다. 옛날 삽화집을 보면 알 수 있다. 여성들 중에는 간혹 아래쪽 등 문신을 한 사람이 있긴 하지만, 그것 역시 따로 분리하여 사용할 정도는 아니다.

스티브: 영화 〈라파 누이(Rapa Nui)〉를 보니 문신이 많이 등장하고 있던데, 그 문양의 진위 정도에 대해 말해달라.

트리시아: 촬영의 중간 단계에서 라파 누이족과 관련된 두 번의 파업이 있긴 했지만, 그리 나쁘진 않았다. 그들이 진정으로 원한 것은 발언권을 좀 더 갖자는 것뿐이었다. 그런데 마오리족의 모습을 보여주는 영화에 마오리 배우와 서구 배우들이 함께 캐스팅 되고, 자신들의 역사까지 왜곡시키자 그만 들고 일어난 것이다. 작업환경에 대해서도 문제가 좀 있었다. 여하튼 두 번의 파업을 하는 중에 그들은 보디페인팅은 직접 할 수 있다는 허락을 받아냈고, 그때부터는 문신의 내용도 많이 좋아졌다.

스티브: 라파 누이의 진짜 옛날 문양은 보존 상태가 어느 정도인가?

트리시아: 한 20에서 25개 정도 되지 않을까 한다. 그것들은 모두 문신이 소멸되기 전에 만들어진 옛날 그림들이기 때문에 라파 누이 문신의 진정한 모습을 많이 찾아볼 수 있다. 하지만 그 의미에 대해서는 전혀 아는 바가 없다.

스티브: 당신의 일에 대해 말해달라. 문신 행위도 직접 하는지?

트리시아: 물론이다.

스티브: 어떻게 배웠는가?

트리시아: 라파 누이에 대해 연구를 한 적 있는 친구와 학자 몇 명이 호놀룰루에 돌아왔길래 그들에게 그곳에 문신을 하는 사람, 즉 진짜 관심을 가진 사람이 있는지, 그리고 어떤 종류의 문신이 행해지고 있는지에 대해 물어보았다. 그랬더니 문신에 지대한 관심을 가진 화가 다섯 명, 교사 한 명, 그리고 도서관 사서 한 명의 이름을 알려주었다. 문신을 하는 사람은 없었지만, 관심을 가진 사람은 있었던 거다. 그래서 즉시 이들에게 편지를 써서, 호놀룰루의 우리 도서관이 소장하고 있는 관계 서적 목록을 보내주었다. 문신 관계 서적이라면 태평양 지역에서 우리 도서관을 능가할 만한 데가 없었기 때문이다. 나는 편지에 그러한 책들을 갖고 있는지, 갖고 있지 않다면 복사를 하든지 등의 가능한 모든 방법을 동원하여 자료를 보내주겠노라고 썼다. 그러

고 나서 세 통의 답장이 도착했는데, 모두가 이구동성으로 책은 다 갖고 있는데 섬사람들이라 도서관이나 박물관 접근이 안 된다는 것이었다.

그 말을 들으니 어처구니가 없고 도저히 믿기지가 않았다. 그리고 한참 뒤 그곳을 직접 찾아가 나도 거부를 당한 뒤에야 비로소 그 사실을 믿게 되었다. 따라서 당시로서는 그곳을 다시 찾을 생각이 없었고, 대신 나는 라파 누이에 대한 책들을 구입, 복사하여 우편으로 보내주는 일만 하고 있었다. 그러고 나서 얼마 되지 않았는데, 라파 누이에 가려고 하는 어느 연구팀이 무료 여행의 대가로 해저 지도 작성과 선박 감시를 해줄 지원자를 찾는다는 소리가 들렸다. 결국 그 일을 내가 맡게 되어 45일간의 항해에 들어갔는데, 마침 비행기가 아닌 선편이라서 수하물 제한을 받지 않았기 때문에 대형 박스에 책을 하나 가득 담아 그들에게 갖다주었다.

당시 호놀룰루에는 에드 하디가 살고 있어서 우리는 가끔 만나 점심을 함께 했다. 라파 누이 행이 결정되자마자 나는 옛 라파 누이 문양 복사본을 한 보따리 들고 가 그에게 보여주었다. 그는 그것들을 쭉 보고 나서, "복사본 대신에 진짜를 보여주는 게 흥미 있지 않을까?"라고 말했고, 나는 수긍했다.

그래서 그는 내 여행에 대비해서 나와 그의 타히티 친구 에리키 머천드에게 문신을 가르쳤다. 나도 그렇지만 에리키 역시 마르케사스 예술, 특히 마르케사스 문신에 관심이 깊었다. 직업 댄서이자 그래픽 아티스트이기도 한 그는 폴리네시아 문화센터에서 페인트-온 문신을 여러 번 행한 적이 있는 사람으로 기계 설치와 문신하는 모습을 지켜봐주는 등 우리 일을 많이 도와주게 되었다. 나로 말할 것 같으면, 때로는 에드의 애정 어린 비평까지 들으며 친구들에게 수십 번의 문신을 새겨본 뒤에야 비로소 라파 누이에 갈 생각을 하게 되었다.

내가 라파 누이에 있는 동안 문신에 매료되어 꼭 하나를 받고 싶어하는 그곳 전통 무용단 소속의 무용수 한 명을 알게 되었다. 그의 이름은 파스칼 파카라티였다. 나는 그에게 한쪽 팔 전체를 덮는 문신을 새겨주었는데, 그는 알면 알수록 훌륭한 예술인이라는 느낌이 드는 그런 사람이었다. 식당에 함께 앉아 있노라면 그는 냅킨이나 종이 쪽지 같은 데에 그림을 곧질 그렸다. 약 일주일 뒤 나는 그에게 문신을 배울 의향이 있는지를 물어보았고, 그렇게 해서 그와 문신을 배우고 싶어하는 또 한 사람, 즉 치과의사에 게 문신 교습을 하게 되었다. 병원에서 치과의사와 함께 문신 을 가르치면 원주민들에게도 소독의 기회를 주게 되지 않을까 하는 생각에서였다. 내가 윤곽을 그려 파스칼에게 기계를 건 네주면 그는 마무리를 했다. 그는 문신을 할 때마다 내 옆에 거의 붙어있다시피 했다. 기계 조립, 자동차 배터리 점검 같은 소소한 일을 도와주는 것 외에도 내 일하는 모습을 늘 지켜봐 주었다. 내가 섬을 떠나기 전 우리는 문신을 한 그 섬의 한 조 각가와 라파 누이 문신에 대해 많은 연구를 한 그의 아내를 함 께 만났다. 그녀는 칠레에서 공부한 여성이었다. 그들은 소독 과 병의 전염에 대한 자료를 번역하여 나로 하여금 그 지역에 대한 정보를 정확하게 전달할 수 있게 해주었다.

최근엔 1998년 10월과 2000년 2월 두 차례에 걸쳐 라파 누 이를 가보았는데, 세 명의 문신가가 여전히 왕성한 활동을 벌 이고 있었다. 파스칼 파카라티는 무용단 일이 더 바쁘기는 했 지만 여전히 문신 일을 하고 있었고, 그의 사촌 중의 한 명인 앙드레(팡다) 파카라티도 공부하고 있던 칠레에서 몇 년 전 돌 아와 문신에만 전념하고 있었다. 티토라는 이름으로 통하는 또 한 사람의 직 업 무용수는 완전히 일급 문신가로 성장해 있었다. 이스터 섬의 문신이 다시 한 번 꽃피는 모습을 보니 정말 기뻤다.

이스터 섬 주민들은 지금도 축제와 여흥 때가 되면 과거에 했음직한 문신 패턴으로 온 몸을 장식한다.

스티브: 폴리네시아인들 중에 혹시 서구 여성이 전통 문신을 한다는 사실에 거부감을 갖 는 사람은 없었나?

트리시아: 대체적으로 보아 없었다. 마르케사스와 마찬가지로 그곳에서도 문 신은 남자들 직업이었기 때문에 타히티에서와 같은 맹렬한 비난이 있을 것 으로 예상했지만, 그런 일은 일어나지 않았다. 폴리네시아 여성들 중에는 문 신가가 한 명도 없었다. 문신가들도 그랬지만, 처음에 그들은 내가 사진 찍 는 것을 무척 꺼려했다. 그곳 문신가들은, 사진을 찍어 책을 만들고는 한 번 도 보내주지 않는가 하면, 지키지도 못할 약속을 남발한 사람들, 특히 사진 가들에게 너무 여러 번 이용을 당해서인지 의심이 무척 많았다. 그러다보니

대부분의 경우 처음엔 좀 못마땅해했고, 그래서 나도 무언가를 보여주지 않을 수 없었다. 그들 문화를 알고 존중한다는 것, 나쁜 의도가 없다는 것, 약속을 하면 반드시 지킨다는 것 등을 말이다. 그들에게 뭔가를 보내주겠다고 약속을 하면 반드시 보내주었다. 하지만 무슨 일을 하든 이유 없이 미워하는 사람이 꼭 한 사람은 있게 마련이다. 처음 라파 누이를 찾았을 때도, 내가 하는 일을 괜히 싫어한 젊은이 하나가 있었다. 하지만 25,000명의 인구 중에 그 정도면 양호한 편이다. 그곳에서 나는 45명의 원주민들에게 무료로 문신을 해주었는데, 그래서인지 나를 꽤 괜찮게 생각하는 사람들이 많았다.

스티브: 그럼 거기서 일도 많이 했을 것 같은데?

트리시아: 꼭 그렇지만도 않다. 문신보다는 오히려 사진 찍는 일을 더 많이 했다. 첫 여행 때는 문신을 사진으로 찍어 자료화하는 것이 목적이었기 때문에 문신가들을 만나는 것을 최우선으로 했고, 그들 모두 생전 처음 보는 미국 기계에 완전히 넋을 잃었다. 나는 그들에게 원하면 내 기계를 써도 좋다고 했더니, 그들도 그렇게 했다. 문신도 많이 해주었지만, 대개는 내게 잠자리를 제공해준 문신가나 친구들에게 해준 것이 고작이었다. 그렇게 하니까 그곳 문신가들도 나를 자기들의 경쟁자로 보지 않았다. 나는 그곳에 돈을 벌러 간 것이 아니다. 지금은 주로 친구들을 만나거나 물품을 갖다주러 간다. 내가 그곳을 찾는 목적은 그들을 돕기 위해서이고, 동료 문신가나 무용수 그리고 친구들 외에는 절대로 문신 행위를 하지 않는다. 그것도 상업적인 것이 아니다. 나는 단지 문신 부활에 대한 자료를 수집하고, 어쩌다 문신가가 되어버린 친구들을 보러 가는 것뿐이다.

스티브: 타히티어의 구사가 문신 사회에의 접근에 도움이 되었다고 생각하는가?

트리시아: 그렇다. 많은 도움이 되었다. 금발에 벽안인 백인 여성이 타히티어를 말하는 모습에 모두들 깜짝 놀라곤 했다.

스티브: 자신들의 문양을 모방하는 서양인들에 대해 그들은 어떤 감정을 갖고 있는가?

트리시아: 대개는 기분 나빠 한다. 그들은 자신들의 예술은 대중과는 상관없이 자기들에게만 속해야 되는 것으로 생각한다. 그러한 현상은 마오리족에게 가장 흔한데, 그 까닭은 아마도 그들의 문신이 조상 전래의 것이라서 그런 것 같다. 마오리족의 안면 모코는 일 개인의 서명이나 마찬가지라는 점을 깨달

는다면 충분히 이해가 가는 일이다. 실제로 마오리족은 마오리 말은 문자어가 아니기 때문에 논문이나 서류를 서명할 때 모코 그림을 자주 이용한다. 그들의 태도는 조상과 별 관계없는 문신 전통을 가진 태평양의 다른 지역과는 확실히 다른 점이 있다. 하지만 일반적으로 태평양의 섬 주민들은 그곳 문화에 대한 헌신적 태도나 존중이 없는 외부인들은 그들의 문양을 사용할 자격이 없다는 생각을 갖고 있다. 그것은 바로 문화의 저작권을 말하는 것이다.

타히티와 마르케사스의 문신가 및 그 밖의 여러 문화에 종사하고 있는 사람들 중에는 원 문양을 수정하여 자기들 고유의 것으로 만들 수만 있다면 외부인들이 그들의 옛 문양을 사용하는 것에 굳이 반대하지 않는다는 생각을 가진 사람들이 많이 있다. 그들의 원칙은 그러니까 같은 혈통을 지닌 사람이 아니거나, 설사 같은 혈통을 지녔다 해도 언어나 문화, 혹은 예술 기관과 깊은 관련이 있거나, 학교에서 그들의 말을 가르치도록 노력하는 등의 적절한 이유가 없는 사람에게는 옛 문양 사용을 허용하지 않겠다는 것이다. 옛 문화와 전통에 대한 그들의 헌신은 정말 대단하다. 그리고 그들의 입장은 우리는 현대인이니까 그에 걸맞는 현대적 문양을 사용하라는 것이다. 때로는 옛 마르케사스 문양을 그대로 표절한 문신 잡지의 사진들을 보고는 무척 화를 내기도 한다. 도대체 마르케사스가 지구의 어디에 붙었는지도 모르는 사람들이 어떻게 마르케사스 문양을 사용할 수 있느냐는 거다.

스티브: 태평양의 섬들은 지금까지 몇 번이나 다녀왔나?

트리시아: 1991년 라파 누이 여행을 시작으로 타히티에 일곱 번, 마르케사스에 다섯 번, 라파 누이에 세 번, 사모아에 한 번씩 다녀왔다.

스티브: 옛 폴리네시아 문신에 관한 당신의 연구에 대해 말해달라.

트리시아: 우선 해야 할 일이 18세기와 19세기에 폴리네시아를 찾은 모든 탐험가들을 찾아 그들이 쓴 글을 살펴보는 것이다. 하지만 대부분의 책들이 색인이라든가 목차를 생략하고 있어서, 책 전체를 일일이 다 읽지 않으면 안 된다. 때로는 문신에 관한 글이 딱 한 줄만 나오는 경우도 있다. 당시의 탐험가들은 대부분 화가를 대동하여 동식물과 문신에 대한 그림을 그리게 했으나, 그럼에도 불구하고 가끔은 그림 없이 달랑 한두 줄의 글로 끝나버릴 때도 있

캘리포니아에 살고 있는 타히티족의 무용수 크리스토퍼 (파하나) 마나오이스의 모습. 가슴에 새겨진 문신은 현대의 네오 마르케사스 풍 문신으로, 자신과 부모 그리고 아들을 나타낸 것이다(트리시아 알렌 작품).

다. 그 한두 줄의 글이 때로는 아주 귀중한 것이 될 수도 있고, 또 그렇지 않을 수도 있다. 따라서 결론은 항해일지, 간행물, 비간행물을 가릴 것 없이 모든 걸 샅샅이 훑지 않으면 안 된다는 것이다.

스티브: 실제로 그렇게 했는가?

트리시아: 그렇다. 최소한 하와이, UCLA, 스미소니언에 소장된 자료는 거의 다 훑어보았다. 적어도 출발은 기가 막히게 좋았다. 일지에 포함된 삽화들은 화가, 때로는 동료 선원, 혹은 선장들이 그린 것도 있었고, 정확한 것과 부정확한 것이 마구 섞여 있었다. 그 외에 특기할 만한 것은 그 방면에 무지한 인류학자들이 이들 그림을 복제했다는 것이다. 따라서 원본과 아주 유사한 표절작이 생겨나는가 하면, 50년 뒤에는 그것이 출판까지 되는 웃지 못할 해프닝이 일어나기도 했다. 그런가 하면 초기 출판사들 중에는 이 책에서 하나, 저 책에서 하나를 뽑아 두 개를 합성시키는 경우도 있었고, 화가들 중에도 당시의 생생한 상황을 곧바로 전달하는 대신, 귀항한 지 5년이 지나 가물거리는 기억에 의존하여 그린 사람도 있었다.

스티브: 원 사료 연구에 소비한 시간은 어느 정도 되는가?

트리시아: 문신과 관련된 초기 삽화와 글들을 찾기 위해 옛 선박의 항해일지와 책, 그리고 각종 자료를 샅샅이 뒤져, 석사 논문을 완성하는 데 약 3년이 걸렸다.

스티브: 자료는 얼마나 찾았는가?

트리시아: 많이 찾았다. 1900년 이전의 삽화만도 2,000개가 넘는다. 복사기에 들어가면 훼손될 염려가 있는 희귀본이 아닌 경우엔 모두 복사를 해두었다. 희귀본의 경우엔 사진 복사나 플래시 사용이 금지되었기 때문에 삼각대나 스탠드 같은 걸 가지고 가서 케이블 릴리스로 천천히 찍어야 했다.

스티브: 최근 폴리네시아에서 문신 대회가 열렸다는 얘기를 들었는데, 그에 대해 말해달라.

트리시아: 1999년 10월과 11월, 사모아와 아오테라로아(뉴질랜드)에서 문신 대회가 열렸다. 사모아 대회는 서사모아의 주도인 우폴루의 아피아에서 100명이 채 안 되는 사람들이 참가한 가운데 열렸다. 아오테라로아 대회에 대해서는 축제가 끝난 바로 직후 파울로 술루아페(아마도 사모아에서 가장 뛰어난 기술을 지닌 문신가였을 것이다)가 잔인하게 살해되는 불상사가 있었다는 것 외에는 별로 아는 것이 없다.

2000년 4월말에도 타히티에서 480킬로미터가 채 못되는 거리에 있는 소시에테 제도의 한 섬 라이아테아에서 큰 대회가 열리는데, 그 대회에는 나도 좀 관여를 하고 있다. 타푸타푸아테아라 불리는 고대의 폴리네시아 야외 신전에서 열리게 될 이 대회는 경연장이라기보다는 일종의 축제로서 사모아, 마르케사스, 라파 누이, 아오테아로아, 소시에테 군도, 일본, 유럽의 문신가들이 대거 참여할 예정이다. 모든 게 순조롭게 진행된다면 격년제로 앞으로도 계속 열리게 될 것이다.

스티브: 태평양 섬들을 여행한 소감을 말해달라.

트리시아: 1999년 12월 나는 아홉 명의 문신가와 문신 수집가들로 구성된 일단의 여행객들을 인솔하고 마르케사스로 향했다. 타히티를 시작으로 모레아 섬에서 화가, 불춤 무용수, 칼춤 무용수, 조각가 등을 만나본 뒤 우리는 16일간의 항해를 시작했다. 배 이름은 아라누이였고, 출발지는 파페떼였다. 이 배는 최근에야 일등석 객실 60개와 공동숙박 시설을 갖춰놓은 코프라 화물선으로 배 안에는 조그만 수영장과 휴게실, 그리고 바가 하나씩 있었다. 이 배는 그러니까 태평양 섬들의 주요 수출품이자 주 수입원이기도 한 코프라 확보를 주업으로 하면서, 각 섬들에 생필품 보급도 해주는 그런 배였다. 그동안 너무 거칠어 갈 엄두를 못 내고 있던 마르케사스의 여러 섬들과 계곡들을 돌아다녀보니, 거대하고 아름다운 돌 형상들이 어디에고 널려 있지 않은 곳이 없었다. 하지만 지형이 너무 울퉁불퉁하여 배편이 아니고서는 이 계곡에서 저 계곡으로 옮겨다닌다는 것이 사실상 불가능했다. 우리는 사륜 지프 여행을 할 수 있는 이들 계곡 속으로 하나 하나 들어가, 라파 누이의 소(小) 티키와 모양이 비슷한 커다란 티키 상들이 있는 곳까지 올라갔는데, 이들 티키들은 보통 신전과 같이 크고 아름답게 포장된 단 위에 놓여 있었다. 이렇게 우리

는 고대 유적지들을 수없이 구경했고, 현대의 예술가들을 만나보았으며, 타파 천이나 나무 껍질 천 만드는 시범을 구경했고, 문신가들을 방문했다. 돌아오는 길에는 바닥이 유리로 된 배를 타고, 상어 양식장을 구경하고, 스노클링(스노클을 쓰고 수면을 헤엄치는 것)과 수영을 즐길 수 있는 멋진 곳에도 가보았다. 마르케사스인들이 대부분인 아라누이 선원들과도 충분한 시간을 갖고 사귈 수 있었다. 그들 모두 문신을 진하게 새기고 있었으며, 우리도 꽤 많은 문신을 새겨주었다. 결론적으로 말하면 이 여행은 그 지역의 문신 문화를 살펴보고, 그들과 함께 여행을 하며 바다에서 문신도 즐긴, 아주 재미있는 여행이었다.

스티브: 그런 여행을 또 계획하고 있는 게 있는지?

트리시아: 물론이다. 내 웹사이트를 들어가 보면 앞으로의 여행계획이 나와 있다. 그 외에도 웹사이트에는 폴리네시아의 문신 전통에 대한 글도 여러 편 소개돼 있다. 웹 주소는 http://www.tattootraditions.alohaworld.com이다.

21

현재의 동향

돈 에드 하디*

내가 볼 때, 1960년대 말과 1970년대 초에 문신의 진정한 돌파구를 연 사람은 세일러 제리였다. 그는 현대 문신의 세잔느였다. 그리고 일본과 아시아 예술의 지대한 영향을 받긴 했지만, 그가 진정으로 좋아한 나라는 일본보다는 중국이었다. 그는 동양의 이국적인 요소와 현대의 서구적 양식, 그리고 광범위한 색소의 결합을 꾀했으며, 그런 식으로 문양 이미지에 대한 레퍼토리의 폭을 넓혀갔다. 그것이 내 출발점이었다. 내가 문신을 시작하게 된 동기는 필 스패로우가 보여준 일본 문신의 사진첩 때문이었다. 그런 점에서 클리프 레이븐, 돈 놀란, 마이크 말론, 그리고 내가 그 일에 뛰어들었을 때, 아놀드 루빈이 이른바 '문신의 르네상스'라고 부른 현상의 직접적 기원도 알고보면 일본 문신에 두고 있었다는 것이 내 생각이다. 세일러 제리를 통해 오구리 가즈오를 소개받은 나는 문신 개발도 하고 현지 문화에 적응도 하면서 그곳에 몇 년 머물겠다는 환상을 품고 1973년 일본으로 갔다.

하지만 나는 곧 환상과 현실 사이에는 커다란 괴리가 있다는 사실을 깨달았다. 그리고 여섯 달도 채 못되어 미국으로 다시 돌아와 샌프란시스코에 리얼리스틱 문신 스튜디오를 개업했다. 내가 아는 한 그곳은 예약에 의해서만

---

* 돈 에드 하디는 샌프란시스코 미술 대학을 나아, 1960년대 후반부터 지금까지 미국 아방가르드 문신 부활의 독보적 위치를 점하고 있다. 문신예술가로서 여러 혁신적인 작품과 수많은 글들을 통해 그는 미국 문신의 새로운 방향 정립에 그 누구보다 많은 기여를 해왔다. 이 글은 1990년 2월 매사추세츠 주 윌리엄스타운에서 이루어진 인터뷰에 기초하여 쓰여진 글이다.

손님을 받고, 모든 작품을 정해진 이미지 뱅크에 손님의 기호를 맞추는 것이 아닌, 손님과의 협의 하에 지구상에 단 하나밖에 없는 오리지널 문양을 취급하는 유일한 스튜디오였다. 그리고 가게를 열자마자 다른 문신가들이 손님으로 쇄도해 들어오기 시작했다. 당시만 해도 동네가 워낙 좁았기 때문에 소문이 퍼져나가는 속도가 무척 빨랐고, 그들은 내가 일본에 있었다는 소문을 전해듣고는 뭔가 건질 게 있을까 하여 몰려든 사람들이었다.

나는 1960년대 말과 1970년대 초에도 샌디에이고에서 일본 문양을 하고 있었기 때문에, 일본으로 떠나기 전부터 그 방면에는 이미 상당한 명성을 얻고 있었다. 여하튼 그런 식으로 나는 그 모든 문신가 손님들을 받아 문신을 해주었고, 그들은 그들대로 한 사무용 빌딩 뒤편에 자리잡은 펑크 스타일의 내 문신 가게를 호기심어린 눈으로 감상했다. 그것은 번화한 지역의 현란한 네온사인으로 뒤덮인, 이름 있는 문신 가게와는 완전히 딴판인, 즉 문신에 호기심과 관심, 그리고 그에 대한 사전지식을 가진 사람들이 소문을 통해 찾는 그런 가게였다.

런던의 문신가 데니스 코켈은 큰 문신을 하려고 찾아온 내 첫 손님 중의 하나였다. 그는 일본으로 나를 찾아가 거기서 문신을 받으려고 했었는데, 내가 먼저 떠나는 바람에 그만 기회를 놓치고 샌프란시스코에서 나를 찾아내어 기어코 커다란 몸통 문신을 받게 되었다. 그 후로 나는 문신을 매우 진지하게 여겨 웅장한 작품을 원하는 사람이라든가, 세상에 단 하나뿐인 아주 괴상한 문양을 원하는 사람들을 많이 접하게 되었다. 그런 식으로 아주 사적인 분위기에서 자기만의 독특한 문신을 새길 수 있는 스튜디오가 있다는 소문이 사람들 사이에 퍼지기 시작했고, 문신가들과 더불어 불기 시작한 일본 문양 유행은 미국에서 캐나다(특히 데이브 쇼어 같은 사람들), 그리고 유럽 지역으로 서서히 확산되기 시작했다. 런던에서는 코켈이 일본 문양을 계속 확장시켜 갔고, 런던의 또 다른 문신가 조지 본도 아시아 스타일을 고수했다.

1976년 1월, 제1차 문신 대회가 텍사스 휴스턴에서 개최되었다. 당시 휴스턴에서 문신업을 하고 있던 데이브 유루큐에 의해 조직된 이 대회는 그토록 많은 문신가가 최초로 한 지붕 아래 모였다는 점에서 아주 의미심장한 대회였다. 당시 업계의 상황은 문신가들을 모두 한 방에 몰아넣고 전등불을 껐다가 5분 뒤에 다시 켜보면 몇 명은 죽어 나자빠져 있을 거라는 농담이 흔할 정도로 문신가들 간에 불화가 심각했다. 하지만 문신가나 팬들이나 이런 대회에서 자리를 함께 하니까, 서로의 공통점을 이내 발견하면서 해묵은 원한과 불신도 씻어내고 서로의 생각을 금방 공유하기 시작했다. 따라서 내가 볼 때는 중립적인 공간에서 사람들이 만날 수 있는 행사를 주관한다는 개념은 대단히 중요한 것 같다.

바로 그때를 전후하여 크레이지 에디 펑크, 테리 뤼글리, 그리고 보수파 문신가들 전원이 가담한 전국 문신 협회가 결성되었다. 그 전에도 물론 문신 클럽은 존재했다. 당시 레스 스쿠세는 브리스톨 문신 클럽을 이끌었고, 1960년대에는 뉴욕이 중심이 된 미국 문신 클럽이 있었으며, 그 외에도 여러 소소한 클럽이 있었다. 척 앨드리지는 1880년대에 조지아 주의 애틀랜타인지 오거스터인지에서 열린 문신 대회에 관한 신문 기사를 찾아내어 문신의 역사를 재조명했다. 그런 식으로 조직의 결성에 대한 생각이 무르익어 가던 참에, 1977년 르노에서 전국 대회가 열리자 대회장은 넘쳐나는 참가자들로 대성황을 이루었다. 그 모두가 문신에 대한 지대한 관심과 활동상황을 보여주는 증거였다.

대회에는 유럽인들도 대거 참여하여, 나 역시 굿 타임 찰리 카트라이트와 잭 루디를 그곳에서 만났다. 그 두 사람은 라틴식 전통 거리 문화에 교도소 관련 문신을 적당히 모방한 이미지를 바탕으로, 흑백의 단침(單針) 포토 리얼리즘적 스타일을 구사하는 사람들이었다. 연인들의 초상이라든가, 지독하게 어두운 색조의 아름다운 스페인 분위기가 물씬 느껴지는 거리 문화를 주조로 한 그들의 작품에선 아주 섬세한 점묘법 류의 분위기가 풍겨 나왔다. 마이크 말론, 밥 로버츠 그리고 나 세 사람은 그것에 완전히 넋을 잃고 말았다. 그것은 문신의 또 다른 방식으로 일본 전통에 대비되는 첫 번째 종류였다. 우리는 단침 스타일이라는 개념에 압도된 나머지 어서 빨리 그것을 배우고 싶어 안달을 했다.

단침 문신에도 물론 역사적 유래는 있다. 최초의 일본 문신가들도 손으로 단침을 사용했고, 최초의 기계 문신도 아마 대부분 단침이었을 것이다. 조지 버체트와 그의 동시대 영국인들 역시 단침을 이용했다. 그 이상이라 해

세일러 제리 콜린즈의 1972년 작품, 달의 여신. 아직 진행 중인 작품이다(『타투타임』 제1호에서).

봐야 세 개 이상은 넘지 않았을 것이다. 그것이 70년에서 80년 전의 모습이었으나, 그 이후로는 단침이 별로 쓰이지 않았다.

1977년 나는 새로운 문신 가게 타투 시티 1호를 열기 위해 샌프란시스코의 미션 지역으로 갔다. 클리프 레이븐과 함께 일하고 있던 밥 로버츠가 내 리얼리스틱 숍에 합류해 주어, 나는 타투 시티 개업과 함께 척 엘드리지와 제이미 서머스를 문신가로 키워 장차 라틴 문화의 냄새가 짙게 풍기는 지역의 일부가 될, 특이한 길거리 가게를 그곳에 마련했다. 그것을 정말 원하는 사람들 사이에 있으면, 그런 이미지는 자연스레 얻어지리라는 것이 내 생각이었다. 그리고 마침내 로스앤젤레스 동부에 위치한 굿 타임 찰리 가게까지 인수하기에 이르렀다. 그것은 굿 타임 찰리와 잭 루디가 운영하던 가게였는데, 찰리가 종교를 갖게 되면서 문신업에서 손을 떼는 바람에 내가 인수하게 된 것으로, 그곳을 나는 문신 가게로 계속 지켜가고 싶었다. 내가 볼 때, 문신과 함께 벌어지는 일들은 정말 놀랍고도 창조적인 것 같았다. 그에 따라 가게는 잭이 관리하기로 했다. 나중에는 어쩔 수 없이 한 구역 아래로 자리를 옮겨 이름도 '타투랜드'로 바꾸긴 했지만.

당시에는 그런 식으로 서로 이미 접촉이 많이 이루어지고 있었기 때문에, 문신가들 간의 의사 소통도 그만큼 원활해졌다. 명함도 교환하고, 전화 통화도 하고, 방문도 하다보니 내 주요 고객들은 자연히 미국의 온갖 지역 심지어는 저 오스트레일리아, 유럽에서까지 찾아온 동료 문신가들로 대부분 채워졌고, 그들은 그들대로 새로 얻은 아이디어를 자기들 지역에 다시 소개했다. 문신가들의 수도 늘어나는 추세에 있었다. 그리하여 1970년대 말에 이르러선 단침을 이용한 판타지 예술 주제들 간의 혼합도 어느 정도 균형을 이루게 되었다. 판타지 그림의 대부분은 1940년대에 판타지 소설 삽화가로 이름을 날렸던 버질 핀레이 같은 이들이 그린 공상과학 삽화들에 기초를 두고 있었다. 나 역시 핀레이 삽화집을 하나 발견하여 잭 루디에게도 보여주었지만, 정말이지 그것은 새로운 차원의 그림이었다.

마이크 말론 또한 1970년대 말부터 함께 살고 있던 칸디 에버렛의 자극으로 유럽을 방문하여, 시대에 뒤처지고 형편없는 조건하에 놓여 있던 독일과 덴마크의 문신가들에게 미국의 최신 경향을 소개해줌으로써, 현대 문신의 인

잭 루디의 1981년 작품. 1940년대 여배우 프랜시스 파머의 앞 뒤 모습(『타투타임』 제4호에서).

식 확산에 커다란 역할을 했다. 같은 시기에 클리프 레이븐은 시카고를 떠나 할리우드로 자리를 옮겼다. 그리하여 1970년대 말이 되자, 하트, 닻과 같은 옛 서구식 주류 전통의 문신은 그러한 전통을 고수하려는 동부 해안지대의 일부 가게들을 빼고는 거의 모습을 감추게 되었다.

그와 때를 같이 하여 문신업에 뛰어드는 사람 수도 자꾸만 늘어갔다. 그리고 늘 그래왔듯이 그들이 문신을 하면 다른 열성 팬들도 덩달아 문신을 시작했고, 그들이 또 문신업에 뛰어들었다. 기구를 구하는 것도 전보다 훨씬 편해졌으며, 물품 조달도 언제든 가능했다. 그리하여 세기말이 되자 이제 구식 문신가들은 '물품 조달상'이라는 명함을 들고 다니기에 이르렀다. 퍼시 워터스 같은 사람들은 갖고 있던 기계와 색소를 모두 팔아치웠고, 뉴욕의 와그너도 한 보따리의 물건을 처분했다. 물론 공식적으로는 문신 전문가에게만 팔도록 되어 있었으나, 그것은 이론일 뿐 실제로는 누구에게나 다 판매했다. 그것을 진지하게 원한 사람들의 대부분은 아마 기존 문신가에겐 성가신 존재였을 것인데, 그럼에도 그의 반감을 조금씩 떨어뜨리면서 문신을 시작했을 것이다. 나 역시 그런 식으로 시작했으니까.

하지만 이런 대회를 계기로 사람들의 접촉이 많아지면서, 정보의 확산 속도도 그만큼 빨라졌고, 그것은 모두 현대의 통신 발달과 깊은 관련이 있다. 카메라의 성능도 좋아져 대회장에 나온 작품들을 전보다 훨씬 선명하게 찍을 수 있었다. 그리고 1980년대 초가 되자 문신 대회는 이제 연례 행사가 되어, 매년 다른 도시에서 크게 개최되었고, 횟수가 거듭될수록 참가자 수도 늘어났다. 하지만 나를 비롯한 일각에서는 점차 어떤 환멸감을 느끼기 시작했다. 우리는 그 대회가 일 년에 한 번 보는 친구들을 만나 먹고 마시고 마약에나 찌드는 행사 이상의 그 무엇, 즉 사람들에게 문신을 알리는 진정한 계기가 되는 대회가 되기를 원했다.

1982년 나는 현대 문신에 관한 책을 한 권 내볼 생각으로, 뉴욕에서 대리인을 찾기 시작했다. 그리고 여러 번의 시도 끝에 뉴저지의 문신가 어니 카라파를 찾아냈다. 1982년 그는 문신 관계 서적 혹은 잡지의 자금 조달자가 되기로 약속했다. 아마도 그는 그것을 내 의도와는 달리, 자신의 물품 판매업에 대한 일종의 발판으로 삼으려했던 것 같다. 하지만 그는 여전히 내가 원하는 대로 잡지를 만들 수 있도록 해주었고, 그 외에도 우리는 지금까지 보아왔던 것과는 전혀 다른 문신 대회를 한번 개최해보자는 쪽으로 의견을 모아갔다. 그리하여 어니, 나, 그리고 함께 여러 번 티셔츠 디자인을 한 적이 있는 문신 팬이자 실크스크린 인쇄업자인 애드 놀테가 로스앤젤레스 지역에서 문신 쇼 계획에 들어갔다.

나는 개최지 문제로 많은 고심을 했다. 그러던 중 우연히 퀸 메리 호가 후보지로 떠올랐고, 그래서 생각해보니 문신이 갖고 있는 그 모든 항해의 전통과도 잘 어울리는 최적의 장소가 될 것 같았다. 그리하여 마침내 1982년 가을 '문신 엑스포 82'가 퀸 메리 호에서 열렸다. 그것은 매우 정보 집약적인 대회였다. 가능한 한 많은 비디오와 영화, 그리고 대화의 시간이 주어졌고, 일련의 완전한 슬라이드 쇼도 제공되었다. 대회는 큰 성공을 거두었다.

내가 아는 모든 문신가들에게 초대장을 보낸 결과, 일본에서도 대표단이 날아왔다. 오구리 가즈오도 온다고는 했었는데 그만 오지 못하고 대신 당시 호리요시 II(구로누마)에 대한 책을 만들던 일본의 한 출판인이 전신 문신을 한 호리요시의 고객 한 사람과 함께 날아와, 호리요시 II 문신의 사진 전시회를 열어주었다.

그와 때를 같이하여, 나와 레오 주루에타가 기획한 잡지로 '뉴 트라이벌리즘(New Tribalism)'이라 불린 『타투타임(Tattootime)』도 새로이 창간호를 선보였다. 창간호를 기념하여 클리프 레이븐이 '트라이벌(종족)' 문신(1960년대에 이 문신을 본격적으로 개척한 최초의 인물이 바로 클리프 레이븐이다)을 주제로 한 기막히게 간결한 글을 써주었고, 레오는 고대의 주된 우상적 심볼이던 만(卍)자 문양에 대한 글을 기고했다. 그 나머지는 대부분 내 글로 채워졌다. 이렇듯 모든 것은 잘 흘러갔다. 『타투타임』도 시작은 좀 늦었지만 나오기가 무섭게 문신가들로부터 엄청난 반향을 불러일으켰다. 레오는 샌프란시스코 출신의 내 친구인데 펑크 록 일에도 관여하면서, 펑크 밴드의 포스터 만드는 일을 하고 있었다. 말하자면 그는 프리랜스 아티스트로, S&M(사도마조히즘)책과 같은 별난 것들을 보고 아주 모순적인 이미지만을 골라 도시를 장식하는 사람이었다. 레오는 전에, 한번도 본 적이 없는, 아주 이상하게 생긴 검은 문양의 문신을 내게 새겨달라고 했었다. 그 전에도 물론 추상 작품을 조금 해보기는 했으나, 태평양섬 문화에 기초한 칠흑같이 까만 그런 작품은 정말 처음이었다. 1979년 그는 양팔에 그 문신을 받았고, 나는 그에게 직접 문신을 해볼 것을 권유했다.

여하튼 우리는 커다란 일본 뱀이 사모아 문양을 휘감고 있는 형상의 다리 문신 사진을 『타투타임』 창간호의 겉 표지로 삼았고, 그 스타일을 레오와 나는 '트라이벌리즘'이라 명명했다. 그것은 나오자마자 즉각적인 반향을 불러일으켰다. 퀸 메리 호 대회가 열린 것이 1982년 10월이었는데, 1983년 봄 애리조나 전국 대회에서 사람들은 벌써 나를 알아보고 달려와 "내 여자친구에게 새겨준 이 트라이벌리즘 문양을 한번 보세요."라고 말하는 것이었다. 그것을 보니 언론의 힘과 배포범위가 한층 넓은 매체의 영향력이 새삼 강하게 느껴졌다. 검은 그래픽 문양이 뜨기 시작한 것은 그때부터였다. 기술 사회 이전을 표현한 작품에 대해 내가 알고 있는 유

폴리네시아·일본의 퓨전 스타일로 만든 돈 에드 하디의 1982년 작품(『타투타임』 창간호 표지에서).

일한 전례는 클리프 레이븐이 시카고에서 만든 작품밖에 없었다. 클리프 레이븐은 사실 마르케사스 문양에 대해 진작부터 관심을 가지고 있었고, 샌프란시스코에 '핫 플래시'라는 아주 영향력 있는 패션 스토어를 소유하고 있던 한 친구에게 그런 류의 작품을 이미 새겨주었다.

마이크 말론도 그런 종류의 문양에 관심이 많은 문신가였다. 그는 1978년 전통 하와이 문양 혹은 그에 대한 자신의 인식이라 할 수 있는 것을 그림으로 표현하여, 원주민 사회에선 이미 사라지고 없는 문양에 대해 다시 한 번 관심의 불을 지폈다. 그 영향 때문이었는지 그곳에 살고 있던 원주민 자손들도 차츰 자신들의 유산을 새롭게 바라보면서, 검은 그래픽 작품을 만들기 시작했다. 그것이 1970년대 말의 상황이었다.

여하튼 트라이벌리즘은 『타투타임』 창간호에 실린 뒤부터 뜨기 시작하여 1980년대 문신가들의 유행어가 되었다. 그들은 켈트족의 매듭 문양으로부터, 태평양 섬들의 문양, 북서 해안 하이다 섬의 문양에 이르기까지 모든 종족의 문양을 다 섭렵했다. 1980년대의 포스트 모던 비주얼 아트와 건축 분야에서도 '전용(專用)'이란 말은 이제 하나의 유행어로 자리잡았다. 문신 문양은 철저히 모방이라는 점에서, 전용이란 말은 문신에서 전혀 낯선 용어가 아니다. 문신가들은 고객들이 좋아할 이미지만 얻을 수 있다면, 그 어떤 것으로부터도 늘 모방할 준비가 되어 있었다. 교회 의자, 록 앨범 표지, 심지어는 1934년도에 나온 어린이 책의 흑표범 문양까지 따올 수 있었다. 하지만 내가 볼 때 트라이벌 문양은, 인류학자들이 산업사회 이전 문화 연구에서 정리해놓은 것을 후대의 문신가들이 차용한, 말하자면 형상의 모사에서 균형감을 잃지 않은 문양이다는 생각이다.

트라이벌 문양에서 높이 살 점은 문신을 철저히 내용 중심적인 것에서 해방시켰다는 것이다. 그러다 보니 검은 문신을 한 사람 중에는 기묘하게 아주 속물적인 사람도 섞여있다. 단순히 그림에 내용이 없다는 이유로 그런 문신을 다른 것보다 세련되고 순수하다고 생각하는 것이다. 내 관점에서 그것은 그저 스타일의 차이일 뿐이다.

1960년대에 샌디에이고에서 문신을 할 당시 내 가게 벽에는 세일러 제리의 옛 작품 사진이 걸려 있었다. 그런데 가게에 들어온 선원들은 베티 붑 문양은 거들떠도 안 보고, 로드 러너의 문신을 새겨달라는 것이었다. 검은 트라이벌 문양도 이와 똑같은 길을 걷게 될 것이다. 지금으로부터 30년 뒤에는 아마 트라이벌 문신을 하고 다니는 늙은 구닥다리들에게, "하하, 저거 80년대 문신인데."라며 손가락질하는 젊은이들을 심심찮게 보게 될 것이다. 이것도 언젠가는 시대에 뒤처진 것이 되어, 그저 느낌만 주기 위해 사용되는, 혼합 문양의 일부로 남게 될 것이다. 하지만 분명한 것은 이 트라이벌 문양이 문신의 독무대를 이루었던 색채 문양에 대한 일종의 대비(對比)로서 시각적 관심의 영역을 넓혀주었다는 것이다. 그리고 문신이 없는 부분도 쓸모없는 공간으로 남겨두지 않고 그것을 문양의 일부로 편입시켜 미적 결과를 얻어냄으로써 진정 놀라운 작품이 되게 하는 사람들도 부지기수로 많다. 과거 일본 문신은 너무 많은 부분이 어설프게 처리되어 결국 뒤죽박죽으로 끝을 맺은 결과 도저히 이해할 수 없는 작품이 되고는 했다.

　　1983년 나는 현존하는 문신가 중 세계 최고로 인정받고 있던 구로누마 다모추 씨에게 연락을 취했다. 나는 그를 몇 장 안 되는 그의 작품 사진들을 통

마이크 말론의 1982년 작품 뉴 트라이벌리즘(「타투타임」 창간호에서).

해 알고 있었다. 그는 만나보기가 하늘의 별 따기만큼이나 어렵다는 전설적인 문신가 중의 한 사람이었다. 소문만이 아니라 그는 실제로도 만나기가 힘들었다. 하지만 그의 출판인을 통해 소개를 받았기 때문인지 그는 커다란 문신을 새겨달라는 내 요청을 흔쾌히 받아 주었다.

그리하여 근 십 년 만인 1983년 나는 다시 일본으로 건너갔다. 그것은 일본엘 간다는 단순한 사실 외에도 샌프란시스코 출신의 예술가 친구 밥 바실의 강요에 못 이겨 문신 도구도 함께 챙겨 갔다는 점에서 나로서는 아주 기묘한 여행이었다. 밥 바실은 로커빌리 문화와 엘비스 프레슬리 같은 1950년대 현상이라면 사족을 못 쓰는 사람으로, 도쿄의 한 번화가 술집에서 일하고 있었다. 그곳 사람들은 로커빌리 음악에 흠뻑 빠져들어, 제임스 딘과 엘비스 프레슬리, 그리고 그 멋들어진 캐딜락으로 상징되는 미국의 1950년대에 열광적인 숭배를 보내고 있었다.

그는 "이 로커빌리 악동들은 모두 문신을 원한다."라고 했지만, 나는 윤리의 테두리를 벗어나는 문신이 일본에서 어떻게 받아들여질지를 잘 알고 있었기 때문에, 그 말을 믿지 않았다. 그래도 어쨌든 도구는 챙겨 갔었는데, 결과적으로 많은 일본인들, 그것도 내가 전혀 다루어본 적이 없는 1940년대와 1950년대의 미국 복고풍 이미지를 원하는 사람들에게 적지 않은 문신을 새겨주게 되었다. 그런 문양은 당시의 서구에서는 한물 간 것들이었다. 나는 단 톰와 함께 예정에 없이 괌과 팔라우에도 잠시 다녀왔다. 그리고 역시 이번에도 많은 팔라우 원주민들에게 미국의 1940년대 모습을 새겨주었다. 그때 나는 전통 문양 사진첩(내 것과 세일러 제리 것)을 갖고 있었는데, 팔라우 원주민들은 제2차 세계대전 시에 일본으로부터 자기들을 해방시켜주었다 하여, 미 해병대에 대한 환호가 이만저만이 아니었다. 그리하여 나도 원주민들에게 미 해병대(USMC) 문양을 많이 새겨주게 되었고, 결과적으로 그것은 적절할 수도 있고 멋질 수도 있는 어떤 것의 문화적 혼합이었다는 점에서 내 마음을 활짝 연 계기가 되었다. 그런 가치들은 정말 얼마든지 주고받을 만하다는 생각이 들었다.

특히 일본 여행은 구로누마 씨와의 멋진 만남에 이어 그로부터 문신을 받기 시작했다는 사실 외에도 이들 로커빌리 열광자와 만날 수 있었다는 사실

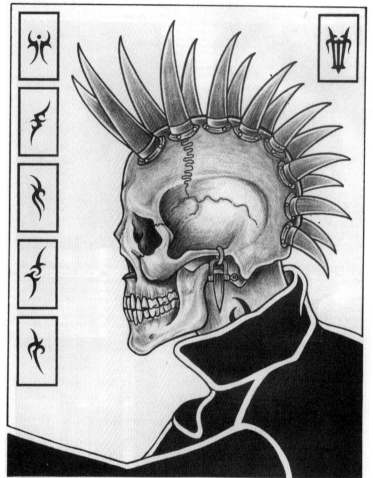

PUNK ROCK TATTOOING by LEO ZULUETA

레오 주룰레타의 1982년 작품
(『타투타임』 창간호에서).

이 내게는 무척 소중했다. 이후 나는 1980년대와 1990년대 내내 일본을 정기적으로 오갔다. 어떤 때는 일 년에 세 번을 찾을 때도 있었다. 도쿄 로커빌리 신도들의 문신에 대한 관심도 점차 높아졌다. 처음에는 티셔츠 소매로 가려지는 부분에 작은 표범 머리 문신 하나로 만족하던 이들이 점점 팔 아래쪽으로 내려와 완전히 서구식 문신을 새기기 시작했다. 그중에는 어깨와 등까지 범위를 확대해간 사람들도 있었다. 그것은 서구에 복고풍이 불어닥치기에 앞서 일어났던 현상으로, 내가 볼 때는 1980년대 말에는 그에 대한 느낌이 충분히 감지되고 있었고, 젊은 비트족들 사이에서도 스트레이 캣츠와 같은 로커빌리 밴드를 통해 복고풍이 하나의 트렌드로 자리 잡으면서, 1940년대와 1950년대의 전반적 부활 현상이 이미 충분히 감지되고 있었다. 스트레이 캣츠는 1980년대 초에 뉴욕의 밥 로버츠로부터 문신을 받기도 했다. 그들은 그 같은 복고풍에 빠져들어 일본에서 그것을 크게 유행시켰고, 그것이 동서양의 기묘한 퓨전 현상으로 나타났던 것이다. 그런 상태에서 1980년대 말에 이르면 문신은 이제 완전히 포스트 모던 국면으로 접어들어, 그 자체의 역사 속으로 회귀해 들어갔다는 것이 내 생각이다.

내가 볼 때 1980년대에는 새롭고 독창적인 것 외에, 하이다 문양과 같이 산업사회 이전 문화에서 영감을 받은 각양각색의 문신 모티브, 거기다 1940

년대와 1950년대 식의 최신 역사에서 따온 것 등, 온갖 종류의 문양이 다 등장했던 것 같다. 그리고 이 모든 현상은 일시에 일어났다. 그것은 말 그대로 뒤범벅이었다. 그 현상은 오늘날까지 계속되고 있고, 문신가들의 전문지식과 문신 잡지의 등장이 그것을 가속화시킨 것임은 두말할 나위가 없다.

『타투타임』은 파리의 C. 부르노가 『문신을 한 당신, 당신은 누구신가요?(*Tatoués, qui etes vous?*)』(1974년 브뤼셀의 페이레놀 출판사 출간, 239쪽)를 낸 이래 최초로 발간된 문신 관계 서적이었다. 하지만 부르노 책은 파리 이외에서는 구할 수가 없었다. 그 전에 나온 책은 1933년 맥밀란 사가 펴낸 알버트 패리의 『문신(*Tattoo*)』과, 1953년경 유럽의 데렉 버쇼일 사가 펴낸 한스 에벤스타인의 『화살 꽂힌 하트와 진정한 사랑(*Pierced Hearts and True Love*)』, 그리고 1973년에 나온 『예술, 섹스 그리고 상징(*Art, Sex and Symbol*)』이 전부였다. 하지만 그것은 모두 문신을 밖에서 바라본, 문신 팬들이 쓴 책들이었다. 그 책들에는 물론 유용한 정보가 많이 들어 있지만, 그러나 그 정보와, 문신을 실제로 행하며 그것의 난해한 작업에 깊숙이 관여해본 사람들에게서 나온 정보와는 비교가 되지 않을 정도로 현격한 차이가 있다.

『타투타임』이 나오자 곧이어 다른 잡지들도 등장하기 시작하여 이제는 그 종류가 십 여 종에 이르게 되었다. 덕택에 문양의 종류도 다양해지고, 자재 공급자들의 광고로 도구 구하기도 쉬워져 문신업에 종사하는 사람 수도 크게 늘어났다. 1990년대 초에 이르러선 문신에 대한 대중의 인식도 크게 높아졌다. 그것의 기폭제 역할을 한 것이 MTV로, 그것을 계기로 사람들의 인식은 백팔십도 달라졌다. 많은 밴드들이 문신을 했고 그들은 젊은이들의 우상이 되었다. 그런 식으로 문신은 저변을 점점 넓혀갔다.

오늘날에는 뛰어난 재능을 지닌 사람들도 문신업에 많이 뛰어들고 있다. 정규 미술 학교 출신, 재능이 넘쳐나는 사람, 문신을 시작하여 그것을 다시 새로운 영역으로 발전시켜간 사람들의 작품에 의존하는 사람 등 종류도 다양하다. 현재의 상황은 포토샵을 비롯한 그 모든 기능들을 이용하여 컴퓨터 그래픽과 에어 브러시를 자유자재로 쓰는 삽화가들이 넘쳐나다 보니, 삽화의 내용도 무척 복잡해졌다고 할 수 있다. 이미지 전용은 이제 동시적인 것이 되었다. 대중의 우상들은 즉각적으로 문신의 영역에 침투해 들어왔다. 그리고 문신가들은 이 모든 것들에 촉각을 곤두세웠다. 그들은 이 모든 현상이 일어나는 곳에 주파수를 맞춰놓았고, 그에 따라 문신은 전세계에서 숨가쁘게 돌아가는 이미지 쟁탈전의 주요 부분이 되었다. 거리 문신 숍을 운영하면서 지극히 서구적인 스타일의 문신을 새겨주는 도쿄의 젊은 문신가들이 그 좋은 예라 할 수 있다. 그리고 그것들은 늘 변한다. 그런 면에서 그것은 서구와 상호교류를 하기 전까지는 변할 줄 몰랐던 전통 일본 문신과는 차이가 있다.

구체적인 예로, 문양 조언을 해준다는 조건으로 1960년대에 세일러 제리가 구로누마에게 색소를 보내주었을 때, 그것을 계기로 일본 문신의 모습이 크게 달라진 것을 들 수 있다. 그는 일종의 안내자 역할을 한 기다 야스다로를 통해 연락을 취했다. 기다 씨는 당시 아들이 미국에서 건축학을 공부하고 있었기 때문에, 하와이에 체류하면서 미국을 자주 들락날락했다. 그는 또 전통 일본 문신을 지닌 문신 팬이기도 해서, 제리로부터 한쪽 팔에 아름다운 장미 문신을 받기도 했다.

그 밖에 문화 사절 역할을 한 문신 팬으로는 일본에 본거지를 둔 뉴욕의 사업가 존 오코넬을 들 수 있다. 비서까지도 문신이 있는 사람을 쓰고 있던 오코넬은 구로누마로부터 복부에 커다란 한 쌍의 용 문신을 받았다. 한 가지 흥미로운 것은 오코넬이 1930년대에 나온 패리의 책 『문신』에 젊은 팬으로 소개되어 있다는 사실이다. 문신에 관한 그의 관심은 그칠 줄을 몰랐으나, 내가 알기로 그가 일본에서 받은 유일한 문신은 구로누마가 해준 복부의 용 문신밖에 없었다.

오코넬은 미국으로 돌아올 때 구로누마 작품 사진도 함께 가지고 왔다. 때는 1960년대로, 일본 문신 사진 얻기가 거의 불가능한 그런 시기였다. 있다고 해봐야 『라이프(LIFE)』 잡지 전쟁 기사에서 한 장 두 장 얻어 모은 것이 고작이었다. 그에 비하면 오코넬이 가져온 것들은 일본 문신 중에서도 가장 정교한 작품들이었다. 하지만 이러한 문화적 교류에도 불구하고 일본 문신은 상대적으로 정체돼 있었다. 지금까지도 요코하마의 호리요시 III, 즉 나가노 씨 같은 사람은 일본의 예술적 규범 내에서는 독특한 형태나 주제를 시도하는 것이 사실상 불가능하다며 한탄을 하고 있는 실정이다. 선(禪) 문양이 그 좋은 예로서, 그도 그것을 조금 시도는 해보고 있으나 손님들의 대부분은 그저 자기네 할아버지들이 했던 것과 같은 문신만을 원한다는 것이었다. 그야 말로 1955년대 뉴저지 고객들과 하나도 다를 바 없었다. 나가노는 정말 뛰어난 재능의 소유자이다. 그보다 더 훌륭할 수는 없는, 한 마디로 환상적인 문신가이다!

사실 꽤 많은 일본의 중견 문신가들이 현재 고객들이 요구한다는 그 이유만으로 서구식 문양을 하고 있다. 도쿄 근교의 한 도시에서 가게를 하고 있는 호리히데(오구리가 아니다)라는 문신가의 작품은 정말 강렬한 문양인데도, 겉모양은 그저 연 그림과 같은 민속 예술의 형태를 띠고 있다. 그런 식으로나마 그들은 모두 현대 세계에 적응해가고 있다. 재미있는 것이 구로누마 부친도 늘 미국에 가기를 열망하여 1920년대에 찰리 와그너와 교신을 계속 시도했었다는 사실이다.

1983년 나는 『타투타임』 제2호인 '타투 매직' 판을 냄과 동시에, 카라파와의 관계도 청산했다. 그가 투자액을 회수해 가자 이익도 줄어들었다. 결국 나는 하디-막스와 공동으로 『타투타임』을 5호까지만 내게 되었다. 레오를 통해서 알게 된 친구로, 샌프란시스코에서 리-서치 북스 사를 경영하고 있던 V. 베일[과 그의 파트너 A. 주노]이 레이아웃을 맡아주었다. 사실 그들은 『타투타임』 1호 때도 조판을 맡았고, 그것을 레오와 내가 손으로 풀칠해 완성했다. 나는 샌프란시스코에 살며 『타투타임』 2, 3, 4호까지만 관여하고, 1986년에 호놀룰루로 이사했다. 그리고 미국에 있는 친구들과 멀리 떨어져 일하기가 너무 힘들어 출판 일을 그만두려고 생각하고 있던 차에, 매킨토시에 완전히 빠져있는 호놀룰루의 한 역사가 맥킨넌 심슨을 만났다. 그는 매킨토시만 있으면 혼자서도 충분히 책을 만들 수 있다고 했다. 그의 권유에 따라 호리요시 Ⅲ의 삽화를 곁들여 내 생애 최초로 혼자 레이아웃을 하여 만든 책이 바로 『일본의 문신 문양(Tattoo Designs of Japan)』이다.

그후로는 혼자서도 책을 척척 만들 수 있게 되어, 문신 문양집 같은 책들도 여러 권 냈다. 그리고 나자 최근의 동향을 다룬 책이라곤 매번 그 꼴이 그 꼴인 문신 잡지밖에 없다는 생각이 들면서, 예술사에 초점을 맞춘 책을 만들고 싶은 마음이 간절해졌다. 전세계에서 발간되는 책들을 그때그때 가까이 할 수 없다는 것 또한 하나의 요소로 작용했다. 그때까지도 나는 문신 가게를 계속 운영하고 있었기 때문에 하와이로 옮겨온 후로는 2주에 한 번씩 샌프란시스코와 하와이를 오가며, 두 장소에서 2주씩 머무는 생활을 이어갔다. 그러고도 모자라 삽화, 수채화, 스케치 그리는 일까지 시작했다. 책 출판에 있어서는 좀 더 옛 것으로 주안점이 옮겨갔다. 그 까닭은 새로운 작품을 만나보는 것도 물론 즐거운 일이겠으나 그보다는 오랜 기간에 걸쳐 정말 훌륭한 작품을 개발해낸 사람과, 평범한 사람들로서는 전혀 생각할 수 없는 특이한 점으로 기억되어 마땅한 과거의 누군가가 만든 작품들을 감상하는 것이 나로서는 훨씬 가슴 벅찬 일이었기 때문이다.

1990년대 초부터는 나만의 고유한 삽화를 그려 화랑에서 전시를 시작했다. '고급 예술' 계에서 하나의 주제로서 문신에 대한 거대한 관심이 조용히 일고 있는 것을 보았기 때문이다. 사실 그 정통 예술계는 새로운 내용과 소재에 늘 굶주려 있다는 점에서 어떤 호칭으로 불린다 해도 상관없을 것이다. 나는 곧 준비에 착수하여 로스앤젤레스의 라 루스 데 지저스 화랑에서 '록 오브 에이지(Rocks of Ages: 예수 그리스도의 의미)'라는 제목의 전시회를 개최하고, 그와 함께 책도 한 권 발간했다. 그리고 각지에 퍼져있는 여러 아티스트, 특히 내 어린 시절을 사로잡았던 옛날의 그 싸구려 종교 문양을 아주 재미있게 개작해 보인 친구들을 여러 명 초대했다.

사실 미술 화랑에서 열린 문신 문양 전시회는 1972년 민속 박물관에서 열린 것이 최초였고, 그것의 창안자는 미국 민속예술품 수집의 아버지였던 버트 햄필이었다. 버트는 열두세 살부터 민속예술에 매혹되기 시작하여, 민속예술이라고 하면 독립전쟁 때의 바람개비나 매듭장식쯤으로 치부하던 시절부터 이미 그것들을 수집하고 있었다. 그는 민속예술은 늘 우리 곁에 있고 그 안에는 영혼과 열정이 들어있다는 점을 모든 이들에게 일깨워준 진정으로 독창적인 인물이었다. 그는 몇 번의 테마 전시회를 개최했고, 민속예술 박물관장으로 재직할 때는 마술을 주제로 한 테마 쇼를 열기도 했다.

그리고 나서 연 것이 문신 쇼였다. 마이크 말론도 그 소식을 들었다. 그는 당시 뉴욕에서 막 문신을 시작한 참이었는데, 그래도 여전히 주업은 사진이었다. 내가 알기로 마이크 말론과 톰 데피타는 당시 뉴욕에서 문신 활동을 한 유일한 사람들이었다. 1960년대 초 문신이 불법으로 금지되자, 다른 문신가들이 모두 뉴저지와 롱아일랜드로 자리를 옮겼기 때문이다.

　말론은 나와 계속 교신을 하고 있었다. 당시 나는 책을 한 권 만들려고 궁리 중이었는데-그때부터 이미 책에 대한 구상을 하고 있었다.-말론이 세일러 제리와 내게 연락을 해 와, 그에게 이것저것 문양을 좀 보내주게 되었고, 그래서 그도 다량의 복고풍 문양을 소유하게 되었다. 그들은 캡 콜만의 문신 가게를 본뜬 모조 문신 가게를 박물관에 차려놓고, 뉴욕의 노르웨이 선원 협회로부터 전통 콜만 문양도 몇 점 빌려왔다. 또한 수많은 문신 기계와 옛날 간판, 와그너 문양, 그리고 제리와 내가 만든 그림과 문양 카드, 사진에 이르기까지, 그야말로 그것은 당시 문신계에서 '벌어지고 있던' 현상을 총망라한 쇼가 되었다. 그렇게 열린 문신 쇼는 최초의 박물관 쇼로 뉴욕에서 엄청난 주목을 받았다. 그런가 하면 또 너무 시대를 앞서간 탓에 예술 평론가들로부터 "끔찍하다. 이것은 예술이 아니라" 완전 쓰레기라는, 호된 공격을 받기도 했다.

　그러고 나서 한 20년간 잠잠히 있다가 등장한 것이 내가 기획한 '록 오브 에이지' 쇼였다. 그후 오래지 않아 나는 산타 모니카에서 화랑을 경영하고 있던 브라이스 배너틴을 만났다. 그는 사진 딜러는 아니었지만 사진의 영향도 막강하리라는 판단하에 문신 쇼 개최에 대단한 관심을 보여, 결국 우리는 문신 사진 쇼를 개최하기로 합의를 보았다. 그것이 1992년에 일어난 일이었고, 우리는 곧 쇼의 카달로그 제작에 들어갔다.

　그때부터 우리는 뉴욕의 드로잉 센터로부터 개최 제의를 받은 '화살 꽂힌 하트와 진정한 사랑' 쇼의 착수에 들어갔다. 애초에 그 제의가 들어온 것은 1992년도였으나, 자금

밥 로버츠의 로커빌리 문신,
1984년(「타투타임」 제3호에서).

조달이 여의치 않아 3년 반이 지난 다음에야 열리게 되었고, 그 틈을 이용하여 나는 시카고의 앤 나단 화랑에서 '눈 문신을 한 미국(Eye Tattooed America)' 쇼를 개최하였다. 나는 전시보다는 기록이 오래갈 것이라는 생각으로 모든 전시에는 카달로그를 반드시 만들었다.

시카고에서는 또 내 그림과 스케치만으로 개인 전시회도 열렸는데, 거기서 그림 한 장을 구입한 앤 나단이 문신에 완전히 매료된 나머지 역시 문신 쇼 비슷한 것을 개최하고 싶어했다. 형태는 어떤 것이든 상관없다고 하여, 쇼의 주제는 문신의 영감을 받은 예술로 하기로 했다. 그것은 역사적인 내용을 좀 담고 있기는 했어도, 썩 멋들어진 쇼는 아니었다. 그래도 어쨌든 문신가와 문신 전통에서 영감을 받은 예술가들이 만든 작품이었고, 1993년을 시작으로 미국의 여러 지역에서 순회 전시회를 가졌다. '포에버 예스' 사진 쇼도 텍사스, 호놀룰루, 노스캐롤라이나, 산호세 등지에서 전시회를 가졌다. 그리고 이 모든 쇼들이 좋은 결과를 얻어냈지만, 그중에서도 가장 의욕적이고 역사적이라 할 만한 쇼는 역시 '화살 꽂힌 하트와 진정한 사랑' 이었다. 당연히 주목도 가장 많이 받았다.

작가미상의 작품. 록 오브 에이지의 전통적인 문신 문양 ('록 오브 에이지' 문신 쇼에서).

앞으로는 좋든 싫든 문신을 하는 사람들이 좀 더 많이 자각하리라고 본다. 하지만 그들은 이미 이 예술 형태가 박물관 수준과 조화를 이루며 어느 정도 인정받을 수 있다는 것을 깨닫고 있다. 문신에 대해 상당히 고루한 사고방식을 지니고 있고, 그것의 역사에도 무지하여 문신의 시초는 1920년대의 술 주정꾼과 뱃사람들이라고 잘못 인식하고 있는 미술계 사람들로부터도 인정받을 수 있다는 것을 알고 있다.

뉴욕 쇼(화살 꽂힌 하트와 진정한 사랑)는 평단으로부터도 좋은 반응을 얻었다. 『뉴욕타임스』지에는, 평론 팀장이 직접 쓴 긴 글이 실렸으나 내용은 그리 썩 좋지 못했다. "그런데 그것도 예술이야?"라는 부제가 붙은 그 글은 한 마디로 구태의연한 태도의 전형이라 할 만했다. 그는 그림으로서의 그것들에 혐오감을 나타내면서, 그 작품들은 적절치 못하다, 즉 그림 자체로서는 전혀 흥미로울 것이 없다고 말했다. 하지만 우리가 볼 때 그것은 자신의 무능함을 드러내는 것에 지나지 않았다. 뉴욕 사람들은 그 쇼를, 뉴욕 화랑가의 대명사인 소호에서 본 것 중 가장 성황을 이룬 개막식이었다고 모두 입을 모았다. 개막식에는 표를 사려고 몰려든 약 일천여 명의 사람들이 도로를 점거하는 바람에 차들도 뚫고 들어오지를 못했다. 그것은 정말 굉장한 오프닝이었고, 그 상황이 전시회 내내 계속됐다. 『빌리지 보이스(Village Voice)』는 아주 호의적인 내용의 비평을 한 페이지 꽉 차게 실어주었다. 『아트포럼(Artforum)』 같은 주요 예술잡지들도 예외 없이 비평을 실어주었다.

그리고 약간 외진 뉴잉글랜드의 대학 도시이긴 했지만, 윌리엄스타운 전시회(매사추세츠 윌리엄스타운의 윌리엄스 미술관)도 대성공을 거두었다. 이곳의 개막식에도 수많은 인파가 몰렸고, 우리는 록 밴드까지 동원하여 평소에 미술관을 찾지 않는 사람들까지 끌어 모았다. 남부 플로리다에 퍼져있는 그 많은 문신 가게로 미루어 볼 때, 마이애미에서도 열리기만 하면 대성공을 거둘 게 분명했다.

'눈 문신을 한 미국' 쇼에서도 거대한 열혈 인파가 운집하는 똑같은 일이 일어났다. 개막식 이후의 대화 모임에 참석하기 위해 인디애나 주의 테라 호테에 가보니, 그곳의 오프닝 역시 대학박물관 개관 이래 최고의 성황을 이루었다. 아이오아, 밀워키, 어느 곳이나 할 것 없이 똑같은 현상이 벌어졌고, 버지니아에서는 거의 통제불능 상태에까지 빠져들었다. 지난 여름의 라구나 해변 미술관 전시회 때는 로스앤젤레스의 문신 인파가 몰려들어 발 디딜 틈이 없을 정도였다. 지난 몇 년 새에 미술관 인구는 전례가 없을 정도로 크게 늘어났고 그로 인해 미술관도 대성공을 거두었다. 샌프란시스코 전시회도 관광객이 몰려드는 한 여름에 열린다는 사실과, 베이 지역과 캘리포니아 전역에 산재한 많은 문신 팬과 문신 인구를 고려하면 분명히 성공을 거두게 될 것이다.

지난 이십여 년간 등장한 문신가들을 떠올려 보면, 단침 기술을 개발했다는 점에서 1970년대에는 잭 루디와 굿 타임 찰리 카트라이트가 단연 돋보였다. 그의 군단은 지금도 전세계에 포진해 있다.……내가 가장 좋아하는 문신가 중의 한 사람인 댄 히그스는 대담한 스타일을 구사하는 뛰어난 상상력의 소유자로서, 모두에게 해당되는 말은 아니지만, 지극히 기교적인 작품만을 만드는 사람들에 비해 감정의 폭과 깊이가 상당히 넓고 깊은 사람이다. 그리고 그 환상적인 움직임과 함께 단색 포토-리얼리즘의 전형이라는 점에 있어서는 폴 부스를 따라갈 사람이 없을 듯하다. 그는 완전히 광원만으로 문양을 그릴 수 있는 사람 중의 하나이고, 엉뚱하면서도 놀라운 완성도를 보여주는 최상의 멜로드라마적 작품을 만들어낸다.

밥 로버츠 또한 대단한 문신가이다. 그리고 우연찮게도 내가 정말 좋아하는 스타일을 구사한다. 그는 늘 복고풍의 고전적이고 대담한 문양을 축으로 삼아왔고, 심지어는 그것을 일본 작품에까지 적용했다. 그 밖에 훌륭한 문신가로는 제케 오웬스가 있다. 제케는 정말 중요한 인물이고, 괴짜이며, 뛰어난 문신가이다. 하지만 그에 걸맞는 대접을 제대로 받지 못하고 있다. 내가 만일 『타투타임』을 다시 낸다면, 반드시 그를 잡지의 중심 인물로 삼을 것이다.

그 외에도 새로운 문신가들이 많이 등장하고 있다. 그중에서도 프랑스의 텡텡은 지극히 개인적인 분위기를 풍기는 아주 매혹적인 문신가이다. 뛰어난 기술을 지닌 문신가들도 많이 있는데, 솔직히 말해 그런 사람들의 작품에는 어떤 깊이라든가 차원 혹은 영혼이 결여되어 있다. 대중적인 인기가 높은 사람들은 대부분 싸구려 장사꾼이기 마련이어서, 기본적으로 그런 사람들의 작품은 기교만 발달한 저속한 작품이라고 보면 된다. 유럽에서는 또 사람들이 열광하는 작품을 맹목적으로 쫓아가는 경향이 많다. 문신을 받는 사람들 대다수가 안목이 전혀 없는 촌뜨기들인 것이다. 그러니 골라잡는 것이래야 멍청한 것일 수밖에 없다.

하지만 정말 성실한 사람들도 많이 있고, 그런 사람들의 능란한 기술을 볼 수 있다는 게 나로서는 무척 가슴 뿌듯한 일이다. 그런 사람들은 목세공을 하는 사람 중에 아마 더 많을 것이다. 기술도 옛날과는 비교할 수 없으리라 만치 많이 발달했다.

하지만 예술이라는 것은(그리고 그것을 구별하는 방법조차 나는 모르고 있다)-그럴 만한 가치가 있고 지속성이 있으며 진정한 흥미를 유발시키는 그러

한 종류–누구도 한 번 본 적이 없는 한 개인의 독특한 표현이고, 그런 경우
는 아주 극소수에 불과하다.

돈 에드 하디가 저술 혹은 편집한 책들

Tattootime #*1*. The new Tribalism. 1982.

Tattootime #*2*. Tattoo Magic. 1983.

Tattootime #*3*. Music and Sea Tattoos. 1985.

Tattootime #*4*. Life and Death Tattoos. 1988.

Tattootime #*5*. Art from the Heart. 1991.

Tattoo Flash. 1990.

Rocks of Ages. 1992.

Eye Tattooed America. 1993.

Sailor Jerry Collins: American Tattoo Master. 1994.

Flash from the Past: Classic American Tattoo Designs. 1994.

Pierced hearts and True Love: A Century of Drawings for Tattoos. 1995.

Freaks, Geeks & Strange Girls: Sideshow Banners of the Great American Midway.
1996.

McCabe, Michael. *New York City Tattoo: The Oral History of an Urban Art*. 1997.

Newton, Jeremiah, and Passalacqua, Francesca. *My Face for the World to See:*
The Letters, drawings, and diaries of Candy Darling, Andy Warhol Superstar. 1997.

Hardy, Don Ed. *Tattooing the Invisible Man: Bodies of Work, 1955-1999*. 1999.

문신 금기의 역사적 기원에 관한 단상 *

조 현 설**

두 어깨 위에서 흔들리는 문신

근래 우리는 문신에 관한 한국 사회의 두 표정을 목도한 바 있다. 하나는 골인을 자축하기 위해 웃통을 벗어젖힌 한 축구선수의 어깨 위에 새겨진 문신이었고, 다른 하나는 병역기피라는 죄목으로 구속된 젊은이들의 등판에 아로새겨진 문신이었다. 둘은 몸에 무늬를 새겼다는 점에서는 같지만 그 행위가 환기하는 의미는 전혀 다르다.

아마도 현역징집을 피해 보려고 문신을 한 청년들의 마음속에는 신체검사 후 필요하면 지울 수 있다는 믿음이 있었을 것이다. 작금의 세련된 레이저 박피술은 '문신은 영원하다'는 고전적 담론을 무용지물로 만들었으니까 말이다. 그러나 의도나 기대와 상관없이 문신을 하는 순간 이미 그 청년들은 '나쁜' 상징의 옷을 걸친 것이다. 왜냐고? 한국 사회에서 문신이라는 옷은 입어서는 안 되는 옷, 유가적 신체관이 금지하는 미니스커트이기 때문이다. 게다가 그런 옷을 입고 병역이라는 신성한 의무에 도전했으니, 그들은 정말 나쁜 아이들이 된 것이다. 의미의 차이에도 불구하고 이들의 분신한 등을 카

---

* 이 글은 『아웃사이더』 15호(2003. 9), '특집: 문신 혹은 자유의 무늬'에 실렸던 글이다.
** 고려대학교 민족문화연구원 연구교수.

메라가 조폭들의 문신한 등과 똑같이 취급한 까닭도 거기 있었을 것이다.

그러나 같은 문신이라도 안정환과 같은 국가대표 선수의 어깨 위에 올라가 있으면 대접이 달라진다. 물론 여전히 얼굴을 찌푸리는 한국인들이 없지 않겠지만 적어도 언론들은 그의 문신을 병역기피자들이나 범죄자들의 문신과 동일하게 다루지 않았다. 그리고 내가 아는 한 대부분의 팬들은 아내에 대한 사랑의 서약으로 새겼다는 그 문신에 환호했다. 거기에는 문신에 낙인 찍혀 있는 어둡고 사악한 그림자가 없었다. 영화, 음악, 스포츠 분야 등에서 활동하는 이른바 '스타'들을 통해 확산되고 있는 문신이라는 새로운 징후는 문신에 관한 부정과 금기의 역사에 의문을 제기하고 있다. 부모로부터 물려받은 몸이기 때문에 소중히 여겨야 한다는 유가적 신체관에 도전장을 내밀고 있는 것이다.

문신에 대한 부정과 긍정. 두 개의 상징적 의미가 지금 젊은이들의 어깨 위에서 흔들리며 부딪히고 있다. 물론 여전히 문신에 대한 터부와 거부가 강한 힘을 발휘하고 있는 것이 사실이다. 병역기피자만이 아니라 그에게 문신을 해준 한 문신예술가가 의료법 위반으로 실형을 선고받았다는 기이한 사실이 그 현실을 잘 보여주고 있다. 그러나 달리는 말의 속도를 줄여보려는 이런 법적 고삐에도 불구하고 문신이라는 말이 멈출 것 같지는 않다. 인터넷 상에서 나를 잡아가라고 시위를 벌리는 문신족들을 가두고, 모든 안정환을 구속하지 않는 한 말이다.

문신을 둘러싼 이 같은 사회적 갈등은 우리에게 문신 문화에 대한 이해와 성찰을 촉구한다. 대체 문신이란 어떤 것인가? 그것은 인간의 보편적인 습속인가, 아니면 특수한 지역이나 계층의 문화현상인가? 또 누가 언제 왜 문신을 하는 것이며 문신한 사람들은 왜 그 고통스러운 새기기를 감내하는가? 나아가 문신은 왜 그토록 부정적인 이미지를 지니게 되었으며 그것은 또 왜 한국 사회에서 이렇게 민감한 사회적 사건이 되었는가? 하지만 이 글을 통해 이 모든 물음에 일일이 답하기는 어렵다. 이 글에서는 다만 우리가 지닌 문신에 관한 부정적 이미지의 역사적 기원을 답사해보려고 한다. 이 답사야말로 우리 사회에서 벌어지고 있는 문신에 관한 논란의 뿌리를 캐는 작업이라고 생각하기 때문이다.

부정적 문신 이미지의 역사적 기원

한국 사회에서 문신은 왜 터부시되었을까? 그러나 이런 질문은 어리석은 질문이다. 우리 사회의 문신에 대한 기휘가 다른 나라들에 비해 강한 것은 사실이지만 그것은 한국 사회만의 문제가 아니기 때문이다. 그것은 오히려 중국이나 일본 등 동아시아 유교 · 한문 문화권의 보편적인 현상이라고 해야 할 것이다. 그러니 질문을 바꿔보자. 왜 동아시아 사회에서 문신은 금기시되었는가? 이 물음에 대한 해답을 얻으려면 기원전으로 거슬러 올라가야 한다.

피부 위에 물감을 넣어 특정한 글자나 무늬를 새기는 것을 지칭하는 말로 한자 문화권에서는 입묵(入墨) · 자문(刺文) · 자청(刺靑) · 경면(黥面) · 문신(文身) 등이 쓰였는데 오늘날에는 문신(文身)이라는 말이 대표성을 얻었고, 남태평양에서 흘러나와 영어화된 타투(Tattoo)와 같은 말로 사용되고 있다. 그런데 오늘날 '글월 문'으로 새기는 '문(文)' 자는 본래 몸에 문신을 한 사람을 형상화한 상형문자였다. 그림에서 보듯이 고대 은(상)나라의 유적지인 은허에서 나온 갑골문이 그것을 증명하고 있다.

그런데 이 '문(文)' 자의 어원은 금기화된 문신의 역사를 살피는 데 중요한 단서를 제공한다. 단서 가운데 하나는 갑골문을 사용했던 은나라에 문신 습속이 있었다는 사실이다. 만약 은나라에 가슴이나 몸에 문신을 한 사람이 없었다면 '글월 문' 자는 형성되지 않았을 것이다. 그 문신한 사람이 사제나 족장과 같은 특정한 계급의 사람이든 아니든 은나라에 문신이 존재했다는 것은 부정할 수 없다. 그러나 동아시아 문신의 역사에서 이보다 중요한 것은 은나라를 무너뜨리고 건국한 주나라가 은나라의 문신 습속을 부정했다는 사실이다.

이와 관련하여 우리가 기억해야 할 텍스트가 흔히 『서경(書經)』이라고 하는 『상서(尙書)』이다. 『상서』를 보면 주나라의 역사와 문화를 기술하고 있는 「주서(周書)」 '여형(呂刑)' 편에 '하늘로 통하는 길을 끊었다(絕地天通)'는 고대적 사건이 소개되어 있다. 얽혀 있는 내용은 단순치 않지만 간단히 말하자면 화하족(華夏族), 다시 말해 한족(漢族)의 시조라고 할 수 있는 황제(黃帝)가 묘민(苗民)들이 마음대로 하늘에 오르내리는 것을 금하고 중려로 하여금 그 일을 대신하게 했다는 이야기이다. 이 사건으로 인해 묘민들의 하늘과의 직접적인 소통은 단절되고 이제 하늘과의 소통은 황제가 임명한 중려를 통해서만 가능해졌다는 것이다.

이 고대적 사건이 우리에게 흥미로운 것은 이야기 속에 등장하는 황제와 묘민의 관계 때문이다. 여기서 황제는 주나라에 그 기원이 있는 중화 이데올로기가 말하는 중화(中華)의 표상이고, 오늘날 중국의 먀오족 등과 관계가 있는 묘민은 중화의 주변에 있는 사이(四夷)의 표상이다. 중세가 저물 때까지 동아시아 지역의 민족관계를 규정하고 사대명분론이라는 이름으로 우리를 괴롭혀온 화이론(華夷論)의 기원이 여기에 있는 것이다. 이 관계 속에서 중화의 주변에 있는 오랑캐들은 황제의 중개를 거치지 않고서는 하늘과 바로 소통할 수 없는 타자적 존재로 설정되어 있다.

그렇다면 무슨 이유로 황제는 중려로 하여금 하늘에 제사하는 일을 대신하게 했을까? '여형편'의 기록은 그 원인을 묘민의 악행에서 찾고 있다. 묘민들이 사형(死刑), 궁형(宮刑), 월형(刖刑), 의형(劓刑), 경형(黥刑)이라는 다섯 가지 가혹한 형벌을 법률로 정해 놓고는 죄의 유무를 따지지 않고 형률을 남용하자 그 악행을 하늘의 상제가 참을 수 없었다는 것이다. 그러나 이 다섯 가지 형벌체계가 춘추전국시대의 일반적인 형벌이었던 것을 보면 이를 묘민들의 문제로만 떠밀어버릴 수는 없다. 오히려 우리가 여기서 읽을 수 있는 것은 황제와 적대관계에 있었던 묘민들에게 악행의 혐의를 부과함으로써 황제의 절지천통과 덕을 통한 교화를 정당화하려는 기획이다. 이런 구도 속에서 교화자는 현덕(賢德)하고 교화를 받는 자는 우악(愚惡)스러울 수밖에 없는 것이다.

그런데 문신은 바로 묘민의 악행 안에 형벌의 형식으로 자리잡고 있다. 경형이란 얼굴이나 이마에 먹으로 무늬를 넣거나 글자를 새기는 형벌을 말하는데 묘민들에게 이런 형벌이 있었는지는 확인할 수 없다. 그러나 확실한 것은 묘민들이 문신 습속을 가지고 있었다는 것이고 중요한 것은 이들의 문신 습속이 주나라와 「주서」의 담론 속에서 지극히 부정적인 것으로 취급되고 있다는 점이나. 사마천이 쓴 『사기』 「오태백세가(吳太伯世家)」에 보이는, 주(周)나라 태왕(太王)의 아들인 태백(太伯)이 동생인 계력(季歷)에게 왕위를 양보하기 위해 오랑캐들의 습속인 문신에 단발을 하여 자신이 쓸모없음을 보여줌으로써 동생 계력을 피했다는 기사 역시 마찬가지이다. 여기서 문신에 단발은 쓸모없는 것과 동일시되고 있지 않은가! 묘민을 포함한 양자강 이남 지역의 많은 소수민족들이 지닌 문신 습속은 『상서』에서 『사기』로 이어지는 주도적 담론체계 속에서는 어리석음과 무용함의 표상이었던 것이다.

유가철학의 집성인 『예기(禮記)』가 무례한 자들을 분별하는 다음과 같은 담론의 방식 역시 마찬가지이다.

> 중국과 오랑캐 등 오방의 백성은 모두 습성이 있으니……동방의 오랑캐를 이(夷)라고 하는데 피발(被髮)에 문신을 했으며 화식(火食)을 하지 않는 사람이 있다. 남방의 오랑캐를 만(蠻)이라고 하는데 이마에 먹물을 넣어 새기고 두 다리를 엇걸고 자며 화식을 하지 않는 사람들이 있다.〈『예기(禮記)』 왕제(王制)〉

서융과 북적의 풍속에 대한 진술을 생략했지만 이런 식의 분류체계 속에는 주나라로부터 전해 내려온 중화주의가 깔려 있다. 이런 화이론의 담론 속에는 이미 중국/사이, 화식/생식, 비문신/문신 등의 이원론이 전제되어 있고, 이 이원론 속에는 후자, 즉 이(夷)에 속한 것은 전자에 대해 열등한 가치라는 우열론이 숨어 있다. 이런 우열론 위에서 중국은 사방의 이족을 예(禮)로서 가르쳐야 한다는 교화론도 창안될 수 있었던 것이다.

여기서 다시 은나라 갑골문으로 돌아가 보자. 문신을 상형한 '글월 문' 자를 만든 은나라 사람들은 동이족과 무관치 않다. 『예기』가 머리를 풀어헤치고(묶지 않고) 몸에 문신을 하는 풍속을 가지고 있다고 한 동이족이 세운 고대국가가 은나라이다. 그렇다면 은을 몰아내고 건국한 주나라가 은을 부정하기 위해 은의 문화를 부정하고 은에 대한 주의 우월성을 강조하기 위해 피발이나 생식과 같은 맥락에서 문신을 열등성의 표상으로 강조했을 가능성이 농후하다. 그리고 이런 차이를 통해 우월감을 확인하는 방식은 자신들과 적대적 관계에 있는 모든 민족, 다시 말해 사방의 오랑캐들에게 적용되어 갔을 것이다. 이런 방식은 자신들 역시 문신 습속을 가지고 있었음에도 불구하고 야훼의 명령을 통해 문신을 금지하고 그 금지를 통해 가나안 사람 등 문신을 하던 주변의 '악한' 백성들과 자신들을 구별하던 유대인의 방식과 크게 다르지 않은 것이었다.

이런 역사와 담론화 과정을 통해 드러나는 것은, 결국 동아시아 지역에서 문신에 대한 부정적 이미지를 조성하기 시작한 것은 주나라와 그 권력이었고, 이 시기부터 시작되어 여러 왕조를 거치면서 강화된 이른바 화이론이라는 이름의 권력의 담론이었다는 사실이다. 문신이 문명의 선도자인 중화민족의 문화가 아니라 열등한 사방 오랑캐의 습속으로 규정되고, 이런 이데올로기가 중세적 보편성을 획득하여 동아시아 한문문명권 안에서 정당한 것으로 통용되면서 문신은 몸에 기어다니는 벌레와 같은 대접을 받기 시작한 것이다.

유가적 신체관의 형성과 문신 금기의 강화

사실 문신은 이렇게 벌레 같은 대접을 받을 만한 행위가 아니었다. 문신은 특정한 지역이나 특정한 민족의 특수한 문화 현상이 아니라 상당히 보편적인 문화 현상이었다. 더구나 그것은 미개하거나 열등한 민족의 습속이라고 매도해버릴 문화 현상도 아니었다.

고고학적 자료에 따르면 유럽에서도 5천 년이나 된 미라가 문신의 흔적을 지닌 채 발견되었으며, 알타이 산맥이나 중앙아시아 스텝 지역에서도 문신한 미라들이 나타나고 있다. 4천여 년 전의 것으로 추정되는 이집트의 여신 하토르의 여사제 아무네트의 미라 역시 몸에 문신을 지니고 있었다. 아메리카를 침략했던 유럽인들의 보고서에 따르면 남북 아메리카의 인디언들도 문신을 가지고 있었다. 다른 지역의 찌르기 문신과는 달리 흉터 문신이라는 독특한 형태이기는 하지만 아프리카인들 역시 문신을 몸에 지니고 있었다. 유명한 뉴질랜드의 마오리족을 비롯한 남태평양 지역의 대부분의 민족들도 문신을 가지고 있었고 문화인류학적 보고에 따르면 이들은 20세기 초까지도 문신 습속을 지니고 있었다.

동아시아 지역도 마찬가지이다. 이미 확인한 것처럼 은나라를 비롯한 동이족이 문신 습속을 가지고 있었다는 기록이 있고, 중국 양자강 이남의 소수민족들에게 문신 습속은 아주 일반적인 것이었다. 이 지역에는 아직도 전통적 문신을 몸에 지닌 노인들이 살고 있다. 그리고 아래 자료들을 참조한다면 일본이나 베트남, 그리고 우리도 문신 습속에 동참하고 있었다.

> 일본 : 이곳에서는 남자는 어른이나 아이를 가릴 것 없이 모두 얼굴에 먹물로 글자를 넣고 또 몸뚱이에도 바늘로 먹물을 넣어서 글자나 그림을 넣는다. …지금 왜인이 물 속에 들어가 물고기와 전복·조개를 잘 잡고 몸뚱이에 그림을 넣는 것도 역시 큰 물고기나 물새를 피하기 위한 것이다. …이들은 이 문신의 위치·대소를 가지고 사람의 높고 낮은 것을 구별한다.〈『삼국지(三國志)』 동이전(東夷傳) 왜인(倭人)〉
>
> 베트남 : 당시 숲과 산록의 백성들이 강에서 물고기를 잡을 때 종종 교룡(蛟龍)에게 해를 입었다. 그래서 왕께 아뢰었더니 왕이 말하기를 "산만(山蠻) 종족은 수족(水族)과 다르다. 교룡이 자기 부류는 좋아하고 다른 부류는 싫어하여 너희들을 침해하는 것이다."라고 했다. 그리고 사람을 시켜 백성들의 몸에 먹으로 용군(龍君)의 모습과 수중 괴물의 형상을 새기게 했는데 이후로는 백성들이 교룡에게 물리지 않았다. 백월(百越)의 문신 풍속은 실로 여기서 비롯되었다.
> 〈『영남척괴열전(嶺南摭怪列傳)』 홍방씨전(鴻厖氏傳)〉
>
> 한국 : 남자들은 때때로 몸뚱이에 바늘로 먹물을 넣어 글씨나 그림을 그린다. 이것을 문신이라고 한다.〈『삼국지(三國志)』 동이전(東夷傳) 한(韓)〉

이 같은 주마간산격의 개괄적인 문신 산책을 통해서도 알 수 있듯이 문신은 원시 혹은 고대사회에서 보편적인 문화양식이었다고 해도 과언이 아니다. 문신 사회에서 문신은, 토템이 그러하듯이, 한 집단이 밖으로는 자신들의 집단적 정체성을 드러내고 안으로는 집단적 동일성을 구현하는 하나의 사회적 장치였다고 해도 좋을 것이다. 물론 문신에는 종족이나 신분 표시와 같은 집단적 욕망만이 투사되어 있는 것이 아니라 아름다움을 표현하려는 미적 욕망도 스며 있다. 이런 함의를 지닌 문신 사회에서의 문신이 미개함이나 어리석음의 표상이 될 수 없다는 것은 말할 필요도 없다. 오히려 이 사회들에서 문신은 사회적 의무와 같은 것이었고, 집단의 일원임을 인정받을 수 있는 명예로운 징표와 같은 것이었다.

그러나 일단 화이론과 같은 차별의 담론을 통해 문신이 어리석고 미개한 오랑캐의 습속으로 규정되고, 그것이 강력한 담론적 지배력을 가지게 되자 문신은 본래부터 지니고 있던 문화적 맥락을 잃고 미개함과 어리석음, 혹은 악행의 표상으로 재탄생하게 된다. 이제 문신은 뭔가 나쁜 이미지의 옷을 걸치게 되고, 이제 대중들은 오히려 그 옷이 문신에 잘 어울리는 옷으로 인식하게 된다. 이런 인식의 변화 과정에서 문신 습속은 뭔가 불편하고 꺼림칙한 옷이 될 수밖에 없었다. 삼한시대의 문신 습속이 삼국시대로 이어지지 못하고 사라진 것, 야요이·고분 시대를 거쳐 지속되어 오던 일본의 문신 습속이 나라 시대에 금지된 것도 여기에 원인이 있었다고 생각한다.

이 인식의 변화 과정에서 우리가 반드시 기억해야 할 것이 유가적 신체관의 내면화이다. 일찍이 공자가 제자 증자에게 이야기하고 증자가 『효경(孝經)』에 담은 말 가운데 "신체발부, 수지부모, 불감훼상, 효지시야(身體髮膚 受之父母 不敢毀傷 孝之始也)"라는 구절이 있다. 우리 몸은 부모에게 받은 것이니 다치게 하지 않는 것이 효의 시작이라는 뜻이겠는데 이런 『효경』의 담론 체계 속에서 신체를 의도적으로 훼손하는 문신은 불효자가 되는 지름길인 셈이다.

그런데 우리의 경우 이 같은 유가적 신체관은 주자학을 국시로 삼은 조선시대에 들어와 널리 확산된 것으로 보인다. 특히 16세기에 사림들이 민중을 교화하기 위해 주희의 제자 유자징이 엮은 『효경』 등을 수용한 『소학(小學)』을 강조하고, 『소학언해』나 『효경언해』와 같은 한글본 책을 펴내 백성들을 교화하면서 유가적 신체관은 튼튼한 뿌리를 내리게 되었다. 물론 유가적 신체관의 형성 이전에 문신 습속은 사라졌고, 도둑질을 하여 유배당한 곳에서 도망한 자는 얼굴에 글자를 새긴다는 『고려사』「형법지」의 규정에서 알 수 있듯이 고려시대에 오면 문신은 형벌로만 존재하게 되어 유가적 신체관의 내면화 이전에 문신은 이미 범죄자를 연상케 하는 부정적인 이미지를 구축하고 있었던 것도 사실이다. 그러나 유가적 신체관은 이미 형성되어 있던 문신에 대한 부정적 이미지에 불효라는 반인륜적인 낙인을 찍으면서 문신을 결정적으로 패륜아적 행위로 규정해버린 것이다.

필자는 같은 유교문화권 안에 있으면서도 일본이 우리와는 달리 문신 기술과 예술이 발달하고, 문신 시술이 자유로운 것도 유가적 신체관의 강도와 무관치 않다고 생각한다. 임진왜란 때 포로로 잡혀간 강항이 일본에서 유학을 가르칠 정도로 일본 유학은 조선에 비해 미미했고 그만큼 유가 사상의 사회적 영향력이 약했다는 것은 잘 알려진 사실이다. 이는 유가적 신체관의 내면화 강도가 그만큼 약했다는 것을 의미한다. 일본에서 문신이 18세기 중반부터 사회적으로 크게 확산되고, 1880년에는 문신자를 형법으로 다스려야 할 정도로 사회적 문제가 된 것도 그것과 깊은 관련이 있는 것이다. 이는 가톨릭의 지배력이 약했던 19세기 영국에서 유럽의 문신이 가장 꽃을 피운 것과 같은 이치라고 할 수 있다.

이런 맥락에서 본다면 우리 사회가 문신에 대해 민감한 반응으로 보이는 까닭도 유가적 신체관의 강도와 깊이 연루되어 있을 수밖에 없는 것이다. 그것은 기성세대와 달리 새로운 세대들이 문신에 대해 좀더 유연하고 수용적인 태도를 보이는 것을 통해서도 쉽게 짐작할 수 있는 일이다. 이들은 기성세대들이 충효관에 기초한 근대적 학교교육을 통해 내면화하고 있던 유가적 신체관으로부터 상당히 자유로운 세대들이기 때문이다. 왜 같은 국가대표선수인 홍명보는 문신을 하지 않았는데 안정환은 문신을 했을까? 단지 이는 개인적인 취향의 문제만은 아닐 것이다.

문신 금기, 그 너머에 있는 것

사실 문신은 인류사가 문명이라는 이름으로 지우려고 했던 많은 원시적 기억 가운데 하나이다. 그러나 역설적이고도 흥미로운 것은 근대를 통과하면서 돌아온 문신이 인류가 부정하려고 했던 바로 그 원시적 문화에 원천을 두고 있다는 것이다. 우리는 서구 사회에서 새롭게 부각되고 유행하기 시작한 문신이 그들이 점령한 아메리카나 아프리카, 혹은 남태평양의 여러 섬들에서 온 것이라는 사실을 알고 있다. 유럽에 영향을 준 일본의 문신 역시 남태평양의 섬들과 문화적으로 이어진 일본의 점령지 류큐(오키나와)에서 온 것이다. 범죄집단들을 중심으로 확산되기 시작한 이른바 개항 이후 우리 사회의 문신도 그 발원지는 일본이다. 오늘날의 문신은 잃어버린 원시적 기억의 근대적 복원물이라고 해도 좋을 것이다.

여기서 굳이 이런 문신의 귀환과 귀환의 출처를 거론하는 것은 문신이 중세적 제도가 만들어 놓은 규격화된 몸으로부터 풀려나기 시작했다는 점을 강조하기 위해서이고, 문신이라는 새로운 대중문화가 하나의 뚜렷한 흐름으로 밀려오고 있다는 점을 지적하기 위해서이다. 유럽이나 미국, 혹은 일본에서 문신은 이미 하나의 문화양식으로 형성되어 있고, 한국 사회에서 문신은 이제 막 새로운 세대들이 자신을 표현하는 매체의 하나로 선택되기 시작했다. 머리를 형형색색으로 물들이고, 코나 귀나 배꼽을 꿰듯이 그들은 몸에 무늬를 새김으로써 자신들의 미의식이나 자의식을 드러내고 있다. 일시적 문신이라고 할 수도 있고, 문신과 바디 페인팅의 중간에 있다고 할 수도 있는 헤나 문신이나 플라노 아트의 유행이 그것을 잘 말해준다. 한국의 새로운 세대들이 자신의 몸을 단지 유가적 이데올로기와 같은 기존의 담론과 질서를 드러내는 대상으로 보지 않고 자신들의 욕망에 따라 주체적으로 소비할 수 있는 대상으로 인식하기 시작한 것이다. 이들은 지금 이렇게 말할 준비를 하고 있는지도 모르겠다. '나는 새긴다, 고로 존재한다.'

지금까지 살폈듯이 동아시아 사회에서 문신에 대한 금기가 화이론 이데올로기에 기원을 두고 유가적 신체관의 강력한 지원을 받으며 형성되고 강화되었다는 사실은 거꾸로 이 금기의 사회적 영향력이 약화될 수도 있으리라는 것을 우리에게 암시해준다. 화이론과 같은 차별의 담론들은 이미 20세기를 건너면서 구조주의적 사유를 통해 결정적인 타격을 입었고, 유가적 담론 역시, 한편에서는 문신예술가에게 실형을 선고할 정도로 여전히 활개를 치고 있지만, 과거에 비해 상당히 약화된 것이 사실이다. 그리고 앞으로 그 영향력을 더 줄어들 것이다. 물론 쉽게 그렇게 되지는 않겠지만, 결국 문신은 문신을 부정적인 행위로 만들어온 담론들의 퇴조와 부재 속에서 '개인적 취향'의 문제로 남을 수밖에 없을 것이다.

■ 참고문헌

1장 고대의 역사

1. Spindler, Konrad. 1994. *The Man in the Ice: the Preserved Body of a Neolithic Man Reveals the Secrets of the Stone Age*. London: Weidenfeld and Nicolson. p. 172.
2. Péquart, Marthe, and Péquart, Saint-Juste. 1962 "Grotte du Mas d'Azil(Ariège), Une nouvelle galerie magdalénienne." *Annales de Paléontologie*. 48:167-296. pp. 211-214 ; Scutt, R.W.B. & Gotch, C. 1985. *Art, Sex and Symbol*. London: Cornwall Books, p. 22.
3. Bianchi, Robert S. 1988. "Tattoo in Ancient Egypt." (pp.21-28) in: Arnold Rubin(editor), *Mark of Civilization*. Los Angeles: Museum of Cultural History, The University of California, p. 23.
4. Ibid., p. 27.
5. Ibid., p. 26.
6. Hambly, W.D. 1925. *The History of Tattooing and its Significance*. London; H.F. & G. Witherby, p. 333.
7. Rudenko, Sergei I. 1970. *Frozen Tombs of Siberia: the Pazyryk Burials of Iron Age Horsemen*. Berkeley; The University of California Press, pp. 110-114.
8. Polosmak, Natalya. 1994. "A Mummy Unearthed from the Pastures of Heaven." *National Geographic*. 186(4), 80-103, p. 82.
9. Jones, C.P. 1987. "*Stigma*: Tattooing and Branding in Graeco-Roman Antiquity." *Journal of Roman Studies*. 77:139-155, p. 147-149.
10. Quoted in: Berchon, Ernest. 1869. *Histoire medicale du tatouage*. Paris, p. 454-455.
11. Jones, op. cit., p. 143.
12. Scutt, & Gotch, op. cit., p. 138; Berchon, op. cit., pp. 456-457.
13. Berchon, ibid., p. 34.
14. Quoted by Scutt & Gotch, op. cit., p. 26.
15. Ibid.
16. Zimmerman, Konrad. 1980. "Tätowierte Thrakerinnen auf griesschischen Vasenbildern." *Jahrbuch des Deutches Archäologischen Instituts*, 95:163-196, p. 167.
17. Jones, op. cit., p. 148.
18. Scutt & Gotch, op. cit., p. 26.

2장 폴리네시아

1. Melville, Herman. 1846. *Typee: A Peep at Polynesian Life*(republished in 1963 as Volume I in The Standard Edition of the Works of Herman Melville. New York: Russell & Russell, Inc.), pp. 242, 247.
2. Kirch, Patrick. V. 1997. *The Lapita Peoples*. Cambridge, Mass: Blackwell, pp. 1-19.
3. Ibid., pp. 131-132; Green, Roger C. "Lapita" in: Jennings, Jesse D. 1979. *The Prehistory of Polynesia*. Cambridge, Mass: Harvard University Press, pp. 28-48.
4. Taylor, Alan. 1981. *Polynesian Tattooing*. Honolulu: Institute for Polynesian Studies, pp. 6-7.
5. Ibid., p. 10.
6. Ibid., p. 3-14.
7. Bellwood, Peter, 1979. *Man's Conquest of the Pacific*. NY: Oxford University Press, Chapter 12.

더 볼 만한 것들

Dodd, Edward. 1990. *The Island World of Polynesia*. Putney, Vermont: Windmiill Hill Press.
Dodd, Edward, 1972, *Polynesian Seafaring*. NY: Dodd, Mead & Co.
Dumont d'Urville, J. 1841-1846. *Voyage au Pole du Sud et dans l'Oceanie*. Paris: Gide.
Green, Roger C. "Lapita" in: Jennings, Jesse D. 1979. *The Prehistory of Polynesia*. Cambridge, Mass: Harvard University Press.
Kleinschmidt, G. 1877. *Notes and Sketches of the Interior of Fiji*. Fiji Museum.
Stolpe, H. 1899. Über die Tätowierung der Osterinsulaner: *Abhandlung und Bericht des Königlichen Museum, Dresden: Festschrift 6*. Berlin: Friedlander.

3장 문신의 왕자 지올로

1. Gill, Anton, 1997. *The Devil's Mariner: a Life of William Dampier, Pirate and Explorer*. London: Michael Joseph, pp. 215-217, Wilkinson, Clennel. 1929. *Wiliam Dampier*. London: John Lane, p. 141 et seq.
2. Gill, op. cit., pp. 202-215.

더 볼 만한 것들
Dampier, William. 1906. *Dampier's Voyages*, Edited by John Masefield. London: E Grant Richards.

4장 조세프 뱅크스
1. Adams, Brian. 1986. *The Flowering of the Pacific: Being an Account of Joseph Banks' Travels in the South Seas and the Story of his Florilegium.* Sydney, Australia: William Collins, pp. 9-13.
2. Ibid., chapter 5; Lyte, Charles. 1980. *Sir Joseph Banks: 18th Century Explorer, Botanist, and Entrepreneur.* London: David & Charles, p. 64-70.
3. Banks, Joseph. 1962. *The Endeavour Journal of Joseph Banks,* (edited by J.C. Beaglehole), (2 vols) Sydney. Australia: Angus & Robertson, V. I, p. 400.
4. Parkinson, Sydney. 1773. *A Journal of a Voyage to the South Seas.* London: Richardson & Urquhart, Plate XIII, P. 75; Plate XVI, P. 90; Plate XXI, P. 109.
5. Lyte, op. cit., PP. 200-214.

5장 보르네오
1. Wright, Leigh R. 1972. *Vanishing World; the Ibans of Borneo.* New York: Weatherhill, pp. 6-22.
2. Bock, Carl. 1881. *The Headhunters of Borneo.* London, 1881. Republished by Oxford University Press, 1985, pp. 215-219.
3. Harrer, Heinrich. 1988. *Borneo: Mensch und Kultur seit ihrer Steinzeit.* Innsbruck: Pinguin-Verlag, pp. 113-122.
4. Hose, Charles & McDougall, W. 1912. *Pagan Tribes of Borneo.* London: MacMillan & Co., V. II, p. 41.
5. O'Hanlon, Redmond. 1984. *Into the Heart of Borneo.* Edinburgh: Salamander Press, p. 8.
6. Harrer, op. cit., p. 125.
7. Ibid., pp. 263-266.

더 볼 만한 것들
Hose, Charles & Shelford, R. 1906. "Materials for a Study of Tatu in Borneo." *Journal of the Royal Anthropological Institute of Great Britain and Ireland.* 36:60-90.

6장 사모아
1. Rowe, Newton A. 1930. *Samoa Under the Sailing Gods.* London: Putnam, p. 11
2. Krämer, Augustin F. 1903. *Die Samoa Inseln.* 2 vols. (English translation, 1994 Honolulu: University of Hawaii Press.), V. II, p. 8.
3. Krämer, op. cit., V. II, p. 16.
4. Gilson, Richard P. 1970. *Samoa: 1830 to 1900.* Melbourne: Oxford University Press, P. 65 et seq.
5. Ibid, pp. 72-73; Rowe, op. cit., p. 25.
6. Ellison, Joseph W. 1938. *The Opening and Penetration of Foreign Influence in Samoa to 1880.* Corvallis, Oregon: Oregon State College Press, p. 150.
7. Ibid.
8. Rowe, op. cit., p. 85.
9. Krämer, op. cit., V. II, pp. 77-94.
10. Ibid., p. 87.
11. Griffith, Richard p. 1953. *The World of Robert Flaherty.* New York: Duell. Sloan and Pearce, pp. 69-70

더 볼 만한 것들
Dell'Aquila, Mark "Of Art, Pain and Honor." *Skin and Ink,* August 1994.
Marquardt, Carl. 1899. *Die Tätowierung beider Geschlechter in Samoa.* Berlin: Verlag von Dietrich Reimer. [translated by Sybil Ferner as *The Tattooing of Both Sexes in Samoa.* Papakura, New Zealand: R. McMillan, 1984].
O'Brien, Frederick. 1919. *White Shadows in the South Seas.* NY: The Century Co.

7장 마르케사스
1. Dening, Greg. 1980. *Islands and Beaches.* Melbourne University Press, pp. 1-10.
2. Ibid., p. 110-113.
3. Ibid., p. 275.
4. Ibid., pp. 268-288.

5. Handy, Willowdean. 1922. *Tattooing in the Marquesas*. Honolulu, Hawaii: The Bernice P. Bishop Museum, p. 3.
6. Melville, Herman. 1846. *Typee*. London: John Murray.
7. Handy, Willowdean. 1965. *Forever the Land of Men: an Account of a Visit to the Marquesas Islands*. New York: Dodd. Mead & Co.
8. Handy, Willowdean, 1938. *L'art des Iles Marquises*. Paris: Éditions d'Art et d'Histoire.

더 볼 만한 것들

Langsdorff, Georg H. von, 1813. *Voyages and Travels in Various Parts of the World*, London.
Steinen, Karl von den. 1928. *Die Marquesaner und ihre Kunst*. 3 Vols, Berlin: D. Reimer.

8장 뉴질랜드

1. Robley, Horatio. 1896. *Moko, or Maori Tattooing*. London: Chapman & Hall, p. 10.
2. Ibid., p. 35.
3. Sinclair, Keith. 1961. *A History of New Zealand*. London: Oxford University Press, pp. 24-26.
4. Ibid., pp. 27-29.
5. Robley. op. cit., p. 65.
6. Sinclair, op. cit., p. 128.
7. Ibid., p. 70.
8. Ibid., p. 131.
9. Graham. J.C. (editor). 1965. *Maori Paintings by Gottfried Lindauer*. Honolulu: East-West Center Press. p. 17.

더 볼 만한 것들

Beaglehole, J.C. 1961, *The Discovery of New Zealand*. London: Oxford University Press.
King, Michael and Marti Friedlander, 1972. *Moko: Maori Tattooing in the 20th Century*. Wellington, New Zealand. Alister King.
Sangl, Harry. 1980. *The Blue Privilege: The Last Tattooed Maori Women*. Richards Publishing & William Collins, Publishers. Auckland, New Zealand.
Simmons, D.R. 1986. *Ta Moko: The Art of Maori Tattoo*, Aukland, New Zealand: Reed Methuen Publishers Ltd.

9장 일본

1. Richie, Donald and Ian Buruma. 1980. *The Japanese Tattoo*. New York: Johnn Weatherhill, p. 11.
2. Van Gulick, W.R. 1982. *Irezumi: the Pattern of Dermatography in Japan*. Leiden: E.J. Brill, p. 6
3. Richie, op. cit., pp. 11-13.
4. Ibid., pp. 14-15.
5. Ibid., p. 29.
6. Ibid., pp. 16-21.
7. Kaplan, David E. and Alec Dubro. 1986. *Yakuza*. Reading, Mass: Addison-Wesley, pp. 25-26.
8. Richie, op. cit., pp. 21-22; Klompmakers, Inge. 1998. *Of Brigands and Bravery: Kuniyoshi's Heroes of the Suikoden*. Leiden: Hotei Publications, pp. 22-30.
9. Klompmakers, op. cit., pp. 9-13.
10. Robinson, Basil W. 1961. *Kuniyoshi*. London: H.M. Stationery Office, p. 25.
11. Scutt, R.W.B., and Christopher Gotch. 1986. *Art, Sex and Symbol: The Mystery of Tattooing*. London: Cornwall Books, pp. 166-167.

더 볼 만한 것들

Hane, Mikiso. 1982. Peasants, Rebels and Outcasts. New York: Pantheon
Tamabayashi, Haruo. 1936. *Bunshin Hyakushi*. Tokyo: Bunsendo Shobo. (Reprinted in 1987 by Nihon Irezumi Kenkyujo; Hatsubai Keibunsha, Tokyo).

10장 북아메리카

1. Sinclair, A.T. 1909. "Tattooing of the North American Indians" *American Anthropologist*, V. II no. 3;362-400, p. 393
2. Ibid., p. 370.
3. Quoted in: Dubé, Philippe. 1960. *Tattoo-Tatoué*. Montreal: Jean Basile, pp. 24-25.
4. Ibid., pp. 26-27.
5. Hambly, Wilfrid D. 1925. *The History of Tattooing and its Significance*. London: H.F. & G. Witherby, p. 51.
6. Sinclair, op. cit., p. 391.

7. Mallery, Garrick, 1888-1889. "Picture Writing of the American Indians." *Tenth Annual Report of the American Bureau of Ethnology*. Washington DC: US Government Printing Office, p. 394

8. Ibid.

9. Bossu, Jean Bernard *Travels in the Interior of North America 1751-1762*. Translated and edited by Seymour Feller. 1962. Norman: University of Oklahoma Press, p. 6.

10. Dubé, op. cit., pp. 27-34.; Einhorn, Arthur & Thomas S. Abler. 1998. *Tattooed Bodies & Severed Auricles: Images of Native American Body Modification in the Art of Benjamin West*. American Indian Art Magazine. 23 (4):42-53.

11. Hariot, Thomas. 1590. *Briefe and True Report of the New Found Land of Virginia*. London: Theodor de Bry. (Reprinted by Dover publications, New York, 1972), p. 35.

12. Einhorn, op. cit., p. 46.

13. Swan, James G. *The Northwest Coast*. First published in 1857 by Harper & Brothers: republished in 1972 by the University of Washington Press, Seattle. (bookjacket)

더 볼 만한 것들

Sinclair, A.T. 1909. "Tattooing of the North American Indians." *American Anthropologist*. V. II. no. 3;362-400.

Swan, James G. 1874. *The Haidah Indians of Queen Charlotte's Islands, British Columbia*. (Smithsonian Contributions to Knowledge #267). Washington DC: Smithsonian Institution.

Swan, James G. 1878 "Tattoo Marks of the Haida." *Fourth Annual Report of the American Bureau of Ethnology*. Washington DC: US Government Printing Office.

11장 남아메리카

1. Sinclair, A.T. 1909. "Tattooing of the North American Indians." *American Anthropologist*, V. II, no. 3:362-400, p. 362.

2. Ibid., p. 364

3. Ibid., p. 366

4. Clendinnen, Inga. 1987. *Ambivalent Conquests*. Cambridge University Press., pp. 17-18; 21-31

5. Landa, Diego de. *The Maya*. Diego de Landa's Account of the Affairs of Yucatan. (Introduced and translated by A.R. Pagden). Chicago: J. Philip O'Hara Inc., p. 14.

6. Quoted by Clendinnen, op. cit., p. 74.

7. Ibid., p. 117.

8. Wright, Ronald. 1992. *Stolen Continents*. London: John Murray., pp. 167-170.

9. Quoted by Clendinnen, op. cit., p. 70.

더 볼 만한 것들

Anton, Ferdinand. 1986. *Alt-indianische Kunst in Mexico*. Leipzig: E.A. Seeman Buch-und Kunstverlag.

Anton, Ferdinand. 1968. *Alt-Mexico und seine Kunst*. Leipzig: E.A. Seeman Buch-und Kunstverlag.

Chamberlain, Robert S. 1966. *The Conquest and Colonization of Yucatan, 517-1550*. New York: Octagon Books.

Stierlin, Henri. 1982. *L'art Aztèque et ses Origins*. Fribourg: Office du Livre.

12장 영국

1. Scutt, R.W.B. and Gotch, C. 1986 *Art, Sex and Symbol: the Mystery of Tattooing*. London: Cornwall Books, pp. 165-166.

2. Parry, Albert. *Tattoo*. 1933. New York: Macmillan & Co., p. 102.

3. Scutt and Gotch, op. cit., p. 15.

4. Ibid., p. 170.

5. Ibid., p. 177.

6. Ibid., p. 55.

7. Ibid., p. 134.

8. Burchett, George. 1958. *Memoirs of a Tattooist*. London: Oldbourne.

13장 프랑스와 이탈리아

1. Berchon, Ernest. 1869. *Histoire Médicale du tatouage*. Paris: Baillière et Fils. Part II, p. 54.

2. Ibid.

3. Ibid.

4. Ibid., Part I, p. 30.

5. Ibid., Part II, p. 203.

6. Ibid., Part II, p. 210.

7. Ibid., Part I, p. 31.

8. Lombroso, Cesare. 1972. *Criminal Man, According to the Classification of Cesare Lombroso.* (Reprinted, with an introduction by Leonard D. Savitz), Montclair, N.J.: Patterson Smith, pp. 45-51.

9. Ibid., p. 24.

10. Beaumarchais, Pierre Augustin Caron de. P. 93; *The Barber of Seville and The Marriage of Figaro.* Translated by Vincent Luciani. Great Neck N.Y.: Barnes Educational Series, Inc. (1964) (Originally published in 1784 as *Le Mariage de Figaro*), Act II, scene 16.

11. Hugo, Victor. 1957. *Les Misérables.* Paris: Éditions Garnier Frères. pp. 338-339.

12. Scutt, R. W.B. and Christopher Gotch. 1985. *Art, Sex and Symbol: The Mystery of Tattooing.* London: Cornwall Books, pp. 161-162.

13. Lacassagne, Alexandre. 1881. *Le Tatouage: Étude anthropologique et médico-légale.* Paris: Librarie J. B. Ballière et Fils, p. 85.

14. Ibid., pp. 48, 61, 69, 100.

15. Ibid., p. 63.

16. Ibid.

17. Ibid., p. 100.

18. Ibid., p. 48.

19. Ibid., p. 28.

20. Fletcher, Robert. 1882. "Tattooing Among Civilized People" *Transactions of the Anthropological Society of Washington, Volume II*. New York: Kraus Reprint.

21. Lacassagne, op. cit., p. 82.

더 볼 만한 것들

Delarue, Jaques & Giraud, R. 1950. *Les tatouages du "Milieu."* Paris: La Roulotte.

Graven, Jean. 1962. *L'Argot et le tatouage des criminels.* Neuchatel, Switzerland: Editions de la Baconniere.

Lacassagne, Jean. 1933. "Le tatouage ornamental." *Aesculape* 23: 258-263.

Lombroso, Cesare. "The Savage Origin of Tattooing." *Popular Science Monthly*, April, 1896.

14장 미국

1. Quoted in: Scutt, R.W.B. and Gotch, C. 1986. *Art, Sex and Symbol: the Mystery of Tattooing.* London: Cornwall Books. p. 90.

2. Fellowes, C.H. 1968. *The Tattoo Book.* Princeton, NJ: Pyne Press, Plate 67.

3. Ibid., facing Plate 58.

4. Ibid., Plate 63.

5. Ibid., Plate 69.

6. Ibid., Plate 78.

7. Parry, Albert. 1933. *Tattoo.* New York: Macmillan., p. 44.

8. Ibid., pp. 44-45; Scutt & Gotch, op. cit., p. 51.

9. Parry, op. cit., pp. 65-66; 104.

10. Ibid., pp. 47-48; 54; 131-132.

11. Anonymous. "An Old Tattooer Talks Shop." *Science Digest,* March 1945, p. 22.

12. Parry op. cit., p. 66.

13. Fellowes, op. cit., facing Plate 58.

14. Tuttle, Lyle. 1985. "Professor Charles Wagner." *Tattoo Historian* #8. San Francisco: Tattoo Art Museum., p. 8.

15. Ibid., p. 20.

16. Winkler, John K. 1926. "When Art is a Skin Game." *Collier's Weekly.* Feb. 13., p. 11.

17. Tuttle, op. cit., p. 7 et seq.

더 볼 만한 것들

Coons, Hannibal. 1942. "Skin Game Michelangelos." *Collier's Weekly,* Dec. 12.

Hardy, Don Ed. 1994. *Flash from the Past: Classic American Tattoo Designs, 1890-1965.* Honolulu: Hardy-Marks.

15장 서커스

1. Dening, Greg. *Islands and Beaches.* Melbourne: Melbourne University Press, pp. 110-113.

2. Danielsson, Bengt. 1978. *Le Memorial Polynesien.* (Vol. I) Papeete: Hibiscus Editions, pp. 430-431.

3. Craik, George L, 1830. *The New Zealanders*. London: C. Knight, p. 278.

4. Culhane, John. 1990. *The American Circus: an Illustrated History*. New York:

5. Henry Holt & Co.

6. O'Connnell, James F. 1836. *A Residence of Eleven Years in New Holland and the Caroline Islands*. Boston: B.B. Mussey. (Republished in 1972 by the Australian National University)

7. Press, Canberra. Edited by Saul H. Riesenberg), p. 43.

8. Ibid., p. 44.

9. Bogdan, Robert. 1988. *Freak Show*. Chicago: University of Chicago Press, pp. 243-249.

10. Scutt, R.W.B. and Gotch, C. 1986. *Art, Sex and Symbol: the Mystery of Tattooing*. London: Cornwall Books, pp. 154-155.

11. Parry, Albert. 1933. *Tattoo*. New York: Macmillan Co., pp. 63-68.

12. Tuttle, Judy. 1986. "Omi, You Were Great!" *Tattoo Historian*, No. 10, p. 16 et seq.

더 볼 만한 것들
Hebra, Ferdinand. 1860-1875. *Atlas of Portraits of Diseases of the Skin*. London: W.West.

16장 아랍인, 유대인, 기독교인

1. Field, Henry. 1953. *The Track of Man: Adventures of an Anthropologist*. New York: Doubleday & Co., p. 12.

2. Ibid., pp. 12-13.

3. Ibid., p. iv.

4. Scutt, R.W.B. and Gotch, C. 1986. *Art, Sex and Symbol*. London: Cornwall Books, p. 64.

5. Ibid.

6. Thomson, M. W. 1959. *The Land and the Book*. London: Nelson, p. 91.

7. Ibid., pp. 93-94.

8. Ibid.

9. Ibid.

10. Dölger, F.J. 1929. Die Kreuz-Tätowierung im Christlichen Altertum. *Antike und Christentum*. 1:202-211, p. 202.

11. Ibid., p. 204.

12. Ibid., p 202.

13. Ibid., p 204.

14. Lithgow, William. 1632. *The Totall Discourse of the Rare Adventures & Painfull Peregrinations of long Nineteene Yeares Travayles from Scotland ot the most famous Kindomes in Europe, Asia and Affrica*. (1906 edition, Glasgow: James MacLehose and Sons), p. 253

더 볼 만한 것들
Carswell, John. 1956. *Coptic Tattoo Designs*. Beirut: The American University of Beirut.

Field, Henry. 1958. *Body Marking in Southwestern Asia*. Cambridge, Mass: The Peabody Museum.

Keimer, Ludwig. 1948. Remarques sur le Tatouage dans l'Egypte Ancienne. *Memoirs de l'Institute d'Egypte*. 53:1-113.

Searight, Susan. 1984. *The Use and Function of Tattooing of Moroccan Women*. (3 vols) New Haven, Connecticut: Human Relations Area Files, Inc.

Smeaton, Winifred. 1937. Tattooing Among the Arabs of Iraq. *American Anthropologist*. 39:53-61.

17장 전문가들의 의견

1. Joest, Wilhelm. 1887. *Tätowieren, Narbenzeichnen und Körperbemalen*. Berlin: Verlag von A. Asher & Co., p. 18

2. Ibid., p. 60

3. Ibid., p. 78.

4. Hambly wilfrid D. 1925. *The History of Tattooing and its Significance*. London: H.F. & G. Witherby, pp. 13-25.

5. Ibid., p. 17.

6. Ibid.

7. Ibid., p. 25.

8. Parry, Albert. 1933. *Tattoo: Secrets of a Strange Art*. New York: Macmillan.

9. Haigh, Susanna. 1934. Special Review: "Tattoo." by Albert Parry. *Psychoanalytic Quarterly*. 3: 474-476, p. 475.

10. Bromberg, Walter. 1935. Psychologic Motives in Tattooing. *A.M.A. Archives of Neurology and Psychiatry*. 33:228-232, p. 230.

11. Ferguson-Rayport, S. et al. 1955. The Psychiatric Significance of Tattoos. *Psychiatric Quarterly*. 29-112-131, pp. 121-122.
12. Raspa, Robert F. and John Cusack 1990. Psychiatric Implications of Tattoos. *American Family Physician*. 41:1481-1486. p. 1481.
13. Ibid., p. 1483.
14. Favazza, Armando R. 1996. *Bodies Under Siege: Self-mutilation and Body Modification in Culture and Psychiatry*. (Second edition), Baltimore: The Johns Hopkins University Press, p. 153.
15. Coe, Kathryn, et al. 1993. Tattoos and Male Alliances. *Human Nature* 4 [2]: 119-204, p. 202.
16. DeMello, Margot. 1995. The Carnivalesque Body: Women and Tattoos, pp. 73-79 *in Pierced Hearts and True Love: A Century of Drawings for Tattoos*. (Edited by Don Ed Hardy), Honolulu: Hardy-Marks Publications, p. 74.
17. Rosenblatt, Daniel. 1997. The Antisocial Skin: Structure, Resistance, and "Modern Primitive" Adornment in the United States. *Cultural Anthropology*. 12 (3):287-334, p. 293.
18. Ibid., p. 324.
19. Zahavi, Amotz and Avishag Zahavi. 1997. *The Handicap Principle: A Missing Piece of Darwin's Puzzle*. Oxford: Oxford University Press., pp. xiii-xvi; 229-230.
20. Hardy, Don Ed. 1983. Tattoo Magic. *Tattootime*. 2: 41-51, pp. 48-49.
21. Lewin. Bertram D. 1973. "The Body as Phallus." (p. 28) in *The Selected Writings of Bertram D. Lewin*. (Edited by Jacob A. Arlow). New York: New York Psychoanalytic Quarterly.

더 볼 만한 것들

Bromberg, Walter. 1972. Tattooing: Psychosexual Motivations. *Sexual Behavior*. 2:28-32.
Goldstein, N. 1979. Psychological Implications of Tattoos. *Journal of Dermatology, Surgery and Oncology*. 5: 883-8.
Gittleson, NL et al. 1969. The Tattooed Psychiatric Patient. *British Journal of Psychiatry*. 115-1249-53.
Lewin, Bertram D. 1973. "The Body as Phallus." (p. 28) in *The Selected Writings of Bertram D. Lewin*. (edited by Jacob A. Arlow) New York: New York Psychoanalytic Quarterly.
Parry, Albert. 1934. Tattooing Among Prostitutes and Perverts. *Psychoanalytic Quarterly*. 3: 476-482.

18장 마샬 군도

Chamisso. A. von, 1986, *A voyage around the world with the Romanzov exloring expedition in the year 1815-1818 in the Brig Rurick*, Captain Otto von Kotzebue. (Translated by H.Kratz), Honolulu: University of Hawaii Press.
Eisenhart. O., 1888, Acht Monate unter den Eingeborenen auf Ailu (Marshall-Gruppe). *Aus allen Weltheilen* 19. 207-208, 223-226, 250-252.
Erdland, P.A., 1914. Die Marshall Insulaner. Leben und Sitte, Sinn und Religion eines Südsee-volkes. *Anthropos Bibliothek. Internationale Sammlung Ethnologischer Monographien*, Vol.2(1). Münster: Aschendorffsche Verlagsbuchhandlung.
Finsch, O., 1879, Reise nach den Marschall-Inseln. *Verhandlungen der Berliner Gesellschaft für Anthropologie, Ethnologie und Urgeschichte*. p. 414.
Finsch, O., 1886, Die Marschall-Inseln. *Die Gartenlaube*. 34, 27-28.
Hager, C., 1886, *Die Marshall Inseln in Erd-und Völkerkunde*, Handel und Mission. Leipzig: G.Lingke.
Hasebe, Kotondo, 1932, Tattoos by people of the Marshalls. (Marshall-jin no irezumi) *Dorumen*. 1-5 (Quoted after translation kept at the Micronesian Area Research Center, University of Guam, Guam)
Hernsheim, F., 1887, *Die Marshall-Inseln. Mittheilungen der geographischen Gesellschaft in Hamburg 1885-1886* (1887), 297-308.
Humphrey, O.J., 1887 *The wreck of the Rainier. A Sailor's narrative*. Portland: W.H.Stevens & Co.
Kotzebue, O. von, 1821, *A voyage of discovery into the South Sea and Beering's Straits: for the purpose of exploring a north-east passage undertaken in the years 1815-1818, at the expense of His Highness the Chancellor of the Empire, Count Romanzoff in the ship Rurick, under the command of the Lieutenant in the Russian Imperial Navy, Otto von Kotzebue*. 3 vols. London: Longman, Hurst, Rees, Orme and Brown.
Kotzebue, O. von, 1830, *A new voyage around the world in the years 1823-1826*. 2. vols. London: H.Colbourn & R.Bentley.
Krämer, A., 1904, Die Ornamentik der Kleidmatten und der Tatauierung auf den Marschall-Inseln. *Archiv für Anthropologie* N.F. II.
Krämer, A., 1906, *Hawaii, Ostmikronesien und Samoa*. Stuttgart: Schweizerbartsche Verlagsbuchhandlung.
Krämer, A. & H. Nevermann, 1938, Ralik-Ratak (Marschall Inseln), In: G.Thilenius (ed.), *Ergebnisse der Südsee-Expedition 1908-1910. II. Ethnographie, B: Mikronesien*. Vol. 11: Hamburg: Friedrichsen & de Gruyter.

Kubary, J.S., 1887, Das Tätowiren in Mikronesien, speziell auf den Karolinen. In: W.Joest, *Tätowiren, Narbenzeichnen und Körperbemalen. Ein Beitrag zur vergleichenden Ethnologie.* Berlin: A.Asher & Co. pp. 74-98.

Spennemann, Dirk H.R., 1992, *Marshallese Tattoos.* Historic Preservation Office Majuro Atoll, Republic of the Marshall Islands

19장 북극 지방

Anderson, H.D. and W.C. Eells. 1935. *Alaska Natives: A Survey of Their Sociological and Educational Status.* Stanford: University of Stanford Press.

Apassingok, A., W Walunga, and E. Tennat. 1985. *Lore of St. Lawrence Island: Echoes of Our Eskimo Elders, Vol. I: Gambell.* Unalakleet: Bering Strait School District.

Barfield, L. 1994. "The Iceman Reviewed." *Antiquity* 68: 10-26.

Birket-Smith, K. 1953. The Chugach Eskimo. *Nationalmuseets Skrifter, Etnografisk Raekke* 6. Copenhagen.

Boas, F. 1901-07. The Eskimo of Baffin Land and Hudson Bay. *Bulletin of the American Museum of Natural History* 15. New York.

Bogojavlensky, S. 1969. *Imaangmiut Eskimo Careers: Skinboats in Bering Strait* (Unpublished Ph.D. Dissertation in Social Relations, Harvard University, Cambridge, Mass.)

Bogoras, W. (also Bogoraz, V.G.) 1904-1909. The Chukchee. *The Jesup North Pacific Expedition 7, Memoirs of the American Museum of Natural History.* New York.

Chamisso, A. von. 1986 (1836), *A Voyage Around the World with the Romanzov Exploring Expedition in the Years 1815-1818 in the Brig Rurik.* (H. Kratz, trans. and ed., reprinted 1986. Honolulu: University of Hawaii Press).

Chu, L.S.W., S.D.J. Yeh, and D.D. Wood. 1979. *Acupuncture Manual: A Western Approach.* New York: Marcel Dekker, Inc.

Coe, R.T. 1976. *Sacred Circles: Two Thousand Years of North American Indian Art.* Arts Council of Great Britain. London: Lund Humphries.

Collins, H.B., Jr. 1929. "Prehistoric Art of the Alaskan Eskimo." *Smithsonian Miscellaneous Collections* 81(14): 1-52.

Collins, H.B., Jr. 1930. "Notebook A." Unpublished Fieldnotes from the H.B. Collins Collection, Box 45, St. Lawrence Island. National Anthropological Archives, National Museum of Natural History, Smithsonian Institution. Washington.

Compilation. 1981. *Essentials of Chinese Acupuncture.* Oxford: Pergamon Press.

Coughlan, A. 1994. "Alpine Iceman Was a Martyr to Arthritis." *New Scientist* 144 (1956):10

Driscoll, B. 1987. "The Inuit Parka as an Artistic Tradition." pp. 170-200 in *The Spirit Sings: Artistic Traditions of Canada's First Peoples.*, (D.F. Cameron, ed.), Toronto: McClelland and Stewart.

Fitzhugh. W.W. and S.A. Kaplan. 1982. *Inua: Spirit World of the Bering Sea Eskimo.* Washington: Smithsonian Institution Press.

Fortuine, R. 1985. "Lancets of Stone: Traditional Methods of Surgery Among the Alaska Natives." *Arctic Anthropology* 22(1): 23-45.

Gordon, G.B. 1906. Notes for the Western Eskimo. *Transactions of the Department of Archaeology. Free Museum of Science and Art,* 2(1): 69-101

Geist, O.W. 1927-34. Field Notes. On File, Alaska and Polar Regions Archives, University of Alaska, Fairbanks.

Gilder, W.H. 1881. *Schwatka's Search: Sledging in the Arctic in Quest of the Franklin Records.* New York: Charles Scribner's Sons.

Gordon, G.B. 1906. "Notes on the Western Eskimo." *Transactions of the Department of Archaeology, Free Museum of Science and Art.* 2(1): 69-101. Philadelphia.

Hakluyt, R. 1907-1910 [1589]. *Principal Navigations, Voyages, etc. of the English Nation.* 8 vols. New York: E.P.Dutton.

Harrington. R. 1981. *The Inuit: Life As It Was.* Edmonton: Hurtig Publishers Ltd.

Hawkes,.E.W. n.d. "Notes on the Asiatic Eskimo." Unpublished notes from the Bogoras Papers. Box 131-F-4, fldr. E. 1. 1 New York City Public Library.

Holm, G.F. 1914. "Ethnological Sketch of the Angmagsalik Eskimo." *Meddelelser om Grønland* 141 (1-2). Copenhagen.

Hughes, C.C. 1959. "Translation of I.K. Voblov's 'Eskimo Ceremonies.'" *Anthropological Papers of the University of Alaska* 7(2); 71-90.

Hughes, C.C. 1960. *An Eskimo Village in the Modern World.* Ithaca: Cornell University Press.

Kapel, H., N. Kronmann, F. Mikkelsen, and E.L. Rosenlov. 1991. "Tattooing." pp. 102-115 in *The Greenland Mummies*, (J.P.H. Hansen, J. Meldgaard, J. Nordqvist, eds.) Published for the Trustees of the British Museum. London: British Museum Publications.

Kaplan, S.A. 1983. *Spirit Keepers of the North: Eskimos of Western Alaska* University Museum Publication. Philadelphia. University of Pennsylvania Press.

Krutak, L. 1998. *One Stitch at a Time: Ivalu and Sivuqaq Tattoo.* (Unpublished Master's Thesis in Anthropology. University of Alaska Fairbanks, Fairbanks, Alaska).

Krutak, L. 1998. "St. Lawrence Island Yupik Tattoo: Body Modification and the Symbolic Articulation of Society." *Chicago Anthropology Exchange* 27: 54-82. Winter.

Krutak, L. 1999. "Im Zeichen des Wals." *Tätowier Magazin* 5(39): 52-56.

Krutak, L. 1999. "St. Lawrence Island Joint-Tattooing: Spiritual/Medicinal Functions and Intercontinental Possibilities." *Études/Inuit/Studies* 23(1-2): 229-252.

Lantis, M. 1984. "Aleut." pp. 161-184 in Arctic (*Handbook of the North American Indians.* vol. 5, D. Damas, ed.). Washington: Smithsonian Institution.

Leighton, D. 1982. Field Notes (1940) of Dorothea Leighton and Alexander Leighton. On file in the archives of the University of Alaska, Fairbanks.

Marsh, G.H. and W.S. Laughlin. 1956. "Human Anatomical Knowledge Among the Aleutian Islanders." *Southwestern Journal of Anthropology* 12(1): 38-78.

McGhee, R. 1996. *Ancient People of the Arctic.* Vancouver: University of British Columbia Press.

Nelson, E.W. 1899. The Eskimo About Bering Strait. pp. 3-518 in *18th Annual Report of the Bureau of American Ethnology for the Years 1896-1897.* Washington.

Neuman, D.S. 1917. "Tattooing on St. Lawrence Island." *The Eskimo,* 1(11): 5. Nome.

Petersen, R. 1996. "Body and Soul in Ancient Greenlandic Religion." pp. 67-78 in *Shamanism and Northern Ecology,* (J. Pentikainen, ed.) Berlin: Mouton de Gruyter.

Reuters. 1998. "Iceman May Be First Patient of Treatment: Ancient Acupuncture." http://abcnews.go.com.

Rudenko, S.I. 1949. "Tatuirovka aziatskikh eskimosov." *Sovetskaia etnografiia* 14:149-154.

Rudenko, S.I. 1970. *Frozen Tombs of Siberia: The Pazyryk Burials of Iron Age Horsemen*(M.W. Thompson, trans.). Berkeley: University of California Press.

Scheper-Hughes, N. and M. Lock. 1987. "THe Mindful Body: A Prolegomenon to Future Work in Medical Anthropology." *Medical Anthropological Quarterly* 1: 6-41.

Schuster, C. 1951. "Joint-Marks: A Possible Index of Cultural Contact Between America. Oceania and the Far East." *Koninklijk voor Tropen, Medeleling 44. Afdeling Culturale en Physiche Anthropologie* 39: 3-51.

Schuster, C. 1952. "V-Shaped Chest Markings: Distribution of a Design-Motive in and Around the Pacific." *Anthropos* 47:99-118.

Silook, P. 1940. "Life Story" and "Tattooe of Man." Unpublished Notes from the Dorothea C. Leighton Collection, Box 3. Folder 67 and 68, pp. 103-114, and p. 1-2, archives, University of Alaska, Fairbanks.

Smith. G. S. and R. Zimmerman. 1975. "Tattooing Found on a 1600 Year Old Frozen. Mummified Body from St. Lawrence Island, Alaska." *American Antiquity* 40(4):433-437.

Spencer, R.F. 1959. The North Alaskan Eskimo: A Study in Ecology and Society. *Bureau of American Ethnology Bulletin* 171. Washington.

Spindler, K. 1994. *The Man in the Ice: The Discovery of a 5,000-Year-Old Body Reveals the Secrets of the Stone Age* (E. Osers, trans.) New York: Harmony Books.

Stevenson, A. 1967. "Telltale Tattoos." *North* 14(6): 37-43.

Taylor, J.G. 1984. "Historical Ethnography of the Labrador Coast." pp. 508-521 in Arctic (*Handbook of the North American Indians,* vol. 5, D. Damas, ed.) Washington: Smithsonian Institution.

Turner, L.M. 1887. *Ethnological Catalogue of Ethnological Collections made by Lucien M. Turner in Ungava and Labrador, Hudson Bay Territory, June 24, 1882 to October 1, 1884.* Prepared for the U. S. National Museum, May 1887. Smithsonian Institution Archives. Washington.

Wardwell, A. 1986. *Ancient Eskimo Ivories of the Bering Strait.* New York: Hudson Hills Press.

Weyer, E.M., Jr. 1932. *The Eskimos: Their Environment and Folkways.* New Haven: Yale University Press.

■ 찾아보기

한참 전에 〈조폭 마누라〉라는 영화를 본 적이 있다. 2001년에 나온 〈친구〉와 함께 극장가에 돌풍을 일으키며 깡패 영화의 붐을 몰고 온 작품이다. 여기서 뜬금없이 조폭 영화 이야기를 꺼내는 이유는 〈조폭 마누라〉의 주인공(신은경)과 그녀의 똘마니 하나가 등에 커다란 문신을 하고 있었던 장면이 생각났기 때문이다. 그들의 모습은 끔찍하고 혐오스러웠지만, 그렇게 낯설게 느껴지지도 않았다. 깡패는 으레 문신을 하겠거니 하는 '깡패=문신'이란 도식이 은연중에 내 마음속에 깊이 자리잡고 있었기 때문이다. 문신은 이렇게 우리 사회에서 부랑아들이나 혹은 멀쩡한 인간의 병역 기피 수단으로나 이용되는 불량한 것으로 인식돼 왔다.

문신에 대한 인식이 이렇다 보니 적어도 한국 사회에서는 문신이나 문신 받은 사람이 제대로 된 대접을 받을 수 없었다. 문신 보유자들에게는 모두 문신을 하게 된 저마다의 개별적 동기가 있을 것이다. 하지만 그것과 상관없이 그들은 동성애자나 트랜스젠더들처럼 일반인들의 편견과 오해에 시달리며 사회의 주변인으로 살아가야 했다. 거리에서도 문신하고 다니는 사람은 거의 찾아볼 수 없다. 서양은 물론 우리와는 상황이 조금 다르다. 개인주의가 발달해서인지 그들은 문신에 대해 집단적인 판단의 잣대를 들이대려고 하지 않는다. 일부 부정적인 시각이 있기는 해도 문화의 일부로 자연스레 받아들이면서 자기 표현 내지는 개성의 표출로 보아주려는 인식이 강하다. 때문에 길거리에서도 심심찮게 문신 보유자들을 만나볼 수 있고 구경하는 사람 입장으로서는 재미있기까지 하다.

사실 문신에 대해 우리가 갖고 있는 편견에는 근거가 다소 애매모호한 점이 있다. 문신의 기원이나 유래에 대해서는 아무것도 모른 채 단지 사회의 부랑아들이 즐겨 하고 시각적으로 혐오스럽다는 이유만으로 나쁘다는 고정관념을 갖고 있지 않은가. 일이 그렇게 된 데에는 문신이 우리 사회에서 문화의 일부로 떳떳이 자리잡고 있지 못한 이유가 크다. 폭력 조직의 트레이드마크 아니면 일부 마니아나 동호회의 취미 활동 수준에 머물러 있을 뿐, 일반인들의 긍정적 시각을 이끌어내는 수준에는 아직 이르지 못한 것이다. 문신이 문화적인 대접을 제대로 받지 못하게 된 이유는 유교적인 사회정서, 문신이 도입된 짧은 역사, 저조한 보급률 등 여러 요인을 들 수 있겠으나 그것에서도 특히 문신의 의미나 역기에 대한 깊은 기시 없이 기술저인 습득에 치중한 때문일 것이다. 요컨대 문신에 대한 체계적이고 학구적인 연구의 바탕이 전혀 조성돼 있지 않다는 말이다.

이 책 『문신, 금지된 패션의 역사』는 그런 면에서 획기적인 저서이다. 문신에 담겨 있는 역사적 전통과 의미는 물론 문화인류학적 연구와 현대의 펑크적 동향까지, 문신의 발전과정이 총망라돼 있는 그야말로 문신에 관한 한 고전과도 같은 작품이다. 무엇보다 높이 살 점은, 문명 이전의 문신의 모습과 그것이 인간의 영혼 및 삶과 맺고 있던 불가분의 관계를 조명함으로써 문신의 본래적 기능을 밝혀주었다는 점이다. 문신이 주술로서의 종교적 기능을 대신했고, 병의 치료용으로 쓰였으며, 서명을 위한 도장으로도 이용되었다는 사실은 역자로서는 금시초문이었다. 문신은 그러니까 문명이 전파되기 이전, 세계 각지 토착인들의 삶의 곳곳에 영향을 미친 생활의 일부였던 것이다. 문신에서 전통의 의미가 퇴색하고 현재와 같이 기능적 요소만 넘쳐나게 된 것은 유럽인들이 문명을 이식하는 과정에서 문신을 미개하고 천박한 것으로 여겨, 그것의 가치를 제대로 전달해주지 못한 데에 일부 원인이 있었다는 것을 알게 된 것도 크나큰 소득이었다. 그런 가운데 뜻 있는 사람들이 기록을 남겨 이 정도나마 연구가 이루어졌다는 것은 대단한 일이 아닐 수 없다.

이 책을 접하기 전까지만 해도 역자는 문신에 이토록 오랜 기원과 풍부한 역사가 담겨 있을 줄은 몰랐다. 아니 몰랐다기보다는 문신에 무관심했다는 편이 솔직한 표현일 것이다. 그런데 책을 읽어가다보니 문신에 대한 그동안의 고정관념이 싹 바뀌면서 사뭇 감동스럽기까지 했다. 문신의 왕자 지올로, 위대한 오미, 오구리 가즈오와 뉴질랜드의 마오리족…… 하나같이 모두 문신의 의미를 새롭게 되새기게 만든 인간들이었다. 이런 것을 모르고 그냥 지나쳤더라면 아마 문신에 대한 부정적 시각을 영영 지우지 못했을 것이다. 선입견이란 그래서 위험한 것이다. 그런 점에서 이 책은 문신 애호가들에게는 전문적 지식을, 일반인들에게는 문신에 대한 올바른 인식을 심어줄 수 있는 좋은 기회가 될 것이다.

다른 작품에서처럼 이번에도 역시 번역상의 애로가 많았다. 그리고 이번에도 그 어려움은 편집진이 보충해주셨다. 그 점 깊이 감사드린다. 번역의 과정에서 느꼈던 감동과 재미를 독자들도 꼭 함께 느낄 수 있게 되기를 바라며…….

2004년 초여름,
이 순 호

지은이 **스티브 길버트** Steve Gilbert

문신에 평생 몸바쳐온 의학 전문 삽화가 겸 프리랜스 작가이다. 문신의 역사를 다룬 그의 글은 『국제 문신 예술(International Tattoo Art)』을 비롯한 여러 문신 잡지에 소개되었다. 그는 의학 전문 삽화가란 본업 외에도 캐나다 토론토의 추상 예술 문신 가게에서 파트타임 문신 예술가로도 활동하고 있다.

옮긴이 **이순호**

홍익대학교에서 영어를 공부하였다. 주로 외국인 회사에서 근무하다가 공부에 대한 미련을 못 버리고 미국으로 건너가 뉴욕 주립대학(올바니)에서 유럽사와 미국사를 포함한 서양사 일반을 공부하여 석사학위를 받았다. 미국사를 영화와 연계시켜 공부하던 중 미국 현대사를 많이 다룬 올리버 스톤 감독을 알게 되어 마침 당시에 발간된 그의 전기를 한국으로 가져와 번역 출간하였고, 그것이 제1호 작품이 되었다. 이후 역사 공부와 병행하여 『로버트 카플란의 타타르로 가는 길』, 『시간의 딸』, 『올리버 스톤』 외 여러 책을 번역했다.

문신, 금지된 패션의 역사

초판 1쇄 발행 2004년 7월 10일
초판 2쇄 발행 2014년 10월 1일

펴낸이 박종암
펴낸곳 도서출판 르네상스
출판등록 제313-2010-270호
주소 121-842 서울시 마포구 동교로17안길 11 2층
전화 02-334-2751
팩스 02-338-2672
전자우편 rene411@naver.com

ISBN 978-89-90828-12-5 03380